曾昭璇 著

广州历史地理

岭南文库编辑委员会 广东中华民族文化促进会 合编

南方传媒 广东人民出版社·广州

图书在版编目（CIP）数据

广州历史地理／曾昭璇著. —广州：广东人民出版社，2024.4（2025.11重印）

（岭南文库）

ISBN 978-7-218-17269-9

Ⅰ. ①广… Ⅱ. ①曾… Ⅲ. ①历史地理—研究—广州 Ⅳ. ①K926.51

中国国家版本馆 CIP 数据核字（2023）第 252302 号

Guangzhou Lishi Dili

广州历史地理

曾昭璇 著

出 版 人：肖风华

丛书策划：夏素玲
责任编辑：谢 尚 张健行
责任技编：吴彦斌
装帧设计：亦可文化 青梧社

出版发行：广东人民出版社
地 址：广州市越秀区大沙头四马路 10 号（邮政编码：510199）
电 话：(020) 85716809（总编室）
传 真：(020) 83289585
网 址：http://www.gdpph.com
印 刷：恒美印务（广州）有限公司
开 本：640mm×970mm 1/16
印 张：29.5 插 页：1 字 数：354 千
版 次：2024 年 4 月第 1 版
印 次：2025 年 11 月第 3 次印刷
审 图 号：GS（2024）0458 号
定 价：168.00 元

如发现印装质量问题，影响阅读，请与出版社（020-85716849）联系调换。
售书热线：(020) 87716172

ISBN 978-7-218-17269-9

9 787218 172699 >

《岭南文库》前言

广东一隅，史称岭南。岭南文化，源远流长。采中原之精粹，纳四海之新风，融汇升华，自成宗系，在中华大文化之林独树一帜。千百年来，为华夏文明的历史长卷增添了绚丽多彩、凝重深厚的篇章。

进入 19 世纪的南粤，以其得天独厚的地理环境和人文环境，成为近代中国民族资本的摇篮和资产阶级维新思想的启蒙之地，继而成为资产阶级民主革命和第一次国内革命战争的策源地和根据地。整个新民主主义革命时期，广东人民在反对帝国主义、封建主义和官僚资本主义的残酷斗争中前仆后继，可歌可泣，用鲜血写下了无数彪炳千秋的史诗。业绩煌煌，理当镌刻青史、流芳久远。

新中国成立以来，广东人民在中国共产党的领导下，摧枯拉朽，奋发图强，在社会主义物质文明建设和精神文明建设中卓有建树。当中国社会跨进 20 世纪 80 年代这一全新的历史阶段，广东作为国家改革开放先行一步的试验省区，被置于中国现代化经济建设发展的前沿，沿改革、开放、探索之路突飞猛进；历十年艰辛，轰轰烈烈，创造了中国经济发展史上的空前伟绩。岭南大地，勃勃生机，繁花锦簇，硕果累累。

际此历史嬗变的伟大时代，中国人民尤其是广东人民，有必要进一步认识岭南、研究岭南，回顾岭南的风云变幻，探寻岭南的历史走向，从而更有利于建设岭南。我们编辑出版

《岭南文库》的目的，就在于予学人以展示其研究成果之园地，并帮助广大读者系统地了解岭南的历史文化，认识其过去和现在，从而激发爱国爱乡的热情，增强民族自信心与自豪感；高瞻远瞩，继往开来。

《岭南文库》涵盖有关岭南（广东以及与广东在历史上、地理上有密切关系的一些岭南地域）的人文学科和自然学科，包括历史政治、经济发展、社会文化、自然资源和人物传记等方面。并从历代有关岭南之名著中选择若干为读者所需的典籍，编校注释，选粹重印。个别有重要参考价值的译著，亦在选辑之列。

《岭南文库》书目为 350 种左右，计划在五至七年内将主要门类的重点书目基本出齐，以后陆续补充，使之逐渐成为一套较为齐全的地域性百科文库，并作为一份有价值的文化积累，在祖国文化宝库中占一席之地。

岭南文库编辑委员会
一九九一年元旦

再版说明

　　曾昭璇先生是华南地理学界的一代宗师，从事地理教学与科学研究整六十载，其于20世纪90年代出版的《广州历史地理》，是第一部研究广州历史自然地理和人文地理的专著，书中深入分析论述了广州历史时期地形、气候、河道的演变，以及广州古城选址及拓展、港口更替、历代风景区的开辟等。这部专著已成为广州历史地理科研的基石，书中的观点被地理、历史、考古、城建规划、建筑等多个学科在区域研究中广泛引用。

　　曾昭璇先生学识渊博、治学严谨，尤其重视野外考察，在撰写本书时，他综合文献记载，做了大量的田野勘查、核实工作，同时善于汲取现代考古发现的新成果，作出科学论证，其结论经历了时间验证，如对南越王宫殿遗址的判断已为后来考古挖掘所证实。曾昭璇先生不仅在地理学领域造诣深厚，同时也是国内外知名的地图学专家，因此他的研究成果以图文并茂著称，这也是本书在地理历史类的书籍中最为突出的特色。书中随文穿插大量的地图或示意图，把抽象的地理事物具象化，便于使用者理解其发生、发展的科学原理或分布空间的变迁。这些地图中，少量是引用古籍中的地图，更多的地图是曾昭璇先生亲自编制的地图或示意图，如珠江河道及沙洲变迁等系列地图，其中书里所附的《广州市历史地理简图》，是他根据多年研究广州市历史地理的成果，将有关内容逐一审订并编制到现代地图上，费时长达一年多，十分珍贵，这幅叠加了广州历代地理事物（如古城址、古河岸、古湖泊沼泽等）空间分布的地图，至今仍是最权威、最详细的广州市老城区历史地图，也是有关的科研单位、城市建设与保护机构首选的参考地图。本书的另一特点是引用了大量古籍（如方志、专志、杂志、游记、笔记等）记载并且有确切的出处，方便读者使用，其中还有不少是未刊印却又十分珍贵的文献资料，如曾氏家藏的广州古地图、私人笔记——曾广衡《广州杂抄》等。

本书于20世纪90年代出版后，获广东省高教局1993年科技成果二等奖，中山大学古文献研究所郭培忠教授评价："有很多真知灼见，如七星岗海岸遗址，南汉咸宁县的位置，明清时广州西关、河南、东关的开辟等，有些地方不囿于前人旧说，通过实地考察提出独创性的见解，如汉代番禺的位置……，总之是研究广州不可多得的学术专著。"

本书收入《广州史志丛书》初版多年，现已是关于广州历史地理方面的经典著作，市面早已售罄，读者对本书再版的呼声较高，考虑到本书之价值，今次经典著作再版，收入《岭南文库》。由于曾昭璇先生已故，今次再版，出版社邀请广东省地方志专家曾新女士审读本书。出版社对书稿主要作了如下处理：

一、内容大体一仍其旧，尊重作者，以"慎改"原则，只对原著文句明显语法错漏、别字等略作修改；有疑或引用古文疑误之处，尽量以按语说明。

二、原著地图个别地名和界线印刷不清，经过辨识后，在不改变地图原貌的基础上，邀请地图专业绘制编辑修补。

序　言

　　余十七岁治地理学，于今年五十余载矣。书中所记海珠石与七星礁，乃当年余与茞童游泳处也。父为画师，携余旅行，遂喜舆地，耳濡目染，所知所学，乃成斯篇。此非任务而为者，实乃学之所致也，如四、五年物候纪录，始得十余页耳。今志所获，还之于民，遂心志焉。

　　读者又勿以余言之凿凿而信之，因名家之说甚多，楚庭、禺山、光塔、十八甫等争论，非敢定也。其与余同者，可见各学科间互有关联，互可通沟，而异者，各据其理，未敢论其非。余之一孔之见，作为参考可也。

　　书早成，商之于广州市地方志编纂委员会，先后承欧初、薄怀奇等领导同志关怀，向《广州史志丛书》编审委员会推荐，经审阅后，愿为付梓，诚快事也。广州市地方志编委会办公室主任甄炳昌同志，副主任叶章永同志，编纂一处处长唐文雅同志，广州市地方志研究所所长饶展雄同志等对本书或提出宝贵意见，或为出版而奔忙，是书之刊成，功莫大焉。书于此，以表谢心。曾昭璇记于庚午春四月，时七十一。

目　录

上　篇　广州历史自然地理

下　篇　广州城历史地理

上　篇

广州历史自然地理

第一章 广州附近地形形成史

第一节 广州附近地形分区

广州位于古代"三江总汇"地点，正当珠江三角洲顶点，正如吴时交州刺史步骘称："登高远望，睹巨海之浩茫，观原薮之殷阜，乃曰：'斯诚膏腴之地，宜为都邑'。"（《水经注·浪水》）于是他在被焚毁越城基础上，重建广州城，但只有古越城的一半。

广州位于珠江北岸，北依白云山区，广州即建于山海之间广大丘陵、台地、平原相杂地区，故由北而南可分出四区：白云山区、观音山丘陵、广州台地和珠江平原。珠江以南市区，则只有珠江平原和广州台地二区而没有山丘了。

一、白云山山地

白云山山地地形基础最老，它是由下古生界变质岩（如混合岩、石英岩、石英砂岩等）为主组成，并有花岗岩侵入。最高处摩星岭为 382 米，[①] 超过山地标准 350 米。因此，上升气流由山足上升到半山即可析出水点成云成雨，白云山即由此

---

① 曾新按：2008 年国家测绘局、住房城乡建设部《关于启用盘山等第二批 31 座著名山峰高程新数据的公告》公布："白云山摩星岭，高程数据：372.6 米。"

得名。

　　白云山的东南和西北坡是一直线般的长条急坡，这是因为山坡是沿着地层的断裂线形成的，如由摩星岭直下山脚都是一样峭峻的陡坡。所以说，白云山是一个断层上升形成的山块，两面下陷，山体上升。

　　白云山形成在白垩纪，距今 6000 万年以前。因为白云山花岗岩是侵入了侏罗纪的砂页岩，但它上面却被盖着红色盆地的湖河相上白垩到第三纪沉积物。花岗岩是沿着一条西南到东北走的断裂线涌上来的。所以在白垩纪时，广州市附近古地形是白云山已高起成山，侏罗浅海沉积被花岗岩侵入，部分砂岩被变质成为坚硬不透水的石英岩层，得留在花岗岩岩体内，称为"俘虏体"，至少有两层，今天即成为崖壁地形基础。白云山两侧却是断裂陷落低地，由三元里到广州，由广州到沙河，包绕着白云山都是浅水湖盆或大河谷地，堆积了红色岩系（砾岩、砂岩、砂页岩）。白云山冲下来的砾石沙泥就是红色岩系的组成物质。因此，古白云山经历了第三纪（距今约6000 万年）的侵蚀，才把白云山上的古生代砂页岩蚀去，露出地下深处凝固的花岗岩来。所以，白云山是广州市最老的地形区。山区石英岩有二层夹于混合岩中。

　　到了第三纪中期，喜马拉雅山、台湾山地隆起，广州地方也隆起，并发生了断裂。白云山在这次造山运动中也使白云山山体部分上升，两侧断陷，所以，今天白云山山顶是花岗岩，而两侧却还保存了下陷的砂页岩系，小坪煤系的存在就是因下陷才保留下来。观音山的砂页岩也是这样保留着的。还有古生代的石灰岩层埋藏着。

　　第三纪末期地壳仍然上升，所以白云山不断保持它的山地地势。但是两侧的断陷低地，即古红色岩系沉积的古湖盆、河谷也因地壳大面积上升成为陆地。松碎的沙泥石砾在炎热的气候下，被氧化铁胶结起来，成为坚硬的石头，被称为"红色岩系"。这就是今天广州市所在的地基。白云山是巨大花岗岩体，又是上升区，故成为山地。两侧断陷区保留着的古生代到侏罗纪砂页岩地区，由于砂岩坚硬也能形成一些高高的丘陵，如观音山、象岗、瘦狗岭等。古盆地的红色岩系地区，因为岩性比较软弱，成为低平的台地和缓的丘陵，广州城即基本上利用了它。这就是说，广州的地势高低和它的岩石性质有关。河谷平原即在溶蚀灰岩区形成。

白云山是长期剥蚀的山地，故山顶也呈平缓起伏丘陵地形。这个平缓面在350米高度。但是同样的和缓丘陵地面还出现在200米、100米—80米地点。所以，在第四纪初期以来（即150万年以来），白云山上升过三次了。因为这些山顶平坦面当时是平原，后来，因为地壳上升了，这个平原就上升起来，成为一个平坦的山顶，高处蚀低，低处堆高，又形成了另一个平原。结果就是成为一个山顶平缓的白云山。后一个阶梯就和观音山丘陵连在一起了，这是个100—80米的丘陵地顶面。这片齐顶丘陵，表示该地在古代是一片平原地貌。

所以，白云山顶350米的面是在第三纪末期形成，而天南第一峰的山顶和缓面（200米一级）是在第四纪初才形成，而到了山脚的丘陵地顶面（即100米丘陵面）是在第四纪形成的。但在石英岩层（二层厚70米及120米）出露处，成悬崖瀑布地形。

二、观音山（越秀山）丘陵地

在白云山下100—80米丘陵地由一大片丘陵组成，它和白云山之间带有谷地分开，这是因为丘陵区和白云区山间有断裂线分隔着，所以，丘陵多由古生代、中生代砂页岩组成，砂岩较硬，又受花岗岩侵入影响变质成石英岩或石英砂岩，所以成为高丘，在广州人们却称为"山"或"岭"（如越秀山、马鞍岭等）了。较软弱的砂页岩、页岩等就被侵蚀成为谷地，如登峰走廊低地、沙河谷地等。所以，这里沟谷多，使丘陵分割厉害，因而使道路多沿沟谷行走。登峰路就是沿登峰走廊上白云山的。侏罗纪地层破碎多，裂缝也多而且密，这也是使丘陵地比白云山破碎多的原因。因为断裂多所以泉水也多，故越秀山的九眼井，五层楼东山水井都是水量大、水质好的。在登峰走廊的地下还有石灰岩的含水层，西面三元里情况也相似，当在谷地打钻下去即发现了石灰岩的含水层，显示了白云山两侧的断陷地带低谷地还有石灰岩被溶解后形成的原因，并可由涌泉涌出地面。

环绕着白云山的低谷是可以相通的，例如由流花河谷经过观音山前就可以和东濠的上游登峰走廊谷地相通。传说蒲涧菖蒲可在石门发现，并非不可能，这条谷地都是地下水丰富的地带，所以在唐朝和南汉时，就利用了这种地形，把流花河和古文溪沟通起来。这条低地以南的地区就是红色岩系的低丘和台地地区了。

丘陵地因受沟谷分割深切，所以每个丘陵都明显有陡峭的山坡，是广州北面城墙（今天五层楼下还可以看见古城墙的遗迹）不要开濠池的原因。因为城墙下面即是急峭的山坡，历次攻城也不从这里攻打。

丘陵地最大一片是在白云山的西南端，和白云山走向一致，且呈长条状分布，由白云山上御书（188.5 米）的山麓面下降为百步梯、大福岭（127 米）、马鞍岭（137 米）、大鸣鹊（111 米）、瑞狮球（100 米）、飞鹅岭（106 米）、过旱谷到观音山（76 米）止，呈西南到东北走向长条。东南面即登峰走廊，西北面即景泰坑和流花溪。穿过丘陵地的干谷地都是由西北到东南走向。干谷向东南流的多较长大，故汇入登峰走廊的雨水、山洪特多，就成为小北大雨成灾的原因。由长腰岭、姑嫂坟起，到铁路止，山沟不下 7 条，总长达 10000 米以上。历代治水都用水坝蓄储山洪，今仍有上塘、下塘之称，但仍不能彻底治理。解放后，在游鱼冈处筑坝，建立麓湖，把六条山坑水蓄贮起来才彻底解决了问题。

这块丘陵两边受断裂所限，三元里和下塘两侧下陷，丘陵地上升，因此，由白云山伸延到观音山丘陵，实际上是一个"地垒山"，即两侧下陷，中间山地上升成为山块和丘陵。环绕着山地和丘陵的低地叫"环山低地"，这里不只是下陷区，而且是弱岩区。

广州城在 500 多年前的明初已把观音山及其附近高丘划入城内。而被利用为游览区则更早，如越秀山上有越王台，即赵佗时建立，距今 2000 多年了。又如登峰走廊中的文溪（今称南坑），在汉唐时代已被引水给民用，"吴刺史陆胤即以海水味咸，导以给民，潴水给民甘食。唐节度使卢钧复加疏凿，以济舟楫，更饰广厦，为踏青游览之所。南汉广之，为甘泉苑"。（见《番禺县志》）这些丘陵区的低地可利用为水库。今天越秀公园内的东秀湖、越秀湖，景泰坑下的金钟水库，白云山脚的麓湖都是利用丘陵区谷地地形建成。

三、广州台地

在广州城附近，台地占有广大面积。台地高出河面 10—20 米，是一片和缓起伏的丘陵，有些高一点的冈地，又被群众称为"山"，如坡山、番山、禺山等。其实这些冈地分布由西村到黄花岗、东山，南达河南，都是台地。西门外的浮丘石、高岗、西山，南部的坡山和"仙人姆迹"是古代台地和珠江泛滥平原相接触之处。珠江往往直接和台地相接，如坡山相传是晋时渡头，"仙人姆迹"是河水侵蚀的痕迹，浮丘石前也有宋前撑篙穴痕，表示昔日珠江是直到台地的脚下，正如河南赤岗塔脚的瓯穴。广州城选择在这里是适应了地理条件的，即有高丘、山地屏障北边，又当三江汇合地位，面向海洋，船只直泊城边，城内地势高于四周平原，又可免洪水为患，四周平原，物产丰富，等等。

台地是由上白垩、第三纪红色岩系构成。在第三纪末到第四纪初被侵蚀形成低平的陆地，成为古代的珠江平原。古珠江即在红岩系范围中成立。由于红色岩系疏松易碎，故经历长期侵蚀后，形成了和缓起伏的岗地，集中了古白云山及四周丘陵区的水量。这个古代的珠江平地就是今天的台地地面。古珠江在它的古平原上升后便向下切入地中，所以目前珠江河道每每被岗地挟持着，形成了"门"的地形，如大石门、二石门就是例子。相传发现刘龚墓的南亭（明崇祯九年）和北亭处，珠江即嵌入 20 米高的台地中，河道两旁全无平原堆积存在。所以今天分支众多的珠江水道实在是由古珠江遗传下来的"上层遗传河"，即由 20 米台地（或更高的台地面）遗传下来的结果。这就可以说明为什么珠江喜欢穿行丘陵（岗地）和台地之间，河底常有礁石的道理。因为目前珠江仍有力量向侧旁、河底冲刷和侵蚀。所以我们可以说，珠江是一条很古老的河流，最古可溯到第三纪时代。和目前相似的河道系统也早已形成在第四纪初期台地面上，距今一百万年了。今天珠江的前航道和后航道都被广州城和河南的台地或河南和市桥的台地挟着，平原堆积不大，如广州城的新城区并不阔，且在人工帮助下才成一狭窄平原。河南方面平原更狭窄，南华路稍南即为岗地。

20 米台地残留的丘陵在广州城里形成明显的高地有三处，即由城隍庙到新华戏院一带，包括了禺山市及中山图书馆，即古代番山和禺山的范围。第二处是惠福路坡山，这块面积不大的岗地，因高起平地之上，有明显的山坡而被称为"山"。第三块是越秀北路明代老城城基依据的岗地。这几块岗地都是红色岩系所成，坡山、"仙人姆迹"和越秀北路东濠两边都有露头可见。

在台地面上也有干谷地或河谷存在，例如由小北门（今小北花园）至大塘街是一连串低地，小北路和仓边路中间在解放前还有露天大水渠存在，即为古文溪遗迹。吉祥路华宁里连入潮观街（即潮水可贯入之意）一条低地干谷又是南汉凿西湖的依据，并把文溪水引入。清代广州城六脉渠也是利用这些由北向南流的小河谷和干谷的地形疏浚出来的。故排水很方便。

台地形成在第四纪初（距今约七十万）年，即比沿河目前珠江的冲积平原（又称泛滥平原）老得多，称为台地却不是平坦如桌面那样，而是呈和缓起伏的岗地。整片台地向南斜倾，其间有小河、干谷切开，但地势比丘陵和白云山区已大为平坦，地基也稳固，有丰富井泉，又无洪水为患，故成为都邑所在地。今天国际大厦（63层，200米高）、花园酒店（29层）、白云宾馆（32层）等高楼即集中建于台地面上，即因基地良好之故。

今天台地也是市区扩大的基地，民国时扩展的东山区、梅花村区、石牌区、河南区、白鹤洞区都在台地区域，但古代多用为墓地，如南汉康陵，在海曲昌华园故地，即今北亭、南亭20米台地中，四面环水，中无平地，汉墓多在东山区和小北区发现。唐、六朝墓也在小北及黄花岗一带发现。东山相传为赵佗孙胡婴墓，以及相传光孝寺后的楚冢或任嚣墓都在台地区中。只有南越王太子赵眜墓在象岗丘陵中。

台地区基础是基岩，地势平坦，又不占农田，在自来水解决的条件下，将来居民及城市的扩展，仍以台地区为好。如中山大学、华南师范大学的校址本身就平坦如平原一般，河南宝岗区也有很大平坦地段，清代用为洋人赛马跑场。

台地高出平原5—8米，上述20米乃地图上标高，即比实际地面要高出10米之多。即因测图时，以黄埔测局处为10米计起之故。

四、珠江平原

在台地和山地丘陵中冲蚀下来的泥沙，和三江带下的沙泥汇于珠江附近，日积月累，形成平原。例如沙河即以多沙得名，使在珠江中也形成不少沙洲，这些沙洲也逐渐形成了小块平原，且最后也就淤合成一大片平地，例如广州西边的白鹅潭四周就有黄沙、沙面、鳌洲、白鹤洲等，今天并已和陆地相连。沙面由于人工开涌才分开来。在广州的东边，沙河出口，形成大沙头、二沙头及海心沙等。在明代还有筑横沙，现已连入陆地。广州城南也有太平沙的发展，今天也已被填连陆地。海印石处积沙为东炮台，在100年前还是一片海中沙，但在民初已连入筑横沙内。平原上常受洪水淹没，并留有池塘，如西水时（指西江洪水期）还常淹没下西关各街。今天西关平原湖泊众多，如畔塘一向即以水生作物生产的藕粉、马蹄粉出名。海珠广场前部长堤也淹，西关陈家祠也淹，古代北江未有芦苞水闸，西江没有宋隆水闸，故广州水患是很常见的。所以，这片平原又叫"泛滥平原"，即每次洪水退后，留下三五寸淤泥，加高了平原。平原的结构是由沙泥一层层堆积而成，所以又称为"堆积平原"。广州乙卯年大水（1915年），下西关全部淹没，淹到第五甫脚，新城因有用沙包防水才免淹没。低处水淹到二楼，水退后，街渠淤满，留下肥泥五六寸厚，清理花工夫很大。汉代番禺城建于顺德简岸，就因"沮洳难居"而要搬回广州。

广州附近，最早于宋代筑堤围田，因堤围夹河，使河中沙泥沉积河底，日久河水变浅，洪峰一到就会过堤成灾。如肇庆城东九层高洪熙塔原建在围顶，洪水不淹，今要加高 2 米防水坝才成。所以，广州水患必要全盘规划才能免除。

平原地区以西关、城南、东关一带为主要分布区。因近码头，故沿江不断填海成陆，商业中心区不断移入平原或沙洲地区。如明代新城即建在平原之上。西关也是清代才发展起来。宋代西城也是由平原发育才建立。平原建高大建筑显然不如台地。故爱群大厦（14 层）非用钢架不可，且打桩十多米，花钱很多。人民路的龟背式隆起，也因路两旁高楼地基沉陷而成立。堆积地区不均匀的下沉，还会引起建筑物的斜倾，如 15 层的爱群大厦建成后已斜倾了 15 厘米之巨。

泛滥平原的另一特色是池塘众多和河汊弯曲深入。西关的河汊深入市内，广州城南各濠也深入老城。城东濠涌今天仍为运输渠道，池塘风景今天也成广大人工湖和塱田高产区。如兰湖遗迹即今流花湖，大沙头河道成为东湖公园，荔湾畔塘的池沼也成荔湾湖。

河南平原很窄，因为天然堆积在珠江河水和潮汐的冲刷下，沉积很慢。芳村、花地平原较大，但也在背水流的台地弯

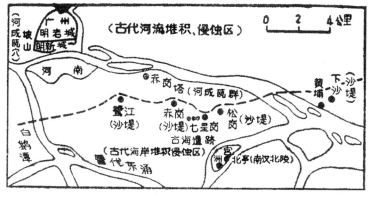

广州市区河流作用和海岸作用区分布区简图

凹处堆成，只有西边流溪河和北江支流地带，堆积作用才盛；故能堆积出大片江心洲来，如东海和流溪河之间的大坦沙，沙贝海和松洲江之间的罗冲围沙洲等。因为这里还有由西江经官窑西来的沙泥一起沉积，平原未形成前，广州是个溺谷湾，海水一直到七星岗脚下。

第二节　白云山与观音山

一、白云山

白云山是一个和缓起伏的山块，山块大致作东北西南走向，但不能称为山脉，因为山块在东北面五雷岭后即间断。山块的顶部在 350 米处有大片平坦山脊面。白云山顶即有炮台（347 米），到双溪顶（346 米），摩星岭山脊（365 米）连成一个大致等高山脊面，使白云山由东西两侧望去都成平顶山形。摩星岭顶由于有坚硬石英岩形成顶峰，即第一层石英岩，故山脊顶部高起几块巨石，成为白云山最高点，高度为 382.5 米，和五雷岭（255 米）隔一东西走向谷地，谷内即今黄婆洞明珠楼名胜。

古代由广州登山多出小北门（今小北花园），过小北门直街（今登峰路侧），由登峰走廊（今麓湖南岸）到田螺墩登山，在姑嫂坟（99 米），过旗山（133 米），向东北直上能仁寺。由景泰坑登山，在景泰寺上旗山，凡 75 米急坡来到旗山北面。古山路由能仁寺和福海灵山（253 米）直上一急坡才到白云山坡上白云寺。在白云寺以上，地势平缓直达摩星岭。今已有公路上山。在地形上，这条路不经 200 米和缓面，如上御书（188 米）的平坦山顶面，而取它东侧的福海灵山、旗山、百步梯、木牌坊，长腰岭山脊行走，是短而且逐渐升高的捷径，不必作阶级状的行走。今天，在硬石英砂岩露头地点，几乎都成为悬崖急坡，即第二层石英岩，在剥蚀面上又呈和缓地形，在悬崖急坡地方每有地下水流出，岩石毕露。在和缓地方则红色风化土深厚，沙土为多，地下水亦即由这沙土层、红色厚层风化壳含储下透，但到石英砂岩不能再下透就在砂岩层中节理渗出成泉。如滴水岩即是这样生成。溪涧源头如蒲涧泉就是悬崖上泉水如帘下滴，此层石英岩层厚达 120 米，故所成悬崖，景色壮观，汇成长满菖蒲草的小涧。所谓峰，也不尖峭难登，尤其在流状花岗岩地区，这是因为流状花岗岩更易风化形成石英碎粒、砂子满布的和缓坡面。相传白云山三十余峰，实即突起较高的丘陵状山头。如天南第一峰、西麓象牙峰等都是丘陵状的。

白云山以云景出名，故"每当秋霁，有白云翁郁且起，半壁皆素，故名曰白云"。（见《羊城古钞》卷二）山地和平地不同，即因气候已变，水湿多泉，为溪流源地，故种马尾松等亚热带林木也较好。"白云松涛"即受山地影响而形成美景，尤以向北的五雷岭处为佳，因北风吹来最先到北，而且当山北，湿气较足，太阳也不太烈，与马尾松生长的亚热带五岭山地环境相似性较多。因此，白云山自古多为游览和避暑胜地，如今天仍保存的双溪寺（双溪别墅）、白云山馆等即是。

古今山上建筑也多依泉水位置而定。如双溪寺有双溪泉，白云寺有九龙泉（今寺毁而九龙泉仍在）、濂泉寺、蒲涧寺有濂泉。泉多溪涧多，故白云山不少地名是以水称的，如用泉（九龙泉）、坑（景泰坑）、涧（蒲涧）、溪（双溪）、洞（黄婆洞）等。白云山泉水多与花岗岩不透水有关，雨水只能沿山坡流下，或浸透入风化层中，故坑、溪众多。如西坡由景泰坑向北计即有大坑四条，如牛头坑、下坑、萧冈坑、黄坑等，成为水库水源（如大金钟水库等）。东坡则为人工湖所潴，也有大坑四五条，如鸡颈坑、梅帘等。但因这里为明显断层崖面所在，由摩星岭直泻而下，故坑多短小，坑头山窝不明显。

泉水出露多在沟头地点，那里红色风化层被流水冲刷去，基岩出露，地面风化层下透的地下水在花岗岩的裂隙中流出成泉，成为溪涧发源地，如九龙泉就是由花岗岩节理中流出的地下水。白云山顶一带地下水，也就在此涌出。一如山北苏家祠一样，都是山坑（即沟谷）的源头地点，俗称"山窝"，这里一般也是水源林地所在。如九龙泉由白云山山窝流下来，林木荫深，四面山坡环抱，成一半圆形的"山窝"，和山北的苏家祠地形一样。明珠楼的人工湖，在清代已有，实际上也是在一个大"山窝"底部的山塘，为泉源渗出地点。

由于白云山基岩不透水，故山泉以表层泉和节理泉为主，因而植物对山泉影响就很明显。表层泉只靠厚二三米的风化壳来贮水是不多的，难成为大量涌泉，水质也不好，所以山中无瀑布存在。而山洪却使广州城一夕成灾，因此，如日军侵华后，林木尽伐，山泉枯竭，濂泉已成为滴水岩，泉量冬日常枯。远者如景泰坑泉，明代清泉涌出，林木荫茂，为羊城八景之一，但清初二王入城时，在这里铸炮攻城，砍光林木，井、泉枯竭，"景泰僧归"美景消失，近三百年也未能恢复。解放后"白云松涛"已成八景之一，这对白云山的建设起了很大的作用，对各坑口的水库建设也很重要。例如黄婆洞的山塘可依山坑分层建立好几个，甚至连小小的"松林别墅"也可把小沟分成几截，建立小塘供人钓鱼。

山沟到了白云山麓，每因地势变低，呈丘陵状，因此山坑可以由于灌溉的需要，人工改道，或者天然改道，成"掠水"地形，即河道改流。

白云山不高，但因在珠江三角洲边缘，所以航海船只都可以白云山为标志。山上的花岗岩也是很好的石材，可以开采来用于建筑。还有少量的钨、铋矿可以采掘，山上地形平缓又可开成果园、林场。山上低温、多湿、灰尘少，又成良好避暑和疗养区。如从国防观点上看，白云山更是控制广州城的要地，由西路和东路入广州都可以一目了然，因此，古代白云山还是一个军事要地。

二、观音山（越秀山）

观音山是明代以后的名称，因《大清一统志》称："明永乐初，指挥花英于山巅起观音阁，俗呼为观音山。"阁即玉山楼旧址。（见《白云粤秀二山合志》）宋时名"北山"，见《舆地纪胜》引唐庚《记》称："台据北山。"而苏东坡则称之为"越井岗"（因有诗称"越井岗头云出山"句）。越秀山则早在明代"羊城八景"中已著名，"越秀松涛"即为一景。入清代，也有"越秀连峰"一景，于是人们即用越秀山为名，代替了宋前的"越井岗"。

阮元《广东通志》引《寰宇记》称："天井岗下自有庙，甚灵，土人祈年，谓之北庙。"则唐时又有天井岗一称，因《寰宇记》多袭唐代语。天井岗与赵佗墓有关（由地面下掘大井建墓），越井冈与九眼井有关。故又称为越王山或王山。林柏桐《学海堂记》称："粤秀山一名玉山，盖王山之误。"《白云粤秀二山合志》亦称："或谓此越王山，谓之王山，非玉山。"

今中山纪念碑处即观音山（基址高72.3米），为"粤秀连峰"中之一峰。与歌舞冈及五层楼不同，歌舞冈在观音阁东北，《图书集成·职方典》称"于山巅起观音阁，半山建半山亭。刘龚时，叠石为呼銮道，沿道而登，折而北为歌舞岗"。冈即越王台旧址。因《楚庭稗珠录》称："越王台在粤秀山上，徒荒址耳，今名歌舞冈。其磴为呼銮道。"五层楼在明城北墙上，历史更短。越王台汉初建，呼銮道南汉建，五层楼明建。乾隆《南海县志》称："洪武六年（1373）永嘉侯拓北城八百余丈，建镇海楼。"郭棐《通志》卷十五"城池"中称："北城上有粤秀山，山左有楼五层，名曰'镇海'。登其巅则百粤形胜瞭然在目，真岭海之雄观也。北城之外，有越王台。"（此处指朝汉台）《驻粤八旗志》称，"镇海楼在城北粤秀山之左"，即五层楼在歌舞岗东北。

总之，三地点不同，同为"越秀连峰"之一，故为明代八景之一。即陈际清《白云粤秀二山合志》称："山之东北，越王台故址存焉。"阮元《通志》引《南海县志》称："台之西，阁之北，为镇海楼。"即今天中山纪念碑和镇海楼间才是越王台故址所在。①

越秀山古称为王山，加上象冈南越王太子（或文帝）墓的发现，更证明越王山为赵佗墓所在。《南越志》称："赵佗葬于此，山为陵，其侧立庙，号曰'灵庙'。"又称："南越王庙在南海县北。"《元和郡县志》卷三十四称："北庙在县北三里，即尉佗之庙也。"按象冈文帝墓为朝台，故越王台下或为佗墓。《羊城古钞》卷三亦称，"或曰：'在悟性寺'"，即今三元宫。黄文宽据以说木壳冈（指水塔处）可能为赵佗墓所在。

按越秀山南为一东西向洼地，宋代三城北面濠池所在，又有文溪等流经，直至明代，越秀山下近兰湖边，还是码头区。据张琳《玉峰诗钞》自注："粤秀山关帝庙，为前明高马头故址。"可知当兰湖未堙，司马涌可入观音山脚关帝庙前，才能成为码头地点。庙有乾隆四十七年（1782）布政使李天培

---

① 曾新按：按上述文献记载，越王台故址应在今中山纪念碑和镇海楼之东，即仲元楼附近。

《重修碑》云："庙□创自前朝，明时洪武年间，犹重修焉。"可见此庙年代古老。

第三节　番山、禺山和东山、西山

广州古称番禺，番禺的含义作者曾提出来源于古代越族的语言。即按《越绝书》的古越语译出"番"即村，"禺"即盐或咸之意，番禺即为"盐村"或"咸村"。其后有从壮语释番禺为"布越"，即汉译成"越人居地"之意。而汉族则认为"番禺"是因为有"番山"和"禺山"得名。《大清一统志·广州府》称："《后汉书·地理志》：'番禺县以有番山、禺山得名。'"据周连宽研究，此《后汉书》可能为谢承《后汉书》，即《南越志》记"番禺县有番禺二山"，亦有所本。因薛莹《后汉书》及袁山松本《后汉书》均少为人引用。

至广州城扩大后，到清代二王入城，各占东西一方，即在东山、西山之处，作为牧马场地。同样属台地区，故选述于此。

一、番山与番山亭

番山历来地点无大变迁，争议也不大，都指为今中山图书馆旧馆北的"九思亭"处小丘。地势上今天仍比四周高出4—6米。

作者1989年见修复"九思亭"于其上，而在"文革"时则见其下掘出上白垩纪红色砂岩堆积丘下，得知亭下小丘基础为红色砂岩所构成，即古代当为小冈，为20米台地破碎后残留冈地。《南海百咏》称："今在州学之后者，止余一大磐石（即今十三中学内），有亭榜以番山。"可见宋时"九思亭"称"番山亭"，这块南汉凿余的巨石已不见了，故原来番山是较高的，今天这里地势也是全个"子城"最高地点。按唐南海县已由扶胥镇（即隋南海镇）搬入子城，与郡治共署，故《元和郡县志》称："番山在县东南三里"，也正好相合。

按《水经注·浪水》称："今入城东南偏，有水坑陵，城倚其上。闻此郡人名之为番山，县名番禺，傥谓番山之隅也。"今番山所在位置也正好是步骘城的东南隅，也正好有文溪冲刷番山之东侧，即与《水经注》所述相合。作者考察文德路25层文化大楼地基时（1985年），发现大楼东侧为河流冲积层，西侧为番山山脚红土层，故大楼地基是不稳定的，东面会下沉的，情况也说明番山的存在。作者又在禺山市处地下曾掘出红色砂岩，北距番山不远，都可说明番山在古代较高，南汉凿平，扩大广州城区。（事见《南海百咏》）

至于"九思亭"，则由宋经略周自强题番山亭为"九思"之故，事在1167年。（见阮元《广东通志》）

1954年镇海楼北侧发现唐王涣墓，有墓志称"番山之左，越井之下"，有学者即把唐番山定为越秀山，疑误。

二、禺山在西湖路东部北侧

禺山地点争论较多，《南海百咏》称："两山旧相联属，刘龚凿平之，……至《图经》则谓：'番山在今学府后，禺山在清海军楼雉堞下。'"按清海军楼即后双门底拱北楼址，相当于今越秀书院街处北京路上，则禺山当在越秀书院街到西湖路间，西及小马站一带。1988年西湖路商业大楼兴建，麦英豪偕作者往观其地基，得大象胫骨于泥炭层中，但又见红色砂岩露出地面，知为禺山旧址，为南汉所凿平之处。现象胫骨仍存市文管会。该处高出九曜池达4米。

据《舆地纪胜》称，"清海军楼在子城上，下瞰番、禺二山"，正合。《元和郡县志》称，"禺山在县西南一里"，亦合。

因唐沿汉旧，郡、县并治。《水经注·浪水》称："南海郡昔设治在广州城中，与番禺县连接"，即在今财政厅附近。

反之，在中山四路出土越王宫殿处，正是宋代建立的"禺山书院"所在，掘下 5 米，仍为文化层，此处地势较高，实为历代建筑物塌积所致，即其下并非岩石所成，故"高坡"地形，向被误称为"禺山"所在。故张维屏《诗征略》称："今城内地名'高坡'，相传即古之禺山。"作者考察禺山书院 5 米文化层下，仍为黑色淤泥沙土，并有水生贝壳，显为河滩，并无禺山存在。

按清海军楼为唐城南门，亦步骘城南门。利用二小丘之间辟为军门，以保卫广州城，亦很合理，故番禺以二山得名亦有道理的，但亦不与越民聚居点相矛盾。因平原上小丘正是居民点所依靠之处，洪水来时，可以走避，平时"弯船煮蚬"又是好地方。如博罗县浮碇岗，贝丘遗址直披上岗坡上，即为一例。故古代越人村落建于番禺二山附近，亦很合理。

三、东山在今中山一路南侧

东山在今东山区广州铁路管理局西侧"小东园"处。"文革"前 1964 年，曾于此地掘出明太监韦眷墓（石砌圆穹大墓）。墓旁建寺，称东山寺。旁有万历建永寿庵，故东山明代已有名。"成化间，赐额永泰"（见郝玉麟《广东通志》），故又名永泰寺。《粤小记》称："广州东门外永泰寺，俗呼为太监寺，乃明市舶中宫韦眷建。"《番禺县志》称："江朝宗撰《寺碑》称：'于广州城东门外四里许姚家冈前不耕之地营建佛寺。'"墓前石人现迁放南海庙东侧园内。应建博物馆展出（1988 年时）。

东山是一片和缓起伏丘陵中的一个岗，广州人呼丘陵为"岗"，其主岗则称为山了，它位于广州东边大道，即"官道

头"之南。地势较高故呼为"东山",实一低矮岗地,即20
台地蚀余地形。由于岗地平缓,为广州东出大道所经,岗南即
东山庙所在,清代初年为平王牧地。

壬申《南海续志》引《恭岩札记》称:"于是厩围悉徙城
外,平王之马,豢于东山,靖王豢于西山,近厩三四里外,禁
民勿得耕种,以资放牧。嗣因粤草咸苦,马群不繁,乃取辽东
草种,遍植近郊。今东较场尚有其萌芽,土人呼为马鞭草。"
《南海百咏续编》称:"今大东门外所称驷马岗及马湟水诸处,
皆当年牧地。"又称,"东山真武庙,在大东门外三里",即和
东山寺相近,可见入清东山地区渐已开发。今庙前直街即为庙
址(在路北),寺贝通津即在东山寺后,松岗即为真武庙前的
小岗,名松岗得名。相传"神屡普灵显,前有松岗,虬鳞森
映",可知当日松林密茂。(见《番禺县志》)可见今天铁路
局"东园",明清已为广州郊区风景点之一,牧马地名今仍有
马棚岗、马草街等。

由于东山地区比西山区广大,故今天东山区即以此为名。
按东山寺建于明成化二十一年(1485),建寺守墓,为垄断广
州外贸的太监。①

四、西山在光孝寺城外

西山在光孝寺城墙外,今西山庙仍保存,为一三间阔度的
小庙,以砖雕为出名,亟应保存。作者考察认为是清代保存至
今最好的庙宇之一。今仍有西山庙街,西山一、二、三巷保
存。庙北即西山,北临流花湖,东为人民北路,西为市少年
宫,南为东风西路,为一孤立形状低平岗地,故由平原看去,
就称"山"了。海拔10米,即为20米台地蚀余小丘,低缓可

---

① 　编辑按:疑所指墓为韦眷墓。

建房子，故今天已为民居。清初为两王入城时养马所圈地。《满汉名臣传》称："顺治时，靖南王耿继茂豢马于西山，近厩三四里内，禁民勿得耕种，后移镇福建，马厩荒废，今西关第一津草场汛、洗马滩、金丝湾诸处，尚沿用旧名。"今天西山区养马街名甚多，如司马场（洗马场）、司马庙（洗马庙）、马王通津、驷马直街（洗马直街）、骏马场（即洗马场）等。

西山区地势较高，离广州西城只隔金字湾，故清初攻广州城，即利用西山至高岗一带城西北高地，架红衣大炮轰破城墙，清军即由此攻入广州城内。《南海百咏续编》云："十一月朔，辇新炮六七位，列于城西北隅之高岗（按即今西山区），横亘里许。初二黎明，燃炮轰击，雉堞全摧。午刻，城崩数十丈……酉刻，城身渐平……王纵骑逾濠，水及马腹，即弃马将登城，万众噪呼，肉搏以升，大城乃克，时已二鼓矣。"可见西山高地在广州城战争中的重要地位。

西山庙是目前保存较好的清代庙宇，应予保护，重修成为游览点。

第四节　七星岗"古海遗址"及坡山"仙人姆迹"

广州市文物重点保护地点，其中有两处是研究我国古海岸和古江岸重要地点，即河南七星岗南坡脚的古海崖地貌和市内惠福路坡山五仙观内的"仙人姆迹"，俗名"仙人脚印"。兹分述如下：

一、七星岗海蚀崖——"古海遗址"

在珠江三角洲四周和内部，在平原上每见有小山突出，并有较陡的山坡，尤以向南一面为陡。坡度在30°以上，有时使小山形成"半边山"形态，即一坡和缓，一坡急陡。显示一侧曾受过强烈侵蚀，形成后退的崖坡。并且在坡脚下有基岩出露成切割平坦的台地面，比禾田（即平原）略高。这种陡崖和崖前平台就是今天海岸上常见的海蚀崖和海蚀平原地貌，这两种海蚀地貌是相互联系着，共同组成海蚀地貌，即海蚀崖前必有海蚀平台形成，而海蚀平台后多数有海崖存在。广州七星岗处的海蚀平台就是其中的一个代表。如只见岗脚有崖，则不能定为海蚀崖的。

1. 广州东南郊七星岗海蚀崖的意义

在珠江三角洲上广泛分布古海蚀崖是不足为怪的。但是它们的意义不如广州七星岗海蚀崖重要。因为广州现在已经距离海岸 100 公里以上，位置已在珠江三角洲的北缘。它是珠江三角洲形成以前的古地貌①。这就说明今天海岸线已向南推移了100 公里以上。正是"沧海桑田"巨大变化的见证。这是世界上也少见的例子，它比著名的意大利古海岸还要深入大陆，那儿的海蚀遗迹也只离海岸 50 公里左右。因此，这个古海岸遗址是有国际意义的。

曾昭璇
1952.12

七星顶右侧七星岗南坡两个已毁的浪蚀平台，注意平台前缘倾没入平原中

---

① 编辑按：指七星岗海蚀崖。

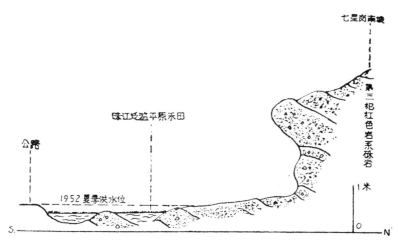

广州东南郊七星顶山脚浪蚀台地

其次，这个古海崖的存在可以说明珠江三角洲形成的年代，因为它的位置在三角洲的北缘，所以就恰好说明珠江三角洲形成是迟于古海崖的。

第三，这个古海崖及海蚀平台的存在，可以为近期地壳升降和海面变化提供一个参照地点，海蚀平台的高度就是一个资料，不少学者用它来说明在全新世地壳上升的见证，因为这个台地表面比现在平原面要高出近 1 米。而一些学者又用它来说明在古代海面比今天海面为高的证据。

2. 广州七星岗古海岸研究历史

由于古海岸地点的重要，因此，自从它被发现以来，就成为国内外学者们经常考察的地方。

这个古海岸地貌是 1937 年（抗日前夕）由中山大学地理系教授吴尚时所发现。他发现之后，曾在中山大学日报（1937 年 5 月 20 日）作过简单的介绍，题目为《十公尺海蚀台地之发现》。因为在当时的地图上，基准点是以 10 米等高线为海面假定高度计算的，所以十公尺海蚀台地，即在平原上存在的台地。后来吴氏在 1938 年发表了《广州附近地形之研究》（见中山大学《地理集刊》第一期）也加论述。按吴氏意见，这个平台是表示最近地壳有上升趋势，故台地高出三角洲平原 1 米之多。1946 年，作者和吴氏再寻找出该处古海岸遗址（抗日胜利后），并介绍给地质学者们，因而引起了地质学者们重视。例如陈国达即在 1948 年发表一篇《广州附近之上升浪蚀台地》（见《地质论评》第十三卷第三、四期），该文也是说明台地是地壳上升的证据，即应用这个古海岸来说明地壳最近的上升运动。计在这以前，国外 T. W. Kurgsmill（1868），G. Nacken（1878），F. Hirh（1873），A·R. Agaisiz（1891），R·A. Lieut Qluier（1862），A. Heim（1929），S·W. Williams（1928），Panzer（1934），Crednier（1932）等，写了不少论文、报告，但都没有提出这一现象，说明"专家"并不深入。从而也说明爱国的学者在自力更生的基础上，从实践出发，就能有所收获，有所进步。这一发现对当时地学界是起了一定作用的。

解放以后，研究的人更多了。1951 年陈国达在《中国海岸线问题》一文中（见《中国科学》，第一卷，2—4 期），即应用这里例子来说明华南海岸线属"复式海岸"。作者于 1957 年提出了这个平台不能代表近期上升的论证，因而引起珠江三角洲是上升还是下沉争论。因为这个平台不是上升所成，就是说三角洲地区最近不是在上升状态，有利于下沉说的成立。1960 年以后，这个地点又成为海面上升的证据，即利用平台高出平原面 1 米的情况，说明海平面在珠江三角洲形成之前，广州地面有过海浸，海面上升高度就是用这个平台面来作标准。如 1962 年周业华即认为全新世初期海面上升时所形成的遗迹（见所作《珠江三角洲的地貌基本特征与发育过程》）[1]，引起

---

① 曾新按：指七星岗海蚀平台。

了水动型阶地和地壳运动上升阶地的争论。这些争论，为今天地质学、地理学、地貌学和海洋学各方面科技人员所关心，因为地壳运动和海面变化对各个生产部门（包括农业、工业、基建、航运）影响太大了。

3. 广州七星岗崖坡和平台是海蚀的论据

七星岗古海岸地貌是我国多数学者所承认的。笔者所知，作过实地考察的外国学者也曾提过不同的看法，例如1956年莫斯科大学地质系戈尔什科夫教授初看时说这是河成的，但是第二天他对我说同意是海成的。北京大学苏联地貌专家列别捷夫也提过类似的问题。波兰地理研究所杜曼诺斯基则认为是海蚀的地貌。在华东师大的自然地理专家则未置可否。

我们认为是海蚀地貌的理由有下列几条：

（1）平台前面的平原是潮水可以到达的。因此，珠江三角洲尚未形成前，海边到达这里是全无问题的。

（2）海蚀平台是一片切平构造的地面，岩层有15°倾角的。这个被流水削平的地面是海浪在海蚀平台上作用的结果。因为河岸侧蚀是不会形成平台面的。

（3）海崖是呈额状突出，表示波浪在海面附近侵蚀最强的结果，在海崖东侧还可见到有深达40cm的瓯穴群，成排和海蚀平台高度相若，和海蚀穴相似。

（4）海崖是产生在向南的岬角地点，东侧即为一填平了的港汊，即正当风浪集中地点成立，表示海岸侵蚀地貌特点。

（5）附近还有3个较小规模海崖及平台，它们的位置也在山咀突出处。且同时具有海崖及相连的海蚀平台，平台高程也相一致。（见图）

（6）在东面松岗处为古海岸堆积地点，发育有一片沙堤存在，高出附近平原1米多至2米。沙子大小相等，磨圆度高，是经过波浪分选后堆积下来的沙堤，其中也未见淡水贝壳保存。目前是呈堆积阶地地貌。分布在松岗（地球物理站）南侧。

总之，这个具有高2米多的额状崖壁，凹穴深0.5米，平台阔达6米的位于高潮面附近的古海蚀地貌，和今天海岸上所见的海崖及海蚀平台相同，黄进教授考察粤东海岸归来，也证实为海蚀地形（1989）。

主张河流作用形成的论据是认为海蚀崖是沿红色岩层层面蚀出，凹入形态不是海成，而是风化和河水对岩层进行选择侵蚀的结果。平台是高水河面时所成，这时洪水量大，也能形成切平构造的平台地貌。目前大洪水时仍可淹上平台面上。

4. 七星岗海蚀平台是否上升的争论

七星岗海蚀平台是和我国南海沿岸广泛分布的海岸上高出海面2米左右的海蚀平台相当；也和太平洋沿岸（包括我国北方、夏威夷、美洲西部、澳洲等地）广泛分布的2米高海蚀平台及珊瑚礁平台相当。因此，这一争论是带有全球性的。1937年，吴尚时发现这平台后，提出上升观点时，哥伦比亚大学约翰逊（Johnson，1937）即提出了太平洋沿岸2米平台是高浪作用所成（见《地理学报》4卷1期，吴尚时：《与高伦比亚大学约翰逊教授论"二公尺平台"书》）。我们在1957年提出七星岗的平台不宜作为上升的论据，总结有下列几条：

（1）在南海沿岸看见的2米平台多数是有一个倾斜坡度直连入海，表示波浪可以顺着平台面打到海崖下面（如澳门、唐家、广海、梅箓、澳头各地）。七星岗海蚀平台和平原之间有高差1米小崖是受岩层单斜构造和岩性为砾岩影响所致，不能表示侵蚀作用周期的转变。

（2）七星岗其他三个海蚀平台有顺向坡面向南倾斜，不呈阶级状转折地貌，直接倾没入平原之下。

（3）1952年夏季洪水是可以淹上平台面上（作者在石榴岗任教时亲见）。因此，不宜称为阶地，即不能反映地壳的上升。

（4）在澳头我们看到2米平台发育在岬角处最高，而且地貌上最完整，平台阔度也最大，但是平台沿岬角两侧伸展时，在岬角两侧有逐渐宽度变狭、高度变低趋势，平台伸展约50米后即不显明，可见2米平台是和波浪作用强烈程度相适应的地貌，和目前海况相容。

（5）其他浪蚀地貌分布高度也超出2米范围，如在红海湾即可在10米花岗岩排石上打出浪蚀穴；海崖分布在2米平台后缘，大潮仍可受侵蚀，海丰海岸且有"石窗"的形成。

（6）七星岗平台高潮时是可以淹没，因此，也不宜看成上升阶地，而是海蚀的产物。

（7）沿海2米平台在大潮时被淹的计算值和观测相符，如广东水产厅筑港工程队在1957年7月—1959年6月在东平港即观测到波高达3.27米的巨浪，如在高潮时发生即形成高于高潮面1.6米波浪，台风高潮时，更可增水0.6米。因此，超出高潮高2米波浪是可能发生的。（见赵焕庭：《崖门至漠阳江间港湾式海岸地貌研究述要》，1963年）

（8）在海岸上2米平台同时沉积的海相地层，未见出露。

主张上升的理由有下列几条：

（1）这一级石质平台面广泛分布，和海面相显明高差，非短期巨浪所能形成。

（2）台面和海面间每存急坡，如七星岗平台前缘即有一米崖坡保存。

（3）洪水、高潮淹没并不能说明它是现代产物，因为这种特殊水面为期不多，在几千年历史中，形成不了。因为在这高水面期的海水作用，只能是打击作用，形成浪蚀穴等小型地貌，不会形成广大宽阔平台。

（4）与上升同时形成的堆积物，如沙堤等也是上升的证据。

由上述争论，可见焦点在对目前外力作用强度估计上缺乏数据所引起。

5. 七星岗海蚀平台是水动型还是陆动型所成

七星岗海蚀平台是上升阶地中的水动型还是陆动型阶地的争论中，主张水动型的理由有下列几条：

（1）这一级阶地在太平洋沿岸都有发育，就说明不可能是陆动型所成。因大陆运动必然带有地区特性，各处高度不同。

（2）由第四纪沉积物分析，在新石器时期是有过海面上升。因而，七星岗海蚀平台也是属于这次小海浸中形成的地貌。广州郊区即有海动型阶地形成［见王鸿寿、罗章仁等：《广州地区河流堆积阶地的研究》，《中山大学学报》（自然科学）1964 年第 2 期］。

（3）水动型生成论能和第四纪最后冰期及其气候变化的情况联系起来，即能获得古地理上的支持。

但是陆动型的学者，则认为不能忽略地壳的变动，理由如下：

（1）海面变动并非全部由冰期气候变化来解释，而必要和洋盆坳陷（黄玉昆：《华南沿海第四纪以来的升降问题》，《中山大学学报》，1974 年 6 月）相关；也和大陆运动相关。

（2）广州西北附近沙河阶地向南隐伏于冲积平原之下，表示白云山区上升，珠江河道区的相对下降［见刘以宣：《粤中海岸升降问题之初步研究》（初稿），1962 年］，即地动型使台地已发生变动，因而使上升的海岸阶地也有变形。

（3）海面变化的过程中，必然遇到地壳变化的干扰。故海面变化实质上是地壳运动和海面升降共同作用产生的结果。因此，平台面是否被淹没和它年纪的古老是没有关联的。

6. 七星岗古海岸形成的年代

关于七星岗古海岸形成的年代问题，作者在 1975 年提出了三角洲是在最近这几千年的大体安定的时期中形成。因此，七星岗古海岸应是在几千年前即已经成立了。香港海积阶地高度 6—7 米，形成期是在 3000 年左右（L. Berry，1961），这级阶地和七星岗东松岗古沙堤相当，即古海岸至少形成于 3000年之前。但香港临近海岸，故堆积作用是不断进行的。而七星岗古海岸则早在三角洲开始发育时，海岸即已停止发育。因此，可以由三角洲发育年代来定出古海岸的年龄。

珠江三角洲形成年代说法不一，20 世纪 60 年代初期多数研究者认为是开始于 2000 年前，约相当于青铜时代初期（周业华，1962 年），甚至更新（见唐永銮、谢永泉：《西江三角洲滨海荒滩形成和演化中地球化学过程的初步分析》，《中山大学学报》1961 年第 4 期），但是最近的研究者提出了不同的意见，认为三角洲形成是在 6000 年前已开始发育的（见吴文中、徐国旋、李孔宏、陆国琦等：《珠江三角洲全新世沉积概述》，1975 年）。则时间上延长了一倍以上，即在新石器时代初期，中石器时代已开始形成了。这样，七星岗海蚀平台当在6000 年以前即形成。而刘以宣认为只有 2500 年，李平日又说4000—5000 年，罗章仁认为只有 2000 年。[1]

七星岗海蚀平台是和太平洋沿岸 2 米平台同时代的产物，

---

① 见《热带地貌》1987 年一、二期《广州"古海遗址"发现 50周年论文选集》，华南师大地理系出版。

因此，也可举出海岸上 2 米平台及其同时期堆积层年代来作比较。由近而远来作比较，也可指出这一级平台的年代也只有几千年的历史。如在雷州半岛南端的珊瑚礁平台年代为 7120±165 年（贵阳地球化学研究所 C^{14} 实验室，1974 年），台湾台北海岸珊瑚礁平台（海拔 5 米）为 8000 年，贝壳沉积物为 6900 年，高雄小岗山珊瑚礁平台为 7360—6106 年，恒春南部湾内珊瑚礁平台为 7530±430 年，台东猴子山珊瑚礁平台为 6480 年（见 *International Geological Congression Session*，Canada，1972，Section 3，Tectonics），北方海岸辽东半岛某岛的牡蛎堆积层为 4270±125 年。天津第二条贝壳堤的时代为 3400±115 年（贵阳地化所，1974 年）。可见在这一级高度和时期相应的地貌年龄看来，也是在 8000 年以内。但是高一级的上升阶地面年龄即较古老，如西沙石岛的隆起珊瑚礁，海拔 12 米处，年代为 14130±115 年；台湾苗栗海岸 25 阶地贝壳堆积物为 68000—82000 年。表示真正的阶地地貌年代多在 8000 年以上，也就是说已进入全新世早期更新世末期了。

总之，我们认为广州七星岗古海岸地貌是在 6000 年以前，即已形成，因为在三角洲未发展到七星岗处时，古海岸仍未被封死，还可继续发育，即和最后一次冰期海面上升转为安定时期相当。当时海面已基本稳定在目前高度上。即使有些变动（如在±1 米范围内），也有可能。因此，不能由此得出七星岗海蚀平台表示地壳变化或海面上升了达 1 米的结论。①

广州七星岗古海岸地貌由于有它特殊的地学上意义，对今后地球科学的研究很有作用，因此，宜加适当保护。

---

① 李见贤曾与陈华材、黄广耀作水准测量指出最高潮可到海蚀平台中部稍高之处（1986 年）。

二、坡山"仙人脚印"（瓯穴）

惠福路的坡山巷处五仙观，是古坡山所在。这里也是由上白垩纪红色砂岩露头所成。坡山高出平原4米左右，是经过人工凿平的，现在为市重点文物保护地点。坡山即建有明初的钟楼，楼上明初朱亮祖铸大钟仍在。坡山东南坡（今小学内），即有红岩露头地点，在红岩露头处有流水淘蚀形成的瓯穴二个，相连一起，一大一小，形状有如人的"脚板底"，因此自明以来，被称为"仙人脚印"，保存至今。我们认为这是古代珠江江岸位置所在，但是今天，这里已离开河岸达1100米，可见"沧海桑田"变化很大。兹分述如下：

1. 坡山的地貌特点

坡山目前高度是不大的，高出平原4米上下，这是由于它在南汉初（917—941年）曾经被凿平的原故，乾隆《南海县志》称："山体原非高大，为刘龑所凿，竟成培塿，其顶有丹灶，其阳有穗石。"但是由于它位于晋代江边，故由向阳路上五仙观是要拾级而上，成一急坡隆起于惠福路北面。但北坡便渐渐变得和缓，没有耸起的感觉。从地貌上，坡山是广州台地（即文献上称20米台地，实际高出珠江平原面为5—8米）面的破碎部分。它和禺山市、中山路的高地同高，和中山图书馆的番山亭处小丘同一级台地面（这里亦为红岩所成）。由于它南坡是受古代珠江洪水经常冲击，故坡度较急。并且在山脚地点出露了基岩，把上白垩红色砂岩（前定为下第三纪丹霞组，因在1976年初，在广州钢铁厂、沙园等地发现恐龙蛋后才划入上白垩）出露，成为河岸急流淘蚀地点。因此，从坡山地貌特点就说明古代记载的可靠性，如按《图书集成·职方典》引《广州府志》（明）称："坡山在府城西南，高三四丈余，相传晋时（265—420年）渡头也，上有三雪堂、丹灶。"即在距今天约 1500 多年前，这里还是江边，山脚还受到洪水的侵蚀。

分割广州台地和坡山的是西湖一道的东汉番禺城西濠，即清代六脉渠的右一脉，今天的教育路、华宁里、七块石（今天仍有几块大石保存在街上）到南方戏院内九曜池一带，这带低地也是古文溪的一段。坡山西边即为唐代西澳，光塔即在当日的外轮码头区河边。因此，这里开发的也是广州市最古老的市区地点。唐宋文献所称的"番巷"即今坡山后的光塔街。其旁的蒲宜人巷，清末改称为普宁巷，相沿至今，即为宋代蒲姓巨族所住。

2. 坡山开发的历史

坡山，晋时在江边的渡口，但是到了唐代末年南汉时凿平来作为市区。因为开南城的记载中，凿山不只坡山一处，还有番山、禺山等地。因宋方信孺《南海百咏》称，"番山在城中东北隅，禺山在南二百步许，两山旧相联属，刘龚凿平之"，以扩大南城为商业区。因当时江岸正在惠福路一带，即坡山下即是商业兴盛的河泊区。番山，据《南海百咏》称"在州学（即今工人文化宫）之后者，止余一大磐石，有亭榜以番山（即今番山亭）"。这亭今存，下为红色岩系，故可信是"山"。禺山，明以后指城隍庙一带"高坡"（因宋前据《南海百咏》称"而禺山则漫不可考"），但据最近发掘，这里 5 米以下，即为河滩地，并有秦汉遗址发现，可见这里不是禺山。禺山地点似在双门底处，即今青年文化宫前。因禺山是唐以后名称，《水经注》时还未有"禺山"一名。唐《元和郡县志》（李吉甫，758—814）称："南海县，番山在县南三里，禺山在西南一里。"如以东汉南海县在古越城（即宋代盐仓）址，今旧仓巷一带，则禺山当在番山西北方向，相当于今双门底（即拱北楼址）。《南海百咏》引宋时图经亦称，"禺山在清海军楼雉堞下"，清海军楼即唐时拱北楼名称。旧仓巷为古越城是据乐史《太平寰宇记》（约987）称"初尉佗筑之，后为步骘修之，晚为黄巢所破"来定。地貌上，这个古越城相当于今天中山五路到越华路一带今方形高地（西到新华戏院，东到旧仓巷）范围，为当时政治中心。坡山一带在唐代后即成为"大市"，故河岸淤积成陆很快。到宋代已淤涨到"小市"之南，今一德路、万福路一带。故坡山成为市中心地点，并建有寺、观。如宋代即建有三圣堂，元毁。明初（1374）建禁钟楼其上，今天还保存着。1377年改为五仙观，即今名。因观由十贤坊藩司（今新华戏院一带）迁来，仍建通明阁塑五仙像其内（见黄佐《广东通志》），直到民国仍存，又称五仙祠，东有三元殿，今为小学。观前有石麒麟两只，用漱珠岗火山岩雕成，亦明初工艺品，应加保护（现有被凿崩缺地方）。因这是600多年前石雕工艺珍品，兽式亦和我国其他地方不同，可供深入研究。

从坡山晋代为江边计起，到1936年建成长堤新堤止，共约1500年至1700年。平均珠江河岸每年向南伸展由0.64—0.71米，即平均每百年向南伸展6.70米。因海珠石在宋代仍在海南，现却成为北岸新堤岸线。即珠江现在河道为古代珠江南岸海珠石以北的一段汉河。

3. "仙人脚印"是河流淘蚀的瓯穴

坡山东侧三元殿（明代名称，今为小学课室）前即为"仙人脚印"所在地点。文献上称为"穗石"或"穗石洞"。据清初记载，情况和今天已相近。如屈大均《广东新语》称："穗石洞有一巨石，广可四五丈，上有胟迹，迹中碧水泓然，虽旱不竭，似有泉眼在其下，亦一异也。城中天然之石惟此，余皆客石。"他的记载和今天保存情况相同，但解释欠妥。因胟迹下面，在1975年清洗污泥看清楚底部时，并没有泉眼。

城中天然之石即指基岩露头出来的红砂岩也不止一处，如番山大磐石亦为红岩所成，即天然之石。故称"余皆客石"欠妥。更具体记载还有王士禛的《广州游览小志》中称："五羊观，在城中西南坡山上，有穗石洞、五仙祠……其东为三元殿。殿前有池，片面陂陀，一泓出其中。旁有石刻曰：'仙人足迹。'傅会可笑。湛文简公少时读书于此，有诗刻石。"今天情况也大约如此，石刻"仙人跗迹"仍存，但"有诗刻石"则已不存。故今天"仙人跗迹"四字亦当为明代刻石。据此，坡山五仙观范围在古代是包括了今天的坡山全部，并且发展到山脚地方，范围相当于今天坡山四周民居及小学都可划入现址，据曾广衡说，跗迹四字亦湛甘泉书。

红砂岩露头处是在池底，离池面有 1.6 米左右，和马路面（惠福路）相若。即洪水时是可以淹没，这片露头的红岩岩面向南缓缓倾斜，故"足印"的水是向南流出的，"脚印"是由两个瓯穴组成，但互相通连，共长约 2 米。北面一个瓯穴较深，南面一个较浅，都在 1 米深度以上，相连处则较浅窄，合起来就呈一个大的脚板底形态。凹穴中贮有水，水满则瓯穴溢出。穴大小约半米直径，穴口经人工修凿过，但天然状态仍保存。瓯穴四壁呈垂直状态，瓯穴低部且还向内凹入，使瓯穴略呈囊形，是天然状态。"足迹"西侧还有沿节理淘蚀成凹坑的天然涡流冲刷地貌。由于集积雨水入瓯穴，更由人工开凿水沟导两侧流水，这条小沟是沿近东西走向的小节理开凿，挺直横切"足印"。可见"仙人脚印"是发生在近正交的两组节理中近南北走向一组，"脚印"也是沿着节理形成，故能向下深挖，形成一米多深瓯穴。又"鱼眼井"今已不见，在东侧庭院中一石上有孔如鱼眼，亦常积水云。

形成瓯穴流水由"足迹"西边的冲蚀槽沟看来，是具有沿岩面进退的洪流冲刷的，因为这样才能冲刷出顺岩面发育的

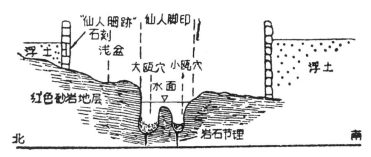

广州坡山穗石洞内的"仙人胞迹"河蚀瓯穴地形剖面图

凹沟，但是由北面一个瓯穴较深来看，洪水还有侧向涡流形成，因为囊形瓯穴是下切力强，和旋涡水流强烈作用才可形成的。洪流水下涡流力量较大，反映在瓯穴下部呈凹入状态。但是沿岩面南北进退的洪流也显示威力，因为两个瓯穴的连通是依靠这种急流的沿节理沟蚀形成，才能连通两个瓯穴。水流由南面瓯穴逆坡北进，冲入北面瓯穴，形成回流，淘深瓯穴底部，这就是使北面瓯穴（象征足踵）北、东、西三面成陡坡，只向南成坑状沟通南面瓯穴（象征脚板）。因此，这种瓯穴的形成是不能够利用红岩表面易于风化被蚀，成为凹穴来解释的；也不可能是长期下雨，岩面上被雨水长期冲刷形成的。尤其是在北面瓯穴穴口的层状侵蚀现象，是洪水旋涡冲刷的痕迹，瓯穴口外也呈略高的岩边，和侧面岩面的凹涡相分隔着，更是雨水冲刷不能成立的地貌。此外，岩面的凹涡状地形，也不是雨水冲刷所能说明，而是像今天河边岩面一样，受涡动流水淘蚀的结果，即瓯穴发育的初期地形而来，如再深淘即成瓯穴。

　　瓯穴积水的原因是地下水沿红砂岩的节理和孔隙（俗称沙眼）渗出；因为红砂岩孔隙率相当大，一般可达18%，而花岗岩（俗称麻石）只有1%。透水性也最大，它比花岗岩大

500 倍。① 每分钟地下水可以流动 0.24 厘米的距离。下雨后，沿坡山下透的地下水是很快地集中到池底岩层中，从瓯穴四周岩壁上渗出来。另外，沿红岩的节理（即岩石中的裂隙）渗下的地下水，则流动更快，因节理就是一条裂缝，地下水在节理中可以自由流动的。这就是下雨的时候，池四周的砖隙、石隙都可以有水透出岩面上来，汇入瓯穴中。古书说它"虽旱不涸"，就是因为这时虽然没有节理透下的雨水，但是在坡山广大高地的地下水还可以缓慢下透，集中到低凹的瓯穴中，再加上人为凿开小渠，集引流水入瓯穴，使它在雨季积水较多，旱季就能保存较多的水量，免于干涸。

总之，由岩面凹涡状地貌，沿节理冲蚀出的槽沟，瓯穴的地貌形态都说明这里是洪水涡流冲刷所成。加上海拔又是在高潮面附近，所以，在古代只要洪水一来，即可进行冲刷。

4."仙人姆迹"形成的年代

这里的瓯穴的形成年代比七星岗的海蚀崖要晚。这是因为它是在河边地点，并且地形上不是海成地貌，这里没有海崖和海蚀平台。因此，这里瓯穴比海蚀平台侧的瓯穴要深要大，也是属河流洪水涡动所成。虽然这里的海拔和 2 米平台相当，河岸上产生瓯穴也不是这里独有。例如西门口外浮丘石（今中山七路在积金巷处路面）的四周，据《南海百咏》称："（浮丘）……四面篙痕宛然。"这里的篙痕就是指小瓯穴成群发育的形态。实例在今天河南赤岗塔脚（中山大学东面）仍可见到。赤岗亦由红岩所成，明代是江边，塔脚四周红岩面上就发育出成群的瓯穴，但大的很少，口径多在 20 厘米以下，深度个别达 40 厘米，多数为 10—20 厘米，船工和附近乡民也称它们是"竹篙孔"，也说古代这里是个停船的码头。高度亦和 2

---

① 编辑按：指红砂岩。

米平台相当。但这里也没有海崖和平台的存在。因此，在珠江沿岸红层露头地点，由于地层松软易蚀，又有适当固结性，因而对瓯穴的发育最为有利。因此，由于它存在于晋代的江边，瓯穴的形态保存又好，表示它是在古代江边上形成的。具体年代是在晋代以后才结束它的发育过程，即"仙人脚印"生成的下限是 1500 多年。但瓯穴的形成却是在晋代以前，只不过当时瓯穴还小，没有到晋代时候那么深和大。所以，如果从珠江三角洲开始沉积时计起，则河蚀开始是在 6000 年以后的事情，而坡山南坡的陡坡段表示山体被蚀去了一部分后才能成立。如按河蚀量在季风区计算，珠江三角洲地表坡度小于 0.001，气候湿热而有旱季，估计平均每年含沙量为 3.2—3.9 公斤/10 米^3，即约相当于每年每方水能带走沙泥 0.3—0.4 公斤。坡山南坡被蚀和平原形成时期相同，如按增城金兰寺处平原 C^{14} 计算为 4000±95/年即可形成，那么，瓯穴是在这个河岸平原形成后发育，即当在 4000 年后才开始，故"仙人脚印"的开始形成年代上限为 4000 年之后，这和新石器末期海侵期时间相当。这样看来，"仙人脚印"的生成过程只不过二千多年的历史，从而表明珠江江岸在晋代以前相当稳定。

第五节　浮丘石、海印石与海珠石

一、浮丘石

浮丘石在浮丘寺南门，为一大片红砂石所成平缓地面，据《广州杂抄》卷二称，有一二块突起其间，昔为西门人们纳凉、休息和儿童玩耍地点，其位置正当今天中山七路路面所在，故已为开路时所破坏（如凿低、凿平），并用为路基。浮丘寺也在民国时被辟为华侨新村，地即今天电影院东汽车零件工厂及华侨洋房所在，即李家巷到将军里一段。解放前为警察七区三分署，现为回民饭店（据梁图光，1989年《羊城今古》）。其东门开在光复北路一饼店中，解放初，家父曾广衡曾详为谈及此石的情况（并见于《广州杂抄》卷二）。浮丘石往西，地势下降，即一斜坡，由中华戏院到将军里直下西关平原，每年多受洪水淹没。石南即为积金巷（又称撒金巷），地势也高，也由红砂岩组成。故出西门过西濠后，再升起为浮丘石又再下落平原。浮丘石即为西门口外小丘。

宋方信孺《南海百咏》："其高一丈五六尺，周四百余步。《番禺杂志》云：'东边有井……先在水中，若丘陵之浮，今山之四面篙痕宛然。有陈崇义者，年一百一十二岁，说为儿时犹见山根舸船数千，今山去海边三四里，尽为人烟井肆之地。'"可见唐代这里还是江边，河岸直到浮丘石脚下。"篙痕"有两种，一是船家竹篙头铁钩撑篙时磨石而成，另一是天然地形的瓯穴。这种篙痕更是河水到达的标志。如为撑船篙痕也不奇怪，因西关平原至今遇大水仍被淹没（陈家祠解放后也常受淹），河道离开这不远即有，志称道光年间篙痕还在云云。

浮丘石另一特点是岩石由粉砂和铁质粘结而成，故可以作赭石颜料使用。石质细密，为良好石材。石面比目前马路面略高，故开马路时曾凿低一些，但高出西关平原3米以上，实为台地的一部分。因受河水侵蚀而成岗地，故称为"山"。如果西濠和西关为古代江道所在，则浮丘就是海中浮出的样子了。这片红岩组成的丘陵，有一块红岩露头，正和坡山的仙人姆迹一样，不同的是一是江边河水冲击的石面，一是台地的顶部露岩。

在河边高起的小丘，向西极目无边，西关平原莲塘和水池交错，又为古兰湖水道所经，船舶出入频繁，故成为城西游览胜地。山脚下相传有葛稚川曾饮过的珊瑚井。宋经略蒋之奇建有朱明馆、挹袖轩、白云堂；明赵志皋曾再建；万历廿九年（1601）改广仁观，清才改为浮丘寺。旧传每年三月上巳，游人采撷珊瑚井旁的荠苨草，是为春游之地。

这样，浮丘石的地形和城西北角相似，那里有西山及高岗存在，都是 20 米台地部分，浮丘则和广州城隔着西濠的小山岗。篙迹在道光后才被采石凿去（见樊封《南海百咏续编》）。

二、海印石

在城东濠口古代有一块海印石，面积较大，但位置较低，特大高潮可以淹没。今天由于市区发展，河汊填塞，海印石已连陆，并被民居埋没，但清代还在江上，故《羊城古钞》卷二："海印沉石也，在下方之东，半出波际，其上有京观楼。"因白垩纪红色岩层排列水平，易受河水沿层与层之间的层理面进行侵蚀，形成平坦的岩面，故在河面附近，河水冲击力特大，更易形成海面附近的岩面，被人称为"沉石"，状如"海印"。在今天珠江南岸，河面附近还有成片面积的红色砂岩，有些还未被填成陆地，还在河边。由这些小海印石看来，方格状节理发育，被河水冲刷，沿节理形成了沟，所以方格状的沟就把大片石面切开成方块状的印章形态。这种地形就是科学上所称的"海蚀平台"。故海印石也是海蚀平台地形。

海印石按古地图查证，是在东濠口的小岛上，同治年间，其上有东炮台存在。同治十一年（1872）的《南海县志》图中已连及筑横沙，而东炮台的建立当依靠有坚硬地基的海印石。海印石因在明万历中知府郭师古曾在城东南沙洲上建海印阁得名，可知当时海印石已有停积流沙，形成沙洲。海印阁到了清嘉庆年间，再改建有京观楼，这个楼据当时人写的《羊

在金光祖《广东通志》中的海印石附图

城古钞》中说是"周以雉堞，视海珠、浮丘，隐隐若三台象然"，可见嘉庆时已具炮台形式。其后，外夷侵入，故多改为炮台。京观楼位当要冲，又有基础，改成炮台当很方便。

同治十年（1871）《番禺县志》图中东炮台仍为东濠口的小岛。但在同治壬申版《南海县志》中，已和筑横沙相连，成三面环水的半岛。以后到光绪末年，东濠口西侧筑东鬼基（即新式堤坝意思），伸入海口，与东炮台合成一东濠口。到民国初年成今天筑横沙东南边的东濠东岸一带，即越秀南路地段。到民国十年以后，东濠口大加填积，只余古通波罗水道（筑横沙北海汊），今只余观音庙（已作为工厂）可证海印石即在今广九大马路南（因观音庙在筑横沙南江边）。

三、海珠石（走珠石）

宋《南海百咏》称："在湖（此字疑为河字之误）南，旧传有贾胡自异域负其国之镇珠逃至五羊，国人重载金宝，坚赎以归。既至半道海上，珠复走还，径入石下，终不可见，至今此石往往有夜光发，疑为此珠之祥。"

这段海珠石的美丽的神话，即今天珠江之名的来历。其实，海珠石和海印石一样，都是珠江河面上的一块巨大红色砂岩所成的礁石，不同的是海珠石是由粗砾岩和沙砾岩层组成，故特别能抵抗洪潮水力冲击。1936 年笔者发现海珠石南面已被江水冲蚀成许多洼凹或深坑。1946 年，作者测得红层走向

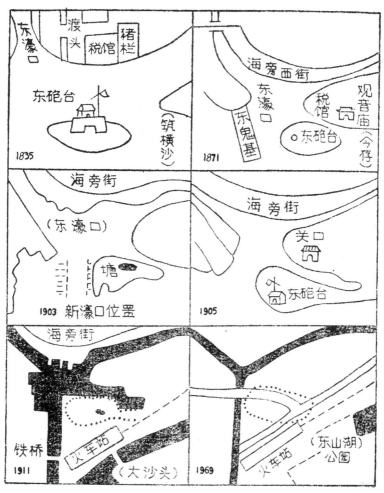

海印石并岸过程图（曾昭璇，1979 年制）

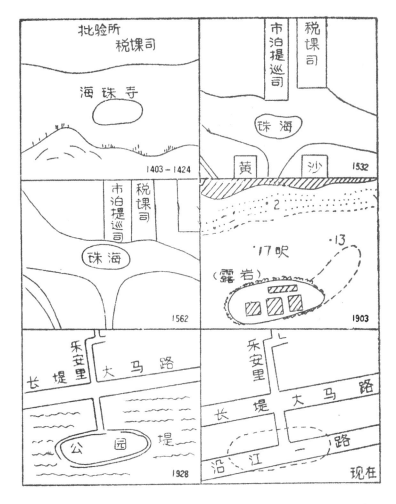

海珠石并岸过程图。明代海珠石仍在南岸，嘉靖后并近北岸。（曾昭璇，1985 年制）

为近南北走向，倾向西，倾角 20°—25°，小岛呈椭圆形，东西长 100 多米，阔 50 多米，在乐安新街口有木桥约十丈相通，称为海珠公园。内有民国海军总长程璧光铜像（1917 年程氏护法南来，1918 年 2 月遇难于此），即今总工会大厅前"开拓者"塑像处。岛上木棉成林，1963 年仍留一株于长堤 14 号码头处。海珠石附近还有礁石，故设有浮标。砾岩层层面能顺洪水冲击，不至增加侵蚀力量。洪水顺岩面上滑过，减低侵蚀力，使小岛不致被蚀成暗礁。由石的存在，也反证珠江今天仍在侵蚀两岸陆地，扩大河床，两岸台地基岩石不断被蚀出露，如清代沿江仍有不少岩百矶头如黑石角等。

海珠石在明清以来都是游玩地点，如宋时李昴英读书其上，后捐赀赠僧监义建慈度寺，内有明万历丁亥（1587）造观音像碑，寺内有文溪祠，清初还有得月台。雍正九年（1731）加建文昌阁。嘉庆时，寺旁有古榕十余株，四边蟠结，舟荫其下。另据《南海县志》，清初曾筑为炮台，并传到清末、民初。如在同治《南海县志》，即载为海珠炮台所在。但当时海珠石已日渐因城南淤积而靠近陆地了。

海珠石连及陆地是 1930 年以后的事情，因沿河最繁华地区地价最高，故把海珠石和大陆相隔的狭窄汊道填平，把长堤弯入一段拉直，筑新堤由爱群大厦直到天字码头。于是海珠岛的南缘，变成了新堤的一段。新填地段建立了十五层的爱群大厦和工会大厦（即胡文虎万金油大厦）等。海珠岛即今总工会大厦以西前后马路夹着的一小块地方。海珠岛的消失，可以说明珠江河道已比古代缩狭了一半以上。因宋代海珠石是在"海南"的，偏近南岸。今天由惠福路到沿江西路正是珠江主流所在。

第六节　珠海、白鹅潭及其平原上水道

一、珠海的形成

珠江古时是很阔的，又有海潮涌入，故当地人不称珠江而称"珠海"，或称"小海"。朱彧《萍洲可谈》卷二称："广

州市舶亭枕水，在海山楼，正对五洲，其下谓之'小海'"，故过江称"过海"。小海是和古扶胥镇处的"大海"（即今狮子洋）对称。这里是内洋与虎门外称外洋有别。大海是西、北江三角洲和东江三角洲分界海，故被称为内洋（即狮子洋）。宋杨万里诗："大海更在小海东，西庙不如东庙雄。南来若不到东庙，西京未睹建章宫。"故"海"之称呼清代仍流行。如清代"羊城八景"中，即有"珠海晴澜"一景。称"珠"则以江中有许多红砂岩所成礁岛，很像江中的珠一般。"浮水之石"圆形如珠，故称为"珠江"，起源至少在宋代（《南海百咏》已有"走珠石"条）。但宋代珠江宽达十里，故以"海"称。《南海百咏》引《番禺杂志》云："卢循城在郡南十里，与广隔江相对，俗呼海南。"《舆地纪胜》亦称"（海山楼）在南城，极目千里"，故古称"海珠"。

从珠江水系结构来看，称为珠海也有理由。珠江每年流入海中水量达3700亿立方，分八个门入海，但三江仍有部分水

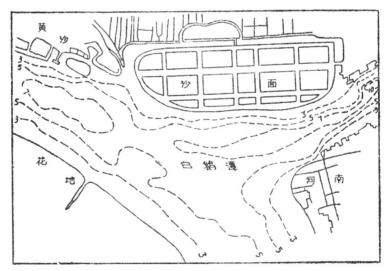

清末（1907年）白鹅潭潭底地形图（曾昭璇，1989年编制）

量流汇广州。小海大海中，因来沙较少，淤积不快，按 6000 年海面上升停止①，淹没的平原原为一大海湾，海面大，来沙少，故形成不少广阔海面，白鹅潭即一例。

二、白鹅潭

白鹅潭在风浪大作时，危害舟楫，故古代船只好绕开白鹅潭驶入东、西澳和玉带濠一带避风，有时西澳船只更驶入兰湖来避风，东澳船只也不敢由珠江航行，而西走筑横沙过新河浦水道出扶胥港。因台风期白鹅潭每起风，波浪滔滔，成为白雁栖息地区，故白鹅潭即因常见有大白鹅出现而得名。一说因海上有妖物白鹅出现得名，《广东新语》称，"珠江上流二里，有白鹅潭，水大而深。每大风雨，有白鹅浮出，则舟楫坏。相传黄萧养作乱，船经此潭，白鹅为之先导"。传说，"白鹅浮水面，萧养转回头"云。此潭上承西北两江之水，但以潮汐畅通，淤积不烈，故直到清末，测得水深仍达 7 米以上，深处且达 10 米，江面又阔，常为龙卷风发生地点。据乾隆《广州府志》记，"明怀宗崇祯九年（1636），龙起城西柳波海上"，即此。三江总汇称为"巨浸"，乾隆齐召南著《水道提纲》称："北江至此分为二派，中有大洲，南流，其东派会从化水于石门，南为巨浸。分支津东南，经广州府东面会东江于珠江口也。正派南流，至府城西部为巨浸，曰柳渔浦。"这里所称"巨浸"亦指白鹅潭而言。

三、珠海平原的长成

古代珠海直到城外，《南海志》称："三城南临海，旧无内濠。"如惠福路坡山即为晋代渡口，故广州城近海，一似古

①　编辑按：6000 年前。

代潮州（因海潮涨退影响所及，故名潮州）。今因海滨淤积成陆，才成内河状态。珠江每年沙泥输出达8500万吨，所以，当有不少泥沙停积在广州附近河道上，例如在沙河出口处即有大沙头、二沙头等沙洲堆成，西面"古云东海"也有沙洲发育，到小北江也有大坦沙等沙洲多处。河床积沙引起水患，同治《南海县志》即说官窑水道淤塞而引起广州水患。《引疏灵洲山南郁水碑记》中云（嵌于小金山路旁）："数十年间南渠寖淤，积沙为陆，潦水时至，壅遏不流，坝堤患之。道光十四年（1834）夏，官窑溢决数十丈，波及省城，舟行市闬，几十余日。"所以，自然堆积在广州附近是很利害的。加上东江三角洲日向狮子洋堆积，南海庙前宋代称黄水湾，"扶胥浴日"为八景之一。清初已涨沙数十里，虎门以内，沙洲不断产生，使咸水难以侵入。虎门口狭，相传船出虎门高五寸，船入虎门减五寸，故此带最易翻船，南海庙即为祝福求祐地点。

广州古为巨浸所在已有河南七星岗古海蚀崖证明。当时广州古海湾东有东江三角洲，东北有增江三角洲，北江有北江三角洲，绥江、西江、潭江各有自己三角洲，不相连续，但后来泥沙淤积，三角洲不断向广州集中，三角洲才彼此相连。东江和增江三角洲在石滩相连，绥江三角洲和北江三角洲相连，西江与北江三角洲在三水、佛山相连，潭江和西江三角洲在新会相连，放射状的河汊聚于广州巨浸中。由于河汊集中广州趋向，故东江、增江三角洲沿石滩水道经新塘，出扶胥，走波罗水道入城（即今新河浦小涌）。北江是由石角东侧白泥河水道入新街汇流溪水，是汉代以来南下的主要河道。今天，广州到雅瑶间广大平原即为古北江主流所成。西江以佛山水道为主，而且佛山、大通（今花地口）水道是当时主要工商业地区，佛山是全国四大镇之一。所以，广州巨浸日益变浅，即因三江大量输送沙泥沉积所致。同时，各江河汊变浅改道，才形成今天河汊分歧百出的情况。在唐、宋以后，围田开垦，人工约束河道后，水灾更加明显。如道光十五年（1835）十二月，巡抚高平祁埙撰的《引疏灵洲山南郁水碑记》中即有云："广州水患，自沙田弛禁而始大，焦门堵塞而益张。"汉代广州是南海郡治，番禺是在顺德简岸（南汉的咸宁县城）建城，后来因为西江水涨常泛滥，很难居住，故又迁回广州。"番禺故城，西接牂柯（即西江），沮洳难居，鹭治尉佗故都。"（见《羊城古钞》卷五）可见珠江平原二千年来，河中不少沙洲就变成平原。

三江水道都不是以广州为重要尾闾，如北江主流早已经三水，西江主流转入磨刀门，东江还未填满狮子洋，故广州的白鹅潭今天仍能保存，深水道直通外海，成为广州港基础。前后航道保持也很久，数千年仍很深，不似一些河道很快即改。如古瓦窑水道，近时的芦苞水（即古云东海）今已旱涸，沙积不通。珠江河道基本受20米台地挟束，表示河流今天仍在侵蚀河岸台地，使台地边缘出露岩石（如浮丘石、仙人姆迹、赤岗塔脚等）。河中仍有不少岩礁（如海印石、海珠石等）。这都表明广州有可资海运的优越地理条件。

洪水期使平原受淹以下西关一带为主。长堤水淹到南关戏院、靖海路中段一带，河南淹到福场路中段。平原和台地交界也表现为坡地存在，如老城与西关之间，文德路北段到南段之间，永汉路与高第街之间，解放北和解放南之间都有斜坡地段，河南由南华路到同福路间也同样存在。坡地一般已为红土分布，和平原疏松沙泥堆积不同。在平原区，多有潮灌和海舶发现。小市街据《续南海县志》也记载了道光年间挖出海舶用铁索。《南海百咏续编》也载乾隆初玄妙观住持"黄本纯垦井旁隙地为菜畦，启土三四尺，得朽木盈丈，视之，洋舶也，搜掘至舱，获藏镪无算"。按玄妙观即海珠路与惠爱路交界处，已入平原地区。沧桑之变，处处可求。

四、广州平原形成的历史地理

广州平原的沙泥沉积起源于45000年（即更新世末）前，因为在番禺茭塘（30孔）石英砂热释光测定年代为42570±80年。砂子在平原底部-21米处取得，故知珠江平原厚20多米的沙泥沉积已有4万多年历史。东北部同和附近京溪村北腐木层C_{14}年代测定为33890±1800年（海拔21米，埋深18米）。在炭步南塱溪-15米腐木C_{14}测定也达33070±710年。在竹料南大岗村石英砂热释光测得32177±50年。这些沙泥层是流水冲积的，没有海生动物发现。但在塱溪-15米腐木层以上的地层却发现了。

三万年以后却是海进时期了。因为沙泥层中有海生生物出现，如咸水生长的硅藻。塱溪-11.8米深处腐木层，C_{14}测定为23890±510年，已夹有咸水生硅藻。据方国祥等（1990年）意见，已是当日潮水到达的地点，表示白泥河谷地当日是条水深入潮的河湾地方，三角洲边缘已深入到白泥河谷地了。不过在四周高地仍为陆相沉积沙泥层，即晚更新世中期为第一次海水侵入期，时间为距今3万年到18000年。

到更新世晚期（距今18000—12000年）是个地面风化期，堆积沙泥层为陆相。有些粘土层呈花斑状风化土层，没有海生生物出现，腐木、泥炭、石英砂都是陆地淡水或山坡地沉积。

全新世初期（距今12000—2500年）又是海进期。如佛山市东蔗围（钻孔编号GK_{21}）-11.8米沙泥中，即有海生硅藻，年代C_{14}测定为11400±417年。又如番禺茭塘（30孔）石英砂热释光测得为10900±50年，海拔-14.5米处亦有海生硅藻发现，即冰期开始消融冰雪，融雪水流入大洋中使海水上涨，侵入平原低地中的结果。以后在距今 7500 年—5000 年前，海面上升到今天高度，故各地沙层都有咸水硅藻出现，只在少数高地上没有，并有海岸沙堤地形埋藏起来，海面以上地点，才出现陆相沉积。炭步东渔民村（属花县）已有大量海生硅藻发现，表示白泥河中游已可进潮。

晚全新世（距今 2500 年以来到今天）以来，已有海生生物如蚝壳等被发现。粘土层中有抱球虫被发现了。海面已稳定下来。兹将广州市区地层年代列下，以供参考（据华南师大地貌研究室资料，1990 年）。

1. 广州中山五路百货商店 - 3.0 米处贝壳 6340±130 年（C_{14}）；

2. 广州大南路 - 0.35 米处（埋深 5 米）2320±85 年（C_{14}）；

3. 广州沙面黄沙桥头淤泥埋深 6.8 米，海拔 - 3.5 米为 2320±90 年（C_{14}）；

4. 广州宝源路淤泥埋深 2.6 米，海拔 0.08 米，为 2120±90 年（C_{14}）；

5. 广州中山四路越王宫柱础埋深 4.7 米，海拔 0 米，2190±90 年（C_{14}）；

6. 省交通银行东面十八层大楼地基埋深 3 米蚝壳，2450±90 年（C_{14}）。

五、珠海话沧桑

广州城区宋代以前海边界线西以海珠路为界，南以惠福路为界，当时白鹅潭和柳波涌（古称柳渔浦）的海面扩大到这里来，海珠石只靠近南岸一小岛。

西关区除若干台地和台地残留的小丘外，大部分为浅海区。唐代以后，才渐成为水陆交错的河湖区，泮塘和兰湖可为代表。唐末荔枝湾是烟水之地。直到今天泮塘（一半是塘之意）、广雅中学、龙津、下西关一带，唐以前是个河滩区域。因西关扬仁里已有隋代碑文证实存在，下九甫华林寺是梁普通七年（526）建。可知当时西关沿海天然堤上已有大片陆地。

东关及东门地段大致以东较场为界，较场以南可划入平原区，更东则以龟岗以西为止。这段平原发育沙洲众多，且直连近台地。因此，这段平原基本上可与玉带濠相连起来。反证广州老城的珠海北缘正和东较场南平原相连在一起。古珠江的阔度也基本上受南北 20 米台地挟束着，阔度达 2 公里以上。

河南平原沿江分布不广，因官商没有填地，江流冲击，平原只在台地边缘生长一些，阔只 100 米左右。

东关和西关平原发展各有不同。如以坡山为界，可见西关以西以大片平原为特点，以东以沙洲发育形式为主，即一为三角洲式发育，一为河岸式发育。

珠江大桥横过大坦沙（又名牛牯沙）要用两条大桥，东桥横过东海，西桥横过珠江，罗冲沙、鹅掌坦也很大，汉陆贾使南越居西场一地，古称"松洲江"，西称"沙贝海"。这些汉河阔度不大，但沙洲很大，显然是河道和平原"不调协地形"。还有雅瑶水道、炭步河也同样有广阔平原和狭小河道形态。同样，白泥河和芦苞水也是这样，表示当时大平原上是有着许多大河流经的，如由石角经白泥、炭步入金溪；由芦苞经官窑、麻车入雅瑶；由石角南流鱿鱼岗下官窑等都是古代南流广州的主要河道，今白泥河上游比北江还低 2 米，故石角处崩围，洪水即直下广州成灾。今天鱿鱼岗河高于白泥河，芦苞河又高于鱿鱼岗水道，正如西南涌高于官窑，官窑高于白泥河一样，故古代绥江水可影响芦苞水和北江；西南涌影响官窑水，而西江水（简称"西水"）又可由三水，经官窑冲达广州成灾。芦苞水和官窑水道在明末即开始淤塞，留下大片平原和沙洲地形。流溪河带来不多沙泥，只能在广州西边形成一些小沙洲，如黄沙、沙面等。

北江主流古代合西江水由三水分汊流经佛山，汇入广州巨浸，一入花地山村水道，出白鹅潭，一由三山出前航道，故广州水患是南、北入侵的。芳村，花地，东、西滘，增步各沙坦地都只有狭窄河涌汊，流在不配称的广大平原上。显示昔日这些河道是宽广的。

西关各水道变化也是日渐淤短。分述如下：

（1）荷溪的淤短

荷溪由泮塘东南伸过宝华路、荷溪新街、三约、二约、通津到汇馨街（即粪埠之名）分为两支。北支在道光十五年（1835）通到高基（见同治《南海县志图》），属围口涌，即围田内的排水河道。1928 年淤至带河路以西（见 1918 年地图），1954 年淤至泰兴街（见 1954 年地图）。即 120 年间淤平 400 米。南支在明代已通至长寿寺。王士祯《广州游览小志》称："长寿庵在郭外，创于万历间（万历三十四年建），……寺西偏有池，通珠江，水增减应潮汐。"1928 年淤至永兴大街口石桥，1954 年淤至汇馨街南口。按长寿寺即今水塔及旧乐善戏院址（见宣统《南海县志》），则近 350 年间淤短 300 米。带河大街（今带河路）即因沿河而得名，旧名带河基。

（2）龙津涌的淤短

由泮塘西北伸入龙津路，折北入彩虹桥一段河涌为龙津涌。本段在 1928 年在永安围（即今荔湾东约）西淤断。西乐围南伸入绵纶北约聚龙里、大塘街一段由 1907 年到 1957 年间淤没，即 50 多年淤短 350 米。由陈家祠向南一段由 1928 年到 1957 年近 30 年间淤短到龙津路北石桥头，亦有 600 米，表示河涌由于建屋和人工堆积日变狭窄而缩短。龙津涌入永安围一段在同治年间入至将军直街，1928 年只到太保基西，亦淤短

150 米。

（3）西关涌的变迁

西关涌在万历二十九年（1601）仍留大观桥濠以利行舟，可免使"濒海诸堤，填筑不已"之患。西濠改回旧道后，西关一段又日见淤短。道光《南海县志》引王学曾《记》称："复念商贾艰于转运，始留大观桥濠未填，仅容小舟。"即开复太平旧濠时，大观河已淤窄。入清代后，已淤至桂兰里。上志引曾燠《疏浚西关濠水记》称："万历中，复太平濠，塞十四铺新河，仍留桂兰里（即今瑞兴里）以下，即今大观河是也。数十年来，濠身日淤，居民之濒水者，往往窃为己业，或筑室据其中……"该志（见十三卷，建置）复称："惟大观桥向系三拱，其二拱久被占塞，中一拱丈量一丈六尺。"所以嘉庆十五年（1810）浚濠，即以 1.6 丈为准，恢复官濠八桥交通使命，使青云桥（俗名旱桥）、淘沙氹、万钟里三条街淤成陆地。大观河尽头在十四铺码头，即今瑞兴里土地庙处（该庙有 200 多年历史，今存，为二进极筑 17 桁平房）。庙前旧有小广场并有大榕树，往南转为十五甫、十六甫（这二甫后移十一甫北）。同治壬申年《南海县志》图：瑞兴街淤出，到缸瓦里（今光雅里）。1954 年只留牛乳桥西河道（即清平路西），计 140 多年淤短 550 米以上。

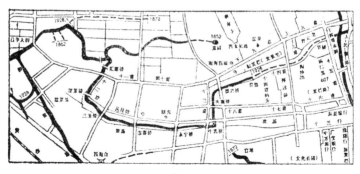

西关涌图

西关上支涌，由汇源桥东伸入华林寺一支，在同治二年（1863）间到桑园（今彩园），到1920年淤平了200米，止于宝华大街西侧（璇源桥已成沟渠形态，在十六甫新街）。由于清末资产阶级的兴起，西关大面积建房，还有把整条河涌填平现象。如在至宝街东伸到宝华市一段河涌，在1872年（同治年间）还保存，但到1920年即全淤没。

广州西郊在西场以北为台地低岗地区，南岸、泥城一带已入平原。平原多是人工堤围古海坦形成。如由南岸到东海有五道堤围，四列池塘，二条涌；由荔枝湾（彭园对面）到如意坊也有五列堤围、四列塘、一条涌。表示人工不断向海围田的结果。如意坊以南即为黄沙，这是近期形成的沙洲，和西关有柳波涌相隔。转南即为沙面（又称中流沙），清代为歌舫冶游之地，同治《南海县志》认为即"拾翠洲"。按唐陆龟蒙诗"侯吏多来拾翠洲"即不应在此，以彩虹桥为宜。租借夷人后，搬迁费即达20多万两（搬到对面谷埠），沿岸炮台拆去。解放后，沙面还掘出土炮几尊，现陈列于五层楼前。洲称"中流"，可见南北河汊很阔，即今大同路、丛桂路一段，都是古代柳渔浦一部。同治《南海县志》载："丛桂里三界庙前后数里许，掘之皆白蚬，已枯，但存壳耳。地尽礐石，畚土其下，数年复掘之，则土不存，而白壳如积，旧殆蚬塘。"蚬塘多在大河床中形成，和顺德以南蚝龙一样。不过蚝龙（或称蚝塘）是咸淡水交界处才有，而蚬塘（又称蚬龙）则为淡水河生。如是，则珠江当日很阔，包西关南面一带。

由宜民市到龙津桥是古代围田地方，今太保基一街仍在，仍为菜地；又据同治《南海县志》地图，由万善到西禅寺一带，堤称"永安围"。由西禅寺到芦排巷围堤称"西乐围"。堤高于平原，故店铺多沿堤两侧建立。因此，沿古代围堤道路和建立的坊镇，年代可以很古，如下九铺西来初地华林寺，梁代已建寺。古西澳边的扬仁里在隋代已有，下九路宋代称绣衣坊，嘉定四年（1211）已建有"安乐庐"（即收容所），南宋词人刘镇学已居丛桂坊，故沿河岸，堤围已有坊镇建立，有如今天如意坊。已知西关基堤有二条高基，还有陈基、洗基、黎基、蓬莱基、曹基等多条。纪录年代多早在明代。

堤间多低望地，古代潮水直抵长寿寺内。清王士禛著《广州游览小志》称："寺西偏有池，通珠江，水增减应潮汐。"租借沙面时，更建筑新堤（群众称为"鬼基"，即"番鬼基坝"），即已把西炮台、新填地上的西安、西固炮台都填毁，并筑堤到联兴街（今文化公园西侧）。

六、河道沙洲发育形式的珠江两岸

近代珠江河道多沙洲发育，由小北江到省河，沙洲不少，使河道变狭，由珠海变珠江。如东澳到沙河口之间，已知的沙洲有筑横沙、永胜沙（在北）、大沙头（在中）、二沙头（在南）等。大沙头在文溪和沙河之间，由于沙河沙多，故于此交汇地点停积成洲。二沙大沙间水道很浅，筑横沙北水道已成小涌。古波罗水道分为两支，北支沿东较场南面河涌及东西走池塘区，东经前鉴街、紫来街南池塘地带。南支即筑横沙北水道，其间为东澳沙，即今东华西路一带。今大沙头、筑横沙间水道已开辟为东湖公园，西段已被填塞成陆。沙河沙量是大的，今广州建筑用沙不少采自沙河中，因而正当沙河出口的二沙头就成为最长最大的一条沙洲，长达3公里，大沙头也长达1.5公里，筑横、永胜两沙长1公里。古东澳沙（今东华西）只有500米左右，这几条沙都呈东西延长状态，南北很短（筑横沙200米，大沙500米，二沙600米），这是因为珠江河道呈东西行，海潮涨退也呈东西向。并且由于海潮涨退每天二次，故沙洲外形多呈东西对称状态，即中部阔于两端，故古东澳北汉先淤成东较场河、塘洼地，波罗水道先淤于大沙头北水道，而大沙头北水道又先淤于二沙北水道。还有一特点就是上述四条沙由小到大外，还有叠瓦般的排列形式。整列沙洲成转向东南的覆瓦形态。这是沙洲发育于弯道部位的结果。如古东澳沙发育在东濠口东侧，并形成汉道，使筑横沙在下首淤积形成，汉道不断形成，大沙、二沙相继形成，称为弯道的"羽状沙洲群"。不在弯道上的沙洲如洗村涌和猎德涌间的海心沙，就不呈覆瓦状而是呈江心洲状态。

玉带濠包绕的太平沙，沙洲形态和地名也还可见，表示太平沙长约千米，阔约 500 米，以珠光街、太平沙为中心。向西

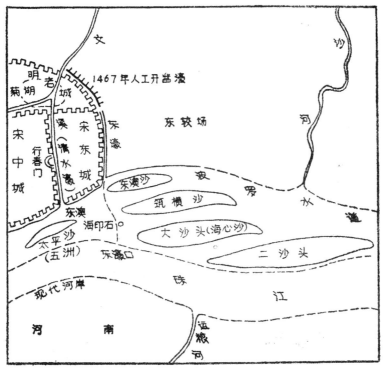

广州珠江东段叠瓦式沙洲构造简图

南有增沙（今增沙街、增新南一带），再西南近涌尾有新沙
（即今新沙上街、下街、西街，水埠等街）。故明代以后，在
新城外不断涨沙，因当珠江凹入弯曲处，故是天然淤积地方，
加以人工争地填海，故在修新城时也大致沿沙北汉河修筑，并
掘出玉带河来。

在河南沿岸沙洲也有白鹤洲、鳌洲等，多在台地保护下沉
积，是四周环水的长形小洲，由漱珠桥口起经鳌洲内街、外
街、正街到大基头东边为止。长约 500 米，阔不到 200 米，沿
江边伸展，与河南隔一汉河。民国以后在鳌洲西口且形成一大
片淤积平原。后乐园仍为海汊。今天内港是人工筑堤围海的结
果。白鹤洲即为漱珠、马涌交汇处的沙洲，亦为古代海汊。马
涌（又名大涌、洗马涌）由白鹤洲深入龙田、隔山洼地，东
通小港出鸭墩，入珠江二沙头处（故又称东段为鸭墩水）。所
以由宝岗到沙园间实为一古海汊，为河南岛中间的汉道。明时
东西海交通常经此水道，故有小港村名。平原今为龙田、南田
等大村落所在。

总之，无论是三角洲式平原发育还是河岸沙洲发育方式，
都伴有人工围田的进行。

但是广州南部平原不是三角洲平原，因为河道不是呈放射
状的，而是成弯曲如蛇行状的，属于“准点平原”，即平原堆
积是以海面为准的。一次潮洪，可积五六寸泥沙，水道一天涨
落潮两次。河涌水流一日也来回对流两次，和东、西、北三江
只有顺向低流的情况不同。三江没有随潮涨落的水位差别，只
有洪枯水期之分，即洪水期可上涨十米、八米之巨，枯水期可
出露大片河滩，但是河水是不会倒流的。所以，沿河平原是
“岸高水低”的地形，如肇庆码头即“上岸如上山”，上码头
梯级 50—60 级之多。可见西江上涨可达 10 米以上。反观广州
的“准点平原”，两岸不高，河水不低，经常保持 1—2 米高

差，长堤不用筑防洪堤，岸上行人能欣赏江面风景，"珠江夜月"和"珠江秋色"都成为不同朝代的"羊城八景"之一。

因此，珠江平原上的弯曲小河涌，正是准点平原上的"感潮水道"，可成为交通、游览的良好风景资源，又是农业（如果树等）灌溉的渠道，故应予保护，并发展为旅游业的资源，如荔湾涌即曾被评为"荔湾渔唱"的八景之一。解放初大量填涌造田实为失策。今广州提出修洗马涌、河南涌和沙河三条，是很好的事情，可美化和净化广州环境。

珠江因江面宽阔被称为"珠海"，到清代则称"省河"了。海珠石本在海南的，而今天海珠石成为珠江北岸了。分述如下：

1. 唐代以前江岸

唐以前珠江岸边在泮塘稍南的"荔香园"，经上、下九，惠福路，文明路一线，大致沿唐城和越城南界。

泮塘是南汉华林园地，再南为郑公堤。同治《南海县志》称，"堤以唐节度郑愚得名。荔枝园在其上"，曹松诗所谓"树上丹砂胜锦州"者也。其地后入"潘氏园"。按该志潘氏园即后荔香园地。唐代江边当在堤外。又大观河和柳波涌交界处亦称昌华大街，袭南汉名，非真昌华园也。上、下九，"三摩地"稍西为西来初地，传是达摩上岸地点。罗文俊《绿萝书屋遗集》称："普通七年，达摩泛海至粤城西南登岸，后人名其地曰'西来'。"则梁代这里当是江滨地区。又绣衣坊（上九甫）文澜书院中的星泉井，相传是南汉井，则上、下九唐已成陆。南海西庙又在第十甫，为宋绍兴时建，则唐时当为江边地。又扬仁里在隋代已成陆，可见西关唐代江岸在大观河连到荔湾涌一带，东连入老城南西玉带濠。

老城仁王寺晋时已成陆建寺，即晋代江边所在。惠福路五仙观在坡山上，相传为晋代古渡头，有"仙人胭迹"为证。

惠福路在解放后浚渠，也发现丈余长的船板，当是宋以前河边地。子城南界是南汉时凿平禺山加筑的，因《城冢记》称："郡南城步骘迁州时尚隘，黄巢灭之，到刘隐更筑，凿平禺山以益之。"应扩至江边，故子城南门外应为江边，地当今大南路；东城唐代江边，地当今文明路。因为宋代筑东城时，是按古越城城址兴筑的。这三城南面都属珠江，故《南海志》称："三城南临海，旧无内濠。"则唐代江边当为三城南面江岸。

2. 宋代珠江江岸

西关一段，江边在十二甫丛桂坊南。丛桂坊，到光雅里，这一带地面特低，高潮时已淹没。地下多白蚬壳，即古河道遗迹。丛桂里是宋代街名，南海西庙在第十甫（今广州酒家处）。又怀远驿地明代原名"蚬子步"，是江边码头名称，可能是宋代江边地。冼基亦为宋时基堤。沙面旧称"中流沙"。如按上述宋代江边界线来看，亦合。

三城一段，因为玉带濠是1011年开凿的，可见南汉时广州城南门外已起沙，才使40年后有开内濠的要求。到1211年，即200年后，珠江更往南推到太平沙，东边则南达镇龙街，即宋雁翅城所在（见《南海志》卷八）。所以明新城范围大部分为宋代江边之地，如小市街石亭巷在1184年已是市廛。〔易其霈《易氏前谱考证》称："淳熙十一年（1184）甲辰五月，遂灵神主，弃产挟资，入广之城南小市街石亭巷居焉。"〕素波巷为宋西城素波门外直街，亦属宋街，其旁即为木排头、水母湾等宋时江边地名。清水濠亦宋时街名，见冯秉鉴《龙湾冯氏世谱序》，东横街是宋山川坛旧址。

3. 明代江边位置

西关明代江边当在十八甫的南面，因为西关十八甫地名，是明代中期以后地名，即在1448年后才有，故江边应在今天和平路、冼基、丛桂南一线。

明代十八甫中的十六甫即今桨栏路，因《南海城西堡张
氏族谱》称："明所有公由熹涌迁居穗城之西十六甫，即今桨
栏街，为始祖。"是明代河边地。冼基亦为明代基围村乡地
方，因《岭南冼氏宗谱》称："广州城西冼基为参政懋章公故
居。"亦为近江边地。丛桂南明代有人居，因谭宗浚《荔村草
堂诗钞》六自注，"帆影楼，相传治地时掘得一碑，称为明季
道流十七人避乱于此"，故江边当在其南。

新城一段，只于永清
门外有涨沙，即今太平沙
一带。计由永清门到永兴
门一带，为 1563 年后新涨
之地，才使建新城时不包
括太平沙在内。永清门以
西，虽然没有涨沙，但是
仍有淤积，到明末清初，
这里要筑鸡翼城来保护城
外商业区，各长 20 多丈才
到海边。即西濠回澜桥外
即为江边，东濠到镇龙上
街尾。新城南面江边淤积
地已有沙洲发育，可由沙
洲巷地名及有沙洲桥说明。

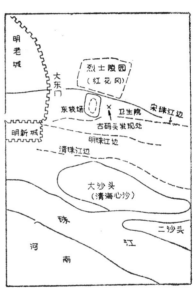

广州城东（红陵旭日处）古代
江岸的变迁

即在明新城未筑时，这里已有沙洲存在（即今太平沙）。阮元
《广东通志》称："沙洲桥，在旧批验所右，嘉靖三十六年
（1557）……募修。"

广州城东一段，明代江边是在永安桥以南，仁秀里、元运
街、前鉴街以南地方，明代记录已少，而仁秀里古称仁寿里，
为明街。前鉴街是成化时街道，故明代时的江边，当在街南。

元运街亦是明代街道。故江边当在其南。

4. 清代江边位置

古代街道多沿河边建立，故多作东西方向延长，尤以商业区主要街道为明显。如老城中宋西城的大市街、绒线街、象牙街、梳篦街、麻行街等；新城的濠畔街，高第街，大新街，东、西横街，清水濠街等；西关的上、下九甫，第十甫，桨栏路等；东关的永安街、仁秀里、元运大街、前鉴街等。故入清以后，沿河发展的大街和向河直展的水巷（担水和上落货物道路）型式更加明显，可以助证当日河边地方。例如西关十三行、杉木栏是东西向大街，而向南侧为南北向狭巷区。新城外海珠街、龙庆街、珠光里为东西向大街，而它们的南面就是狭巷区。这就说明一个问题，即清代珠江江岸是在东西向大街南面。

据历史记载，十三行建于1777年。因《达衷集》卷下乾隆四十二年《行商覆巡抚李湖禀》称"并于行馆适中之处，开辟新街一条。"因魏源《海国图志》引《华事夷言》称"十三间夷馆近在河边"，故新街当时是河边地。1647年，回澜桥是江边；在1777年，荳栏南为江边；1846年，二马路以北为江边。1856年在靖远路处已南伸入长堤之北，到1903年，已在二马路以南。今天南方大厦、新华酒店，当时当在江岸滩上，1907年才成陆，1911年才把濠两侧浅水区（大新公司）填平，并筑长堤。

东濠口处伸展也快，清初鸡翼城在镇龙街北端，即在1647年为江边，道光十五年（1835）即已长出一条海旁街来。西侧由鸡翼城亦向南伸延了近100米，成了米市大街，江边在今水汛巷处（即东水口汛处）。同治十年（1871）以后，又筑了一条人工堤，称为"东鬼基"，南伸入江中，到海印石西面。当时海印石已改为东炮台，仍属海中孤岛。同治十年（1871）后，海印石才和筑横沙相连。东濠水由西侧东鬼基和海印石间水道流出，海印石与筑横沙间水道仍保留到民国初年

（1928）。1930 年后，又由米市大街尾伸一长堤南入江中，以
截填岸坦，使东濠口再由海印石南移达 200 米，并于 1907 年
在濠口架设铁桥，形成今日的东濠形态。海印石也淤成民居，
即位于今四马路口东濠边处，东濠西侧仍为河湾，水深可达
0.3—0.1 米（在 1907 年），直到 1928 年才填成东园等平地。
海旁街东面又淤出了新河甫地，把波罗水道变狭，东濠口外，
筑横沙与海心沙（大沙头古名）间阔达 300 米水道（同治十
年，1871）到民国初年（1928）也淤为阔不到 100 米的河道，
解放后更填平建民居。东段河道改辟为"东湖公园"。

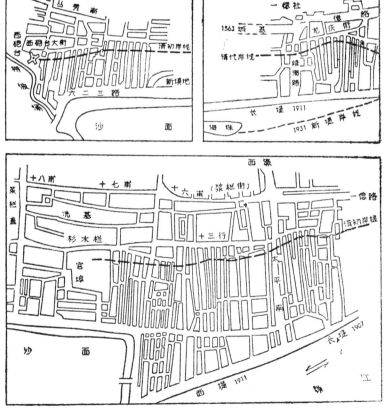

由平行江岸大街和垂直江岸水巷结构形式显示出的清初岸线

新城南面河岸淤积较慢，海珠石连及北岸迟到 1936 年才完成，长堤由天字码头到东濠口铁桥一段是迟到 1911 年才完成的。

沙面以西，以西炮台一带淤积较快。西炮台大街西端即西炮台地，在道光二十二年（1842）时，仍在海中，光绪末已淤为民居。黄沙东端的米埠亦为小岛，在同治末年后亦淤连岸坦。

隔岸河南河岸线变化较小，最大的变动为鳌洲岛的连岸。漱珠桥本在江边，时为 1777 年，到 1907 年只离江边 60 米。鳌洲岛在同治年间还四面环涌，宽于西关涌，但在 1907 年已成露天涌渠。沿江岸线少变可见于鳌洲金花古庙由 1530 年到 1936 年基本上不变，即 400 多年仍未改变。由海幢寺到盐仓、花洲古道也变动很少。如沿江东西向的主要街道（即今南华路）以北水巷，一般长 100 米。而南华路多为明代街道，即近 300 多年来，江岸伸展不到 100 米。这和珠江潮流冲刷南岸有关，反映广州成为海港和水道的优良性。河道人工填狭不少，但水深不大变，历经 2000 多年仍为良港，可见地理环境优良。下图即表示这一情况。在这一幅清末珠江水深约示图中可见珠江中游水深可达 20 英尺。

第七节　兰湖和洗马涌

一、兰湖

兰湖，又名芝兰湖，在城北双井街西，有小河涌通出珠江，叫"洗马涌"，因清初二王入城后，养马涌边得名。涌口称为澳口，为入广州水道口，故名。因涌尾兰湖在唐代为广州城船舶避风塘所在。

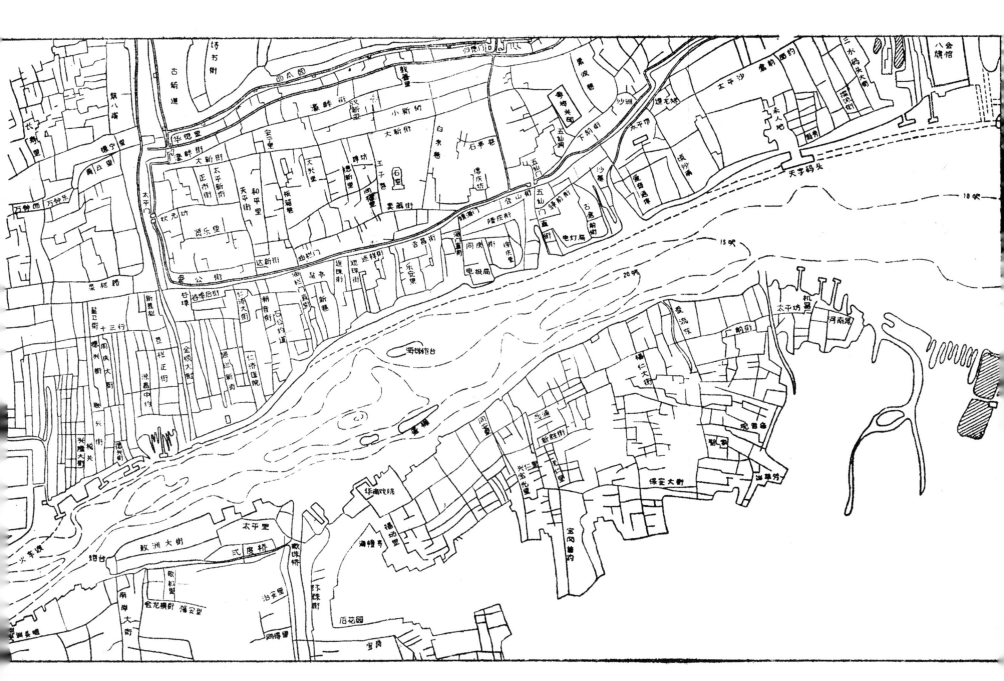

清末珠江呈哑铃状，但水保仍有20英尺（曾昭璇编，1990年）

兰湖成因是小北江自然堤后洼地潴水所成。因为在泛滥平原上，沿河堆积沙质较多，故两岸地形较高，洪水泛入丘陵边缘（象岗、观音山脚一带），已属静水沉积，多为泥粒，故一次洪水，江边堆沙，山足堆泥，久了河岸变高，近山反而低下成为洼地。故小北江河床日高，而兰湖相对变低，成为雨天积水的湖泊了。因此，兰湖是广州唯一的天然湖泊。由于水浅，又近城市，故很快淤平，利用为民居。

兰湖又名"芝兰湖"早见于晋代著作，如沈怀远《南越志》称："番禺北有芝兰湖，并注南海。"《广东新语》引《广州志》亦称："兰湖在双井街，其水常潴，今亡其地。"故在4世纪到5世纪时为一风景区。《楚庭稗珠录》（清·檀萃著）卷二称："芝兰湖在双井街，今已埋矣。昔周某治圃，得断石诗云：'……游鱼轫置罗，好鸟名鸳鸯……'"可知湖颇深，故唐时才能为避风塘。道光《南海县志》卷二十三古迹略称："余慕亭在朝台，唐刺史李岻建，凡使客舟楫避风雨皆泊此。"又称："朝汉台，赵佗建，在广州北门外固岗上，与越王台相近。冈形方正峭立，削土所成，其势孤，旁无堆埠……高数十丈。"按象岗称"朝台"亦见于《水经注·浪水》，称："佗因岗作台，北面朝汉，圆基千步，直峭百丈，顶上三亩，复道回环……名曰朝台。"故《南海百咏》称"张曲江诗：'津亭壮粤台'"，即指此。故郝玉麟《广东通志》称"朝台"在城西硬步，实误，因硬步虽为台地区，但没有"直峭百丈"的圆形高岗也。

象岗脚下，西侧岗脚即有双井，因有双泉眼涌出地面，春夏且涌流地面，可见地下水面很高，大潮淹到施水庵前（今小学处）。故这片洼地积水成湖，今天仍有条件。

兰湖三面环岗，北为唐代回教先贤墓所在的桂花岗、砍杀英夷西麦伯霞（三元里抗英战役）的蛇拦岗、陈岗，南方西山，东为象岗。故为一静水港的地形，难于淤高，直到今天仍为洼地。

兰湖今已湮没，但仍有兰湖里地名保留，东通医国街。但民国时仍为兰湖南岸上一孤立小村，笔者解放前考察仍为一孤立村庄，由三排东西向房屋组成，两侧有两排南北向房屋拱卫着。对外只一大门，显然是由一大官衙改建而成。按阮元《广东通志》称："南海县署隋时建，在郡西北兰湖里，唐、宋因之，元迁于子城内（即今旧南海县街）"，正好互相引证。元《南海志》亦称："旧社稷坛在兰湖上。"加上《说郛》中《锦绣万花谷》（宋代著作）称"番禺北有芝兰湖，并注西海"，可见宋代仍存。但可能湖水日浅，不再为交通要津，故南海县衙才搬入子城。

兰湖淤浅见于明代。黄佐《广东通志》称，"今为田、沼、庐居所湮，不复通海"，但湖形还保存。因颜师孔《煮葵堂诗钞》称："当年陈文忠，园榭枕湖隈。兰湖水已竭，无复川潆回。"即入清才枯水，由湖成沼。故高士钊《北游草》注称："今兰湖已废，惟放生池存。"但洗马涌仍通过湖心，并成为几条山坑水集中地，故建大码头在湖边，即观音山足去佛山船渡码头，称"佛山高码头"。上岸即沿第一津入西关。民国时，笔者曾见大雨成湖壮观，平时大片沼泽，种茭笋、莲藕、菱角等水生植物。小舟可入双井街天后庙及青石桥头。曾广衡《广州杂抄》称："兰湖为众水所聚，一雨成湖。"这片洼地面积据五万分之一地图计出为 1.0 平方公里。

二、洗马涌

兰湖水西注入珠江即由司马涌，为洗马涌转音。涌口即为澳口，南为南岸村。为明代涌口，现距小北江 250 米，反映小北江变狭，同时也反映河床变高，即河水变浅，因司马涌河道

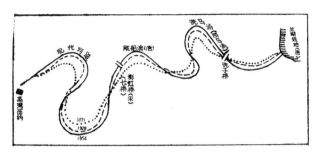

洗马涌曲流变迁图（1871—1954）

越来越变弯曲，已成"蛇行曲流"地形。因为兰湖积水外排，由于小北江变浅，排水不畅，水流左右冲突，使河道变弯，交通不便。

司马涌在古代是一条良好水道，水深广阔，为广州重要码头所在，如金光祖《广东通志·古迹》称："越华馆在府治西七里喊船澳。"这个澳即在今彩虹桥附近，是出入广州的主要码头。到明代还是官员迎送地点。唐代于此打海战，可见河面不狭。按《广州记》称："南越王佗即江浒构此以迎陆贾。"《宋书》亦记泰始四年（468），刘思道攻广州，刺史羊希遣兵御之朝亭，即此。宋代建彩虹桥于此，还是广阔海面，因彩虹桥群众称为"长桥"。《南海志》称"彩虹桥在喊船澳"。故郭尔邲称"桥始于有明"不确。今仍可行小船，但宽度已减为15—25米。曲流地形形态，由同治年间（1862—1874）到1956年地图比较可见，河道已由一般弯道变为有蛇曲的"曲流颈"地形发育。计1871—1954年八十多年中，河道侧移了100米。司马涌今改称为"澳口涌"。

兰湖洼地今天已建成大楼区，包括东方宾馆、广播大厦，西部低处开为流花湖，流花溪已划入兰圃中。但低地地形仍然存在。如广州洪水面以7米水位计，双井街仍低于洪水位80厘米，医国街也低于洪水位40厘米，而家屋又低于街面，一般达 64 厘米，故今要设防洪闸，否则街未淹而屋内已先被水淹了。

兰湖低地与西濠相通处有青石桥，据《南汉春秋》称："凿山城以通舟楫，开兰湖"，故唐末、南汉时期，兰湖是开浚过的，可以说明青石桥通西濠一般也是修凿过的。

第八节　甘溪与文溪

文溪的上游就是甘溪，文溪下游又潴成西湖。故古代三者关系密切，但由于人工改变，甘溪和文溪也已分流，文溪本身也分成两条，并有菊湖存在一段时期，故分而述之。

一、甘溪是广州古代水源之一

甘溪一名早见于汉代窑遗址上，在东汉砖基中，已有"永元九年（97 年）甘溪造"、"甘溪灶九年造"的文字。可知甘溪是汉代地名和窑址所在。晋代已有文字记录了，《太平寰宇记》"广州"条称："菖蒲涧一名甘溪，裴氏《广州记》：'菖蒲生盘石上，水从上过，味甘冷于常流。'"甘溪即菖蒲涧水，流下才称"文溪"。故《番禺县志》称："在蒲涧，东汇为流杯池，沿涧曲折而南，为行文溪。水流入金钟塘（即今上塘、下塘），注于粤秀山麓。"后世专指未出白云山的甘溪上源为蒲涧，而甘溪和文溪混称，一般要入广州城后才称为文溪了。这条谷地即今天称为"登峰走廊"的低地。

甘溪古代指蒲涧到广州城一段。但也经过人工改造。《南海百咏》称："甘溪在郡东北五里北山山脚下，东晋太守陆胤所凿，引泉以给广民，亦呼甘泉。"

据《吴史·陆胤传》称："以海水味咸，把越溪之水，导以给民，畜水使民得甘食。"可见古代甘溪是屡经改造，主要是凿渠和蓄水两个方面。如《番禺县志》称："姚成甫复浚之，郡蒙其利。"可见甘溪是古代广州居民食水主要来源之一。正如《南越志》所说："昔交州刺史陆允之所开也，至今重之。每旦，倾州连汲，以充日用，虽有井泉不足食。"

二、文溪的变迁

明、清以后，甘溪和文溪混用。如《番禺县志》称："行文溪（即文溪）源出濂泉，十道至番禺，为甘水，入金钟塘，分上塘、下塘。"《清一统志》"广州府甘溪"条称："蒲涧在县东北聚龙冈北六里……曲折而南为行文溪，流入金钟塘，注于粤秀山麓。"即指上、下塘以南即称文溪了。《南海百咏》又称："其下流为甘溪，夹溪南北三、四里，皆刺桐、木棉，旁侧平坦大道，乃《岭表录异》中甘溪，今不复见。《图经》并《番禺杂志》即潺潺水也。水正在北山脚下，岸高，水自石头而下，其声潺潺然，故以为名。"则指文溪流下越秀山即北山足时是有跌水的，故称此段为"潺潺水"。《南海志》卷八称："复自蒲涧景泰山导泉水西入于潺潺水，又西至悟性寺之左，筑堰潴之，深约二丈许，以淹浸州后之平地，有习坎重险之象。"故文溪到北山脚下（越秀山）即分支南下，一支西南入西湖，一支南下仍称"文溪"。即唐子城东濠，宋行春门外清水濠。

文溪东支由小北门南下，贯穿宋子城和东城之间，即今旧仓巷、长塘街间的清代六脉渠中左二脉所在。宋时东西过溪有桥，如法政路与小北路交界附近，即有状元桥，《粤小记》称宋李昂英建于1255年，《羊城古钞》则称唐莫宣卿儿时居此，或后人以此名这桥；在中山四路与仓边路交界处又有文溪桥，明成化三年（1467）文溪改流入今东濠，水少了，改称明月桥，即今旧仓巷与长塘街之间，中山四路路面下。今仍为排水大渠，拱门高 2 米，阔 2 米多，可走人，笔者探看过一段用砖砌渠壁。《白云越秀二山合志》称："长塘街北口，旧有小桥，即古文溪桥。"阮元《广东通志》称："文溪桥，宋李昴英建。"明代仍称渠为文溪，乾隆《南海县志》称："小南一脉，水绕荷塘背，由文溪至府学前渠而出。"《羊城古钞》卷七亦称："文水居在大塘街，万历间（1573—1620）建。"明末才淤废，成为"长塘"、"大塘"，即文溪涸后残迹。《图书集成·职方典》称："大塘在广州府城内，连亘三里，旧为盐课提举司后堂。"今贤思街，即盐司街，长塘即运盐河文溪的残迹。因宋盐仓即番禺县古城，故文溪宋代可行船。《南海志》称："濠长二百有四丈，宽十丈。"当时文溪下游是"穴城而达于海"，上游则是宋建东城时仍横跨上游的，明代扩展北城，仍留水门，使文溪穿城而过。《南海百咏续篇》称："明代合筑三城，文溪尚穿城南入东濠（即清水濠）。今小北门城墙，尚有月洞旧迹。"

文溪下游唐代称"东澳"，可见是船只可泊地点。《水经注·浪水》称："今入城东南，有水坑陵，城倚其上。"番山东即文溪所在，故称"有水坑陵"。故番山是古台地残留岗地。今文德路东当日为宽广水道，即文溪出口河湾地点。

仓边路即宋盐仓所在，文溪口为盐司所在，故盐仓在盐司之后。《南海百咏》称："今城东二百步，小城也，始嚣所理，后呼东城，今为盐仓，即旧番禺县也。"用旧县城作盐仓，可见当日南海产盐之盛。

文溪到越秀山（即北山）足，贮积成湖（水库），即被称为"菊湖"，由此分出二支，一支南下大塘街，另一支西南入西湖。故东西街道要由狮子桥通过，桥在双槐洞口，今没入广东省人民政府大院。即约在聚旺里处。亦宋李昴英建，黄芝《粤小记》称："宋李忠简于会城建有三桥，曰状元、曰狮子、

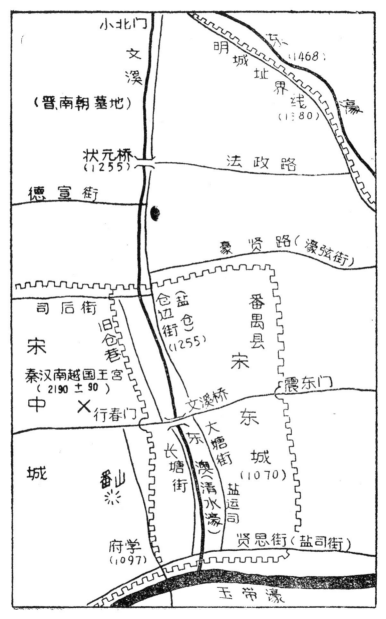

文溪穿城入濠简示图

曰文溪。"水入宋代北城濠，东连濠弦街城濠，西连天濠街西城北濠。这条文溪水却在南汉即引入西湖中，成为西湖水源，由仙童桥出濠入海。

西支文溪也是一条天然水道。理由是今天西湖残迹的南方戏院侧池塘底部仍有泉水涌出，解放初作者找出十三个泉眼，"文革"后仍见9个。这个洼地出泉，即为古代河道所在的证据之一。南汉时，即利用这段河床，开成西湖的。往南去还有盐步头前的河底涌泉出来，正好和西湖泉眼相连呈南北一线，暗示文溪这一支是沿一红层断层线上升泉来。今天在西湖路北禺山遗址建西湖商业大楼时，即知地基为红色砂岩，高出西湖已有3米多，故禺山虽然被刘氏凿平，但地势仍比西湖要高，即断层作用后的结果。

三、沙河"掠水"地形

甘溪或文溪变迁特征是"沙河掠水"现象。即甘溪上游蒲涧被沙河上源劫掠，使蒲涧水不流入甘溪或文溪，而直南下入沙河。

蒲涧源出白云山东坡，南流下滴水岩，这岩是石英砂岩和石英岩层所成，抵抗侵力强，故蒲涧流水在滴水岩处形成一峭壁，高20—30米，涧水流下，有如水帘，故成羊城八景之一，称"蒲涧帘泉"。沿涧南流到山足小钵盂冈处，折向西流入文溪。即由大钵盂冈北面阔谷西流下双燕岗北许家庄，入长腰

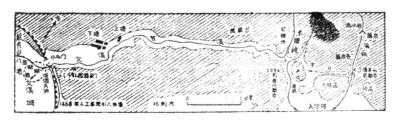

文溪上游三次河流劫夺简图

岭。今天广州上白云山公路也沿宽谷上山。但是由于沙河地势低，沙河上原沟谷向北不断向大、小钵盂冈侵蚀。最后，在大小钵盂冈间，掘开山坳，把蒲涧水掠夺过来，使蒲涧不再西南流出长腰岭，而直南下沙河了。这种河道之间的侵蚀沟通，即称为"抢水"。今天公路在蒲涧南下沙河处有桥跨过涧面。并且在公路桥下方成一小型跌水，切开大小钵盂冈间山坳，形成小型峡谷。雨季成小瀑布。

　　长腰岭过田螺墩处也有一低矮的龟冈坳，使长腰岭东北山水流入沙河，不再流入上、下塘了。坑水由西坑口和清水塘间转向东南流入沙河。

　　这段掠水地形发生在宋代之前。因为汉代蒲涧水是入文溪上下塘的。但宋代即不成了。因苏东坡《与王敏仲书》称，罗浮山道士邓守安为言："广州一城人好饮咸苦水，春夏疾疫时，所损多矣。惟官员及有力者得饮刘王山井水，贫下何由

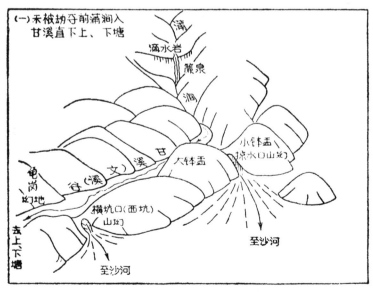

甘溪掠水地形发育历史：（一）蒲涧流入甘溪（文溪）向西南流入广州

得？惟蒲涧山有滴水岩，水所从来高，可引入城，盖二十里以
下耳。若于岩下作大石槽，以五管大竹续处，以麻缠之，漆涂
之，随地高下，直入城中。"可见宋时蒲涧已不能流入广州，
要巨竹筒引水。据笔者调查，大小钵盂处山坳有农民掘开引水
入沙河平原灌溉之用，即人工促使河流发生劫夺地形。西坑掠
水则在宋代了。因山涧沙泥多，易淤塞，洪水期改道也是常
见。西坑处涧水南流，下切侵蚀后，和文溪分水即成为龟冈坳
的高地了。

　　文溪第三个掠水地点，即在葶葶水处，即今旧北园酒家
后，文溪本西南直下大石街菊湖处，明扩北城，仍留有小北门
月门，使文溪流入。到成化三年（1467）才"斜引文溪之水，
不使贯城"入东濠出海。

　　如是则西坑掠水口是1094年前自然发生，而北园酒家处
改道为1468年凿出。大小钵盂掠水口则天然与人工两者合力

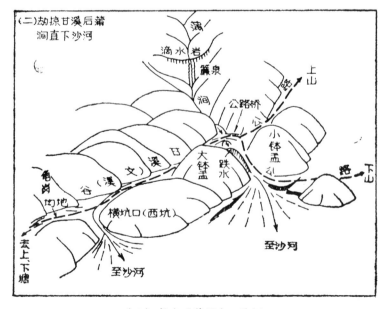

（二）掠水后蒲涧南入沙河

所成。据吕坚《迟删集》称："瀹我蒲涧，凿流杯池，注之沙河，激水竞龙舟于白云山麓。"则明末清初又曾人工进行"掠水"地形的改造也。按陈子壮兄弟大筑园林于东皋，引文溪水南下，从地形上看是有可能的。

第九节　菊湖与西湖

在文溪流经的地方，有两个著名的湖泊，一是越秀山脚的菊湖，即今大石街一带低地；一是西湖路西边南方戏院一带低地的"西湖"。这两个湖都是人们利用平原上的天然洼地开成的，正如今天荔湾湖和流花湖一样。

一、宋代的游览胜地——菊湖

菊湖是宋代的游览胜地反映在宋代"羊城八景"之中，即"菊湖云影"，见乾隆《广州府志》八景中。《读史方舆纪要》（广东）称："越溪，志云：'其水甘冷，一名甘溪，曲折流注越秀山麓，左为菊湖，今埋。右为越溪。'"可见清初顾祖禹还知菊湖是在越秀山足的。

从"菊湖云影"得知越秀山下菊湖是个大湖和静水湖，在越秀山看下去，云影是壮观和美丽的。这是人工水库的特点。

菊湖的形成是有它的基础的。《三国志·吴志·陆胤传》称："州治临海，海流秋咸，胤又蓄水，民得甘食。"吴代在文溪潴甘溪之水，即为人工水库的建立。利用洼地蓄文溪之水，早在吴时（222—280）已进行了，目的是供应冬秋食水。唐代节度使卢钧更凿以通舟。南汉辟为甘泉苑。即利用文溪流经谷地建成水库。但是文溪洼地成塘的除粤秀山下洼地，还有金钟塘（即上、下塘）洼地。菊湖是指哪一个洼地？据《南海志》称："复自蒲涧景泰山导泉水，西入于藓藓水，又西至悟性寺之左，筑堰潴之，深二丈许。"郭棐《广东通志·城池》称："复自蒲涧太霞洞导泉，西入于藓藓水，又西入于粤秀山之左，筑堰潴之，深二丈余。"则宋、元在菊湖处仍有水塘，与金钟塘分庭抗礼。因金钟塘是在藓藓水上游，而菊湖则在藓藓水下游。郭《通志》还说："有滴水岩，岩上有悬钟，其下有帘泉，汇为流杯池，沿涧曲折而南为行文溪。水流入金钟塘，分上塘、下塘，注于粤秀山麓，其左为菊湖"。可知菊湖和金钟塘是不同的。而宋、元的越秀山足水库位置正好和菊湖相当。《永乐大典》卷 2266 称"菊湖在番禺县蒲涧山之北"，恐误。

菊湖是宋代八景之一，入元则已消失不存。按《南海志》记城北水库是用于灌溉的，不是饮用的。故亦表示与金钟塘水质不同，亦已不成胜景。在郭棐《广东通志》中亦称"菊湖今堙"，即因元代把城北水库放干，以地入官，故元代已不成八景之一，到明代更不可见了。

菊湖元代放干水后，明代划为城内，但仍属低地。如清代仍有八大鱼塘在这里。主张菊湖在此的，即用此为证据。今天小北仍有挞子大街，即为"挞子大鱼塘"填平后，建成民居的。将军大鱼塘也很有名，《白云粤秀二山合志》称："在越秀山下，大石街之北，登应元宫而眺望，烟波浩渺。"又称："其塘租地税约三十余亩。"附近旧有莲塘街，可见街以塘名，塘亦相当大的，今成吉祥路。今铜关湛家园是明代湛甘泉池馆，亦多池塘，清代陆殿邦认为即甘泉苑故址（见他的《维心亨室文集》）。也反映小北洼地池沼众多的地形特色。

文溪一支南下旧仓巷亦可能与菊湖排水河有关。即文溪与其西的越溪又有不同，越溪即入西湖一支。

按《太平寰宇记》引《南越志》称："番禺县北有三湖，

一曰夜沉、二曰莼湖，三曰兰湖。"夜沉湖可能和登峰走廊及三元里一带石灰岩存在有关，即岩溶作用所成的地陷成湖，故称"夜沉"。"莼"为丛草之意，莼湖当为浅水而水草团生的湖沼。则小北地形似可当之。因为莼湖稍加人工筑堤，即可潴水成湖了。且方位上也正在番禺城北方。至于说者认为在白云山下谷中，则因与松坡亭及崔与之祠连于一起之故，如《永乐大典》卷2266引《南海志》称："以山有菊坡祠堂，故名。"此说为后世所本，如《番禺县志》即说："菊湖在帘泉之左，旧有崔与之祠。"明代张翊有诗称："菊湖之上菊坡亭。"黄佐《广东通志》称："菊坡亭在蒲涧，今改为佛殿。"即认为菊湖在蒲涧出山口附近，按"帘泉"一景与"菊湖"一景相距太近，似不大适宜，故取在越秀山下一说。至《寰宇记》说一夜沉没而成的"夜沉湖"，因属岩溶湖一类，易于填塞成陆的。

二、广州西湖

菊湖存在历史不长，西湖却因正在广州城西，为人民公园性质的游览区，故能历几代而不衰，今天西湖遗迹仍未被人们遗忘，仍是重点文物保护单位，供人游览。

西湖是唐末、南汉时代把文溪一支引入开凿的湖区。由于西湖是把唐城西面天然水道文溪加宽开成，这段唐城西侧河道早已利用为濠池。南汉时由于经济发展了，就利用这段天然濠池扩建，成为南宫。范围据张明先《学署考古记》称："其南九曜坊，北为观莲街，东为兴隆街，西为朝观街，四至整然。"张为康熙时人，所指当为明代西湖旧址。按明代羊城八景之一，尚有"药洲春晓"一景，可见当明初文溪未断流时，风景如画。按《永乐大典》广字《广州府南海县之图》，得知明初连三城时，西湖较此为大。即北到中山路，南至惠福路，

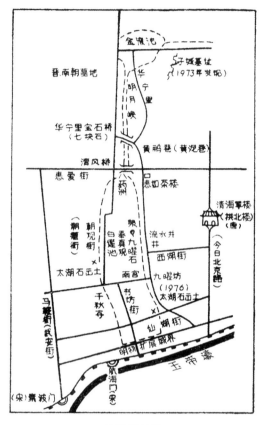

西湖简示图

东至流水井街、龙藏街，西至朝观街，但都呈南北长形，显示南汉凿河成湖的情况。长达150余丈。因为据《南海百咏》称西湖为"今西偏壅塞，水尚潴其东，几百余丈"。《羊城古钞》卷七称："志载南汉刘䶮凿湖五百余丈。"可见开凿西湖和药洲时，共开湖岸为500多丈。

西湖遗址与湖底有泉涌出有关，泉水属承压上升泉，早在宋代即已发现。《番禺县续志稿》又称："又于石下得泉一道。"故有珠泉石刻。不因文溪断流而干涸，今仍为"九曜池"所在。东侧流水井街，也因有涌泉自井底涌上得名，可见西湖为泉水所汇。解放初，笔者于冬日干塘时发现南侧池边一处，池东边一处，池西一处泉眼出水；后在清理池底时（约1960年）发现泉眼8—9个，故冬月不干。"文革"后，再去看，仍见泉眼12—13个之多（约1979年）。故应予保留，不予填死，因承压水头不高，一出地面即行停息，不似鸡爪井有可涌出地面之强力。因此，南汉凿湖，即利用这段文溪。

1. 南汉的仙湖和药洲

南汉仙湖和药洲在今南方戏院侧的九曜池附近，今仍保留有当日湖中的"九曜石"，因为这些巨石是很难搬走的。这些巨石是列置在药洲上。药洲西湖区即奉真观址，已在朝观街西。

药洲名称来由有二说，一说是南汉聚方士于此炼丹得名。《南海百咏》："《图经》（按宋《图经》有1185年王中行《广州图经》、李木《南海图经》及广东路多种）云：'伪刘聚方士习丹鼎之地'，《南征录》亦谓是时有方士投丸药于其中，水色立变。《药洲图序》乃以为葛稚川当炼丹于此，非也。"另一说为清初张明先《学署考古记》称："恐是曾载红药，故云。"此说后出，以前者为是。

药洲四面环水也在古代多种记述之中，故为一清幽避暑胜地。直到宋代其上还建有堂，后在池上建奉真观。《番禺县续志稿》称："奉真观在提学署中池上，宋嘉定间建以祀五仙，今圮。后人题曰'奉真遗迹'。"可证药洲是在水上，而药洲是在湖中。因《南海百咏》称："药洲在子城之西址，槽台之北界，旧居水中，积石如林。"朱彧《萍洲可谈》卷二称："今城西故苑药洲九石，皆高数丈，号九曜石。"可见石是在药洲的。这湖的北段可能称为"玉液池"，不叫西湖。因《舆地纪胜》称："石屏台，经略厅西，或云南汉玉液池。"《南海百咏》称"每岁端午，令宫人竞渡其间"，可见这池不小；水亦深，但宋代已埋，故《南海百咏》续称"荒台今日人相问"，即药洲南汉北到西园。

药洲在哪里？药洲是在华宁里到九曜坊处，两侧为湖，中为一长条南北向沙洲。《南汉纪》称："大宝七年（964）于城西辟池百余步，列石甚富，为明月峡、玉液池。"《舆地纪胜》称，"药洲在西园之石洲"，石洲以列石甚富得名，当不只宋时九曜石。《舆地纪胜》称："石屏台在经略厅西，有池百余步，池中列石，其状如屏，或云南汉时玉液池也。"西园、经略厅在今新华电影院西侧、北侧一带，故玉液池当在今华宁里到西湖一带。可见药洲是北入华宁里的。华宁里清代北街口还有"古药洲"三字石额（见黄佛颐《广州城坊志》卷二）。又《南海县志》引梁思静《羊城杂诗》称："药洲流水接西湖，想象观莲占一区。"故西湖之北，仍称"药洲"。宋代游药洲是由今七块石桥过河涌的，即南汉宝石桥，亦是自华宁里过水去药洲的，因宋郭祥正诗"玉虹跨深沟"句，后人《南海百咏续编》称："跨湖为桥，以通花药仙洲者也。"说明是由华宁里过七块石桥去药洲的。朝观街义隐书院有太湖石出土，可见石洲多石，遍及全洲。刘氏之湖，据《舆地纪胜》称（景濂堂）"在石洲湖西"，也说明南汉时此湖亦未称西湖。

2. 宋代西湖

西湖是宋代名称，刘龚凿湖五百多丈当包括药洲岸才足此数。因西湖是宋代淤没玉液池部分后改称的，长只百余丈。据《图书集成·职方典》引《广州府志》称："（药洲）故一名石洲，宋初为西园，后又更为西湖。"即西湖入宋后改称。改称原因是湖塞后，水面缩小所致，故上引文后还说："嘉定元年（1208），经略使陈岘疏凿之，更名西湖。"因这时药洲北段及西侧已淤，湖水只留在东边，西边成莲池，称"白莲池"。故《南海百咏》称"只余几百余丈"，但湖仍为宋初胜景，九曜石上题字即可证明。

宋代西湖的大小可由沿湖建筑物得知。

《舆地纪胜》称："（景濂堂）在石洲湖西。"又九曜石诗石下面有石刻题记，称："郭非熊宗望、管湛之天步自葛仙洲，煮茶景濂堂、采鞠筠谷，榜舟九曜石下，摩挲前贤题刻而去。淳熙戊申十月丁卯。"可知 1188 年时游程是由南面葛仙洲去湖西景濂堂，再去筠谷，泛舟到药洲九曜石的。按《舆地纪胜》称"葛仙井在药洲西岸"，但葛仙洲是在湖南，因《南海志》卷十称："一碧，在仙湖南，即旧葛仙洲故基，旧名葛仙洲。"由此上景濂堂饮茶，到筠谷亭游览下舟，到今九曜池处看九曜石（现仍存在）。《南海百咏》称药洲西边淤塞，成白莲池，上建奉真观。《舆地纪胜》称："绍兴六年（1136）十月戊午，改广州奉真观为来远驿，以备招待各国贡使。"可见南宋西湖面积缩小。

湖西南南汉千秋寺，即清代旧按察司址，在今朝观街南段西侧。即朝观街应为西湖西界。北界在西园石屏废台处，即西界淤平了朝观街西侧的白莲池，北界淤平了石屏池。

《舆地纪胜》称"八贤堂在十贤堂东南"，"十贤堂在子城上"，则八贤堂为西园地。

宋代西湖水源比南汉还足。因西城建成后，亦环城浚池，故不只文溪一支流入，而西濠、兰湖、流花诸水亦可流入。故《羊城古钞》称"南有千秋寺，北有八贤堂"的形胜，《南汉春秋》称"凿山城以通舟楫，开兰湖，辟药州"，则宋承南汉之盛。《舆地纪胜》卷 89 "古迹"亦称："越王台在州北悟性寺，《唐庚记》云：'台据北山，南临小溪，横浦、祥牁之水，辐辏于其下。'"可见华宁里处是有小河环回流经的。沿子城西濠，开成石洲、玉液池、明月溪诸胜，而石洲即药洲。至宋代淤浅西侧湖区，并改为白莲池，再填为奉真观，再改建为来远驿，有宋一代，湖淤其半。而中心湖区（东部），因有泉涌，至今仍可保存。

3. 宋代九曜石

药洲的石不只九块，因在惠福路大渠下，"文革"前也出土了太湖石，可见运入西湖的太湖石是不少的。《南海百咏》称："九曜石在药洲水中，《图经》云：'石，太湖旧产也。伪刘时，有富民负罪者，每运置此以自赎，遂成胜景云。'"元代《南海古迹记》称："九曜石在城西，内城有湖长百余丈，水凝绿，列石嵌奇突兀，类太湖灵璧者九。"宋人记载即称为"九曜石"，即指特别出众的几块巨石而言，上多刻宋人题刻。故北宋朱彧《萍洲可谈》即说："今城西故苑，药洲九石，皆高数丈，号'九曜石'。"这是1119年成书的记载。

据《广东新语》记载，清初仍保存各石。即：

（1）仙掌石

《广东新语》称："一石上有掌迹，长尺二寸，旁有米元章诗。"诗曰："碧海出蜃阁，青空起夏云。瑰奇□怪石，错落动乾文。"石上有"仙掌"二字，列于东面，宋人题记甚多，并云此石在药洲水中竖立，下署"米黻，熙宁六年（1073）七月"。清初尚存，见于《楚庭稗珠录》。至嘉庆时，《羊城古钞》已记"此石倒于泥中"，故道光已不见了。今九曜池旁立有道光叶志诜摹刻米芾诗碑亦记之。按米芾到广州约25岁，未名"芾"，仍名为"黻"。

宋人题刻以"仙掌石"为多，记录下来的有：石上有"仙掌"二字，上刻隶书"嘉熙三年（1239）己亥元巳，九仙野叟陈畴少锡泛舟仙湖，观仙掌石，摩挲藓刻，诵米南宫诗，奇哉。弟叔同少临、孙成之可大，甥林璞藏用侍。临江萧山则则山、东嘉吴伟茂远、清沇赵时瑢躬玉、长乐陈子植日茂，客也"。该石中段又刻上米黻诗一首如上，现存园内东侧小池中，石体不小。

（2）药洲石

此石因宋书画家米芾写有"药洲"二字出名。署"米黻元章题"，时为元祐元年（1086），芾时约25岁。旁亦有石刻题记。此石在清初移藩署春熙亭中，可能是建亭时采用。《绿雪堂集》"春熙亭留石歌"诗序云："康公基田所筑也。"因翁方纲曾制"请石篇"，要求制府准移石回药洲，而吴巢松赋"留石篇"，未准。近黄文宽告知1934年又移于儿童公园（中山四路，本在越华路民政厅），解放后，迁回药洲故址九曜园。可见历代重视此石，今存于九曜池中。一说张之洞曾迁石至两广总督署，1934年黄节迁回东院。二十世纪五十年代侯过移石返药洲。

（3）许彦先诗石

《广东新语》称："一石白色中空，一圆石为顶，若牛头，大可五尺，身中直通至顶，四旁有十余窦相穿，有刻云：'花药氤氲海上洲，水中云影带沙流。直应路与银潢接，槎客时来犯斗牛。'"这块多孔石也保存在今九曜池中。除宋人，后人石刻也多。

此石在西北，宋人题刻最多。如在石正面即见许彦先诗楷书，楷书游程纪程（见上），又绍兴壬申二月二十有二日刻吕少卫、方夷无等人"会饭药洲，泛舟观九曜石"等石刻，明代嘉靖年石刻应在龙窟石，不在此石上。

此石现存池北边，半埋土中，应扶起立石，以飨游人，可为园中主石。

石正面，宋人题刻至密，难以分辨。由于石面平滑，故宋人题记多在此处。石面的正中央刻："转运使度支郎中金君卿正叔，转运判太子中舍许彦先觉之，管勾文孝殿中丞金材拙翁，门人成度公适，熙宁癸丑（1073）中伏，泛舟避暑。"此段石刻左侧,即刻许彦先诗,下署名为"彦先再游,移、稶、穩、稹、稦侍"。右刻有"广东经略安抚使起居舍人龙图阁待制曾布子宣,转运副使都官员外郎向宗旦公美,转运副使屯田员外即□通道济,前广西转判官□庚声叔,元丰元年(1078)正月晦日游"。又右刻"程师孟、金君卿、李宗仪、许彦先同游药洲,熙宁甲寅(1074)上元日题"。在石右下方刻八分书记述郭非熊等游程,署期为"淳熙戊申十月丁卯"(即在1188年)。

(4)龙窟石

宋人石刻见前。此外,"嘉熙庚子(1240)孟秋,长乐黄朴成父约同郡唐璘伯玉、蒲田刘克庄潜夫,泛舟仙湖,湖多怪石,其二峰尤壮伟,乃宅厥中□作亭焉。右盘左踞,势若相□,而岩岩挺立,又类乎守道不屈者,遂磨崖以识之"。又有一段石刻云"士宏子高、昌衡平甫、元规正叔、安道子适,丙午仲春十五日题"等。

上录自《羊城古钞》。元代还有石刻一段,亦为八分书于仙掌石中,称:"至正甲申(1344)秋,余奉命来镇广东,适官舍介于仙湖之左,观仙掌石刻,乃宋嘉熙萧山□,宛然如新。按郡志仙湖旧名石洲,石号九曜,而仙掌居其一焉。□兴斯石屹然犹存,余陇九仙之迹,慨然兴叹,遂识诸岁月,□□□□,而刻铭无穷,共臻千古之胜概。以□□□云,星郾文汇剑池头,月地壮游推太华,又观仙掌五羊洲。至正中□大夫广东道宣慰使都元帅□敦诗志,令史韦□安书丹。"可见九曜石入元仍保存完好。

今九曜石只存六至七块,散处面积300平方米池上。

4. 九曜石的产地研究

九曜石产地有三说:一说是来自太湖,一说是来自英德,一说是来自封开。

太湖石说最古，传自宋代，元称"类太湖灵璧者九"以及《广东新语》称"白色中空"，都是指九曜石而言。太湖石是"色白中空"的，即地质学上的"黄龙灰岩"也。特点是：

（1）白色带灰，质纯易成孔洞；

（2）厚层，能成高大奇石；

（3）石间有红色填充物，使洞穴易成。

这些粉红或赭红色石块间填充物是黄龙灰岩一大岩性特征，也是由于红色含铁泥质灰岩为易被冲蚀和溶蚀后松散的部分，成洞大而圆滑，不易呈尖角形。这种灰岩是我国园林名石的材料，如宋花石纲中漏网的名石（上海豫园"玉玲珑"等）。故"九曜石"能胜三江所产者并不为奇。此种地层在广东少见，故应为太湖原产。当时吴越与南汉（大越国）友好，商业交通（海上）特盛，故大有年间节使一年二次访问。罪民赎罪买石，自属可能。

英德说后出。清初张明先记称："余巡试南韶、高、雷、英德、曲江及阳春，亦有类此石者。太湖途远，安得致此，恐属误传。"按广东石灰岩不少，但多属壶天灰岩、栖霞灰岩等，地层厚度亦大，岩性亦纯，故所成岩溶地形亦发达，广州人多用来砌假山。但是岩体杂质少，难成大型孔穴，故"英石"多作假山用，而庭园则较少，又以英石多作灰黑色，故不如太湖石洁白，因而价值稍低，故非富人，亦能购买。如宋陈岘"辇石为山"（见《大明一统志》）时，当有不少为三江所产。

考英德石（即"英石"）珍品中，亦以"英德白"为贵，产量很少，而"英德黑"、"英德红"为多见。故虽然英石间有可取，即多孔、大件的名石（如海幢公园猛虎回头石），但不多见，石质亦比太湖石低，虽然同是石灰岩。

封开说是时人黄文宽在《广州九曜石考》中提出，理由是封开产石灰岩，一如英石，因封开为刘氏发祥地，故石来自封开，亦有可能，但石质不佳，档次低于太湖石，故九曜石能在众多石材中特出，成为药洲胜景，是有原因的。我国现有名石在苏、杭、沪各地所见，全是太湖灵璧。故元吴莱亦有"类太湖灵璧者九"之论。而石洲上积石如林，想其中有不少三江来石，英石、封开石当有不少。所谓玲珑透兀不过是由石灰岩可溶于水的特性产生，即沿岩体节理和杂质处冲蚀、溶蚀而成。

5. 元、明时代的西湖

元代西湖仍在，仙掌石上 1344 年石刻题记称"官舍介于仙湖之左，观仙掌石刻；乃宋嘉熙萧山□，宛然如新，……斯石屹然犹存"等语，可见元代西湖仍完好。《南海古迹记》亦称"内城有湖长百余丈"，可见缩小不大。九曜石仍全。亦称在"西城"了。

明代初年，联三城为一，及扩展北城，把文溪一支保留，仍流入西湖。湖仍元旧，划入西城范围。因子城宋代西城仍有城墙，而西湖正在城外。《舆地纪胜》称："郭祥正游西湖诗云：'驱车欲何适，独往观药洲。大亭插层城，玉虹跨深沟。常年一百五，载酒倾城游。'"可见子城西城是高峻的，当日黄鹂港宝石桥下是深水的。

故西湖历元代而不致淤平。入明初仍为内城胜景，列为羊城八景之一，称"药洲春晓"。但由于民居已迫近湖岸，故流水井、九曜坊、朝观街、兴隆街已在湖岸形成，不如宋元之广了。

6. 文溪改道，西湖淤塞

明成化引文溪入东濠后，西湖来水断绝，兰湖水亦不入，故西湖开始淤塞。宋代药洲西面湖面已淤，只余白莲池，池上建奉真观，后改来远驿。驿搬走后，于明宣德三年（1428）

又在观北大兴土木,《学署考古记》称:"宣德三年,洲西建濂溪书院,即奉真观旧址,屋几数十楹。"可见朝观街一边已淤狭湖面了。

南面南宫旧址入明填湖兴建学校。《南海县志》引《丙丁杂记》称:"于西湖上建濂溪书院以祠之,湖水浩荡,连白莲池、五仙观。洪武初,移观于坡山上,地入于市舶公馆,人家截断为闾阎,留池一泓,环药洲之旁。"即在明初,南宫旧址已向北淤填,接近药洲,九曜坊以南,已成河道形式出海了。

该记续称:"始新书院,更名崇正,填池之半,植禾其中,以为经营之渐,未暇成也。前此一载,荷花犹盛,开亭之基址柱础,具在沮洳。"可见到1507年(正德二年)建崇正书院时,其址已和药洲接近了。

1523年改书院为提学道署,《学署考古记》称:"(嘉靖元年)改为提学道署……历明隆庆至国初,俱于此考试。"又兴建不少(如照壁、牌坊、号舍之类),西湖更狭。据《独漉堂文集》称:"考湖故迹,独存六脉一渠,坊曲之傍,有古庙数椽,或曰神故居也。"可见明末,药洲水已成六脉渠之一了。

今天仙湖书坊、清源三街仍是内城低洼地点,至易受雨水浸街。如乾隆《南海县志》即载1738年水浸三街。

7. 清代西湖

清代西湖已为学署内一大池塘。按《学署考古记》称:"缘平藩驻扎,蹂躏倾圮殆尽,……乃刻期疏池扶石,筑亭于中,颜之曰拜石。"可见池面已淤塞不少,乾隆以后,历代浚池,故得保存西湖旧址。但学署外已为闹市区了。《楚庭稗珠录》(1733年成书)称:"(药洲)今则瓦居鳞次,巷狭檐交,门外杂沓,'虾酱'、'豆腐'声叫唤不绝。"

仙湖排水即为左一脉所利用,且渠身也多为民房所压。

壬申《南海续志》称："自古药洲至七块石俱为屋所压。由七块石南至清风桥，亦为住房所压，入观莲街，东经学署、龙藏街、仙湖街、仙童桥出老城外南濠。"则西湖四周已尽为民居，只余学署内池塘及九曜石遗址。曾广衡《广州杂抄》称："相传当日文溪阔大可以行舟，惠如茶居后，即为弯艇之处。"

学署内池塘经张明先"更洗出石上所刻诗文，摹拓抄录"（《学署考古记》），得知药洲九曜石遗址即此，因众多巨大石块是难以全部运走的。拜石亭据《岭海名胜记》称为当时文人雅集地点。到乾嘉时，由于学使们（翁方纲、姚文田、翁心存、王植等）先后浚池，又得宋人石刻不少，并称为"环碧园"（有记）。1895年又修葺，改名为"喻园"（见《番禺县续志稿》）。名人碑刻池畔不少，今仍存数十块，有翁方纲、阮元等人诗刻及记，亟应加以保护起来。

8. 民国以后西湖遗址

民国后西湖遗址曾改为茶居，称"九曜园"，学署改称教育会。左一脉仍为明渠，故自流水井过教育会有木桥横跨，惠如楼尾可泊小舟，并据曾广衡称"有酒帘招展，现仍存店中"云。七块石前后，仍有渠形可寻。七块石仍呈桥状。《广州杂抄》称："只一边留石级三级，一边留六级，大石七条，一条已崩落沟中，即为六脉大渠之一，通九曜园茶居云，傍败石残湖耳。"可见当日西湖遗址已成为池塘性质，九曜石也已崩落池中，其中主石"药洲石"已不在。

解放后，改为南方戏院休息园地，建有亭桥于池上，池塘面积约300平方米，九曜石即散处池上、池边，清代名人刻石也分别镶在池边及壁上。近由市文物保管委员会接收，作为重点文物保护起来，作进一步整理，但仍未具体落实，1990年闻可整理开放，供人游览参观。

第二章　广州气候今古

第一节　广州气候的特点

广州城地处北纬 23°06′，已在热带范围①，又居海滨，距海 100 公里左右。土地平坦，夷旷开阔，故瘴疠绝少。夏无盛暑，冬无霜雪，四季不明，树木常青，花开四时，田野常收，年中只有冷热之变，灾多因旱涝失时。故广州气候以热湿为特征。夏多伏暑，但多骤雨（即白撞雨），能壮早禾。三冬久晴，可回南致雨，故有"冬雨汗流"之谚。秋冬早晨多雾，春夏淫雨，三伏不热，连阴转凉。故各志都说："四时皆是夏，一雨便成秋。"又说："急脱急着，胜似服药。"按今天气候观测纪录仍可证实上述古代气候的正确记述。

广州因地处热带，故太阳照射很强，因每年夏天太阳有两次正照头顶（正午无人影可见），即在六月初旬和七月中。但在冬季太阳最低还有 45°，故辐射仍多，户可北向，即古书所谓"北向户"的地方。故广州只有凉季而无冷季，即因太阳直接辐射年总量达 59 千卡/平方厘米，以秋季天晴最多，故"秋老虎"已成为传统的酷热天气的代名词。但由于平原开朗，海风调节，水网又密，蒸发时水汽吸热多，加上云多，雷

---

① 地理学上南北回归线之间地区，即为热带。

雨多，故七月、八月反不觉酷热。温度平均不超过28.2℃，比山区的韶关29.2℃低一度；比"中国火炉"的武汉29.2℃，长沙30℃，九江29.2℃，重庆29.2℃低上一度多。极端高温更比内地低。广州最热只到38.7℃，但韶关达42℃，比武汉42.2℃，长沙43℃，九江41.7℃，重庆44℃低三度以上。故夏无盛暑。

"冬无霜雪"按近三十年纪录，未有下雪记载。但按阮元《广东通志》记载淳祐五年（1245）十二月大雪三日，"积盈尺余，炎方所未也"。道光《南海县志》载："永乐十三年（1415）乙未冬有雪。"故广州素称"炎方"（即热地）。几百年才有一次降雪，霜也很少，据百叶箱内观测记录，广州是无霜日的。但据地表温度来看，广州有2.4霜日，霜时很短，多在凌晨，日出即散，故人们不易看出。故今热带作物移入，不会霜死。时间多发生于一月上、中旬寒流侵入后放晴的早晨。古人未详记，故说成无霜。实则是年有年无，有年也不重。如1955年1月重霜3天是很少见的，那年白云山农场地表温度为-6.0℃，静水成冰片。番薯、香蕉、菠萝、木瓜、荔枝霜死很多。8时霜始散。古谓"粤人不知霜"是有根据的。

"四季不明"的情况今天还存在。如夏雨即凉，深冬回南天，单衣摇扇，四时常青、常花。没有真正冬天存在。如按每五天平均温计算（即候温）在22℃以上为夏季，广州有39候，可见夏长，10℃候温以下的冬季是不存在。即广州季节是长夏转秋，秋又转春，春又转夏，冬季不存。故广州古来季节都可以"长夏无冬，春秋连续"来说明。因此，以旱季湿季来分是更加切当些。即春夏季为雨季和秋冬旱季之分比气温分季节要清楚。

"树木常青"指树林多为常绿树，今天亦然。目前广州附近林子可称热带季风雨林。这种林是常绿树为主。因在无霜或少霜区可不落叶来避寒，且终年可生长（候温在 10℃ 以上），芽、叶、花等不致冷死，树木不用休眠期来抗寒，加上冬天有雨水，故生势不错。

"花开四时"是由于广州湿热气候下，花期可两次（如木菠萝、菠萝等），故似是四时有花，实则因各种花开花期不同，花期长（3月到半年）互相错合的结果，如白兰一月仍有花开，全年开二次的木菠萝，开三次花的菠萝，全年开花的香蕉等，便形成了各月都开花。连最冷的二月也有许多花开。这可用广州清初以来的花市盛会来说明。岁末二月（农历一月）是最冷时期，但这时花市的花很多。而北方却是万里枯黄景色。按古书记载，花市起于乾隆，盛于嘉庆以后，因外商要香花制茶而兴。张心泰《粤游小志》："每届年暮，广州城内双门底，卖吊钟花与水仙花成市，如云如霞，大家小户，售供座几，以娱岁年。"同时人（咸、同间）徐澄溥有《岁暮杂诗》："双门花市走幢幢，满插笭筐大树秾。道是鼎湖山上采，一苞九个倒悬钟①。"（见《菊坡精舍集》）同治十一年（1872）《续南海县志》称："花市在藩署前（即今财厅前），灯月交辉，花香袭人，炎燠夜尤称奇丽。"可见岁末及平常花市古已有之。以十三行、桨栏路和双门底、财厅前两地为中心，牡丹、芍药、梅、桃、金橘、桔、茶花、鸡冠、吊钟、水仙都有大批出售。牡丹来自山东，在原地谷雨才开，到广州立春即开，相差达五个节气。由今天近郊有花地，有专业花农，吊钟在清远、花县、肇庆、四会都有花山专种情况来看，"四季常花"一语至今仍对。情况也和清初大致相若，只今天花市品种增加（如银柳、菊等），地点增加扩大，如十八甫桨栏路自开马路后（1918—1919），更为集中，妇女也来看花市。光复

————————

①　绿苞吊钟花有 11—13 朵小花的。璇注。

南、杨巷（古称羊巷）都有。双门底扩大到西湖路、教育路。1960年更开东川路和同福路二花市。故《广东新语》称："岭南花不应节候。十月间，梅与菊齐发。正月菊亦有花。"这也是花开四时现象之一。

"田野常收"指近郊田土终年生产而言。冬季北方已不种作物而南方仍种。如郊区冬季为蔬菜旺季，鱼塘、果、蔗不少在冬季收成。冬种作物也多，和今天情况相似。如张《府志》都说："下番禺两获之，余则莳菜为油，种三蓝以染绀，或树黄姜，或蔓青、番薯。大禾田既获，则以海水淋秆烧盐。其平阜高岗，亦多有荻、蔗、吉贝、麻、豆、排草、零香、果瓜之植……地无废壤，人无游手者矣。"可见古广州郊区农业之盛。

"年中只有凉热"即指长夏和相连续的春秋季而言。秋春凉季，长夏热季。故有些花长年可开（如人心果、木瓜、香蕉等），有些开几次花，如杨桃开五次花，甚至被人认为"花不应节"，如花市有菊，和北方秋菊不同，即因广州冬天实为北方秋季，故菊可开于深冬。

"旱潦失常"也是广州气候特点。由于位于季风区，气流南北交替，冬冷吹北风，夏热吹南风，南北冷暖气流相遇成雨区。如气流有变动，广州即可成少雨时期或淫雨时期，易成水灾和旱灾了。因为季风区气流是不稳定的，其中尤以飓风雨为著，往往一次飓风即成灾害，如宋开宝八年（975）十月"广州飓风起，一昼夜雨水二丈余，海为之涨，飘失舟楫"（《宋史·五行志》）。"永乐廿年（1422）夏五月己未飓风暴雨，海水涨溢。"（黄佐《广东通志》）如季风失常也每成旱灾，如《广东通志》称绍兴十六年（1146）："广州久旱。"《番禺县志》称万历廿三年（1595）："春旱后又秋旱，赤地千里。"即春无雨到，秋无飓风，都成旱灾。如1963年由冬到明年秋天九个月中，未下过一场大雨。古书所记，不是误传，故水利措施仍很重要。

　　按广州日均温等于和大于 10℃ 的全年日数总积温达 8000℃ 左右，已是全国最高温地区，足够满足全年耕作的需要。湿润情况可由雨水表示。广州年平均总雨量 1727.8 毫米，也是全国最多雨量地区，和世界上湿热的热带气候相比也不逊色，故广州划入湿热的热带中。由天然林相看来，广州附近的林相也是热带雨林类型。如林内优势树种不显，故群众称它为"杂木林"。藤本大而多，附生、寄生、气生植被也有。树种多为热带广泛分布种，具板根（木棉、人面子、榕、菩提等），老茎生花（如木菠萝、杨桃等）、光滑树皮，衰颓叶（叶初出时垂直避光下垂，如芒果、荔枝等）、滴尖叶（叶尖特尖，利滴水）、银钳叶（叶层层交错吸收阳光）等热带雨林生态。冬季较旱，但仍有寒潮雨，如在"花市"期中，也每遇寒风细雨天气。

　　夏季长，午后雷雨（即白撞雨）也是广州气候特点之一。这使水田水温突降，故有利于早稻。据今天观察，气温在 33℃ 时（即伏暑天气气温），水田已达 40℃ 水温，烫伤早稻根部，使灌浆期水稻吸收养分减少，造成空粒，尤以沙质田土易增温为害较深。可见古书所载白撞雨能壮早稻。

　　三冬久晴、回南致雨也表示广州冬暖情况。冬天晴天可以维持半个月，日间最高达 22℃，最低也有 12℃，故成为冬日摇扇的天气。冬天如无寒流，广州本地天气是仍然很热的。劳动即出汗，故有"冬雨汗流"之称。《广东新语》云"三冬多暖"，又云"冬间寒二三日复暖"，也指出这种情况。

　　春夏淫雨是因为广州在春夏之交时，正好是北来冷气和南来暖气在此相接触。故暖气流被冷气流冷却，水汽凝结成雨，即冷暖气流接触的锋面上冷却出雨水来。这个冷暖气流相交接的锋面在沿海地方停留时，或在罗平山脉受阻滞时，都可以形成广大的雨区（200—300 公里阔的雨带），使广州一连十数天下雨，水涨成灾。

"春寒雨至"就是说冷气南下把暖气抬升成雨，又称"南撞北"天气。古书记载淫雨为灾的确不少，如嘉靖四十三年（1564）"正月雨至八月，淫雨坏禾"即为例子。

寒潮侵入，但仍不能影响热带的特点，且成为广州得天独厚之处。如冬季有一较冷期，可杀死田土害虫，又可致雨，北方植物可以南移，对生产起了很大的作用。谚语说"干冬湿年，禾黍满田"①，即表示了干寒潮和湿寒潮对农业生产的好处。故广州城为一美丽和富腴的热带季风区城市，在中国享有数千年的历史，今天在世界上也同样享有盛名，即与其气候的特征有关。《史记》云："番禺亦其一都会也。珠、玑、犀、玳瑁、果、布之凑。"则广州 2000 多年前，已成为富饶的热带物产集中的都邑。而且到了后来，还发展成象牙和铜、银的集散地。《汉书·地理志》云："处近海，多犀、象、玳瑁、珠、玑、银、铜、果、布之凑。"比《史记》所记时（汉武帝时）多了银、铜等项贸易了。

我国竺可桢教授等即指出我国热带在五岭之南。他在《物候学》② 一书中称："南岭则可说是我国亚热带的南界，南岭以南便可称为热带了。热带的特征是：'四时皆是夏，一雨便成秋。'换言之，在热带里，干季和雨季的分别比冬季和夏季的分别更为突出。"可见广州是一个美丽的热带城市，气候

---

① 此谚早见于《广东新语》，即明代已有，因《新语》一书，据吴建新《〈广东新语〉何年成书》（见《广州史志》1987 年第 4 期）说成书于康熙廿六年（1687），距崇祯（编辑按：指末年）43 年而已。

② 此书据沈文雄《在"文革"中艰难前进的竺可桢》一文中称："（此书）作为凝聚着科学家毕生之力的代表作留存人间。"（见《地理科学》1990 年，10 卷，第一期）

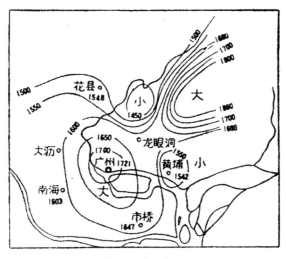

广州雨量分布图

学家也是承认的。

当然，广州附近山多，故气温和雨量分布也并不均衡，一般在1500—1800毫米之间。如黄埔、扶胥港一带，由于北面有白云山遮挡南下寒潮，成为"雨影区"，南面又有市桥台地挡住南风，故成为1550毫米以下少雨区，有利港湾建设。白云山地势高，南北气流遇山上升，凝结成雨，雨量在1800毫米以上。广州地势开朗，气流畅通，也成为1710毫米以上雨区。

第二节 广州二十七种天气型

广州气候具体来说是由各种不同的天气型组成。春、夏、秋、冬或廿四节气的递变都是由各种不同天气构成的。如"南风天"、"北风天"等等。"天"的组合，兹由最冷到热分出27个天气型来论述。以下用"天"代表天气型。各月如初春二月中，即可包括几个"天"，故不能按月份申论。

一、寒风细雨天（刮风大冷天）

广州二月仍冷，故《广东新语》云："三冬多暖，至春初乃有数日极寒。"的确，这时虽已脱离冬季，但寒潮还强大，加上是湿寒潮，故人体感觉特冷，有"赶狗不出门"之谚。"花市"前后即常遇这种冬天天气。此时学生放寒假，职工休探亲假，农民休息过年。这种天气是由于强大寒潮南侵，形成冷锋，一天之内温差达6℃—7℃。日温可低于5℃，成为暗霜（即植物受害而未结霜的低温），能持续1—5日，一年出现1—3次。以大寒、立春时出现为多。降雨量不大，刮风阴雨大冷天时，日雨量约20毫米。

二、放晴大冷天（大冷霜冻天）

寒潮南侵，冷锋过境后，雨过天晴，早晨辐射强，加上寒潮占领全境，故年中气温最低即在此时，可以在早晨成霜。日出即消，志称"粤人不知霜"① 即指此。有时冷锋不雨阴天过去，也会出现这种天的。故由一月份起即可发生本型"天"的。寒风细雨天过后也可出现本型，但不一定有霜，可称为放晴大冷天。无论有霜或无霜，人都感觉手足刺冻，当然不是下雪天的寒风刺骨那样，而是略有麻刺感，也是冬天的天气了，每年1—2次，持续3—6天，日温仍在10℃以上。出现多在大、小寒及立春时节。风停，阳光好，可晒日光及户外游戏。此型可转回（一）型②，但多转（三）型，即寒潮持续期较长的弱冷锋天气，最长可达10天（如1957年2月）。

---

① 《新语》称："故语曰：岭南无地著秋霜。"
② 编辑按：（一）型即指上述"一、寒风细雨天"，下同此例。

三、风雨阴冷天（冷锋风雨天）

二月最常见，即在放晴大冷天之后，气温回升，第二次寒潮又来时的天气。不过这时在二月，寒潮南侵势力较弱，故不很冷，日温最低还有 10℃。持续日数较长（1—7 天），年中出现日数有达 20 天。如 1968 年 2 月到 3 月间，由春节到雨水后近 30 日阴雨寒湿，故每形成早造烂秧气。由于风雨阴冷为期较长，故气候上称为慢冷锋的天气。在本型天气末期每出现无雨的阴冷天，植物萌动开始。本型可转为（一）型。但多转为（四）型。

四、放晴回暖天

慢冷锋过后，寒雨停，放晴。回暖快，多有雾、露，故志称"冬雾晴"，即因寒流占领地面，晴，日照多，使昼夜温差大（可达 15℃），地表水汽易于晨间成雾和露。昼间气温后期达 22℃，可脱棉衣。本天气可持续 1—15 日，1 月到 3 月都可发生，有利于植物萌发。

五、风和日暖天

仲春三月，南风来，与寒潮相遇时可迫走寒流东移，故气温回升快，日均温在 17℃以上。薰风南来，云薄，骄阳时见，是广州春天特色之一。持续期可达 1—8 天，所谓"立春晴，好耕田"就是指这种天气。本型可转回（三）型，因春季仍有弱寒潮南侵，古语云"南晴北雨是春天"即指（三）、（五）型天气而言。

六、连绵冷雨天（静锋雷雨天）

春季是广州雨季，雨势不强，多为毛毛雨，天阴冷多湿，日均温 12℃—15℃，连续 1—9 日，故影响禾苗生长（由育秧到插秧，回青），但春耕水量却靠它才能满足，否则易成春旱。这是静止锋天气。因为仲春南风强，北风还可不断南侵，交锋在南岭山地到沿海一带。广州位于中间，故静止锋形成于南岭时，南岭静止锋在英德一带，广州仍属雨区；如当静止锋退至南海海岸，南海静止锋雨区也可影响广州。故广州在北来冷流不断南下抬升暖气成雨的地带，雨期很长，且锋面为静止锋，移动不大，故长阴雨而冷。如冷暖气流不在广州附近成锋，易成旱象，如 1963 年春旱即因暖气流强大，锋面北移的结果，成百年一遇大旱年。本型 1—4 月都有发生，3 月为主。

七、冷雨暖晴天（"南撞北"天，阴晴不定天）

冷暖不定，晴雨无常，是广州春天天气特点之一。可称"南撞北"天，古谚称"春天面、十八变"。本型即指冷气流来则冷而下雨，日均温只有 15℃，但一下子又放晴变暖。日均温可达 22℃。本型持续期 1—7 天；多在（六）型之后发生。1—4 月内都发生，四月为主，可为晚春天气特点之一。本型常变为（六）型。

八、回南雷雨天① （回南潮湿天）

晚春东南风至，百物发霉，硬物潮湿，空气湿度大（95%—100%）、气温高（18℃—25℃），雨雾多，西人称为"克拉香"（Crachin）天气。影响工业生产至巨的，即防潮问题。农械、机械、电器、精密仪器、化工原料及成品等，无一不受大气侵蚀。持续 1—6 天，2—5 月为发生期，四月最常见。本型常变为（六）型。但多作为南风天的始端。

---

① 编辑按：应为回南霉雨天。

九、南风快晴天（快晴大暖天）

晚春初夏，冷气南下成雨的"春寒雨至"情况不见。太平洋副热带高压伸入华南沿海，成南风快晴天气，南风在海风加强情况下，不感热气，风力3级，但日均温已大于25℃，最高温达30℃，可以说是夏季开始，即本型应为夏季天气型的开始。持续期2—6天，更长即为春旱原因之一。这种天气有利于农业生产，以4—5月间为最常见，且常变为低压暴雨天即（十）型。如转回（六）、（七）型每有烂秧，因田水这时可达40℃，骤冷则禾受不了，作物初熟，即于这个天气中。

十、初夏雨水天（锋面雷雨天）

初夏4—5月，南风吹入，但当北方冷空气南下时，即形成低压锋面。因双方气流不断补充，故锋面雨量比冬春要大，水量也多，表现为锋面雷雨。锋面雷雨是由南北气流波动强而成。即南风湿而不稳定，故在锋面上形成雷雨，它和对流雷雨不同，可以随时发生（如在夜间），连续发生，和锋面雨一齐发生。对流雷雨却多在下午发生，雨过天晴，很少和雨期长的锋面雨一起。这时的锋面雨也因大南风不稳定而气流呈一有扰乱上升即成雨的状况。故锋面雨常有大雨、中雨产生，和华中的梅雨不同。日均温在冷气流中是16℃，在暖气流中是24℃，空气湿度大，故常有凉感。日雨量大于30毫米，故可成灾害性天气。如1959年6月东江下游大雨，即成水灾。本型持续天数1—16天，全年可达20—30天。广州常有端午前后"龙舟水"为患，即为本型雨水形成的洪峰。本型可与（六）型和雷雨天、飓风天等相连，构成广州一长雨季，且为广州雨量最多的月份。"惊蛰闻雷"即指本型天气而言。直到芒种，多属本类锋面雷雨。"立夏小满，江河易满"也是本型天气的结果。本型最长达 20 天（如 1957 年 5 月）。

十一、湿热雷雨天（白撞雨天）

这是广州夏天天气特点之一，也是热带地区天气特点。故整个夏季（4—9 月）都可发生。南风湿热不稳定气流流入，在地面气温又高（30℃—36℃）的情况下，尤其在台地上面，极易发生对流，形成积云再变积雨云而发生雷雨。故广州此时，午前闷热沤雨，午后、暮初雨由西方来，强度很大，并能引起龙卷。在珠海上，古书多记有龙卷风发生。雨势强，一小时能达 81 毫米（如 1955 年 6 月 6 日），一日内总雨量达 285 毫米（同上），雷雨成灾史不绝书。雨前期每伴有 7 级强风，雷电大作，常伤人及房屋。广州位于珠江台地上，更是雷区，但雨时短，雨过天晴，天气转凉，故又称"白撞雨"，日温差可达 7℃—8℃，有利于降低水田温度，故有"早禾望白撞"之谚。本型天气持续 3—17 天不等，多至大半月二十二日。全年可达 60 天。故广州为全国雷雨最多区域，午后多有雷雨，几和赤道地区相似。雹亦有，但不常见，由于高空降温不大，热气层厚，本型在六月末已常见。

十二、南风晴热天（大南风天）

在六月尾最常见，是副热带高压控制下的南风（3 级）晴朗少云天气，只有碎积云等小块飘在空中。日照长，南风热，故日温很高，是盛暑天气，表示锋面雨期已过，但台风还未到达。这种下沉气流控制下晴天可成为夏季高温期之一，昼间可高于 35℃。本型持续期 2—12 天，常接初夏雨水天而来，成为雨季中的旱期；后期因高压移动，云量较多，但冷气流此时已不再南下广州了。本型最长可达 40 天（如 1958 年夏）。

十三、台风大雨天

夏至后（六月底），南风进至北方，台风这时可在广州登陆了。雨水即由台风带来，故有春季"南少北多"（即北风带来下雨占多数），夏季"南多北少"（即南风下雨多）之谚。故台风是春、夏季天气不同的分界。温带锋面期以在春季活动为主，热带锋面期在夏季才占主要。故本型活动遍布整个夏季，可到九月末十月。这是灾害性天气，它是一个小型强风旋涡，过境时气压下降，强风起于西北（在东侧）或东北（在西侧），转南而收。距中心 100 公里处，风力可达 7 级。日雨量大于 80 毫米，对禾熟影响大。本型台风多起源于南海南部，范围较小（旋涡直径 300—600 公里），故虽趋向广州（偏西），但每年到达只有一次左右，而大风天可延及 2 天，"飞云"现象明显。前期雨量较少，大风拔树、灯杆等，也坏民房。持续日数 1—3 天。

十四、低压风雨天

这是在台风边缘的天气，因为台风很少直吹广州，广州往往在台风边缘外围。因此，广州此时天气不见台风暴雨天，而是见"风雨天"。在初夏每为热带低压所成，或由南海浅台风所成。在九月则为热带锋面北移的低压所成。特点是阵风、阵雨，起初是云飞低急，零雨，继而雨势增加，变长期下雨，风速达 6 级，雨期中风速又减，日雨量有 50 毫米，出现次数比（十三）型机会多，持续期 1—4 天，年中有 4—5 次，共计有 15 天以上，尤以台风盛行期 6—10 月为多，8 月为主。本型天气也见"飞云"现象，零雨而入小雨、中雨，雨势可持续一两天，但雨中风时停时发，表示低压特点。本型可因台风中心移来转为（十三）型，也可因引来冷气而转为（十五）型。

十五、台后阴雨天

在初春浅性台风过后，形成局部低压，吸引北方冷气流南下。这样，台风雨过后，还会发生阴雨天气。北来气流和热带湿热气流交锋，不稳定性大增，雨势绵续而不大。地面冷气流占领后也不感觉冷，呈凉快天气，持续日期由 2 天—15 天，年中出现不多，只限于初夏北方气流仍可南下期内，5 月—7 月内都可发生，以 7 月为最常见。

十六、北风酷热天（沤台风天）

在台风到来前，广州因位于台风外围，故当台风旋涡外围下降气流所在地。下降气流吹向南边台风旋涡，故广州吹偏北微风（弱西北风）。由于下降气流增热干燥，当时又在盛夏，天晴无云，日照强，故特别酷热。令广州夜不能睡的，只有这一型天气。而雷雨闷热天，也只在午时不能午睡，夜间仍可；南风晴热天夜后也能入睡。本型日温达 37℃—38℃，发生期6—9 月，但以强台风期为主（8、9 月间）。因浅台风外围北风不明显，酷热也减，延续期 1—4 天，每出现于南风晴热天后。

十七、狂风暴雨天

这是秋夏间强台风中心过广州时的灾害性天气。出现在七月到九月中的两个半月中为多。每小时气压下降可达 10 毫巴，气压在 1000mb（即毫巴）以下。如由广州西面登陆时，强风先起西北，转东北再转向东南收。在广州东面登陆时，强风先起西北，转西南收，日雨量达 200 毫米。史载台风大雨侵城，即有多次，为广州雨量第二高峰；洪潮并涨，每成灾害。尤以8、9 月间，处暑期中可达 4 次。这是因为南海台风产生多，南太平洋台风沿副热带高压脊西进易，故比立秋还多。因盛夏期台风北进易，广州反而少见。本型拔大树、毁房屋多，舟翻上岸；持续时间0.5—2天，不是年年有，8月、9月为多。

十八、盛夏雷雨天（南风大雨天）

在6月—8月中，大气积热最多，故称"热在三伏"（即指大、小暑和立秋期中）。尤以大暑为高，故对流也盛；再加上台风活动的影响和低压由云贵地区移入的影响。这样，当地大气对流和台风或低压内本身上升气流汇合一起，每形成强烈大雷雨的基础。如果低压的西南气流和南海东南风（较凉湿）相遇，即可成为连降性的大雷雨，雨势由大雨到暴雨；如1955年大暑前后的大雨，即成洪涝。持续日期3—6天，以7、8月间为主，是雨季中早期内的变异天气型。

十九、干晴酷热天（"秋老虎"天）

秋初广州还热，"秋行夏令"现象特出。9、10月间，还有"秋老虎"酷热天气，是热痧最流行的季节。本型每和北风酷热天或南风晴热天相接，加重秋旱，即广州称"八月旱"。每年出现2—3次，持续期每次0.5—4天，统在9月中到10月出现。这是由于南下气流也热，因和副热带高压合并故气流下沉，晴热干燥（湿度55%—65%），最高温在30℃。故立秋、处暑反为广州最高温之时（如1916年9月5日即达38.4℃），而平均温最高的小暑期中也只有38.3℃（1925年7月14日）的最热记录。"秋老虎"天气每引来台风或热带低压下雨天气，热气甫消，转入新秋天气，即低压吸引北方空气南下，才有转凉天气。

二十、秋淋夜雨天

秋老虎天是秋行夏令，但已有北方气流南下，只不变凉，故仍属夏季天气。但9、10月间，北方已冷，故高压南下冷气流每入广州。故本型可称夏季结束，初秋开始。这时因冷气流侵入南方暖气区，故使湿热的当地气流被抬升，地面成阴凉天气。夜雨的形成是因为冷气流晚间得陆风帮助，加速吹出海洋，使抬升暖气易受冷却成雨，但雨量不大（约10毫米）。由于夜间冷气流加速，故降低温度也快些，使暖气中水汽不断析出，成为夜间不断产生的疏落零碎分散小雨，故名"秋淋"。此时日温差增大，有利晚造拔节孕穗，故谚云："晚造望秋淋。"本型到11月中为止，连续日数2—6日。地面多弱西南风，昼间温度达27℃—28℃。

二十一、秋高气爽天

"秋老虎"后也可引入秋高气爽天，至此夏季结束，转入新秋。冷气南侵已能克服副热带高压阻碍到达广州，风力不大，气温仍高（日均温22°—24℃），湿度小（60%），昼夜温差增加，日间少云，夜凉。热湿夏季到此转为干凉秋季。这时，因初到广州为西北干风，故成为秋高气爽天，和低压台风天正好相反，但它也每随台风过境而来，故变化也很截然，俗称"急脱急着"也有原因。本型持续日数1—14天，集中于9月中到11月中，以6、10月间为多。本型可转为秋淋夜雨天，也可由它转回本型。每年日数达20天以上，昼夜高温仍在25℃以上。本型显示冬季风较稳定建立。

二十二、寒露凉风天

秋高气爽天每演化成寒露凉风天。这正显示西北干冷风多次南下后，干凉程度变质不深，最低温在18℃以下，日均温22℃以下，湿度在60%以下，风力达4—5级。这样，对正在抽穗扬花的水稻很不利。因北风突至，花穗冷萎，花蕊干枯，风力大，吹禾倒伏，不易受粉，造成空粒减产。本型持续期 1—4 天，集中于 9 月中到 11 月中，尤以 9、10 月间为常见。全年日数约 20 天。这是比秋淋夜雨天还强一些的冷气流入侵所成的天气，昼热晚凉。

二十三、阴凉阵雨天（阴雨转凉天）

10 月中到 12 月中，寒流南下加强，前端已有冷锋发生。故北风起时多有骤雨伴随，并有阵风。但因寒潮南下前已为较凉天气，故锋面不明显，只呈风强转冷，锋面过后即为阴凉天气，持续日期 2—6 天。日均温仍在 20℃ 左右。以 11 月为常见。本型易转为下一型晴旱夜凉天。

二十四、晴旱夜凉天（昼暖夜凉天）

当（二十三）型锋面过去入海后，冷气流又较旱，则形成本型，风力偏北，但已减弱，因前期地面多为秋高气爽天、晴热干燥天等，故变性快，放晴回暖快，天晴增温快，日温达 25℃—26℃。但夜间辐射散热强，可达 13℃，日温差大。由于冷气流稳定不动，又无暖气流冲击，故持续时间较长，达 3—11 天，集中在 10 月中到 12 月中两个月内，以 11 月为多。昼暖夜凉，一如北方秋初天气，有益于人体健康。

二十五、阴凉风雨天（冷锋阴雨天）

在 11—12 月期间，地面已冷，北来寒流也加强，到广州地区时，每有锋面出现（包括冷锋、弱冷锋或慢冷锋、静止锋等），成有雨阴天，北风 3 级以上，温度降至 12℃。本型雨量较多，但因西北风干燥，故雨势不大，降温比以上冬季寒流剧烈，故气温变低较显。本型在 11、12 月及 1 月上旬出现为多，在 11—12 月之间为常见，持续日期 1—6 天。

二十六、冷晴回暖天

11 月以后，冷气流流入广州后，由于天气晴朗干燥，日照增温快，冷气流内风力又弱，使地表空气变性快，前期冷晴很快变为和暖天气，故本型常在阴凉阵雨天后转冷晴回暖天，或连接阴凉风雨天。因此，寒流冷锋过后，即入冷晴天气，最低温在12℃以下，可降至8℃，但日间仍在20℃。但到后期回暖时，日温可达25℃，故成为深冬奇暖天气。本型持续期1—17 天，可达20 天以上，且每与秋高气爽天、干晴酷热的"秋老虎"天连续成冬旱为害。出现多在 11—12 月，最多在12 月。

二十七、阴昙温暖天

在冬季和冬春时，即 11 月至次年 1 月中，由于越南低压活动，引使南风上陆，成暖湿多云天气，日均温达 18℃。如低压吸引冷气南下，形成阴云天，间或有雨。持续期不长，只2—6 天，并很易引起强寒潮南侵。这是冬季中暖和天气之一。

作者分析得广州 27 型天气，但是在一年中各月的分配如何，仍要论述，以利人们应用。即一般地方志称的"月令"。

第三节　广州月令

广州各月天气，仍按天气型间演化来分析。

一、早春一月（包括冬至尾、小寒、大寒头三个节气）

1 月是广州最冷时节，尤以小寒为最。广州无冬天，但有冬天的天气，即因这期中有寒风细雨天和放晴大冷天两种天气出现。寒流达寒潮标准（日中降温达 10℃，最低在 10℃ 以下），但两个天气型最多日数不多于 20 天（19 天），最少只一候（5 天），平均 13 天（不到半个月）。湿寒潮一来即有一两天小雨，间有雨冰（即冻雨），但冰粒不大，即高空已在 0℃ 以下，称"鱼眼雪"，如 1967 年 12 月 27 日上午 8—9 时即下雨冰。寒潮此时偏东经海来，水汽较多，寒潮来风大，一次很快过。但如几次连续雨下，几天阴雨，或稍晴又阴，1968 年底过年到开春即有多次寒流，故寒潮愈来愈冷，晴天愈来愈冷。由阴凉风雨天转为冷晴回暖天、阴昙温暖天等引来寒潮所成的寒风细雨天、放晴大冷天、风雨阴冷天、放晴回暖天，有时更出现春天的风和日暖天、连绵冷雨天、冷雨暖晴天等天气。如果春天天气型早来，就不会旱，不会妨碍春耕办田、秧田缺水量，如 1952 年、1957 年，大寒已有百毫米雨量，但多数年份没有。春天天气于 1 月内产生，故水田灌溉设施重要。

二、春二月（由大寒尾、立春到雨水头）

二月还冷，这是湿寒潮期，即寒潮来就冷，过后放晴就暖，有利秧田生长。"立春晴，好耕田"，即俗称"立春一日，百草回芽"。静止锋在五岭南坡形成的春寒潮带来春天雨水（40—50 毫米），"春雨霏霏"，加上光照加强，故百物发芽。

本月天气以风雨阴冷天、放晴回暖天、连绵冷雨天为主。冷雨暖晴天和放晴大冷天也有时出现，预示大冷冬季天气和早春阴晴不定天也可出现。如 1968 年初北风阴冷天达 7—8 天后，才来一次寒风再放晴回暖，可穿单衣（13 日），14 日又有一夜冷流后放晴。寒风细雨天出现最少，回南潮湿天也偶尔可见。故 2 月初仍可发生冬季天气，以后逐步转暖。春雨是 2 月特点之一。故风雨阴冷天也有 7 天之多。寒风细雨天引起，使 2 月常有几天特冷。如 1968 年 2—3 月大部分为寒风细雨阴冷天。本月虽属最冷，但由于地处热带，仍有"南风入大寒，冷死早禾秧"的情况，如1968年大寒日即可穿单衣。

三、春三月（由雨水尾、惊蛰到春分头）

3月春光明媚，因强寒潮期已过，温度急升，是作物发秧期。"惊蛰不浸谷，大暑禾唔熟"，表示水稻也以此为播种育秧期。锋面雷雨发生，故有"雷初至"的物候，显示冷暖气流都很活跃。如果春性寒潮还未退走，气温会降低，造成烂秧。如果气温上升后，又遇寒流来，暴冷暴热也会使禾秧烂根。因为惊蛰天已有雷阵，日间气温跃升到30℃，故水田水温在40℃，一遇寒潮即突降10℃气温，使幼嫩禾秧经受不起。3月末，春分时节是农忙期，这时最怕春旱，为百树抽芽花的季节。

本月天气以连绵冷雨天、冷雨暖晴天、风和日暖天、回南霉雨天等为主。尤其是前二者，反映出"春天面，十八变"的特色。冬天天气型已绝迹，但风雨阴冷天在月初仍常见，仍可衣裘，故放晴回暖天也随之而来。在月尾可偶然出现一些南风快晴天、初夏雨水天等春末夏初天气型。本月最常见是连绵阴雨天，平均有8天，可达半月，天气凉湿，如1968年3月15日—4月1日。冷雨暖晴的"南撞北"天也有6天。故阴雨天后放晴的回暖天也常随至。而南撞北后又每有回南霉雨天随来，或初夏雨水天随之而来。风和日暖天每于三月初旬发生，使人有冷季已过，炎热即来之感，单衣仍汗，如1968年3月初至3月15日天气。

四、初夏四月（包括春分尾、清明和谷雨头）

春分后，气温增高，雨水也多。如果春旱延至春分就会影响到插秧。清明气温更高，因为夏季风已开始占优势。表现为广州最多风向由偏北转为偏南，温度在 20℃ 以上，有利于插秧、回青等。但这时仍有寒潮南侵可能。故有"未吃五月粽，寒衣不好送"之谚。如 1960 年广州清明降温到 10℃，冷坏禾秧，雨水也因春寒流而成春雨，故"清明时节雨纷纷"是正常天气。四月底谷雨节气雨量大增。已有热雷雨，因这时气温上升达 22℃ 以上；南来气流又是在高水温的海面上来，故锋面雷雨、热雷雨都可使雨量突增。雨势也猛，甚至成灾，如 1961 年 4 月清明末谷雨初暴雨即成灾害。谷雨不雨是少见的，春旱到谷雨便要成灾，1660—1949 年共 290 年中，延到谷雨的春旱仅有 16 次。春旱多因南风北吹、雨区北移所致，如冷流强，南下时即成"春寒雨至"了。

4 月称夏季是从气候季节来说，这时天气以南风快晴天、初夏雨水天为主，冷雨暖晴天也多。尤其锋面雷雨的雨水天可长达 8 日，日雨量在 50 毫米以上，和印度的夏季风爆发期雨量相似，如 1968 年 3 月末冷雨暖晴天，入 4 月即转锋面雷雨天数日。炎热可表现在南风快晴天，平均也可达 6 日，故日均温大于 25℃，最高达 30℃。1968 年的 4 月 10 日后即有此型数天，才转北风天数日入中旬。多雨天气还有冷雨暖晴的"南撞北"天，平均达 7 日，如寒流入侵又有连绵冷雨天，随南撞北天来的回南霉雨天和随雨水天来的湿热雷雨天等。热带低压风雨天也可出现于月尾，而春季天气型如风和日暖天、放晴回暖天、风雨阴冷天等间有出现。如 1968 年 4 月下旬即有二次寒流侵入形成阴冷天两三天，使本年 4 月特凉，但总天数平均不到 4 天；加上连绵阴雨天、南撞北天也有 13 天。故本月以夏季天气型为主，使天气过程也每有夏天晴热天间于这些凉雨天气之间；台风过境后，每成为台后阴雨天。

五、夏五月（由谷雨尾、立夏到小满头）

按太阳高度定出的天文夏季是在立夏开始的。这时气温每出现酷热天气，在 25℃ 以上。雨水已开始受台风雨影响，平均两年一次，故谷雨到立夏雨水渐增，小满以后（即 5 月下旬）即有台风为害。如 1961 年 5 月中，南海台风在香港登陆，广州即有暴风雨为害。故俗称："立夏小满，江河易满。"广州这时常受北江"小满水"为灾，自石角大围筑成后始免水患。

5 月天气按此是以初夏雨水天和湿热雷雨天为主，如 1968 年 5 月 15 日以后，每天下午雷雨，15 日以前为南风阵雨或夜雨晴热天，故雨日特多，有全月下雨的记录。雨水天平均达 15 天（如 1968 年 5 月 10 日以后到 6 月 1 日以后仍每天下大雨一次），雷雨天也有 6 天。酷热天是产生在南风晴热天和台风来前的微北风天，尤以前者为常见，平均有 4 天。其他随雷雨天来的南风晴热天也已常见，成为 5 月高温天气，和炎夏相当，如 1968 年 5 月 1 日后即为大热天气几天。此外，随南撞北来的回南霉雨天，甚至随冷锋南下的连绵冷雨天都可偶尔发生，因冷气流仍未绝迹，如 1968 年 5 月 9 日至 10 日。又如 1960 年小满节气时，温度曾降至 18℃ 以下，影响水稻抽穗扬花，台后阴雨天的出现也使洪水加强。

六、盛夏六月（由小满尾、芒种到夏至头）

太阳此时正照广州，气温很高，南风强盛，降雨量全年最多。日均温在 25℃ 以上。南岭山地为南北气流交锋地区，故五岭雨区也可影响广州。"龙舟水"也是这时发生，如东江"龙舟水"冲入广州即多在芒种（70%）。此时水稻扬花灌浆，最忌水淹，故 6 月防洪工作重要，高温达 33℃，不利于工人劳动。台风此时也可侵入，一年一次，如 1960 年芒种时，太平洋台风在宝安登陆，使广州遭暴风雨危害。热雷雨多也是 6 月天时特点。锋面雷雨也未消失，如 1968 年 6 月下旬仍有发生，雨水暴至，并在恩平、东江、沿海成灾。如没有台风雨来，只靠热雷雨水量，那是不具成灾条件的。虽然这时盛夏雷雨天已经常发生。

盛夏 6 月以湿热雷雨天和盛夏雷雨天为主，平均占 12 天，多由初夏雨水天转来，并转为南风晴热天。因此，这两种天气都占 6 天以上。除此，冷锋可至，形成锋面雷雨，气温不高；如 1968 年 6 月初至 24 日，天天午后雷雨。再次，则为台风天气，如继南风晴热天而来的是北风酷热天和台风大雨天（2—3 天）。如有台后阴雨天出现，雨水更足。

七、三伏七月（由夏至尾、小暑到大暑头）

大暑、小暑是广州最热时候。"三伏天"就是指大暑、小暑和立秋三节气时期而言。其实夏至后（六月尾）气温在 28℃以上。用平均温计小暑是最高的。台风一般到大暑才来，一年一次，来时可引起洪水。盛夏雷雨天的发生很常见。7 月初仍有锋面雷雨，如 1968 年 7 月 10 日前仍属雷雨天，为广东特大洪水年。

本月主要以湿热雷雨天、盛夏雷雨天和南风晴热天为主。湿热雷雨天达 14 天，南风晴热天也有 12 天，余则为台风天气，如台风大雨天、低压风雨天、台后阴雨天和北风酷热天等。一般北风酷热天是台风天气的先行型，故常与雷雨及晴热天相连接。如台风中心过广州则更可多见狂风暴雨天一型，不过境则为其他天气代替，如高压边缘炎热晴朗天气等，1968年 7 月中旬到下旬天气即是。但如有台后阴雨天出现也可带来雨水，如 1955 年 7 月台风后，广州连续下雨 15 天。

八、炎夏八月（由大暑尾、立秋到处暑头）

天文季节 8 月已入秋天，但气候上仍是酷暑。如果副热带高压移近大陆时，控制了广州天气，就会在广州形成酷热天时。因为高压范围是下沉气流，增温变旱，每成为广州最高温期，例如广州由1916年以来最高温达38℃以上都在8月，故称"秋老虎"。这种天气尤其在受台风影响时，变得更热，即弱北风酷热天，枯树往往可自燃，如长堤14号码头处的古海珠岛上古木棉树洞，即在1963年发生过出烟现象。这种天气要在热带低压或台风过境后才能结束。台风也是8月特点，因为这时副热带高压北移，台风可以侵入广州，且因高压带偏东气流，使台风入侵大陆更易。太平洋台风、南海台风可常到，平均每年有两次，故广州雨量形成第二次高峰。洪水的第二个汛期，称"慕仙水"，即在本期发生。台风每成狂风暴雨天，如果8月无台风即出现"八月旱"，如1989年8月，即要抗旱保禾。

午前闷热，午后大雷雨，晚上凉快的湿热雷雨天和盛夏雷雨天仍是主要天气，月中平均达12天。高压脊控制的干晴酷热天也达7天，北风酷热天也有4天；台风大雨天、狂风暴雨天和低压风雨天也很常见，尤以8月尾近9月期（处暑时）为多；有时一年有三四次，平均天数也占8天。

九、晚夏九月（由处暑尾、白露到秋分头）

广州岁时失序，秋行夏令，9月还是夏天。立秋、处暑、白露都是按北方定名的节气。但广州立秋反而最酷热，个别年份为全年最高温；白露更未有凉夜侵人感觉，秋高气爽天气最常见，台风雨天气仍多。故本月气温多在25℃以上，仍属夏季天气。本月台风有一次以上，故雨量不少，台风不来则成"八月旱"，因热雷雨和锋面雨都减少。9月尾秋分后，北方冷流才较明显，但仍不成"寒露风"天气（即气温低于18℃的干冷气流），即阴凉阵雨天还不常见。

9月因已有冬季风活动，但仍以夏季天气型为主。如湿热雷雨天、盛夏雷雨天，前者平均还有 7 天。南风晴热天、北风酷热天都有 3 天以上，"秋老虎"天也有 2 天。其次是台风天气，处暑、白露两节气台风都在一次以上，可说是广州台风最多时期。故狂风暴雨天、台风大雨天、低压风雨天、台后阴雨天等天气也多，可占 8 天，所以 9 月大部分天气都属夏季天气。入秋天气只有四五天的秋高气爽天和 5 天的阴凉阵雨天（即秋淋夜雨天）二个天气型。且多在秋分以后出现。

十、初秋十月（由秋分尾、寒露到霜降头）

10 月广州才开始入秋，本月称寒露、霜降实无意义，因本月没有霜，连寒露（广州称暗霜，能害作物）也没有。广州这时因太阳南移，尤其冷气流南下时，可出现 18℃ 以下的低温。加上西北冷气干燥，风速达 5 级，故形成吹倒水稻、使花蕊干枯的"寒露风"，影响水稻授粉结粒，造成减产。台风次数大减，广州此时可说开始了旱季，但夏季闷热天气仍可发生。

10 月天气以秋高气爽天和寒露凉风天为主。这是全年中广州最显秋高气爽的时节，平均有 14 天。加上晴旱夜凉天、干冷寒露风天和"秋老虎"天就使 10 月雨量大减，"秋老虎"有 6 天之多。低压风雨天、北风酷热天也可出现，雨天多为零星细雨的秋淋夜雨天（约三四天）、阴凉阵雨天（约 3 天）、阴凉风雨天等，表明冷气流加强；即由于没有锋面的冷却雨，到冷锋面上的阵雨再到冷锋面阴雨（相当于慢冷锋、静止锋雨天气）而转入深秋天气。如 1968 年 10 月全月无雨，11 月 3 日才有短时冷锋雨下于早晨 5 时—6 时。

十一、秋十一月（由霜降尾、立冬到小雪头）

天文上冬季开始于本月份立冬节气，但在热带内的广州，

气候上只能说是秋天季节。因为按一候均温（五日）在 10℃
以下才算冬季计，广州是无冬的，只有春、秋季。在节气上，
霜降无霜，小雪无雪，故立冬一词是不适当的。古人以雪为
冬，以霜为秋，则广州只有秋天。11 月广州降温快，但日照
多，气温回升也快，结果秋天不明显，寒露风和露已足够为患
水稻。故 11 月是广州正式受寒潮影响月份，干寒流南侵，平
均 2—7 日可到一次，故气温在月尾小雪时，可低于 10℃ 以
下。某些年份和 12 月一样，如 1920—1938 年 18 年中，极端
最低温都同是 2.2℃，故冷锋阴雨天也可产生。

　　11 月天气晴旱夜凉天有 11 天，如 1967 年 10 月底到 11 月
末，昼间劳动（作者正在花县割禾）要出汗，穿单衣；但 12
月 1 日即吹西北大风冷流 2 天。1968 年 11 月份昼间且达
30℃，只一次北风即可回南。其次是冷锋过境时的阴凉阵雨天
（6 天）、阴凉风雨天（5 天），雨水很少，且随即放晴成冷晴
回暖天了（4 天）。在月初时，10 月的新秋天气如秋淋夜雨
天、秋高气爽天、"秋老虎"天都可在这个月内发生，反映 11
月忽寒忽暖和干燥的天气特点，故 11 月应属秋天类型。但有
时副热带高压侵入又可成夏季天气，夜盖单被，日穿单衣，暮
可游泳，如 1968 年 11 月份即有 30℃ 昼温天气。但破此高压天
气已非台风，而为寒潮，故回暖天常稳定半月到一月，忽来旱
寒潮，风力强大，气温突降。

十二、深秋十二月（由小雪尾、大雪到冬至头）

　　12 月天文季节上也是深冬，但广州气候上只能称为深秋
天气，即轻霜无雪。故小雪、大雪无雪，冬至无冬，冬天天气
不到三天。小雪以后均温仍在 15℃ 以上。不是每年见霜，气
温在 12 月末还近 15℃，雨量本月只靠强寒潮南下时一两天小
雨，这是由于寒潮经东海时吸收水汽。故《新语》称："大抵

三冬多暖。"《粤中见闻》亦说："冬间，寒不过三两日复暖。"

12月天气多为寒潮冷锋天气和锋后放晴回暖天气。如冷锋风雨后转冷的冷锋阴雨天即达7天，因为寒流可以连续南下，可下冻雨（即雨冰）。如1967年12月8日上午8—9时，即下鱼眼雪如豆大，但很快放晴成冷晴回暖天。这种天气平均达13天之多，故本月多成旱月，尤易接11月份的晴燥天气，成为昼热夜暖天，夜间仍穿单衣，不用盖棉被。如1968年12月1日—12月10日，遂成秋旱。回暖后易引入南方低压的暖湿气流，故广州12月阴昙温暖天数不少（6天）。渐近1月，气温更降，温暖低压天可吸引强寒潮南下，故翻风大冷天、冷锋风雨天都可出现，持续2天，然后即放晴成大冷霜冻天或阴昙冷天等。

总结起来，广州无冬天，只有夏、秋、春三季。夏长自4月到9月，更确切来说是4月中旬到9月中旬共五个月。初秋天气迟来，时间长而结束迟，由10月到12月，更确切说是9月中旬到12月下旬或1月初共三个半月或四个月。1月中以后，雨水渐增，气温渐高，就标志着由秋转春，百物萌动。故春天早来而长，由1月到4月，确切说是由1月中旬到4月中旬共三个月或更长些。

第四节　广州节气的特殊性

古书气候记载多按节气，故广州节气也有解释的必要，以便古今对比。

廿四节气是按太阳在黄道上的视位置来定的。因古代我国历法多用阴历计月，故对年中气候变化没法确定它的日期。早在公元前140年，就创出廿四节气，克服阴历（即农历或夏历）的缺点：即在二分二至之外，再加廿个节气，从春分计起，每黄经15°为一个节气；并以太阳进入白羊宫时，黄经为

0°计起，作为春分（即黄赤道交点）。又按各节气的星候和天气农事情况给予定名，如二分二至是指太阳高度而言。按天气定出：清明、立夏、小暑、大暑、立秋、处暑、白露、寒露、霜降、立冬、小雪、大雪、小寒、大寒、立春、雨水。按动物现象定名有惊蛰。按农事情况定名有小满、芒种、谷雨。但是这些名称多数是总结北方天气和农业活动的经验，而在热带的广州就不尽适合，兹分述如下。

一、立春（2月4日或5日到18日）

立春是春天开始的意思。"立春一日，百草回芽"，此谚对广州并不合适，因广州春季早在一月底已开始。这是热带冬季天气不长、冬季气候不存在的结果。故立春前后的除夕花市，已是百花争妍的时节。故又可称"春花"节气。

二、雨水（2月19日到3月4日或5日）

这时雨量增加，这一节气用在广州是适合的。这时，南北气流在广州南、北形成了静止锋，故常出现连绵春雨天，即春性寒潮的天气。低温阴雨也成烂秧天气，但有利于植物生长发育。1968年2—3月全为阴冷细雨天。

三、惊蛰（3月5日到3月19日或20日）

本节气称蛰伏在冬眠期的动物要醒觉，出土活动或孵化出来，在广州大致也是合适的。因为冬天天气存在，一部分昆虫也怕低温，故仍有惊蛰节气，但一般略早些已有活动。

四、春分（3月20日到4月4日）

本节气指春天昼夜平均日，昼夜都近12小时，广州也如此，适用。

五、清明（4月5日到4月19日或20日）

在北方这时是一片"清洁"的景象，风沙不兴，植物初长，景色清楚明媚。但在广州不合适，因清明时节正当"春雨霏霏"之时，即南北气流交替时期；南撞北天，连绵冷雨天，又当插秧大忙季节，故又可称"夏种"或称"立夏"。

六、谷雨（4月20日或21日到5月4日或5日）

在北方是种谷后下雨的节气，陈希龄著的《恪遵宪度》抄本引《孝经纬》云："斗指辰为谷雨，言雨生百谷也。"在广州这时也是多雨，且是锋面雷雨，故可成水灾。但称谷雨不妥，因广州谷类早已种完，且已入初夏天气。

七、立夏（5月5日或6日到20日或21日）

立夏即夏天开始，在广州4月中已入初夏，故此名在广州不合适。因北方夏季迟来，而热带的广州却是夏天早来迟去。广州立夏雨水多，"立夏小满"，加上天热，故非常潮湿。可称"夏湿"或"雨湿"。

八、小满（5月21日或22日到6月4日或5日）

小满在北方是指热量初步丰足，小麦已结粒之时。此名在广州并不适用，广州此时水涨，改为"水满"，却是很合适的。广州郊区常受"小满水"威胁，水稻方抽穗扬花，未能定"满"或"不满"，气温上升也不特多，如1968年6月1日仍冷，要穿夹衣。这节令称小满不宜。如1968年5月下旬每天雷雨天、阴天，形成大水年，各地水灾（恩平发生的六十年一遇山洪）。

九、芒种（6月5日或6日到6月20日或21日）

北方芒种时，指麦收后种有芒的水稻。这节令名称对广州地区也不合用，因此时早稻要收，晚造要播，是农忙期，改为"忙种"却很合适。"龙舟水"于这时期发生，高温、台风都危害作物。雷雨常见，如1968年6月，锋面雷雨多，广州即受西水威胁，各地受淹。恩平发生60年一遇洪水，而向南山坡，如莲花山脉，老隆附近等地，6月有上千毫米雨量。

十、夏至（6月21日或22日到7月6日或7日）

夏至即夏天太阳在最高的位置，对广州亦合。此时日正照头顶上，无影。盛夏天气到来。这时广州天气以湿热雷雨天为多，也是高温和台风侵入期。

十一、小暑（7月7日或8日到22日或23日）

小暑是指北方此时已有炎热天气，但未至极点。广州基本也是如此，但略有不同，即暑已早临。因"夏湿"节气即为湿热的暑气到来，广州小暑最热，故称"小暑"不妥，称"炎暑"、"雷雨"较适宜。

十二、大暑（7月23日或24日到8月6日或7日）

大暑指北方最炎热的时期，广州却略有不同，因这时平均气温已比小暑低些，台风已到。雨水以热雷雨为主，有台风到又可成灾。天气以盛夏雷雨天为主，故仍可称"大暑"。

十三、立秋（8月7日或8日到22日或23日）

在北方已是炎夏消退，凉爽天气来了，但广州不同。因最高温出现在这时候，即"秋老虎"天。秋意还未有，这是因为广州位于热带，夏季太长（几达五个月），称为"小暑"反而恰当些。

十四、处暑（8月23日或24日到9月6日或7日）

处暑即暑天停止的意思，在北方是对的，在广州就不对了。因为这时广州还在夏天天气，降温小，还有全年最高温的记录，台风天也特别多。雨水多，是"慕仙水"汛期，不如改称"台风"。因每年这节气中都有台风天气出现。

十五、白露（9月7日或8日到22日或23日）

北方这时已普遍有白露发生，秋凉夜露天，但在广州则不然，因这时才转北风期，称为"立秋"还可以。天气以秋高气爽天为主，但仍有台风。气温仍属夏季天气，即广州气温在26℃—28℃。

十六、秋分（9月23日或24日到10月7日或8日）

秋分是秋季昼夜平分日。气温渐降，但寒露风仍未发生，台风仍可侵入，广州渐入干季。仍称"秋分"是对的，因昼夜平分之时也。

十七、寒露（10月7日或8日到22日或23日）

寒露是北方秋夜特征天气。白露转寒，为成霜的前奏。但广州这时只有白露，不能称为寒露。天气特点是"寒露风"天，这是初到广州的冷干气流，有害禾稻。秋高气爽天为主，故不如改名为"白露"更恰切些。

十八、霜降（10月23日或24日到11月6日或7日）

在北方这是秋霜天气。但在广州则不然，这时只是白露变为"寒露",因它能伤作物,被称为"暗霜",由寒潮南下造成。故称"寒露"更合适,而根本未见霜生成。

十九、立冬（11月7日或8日到21日或22日）

北方已有雪下,冬天开始,但广州无冬,故不合这一节气。这时广州以干寒潮侵入为天气特色,回暖快,气温有如北方秋高气爽天,为昼暖夜凉的仲秋天气,故应改称为"晴秋"较当。

二十、小雪（11月22日或23日到12月6日或7日）

北方已下少量雪。但广州无冬,更无雪下,故不合此节气。这时广州因寒潮较强,可有霜冻,故称"霜降"更恰当些,即"霜始生"的意思,"降"字应解为"生成"才好。霜不如雨,霰由天空降落,霜是由地面向上长出来的。

二十一、大雪（12月7日或8日）

在北方是下雪更大的节气。但广州冬无冰雪,故这节令不合广州情况。广州大雪,只比小雪冷些,寒潮强些,故不如称为"小寒"。广东人以秋季为寒冷天气。

二十二、冬至（12月22日或23日到1月4日或5日）

冬至是冬季日照最低之时。日最短,影最长,示冬天来临之意。广州无冬,但有冬天天气,故仍可用此名,和全国统一对比亦易。寒潮多有小雨带来,可下冷雨。

二十三、小寒（1月5日或6日到19日或20日）

小寒是北方全年最冷季节之一,仅次于大寒,故称"小寒"。在广州略有不同,即以小寒为最冷,冷气积聚达最大程度，冬季天气出现，寒风细雨和大冷霜冻天多至 11 日。广州无冬，此时可称"大寒"了。

二十四、大寒（1 月 20 日或 21 日至 2 月 3 日或 4 日）

大寒在北方为最冷、最凛冽的天气，但在广州却有些差别。如气温高于小寒，寒潮又减弱，因湿寒潮来，故雨水又多，已具有回春天气，故不如称为"立春"更好。广州大寒后，即宜开始种植草木。

总结起来，广州节气和北方节气比较，规律性基本相同，但差异仍大，这是因为广州位于热带的原故。差异情况有 3 种：

（1）季节的推迟或提早：如夏季提前和延迟结束。春季早来，秋季后到等，一般至少推迟一个季节。

（2）节气的消失：热带天气为北方节气所无，北方冬季节气又为广州所无；如大雪、小雪、立冬等节气的消失，台风等的加入。

（3）天气内容的改变：如气温、雨量程度上的差别、热带特征天气的掺入等；又如清明、小满、小暑、大暑、小寒、寒露、处暑等的改变。

兹按上述所拟的广州节气，试列表如下，以说明广州地方的热带性节气特征，并可和北方节气相比较。

新拟广州二十四节气表解（曾昭璇 1990 年秋作）

序数	节气名称	说明
1	春花（即立春）	因春花如锦天气
2	雨水（即雨水）	广州是绵绵的春雨
3	惊蛰（即惊蛰）	虫鸣、春雷响

（续表）

序数	节气名称	说明
4	春分（即春分）	寒潮停止入侵，昼夜平分，气温上升快
5	立夏（即清明）	北方清明，广州已于此时入夏
6	谷雨（即谷雨）	在广州是水稻发育的雨水期
7	雨湿（即立夏）	锋面雷雨，百物潮湿
8	水满（即小满）	江河水满，"小满水"发生
9	忙种（即芒种）	农忙季节
10	夏至（即夏至）	日中影短，有正照天顶时刻
11	雷雨（即小暑）	热雷雨和盛夏雷雨最多
12	大暑（即大暑）	全年最高温期
13	小暑（即立秋）	广州无秋意，且出现最高温
14	台风（即处暑）	暑气未停，台风必有
15	立秋（即白露）	寒流初到广州，气温始降
16	秋分（即秋分）	秋高气爽，昼夜平分，夜间降温明显
17	白露（即寒露）	多秋夜露水，滋养作物
18	寒露（即霜降）	广州无霜，露水较冷
19	晴秋（即立冬）	广州无冬，可晴暖如夏
20	霜降（即小雪）	广州无雪，霜始降
21	小寒（即大雪）	广州无雪，但有冬天天气出现
22	冬至（即冬至）	日最低，影最长，故低温
23	大寒（即小寒）	广州最冷节气
24	立春（即大寒）	大寒后百物萌动，故称立春

第五节　广州物候

物候是指百物在一年中变化的规律，主要记载的是动物、植物和节气特点、天气特点，水文变化和土壤变化等也要记述。故物候即自然历书一样，但是农作物、经济作物，以至工业、手工业的节气变化也每涉及，故物候除自然界事物之外，还有人类经济活动记述一面。广州物候在《任志》和钮琇的《觚賸》中有记载，比较简单；近人何大章也有记载，比较详细。先述志书引各家"月令"中物候并作补充如下（阳历计）。

（1）**二月**：水仙、桃花盛开，柔桑可采，大小麦黄，种姜剪韭，田工始忙。

这些记载比较概括，但仍须扼要说及各个物候方面。补充如下：

花候：除水仙、桃外，牡丹、吊钟、芍药、红梅、茶花、菊花、鸡冠、夜合、含笑、米仔兰、桂花、玫瑰、炮仗花、月桂等均已盛开。黄素馨花。

树候：除桑叶可采外，相思黄花、桑抽芽开花，木棉含蕾，紫荆盛花，石榴、红杏、山指甲发芽，柳、苦楝萌动，木麻黄造林，按亩分床。

果候：荔枝抽蕾、菠萝蜜花始开，三华李花白，金橘、四季桔、潮州柑果熟，香蕉始芽，菠萝花开，甜橙抽春梢，抽花，青梅抽芽，定植柑桔苗。

农候：稻种芽，春花生芽，种姜及种瓜，茄、番茄、西洋菜、椰菜、芥兰、茼蒿、白菜心、黄芽白、白菜、生菜、菠菜可采，花生豆出，马蹄育苗。

工候：田工兴，整秧田，备尼龙薄膜育种，引水灌田。防寒过冬（如穿牛衣、包树干、盖果树芽、盖冬薯等），防霜冻（如熏烟、覆盖等）。整蕉园、果地，防阴雨烂秧，宿根蔗田开陇，鱼塘清理、放花。

虫候：蜂采紫云英花、田菁花。

天候：南风快晴天、和风日暖天、寒风细雨天。

（2）三月：蕉始芽，蕨拳舒粉，鱼苗作，有雾，始闻雷，蚬生河中，蛙鸣，橙柚开花。

今观察补充如下：

花候：紫甲抽芽，杜鹃盛开，鸡蛋花出叶，龙牙花红、抽芽，菊、含笑、月季花、玫瑰、夜合、桂花、炮仗花、大红、茶、兰、紫荆花，米仔兰、山指甲、黄素馨花。

树候：柳、楝缀绿，樟树抽花，菩提叶落，大叶榕叶尽芽出，三月下旬种大叶榕，柳新绿，木棉蕾大、花盛，苦楝花开抽芽，紫荆花盛，桉、竹育苗。

果候：梨、三华李新花吐绿，苹婆、芒果、蒲桃始花，蕉出芽及大造花，大蕉始收，杨桃始芽，杨梅始华。黄皮花，水东黑叶有子，槐枝花，荔枝定植，圆眼抽花序及蕊，枇杷果青。

农候：芥菜、生菜、白菜、菜心、椰菜、茼蒿、枸杞、黄芽白大造，荷兰豆、番茄上市。蔗、花生、黄豆、玉米、芋可种，棉、麻播种，马铃薯收，烟草开花摘心，放养红萍，播马蹄，紫云英盛花。

工候：播种，育秧，除薄膜，灌田水防烂秧，春收春种大忙，防春旱，鱼苗作，冬作物收，鱼塘蓄水放花，蔗田草长。

虫候：虫鸣出土。蛙鸣、虾蚬繁生，蜂采荔蜜。

鸟候：燕子来，家禽春孵。

天候：有春雷，阴雨天、寒风放晴天，风和日暖天、南风快晴天。

（3）**四月**：南风至，暖而多雨，青梅熟，枋榔苞，蛙噪，田开耕，荔枝、木棉花开。

今进一步分述作者观测所得：

花候：鸡蛋花抽蕾，木棉、紫荆盛花，含笑盛花，玫瑰、大红、紫甲、白兰始花，茉莉（下旬）、红杏、夹竹桃、红百合、石蒜、向阳花开花，山指甲、龙芽花、鹤顶兰花。

树候：大叶榕浓绿，凤凰木芽及蕾，相思黄花抽新叶，枋榔苞，大王椰子花，葵花。

果候：葡萄始芽，蒲桃始花，荔枝、橙、芒果花，蕉上河泥、花开。三月红荔枝下旬始收。石榴花，黄皮有花有果。枇杷熟，二造菠萝开花。榄抽梢及花，青梅收，苹婆盛花。

农候：冬薯收，白菜大造，小白菜、小芥菜播种，忙莳田，下旬黄瓜大造，菠菜、枸杞、白瓜上市，荷兰豆在市，菜心、芥兰、椰菜、椰菜花、藕、韭、茼蒿、马铃薯渐少。棉播种，收冬绿肥种。采豆种，移马蹄水田中，冬瓜上市。

工候：灌溉水足，防旱，防寒（冷死禾秧），开田春种，防洪涝，筑围堤基等。除春作物地、蔗田、林地草。

虫候：蔗田螟害，蜂采荔枝蜜，虾繁生。

鸟候：布谷鸟鸣。

（4）**五月**：榴花开，榕树荫，紫菱照水，佛桑红，珠兰花缀珠，白撞雨至，热汗流，大南风至。

今补如下：

花候：茉莉、夹竹桃、红杏盛花，指甲、白、黄兰开花上市，佛桑、珠兰、夜合花、大红花开，玫瑰渐少，非洲菊、海棠、绣球、牵牛花，满天星花，紫荆花少，百合花。

树候：大叶榕成荫，菠萝蜜花多能结果，木棉缀绿，凤凰木绿。

果候：石榴花、李上市，玉荷包荔枝收，蕉大造花，榄、人面子花，桃始熟，杨桃风栗始花，甜橙抽夏梢，葡萄结子，杨梅、草莓熟，番石榴花，柿始花，椎始花，龙眼花，梅、三华李上市，蒲桃花。

农候：苎麻收，豆角、白瓜、辣椒、黄瓜大造，枸杞、节瓜、苦瓜上市，黄豆收，茄瓜熟，菱角盛长，白菜多，菜心仍有，龙牙豆出，菠菜多，薯、芋培土，苎麻移植，藿香种，莒子收，夏绿肥种，养鸭、育猪仔，牛配种，收塘鱼，花生除草。

工候：防风、防涝，又防旱。摇荔枝蜜，防台风，加强排洪，早稻中耕除草。

虫候：蜂采荔枝、人面子、白榄、乌榄、风栗蜜。

鸟候：养早造埠鸭。

（5）六月：荔枝熟，菩提叶长，蝉噪，早禾收，荷花开。

今补充如下：

花候：白兰、茉莉、紫甲、大红仍盛开。红荷始开，夜合开。

树候：细叶桉树开花，菩提出叶，榕树浓荫，粉丹竹笋发，母生开花，采桉种子。

果候：果园除草、施肥，芒果上市，李、葡萄上市，上旬水东黑叶荔枝收，中旬状元红、妃子笑荔枝收，中下旬黑叶荔枝收，下旬桂味、米枝荔枝收，桃收，番石榴收，大蕉（鹤嘴）收，香蕉长短指收，香蕉大拧收，菠萝上市，西瓜大量上市，菠萝翻花，杨梅熟，风栗开花，龙眼花尽。

农候：水稻抽穗、扬花、孕穗，早熟种收，下旬珍珠矮水稻熟，花生开花下针，白菜、茄瓜大造，白瓜、丝瓜、黄瓜、节瓜收，冬瓜、豆角、五月豆、青豆大平，育晚造秧，白豆、绿豆、黑豆收，芥菜上市，夏绿肥割青，收藿香。

工候：灌好田水，防热、防台风，防龙舟水，除花生草。

虫候：蜂采细叶桉蜜，蝉噪，除果园虫害。

（6）**七月**：西水到，雨多白撞，台风起，香蕉熟，苦瓜入肴，新谷登场，晚造播，桂味、糯米糍收。

今补如下：

花候：白兰、黄兰收，米仔兰、含羞草花，下旬茉莉、指甲翻花。

树候：粉丹竹笋出，石栗花，收相思种子，木麻黄造林（雨后），水翁始花。

果候：大造菠萝收，龙眼收，杨桃正造花，木瓜收，番石榴收（下旬大造），黄皮收，桂味、糯米糍、挂绿荔枝上旬收，黑叶荔枝上旬收，淮枝荔枝下旬收。西瓜、香蕉大造收。荔枝抽新枝，青皮柑收。

农候：苦瓜、冬瓜大造，禾早造收，晚造育秧，青豆、豆角在市，菠菜多，西洋菜出，苋菜、芥菜在市。插种萝卜、芥兰、椰菜、白菜等。春花生收，黄瓜、白瓜、节瓜、丝瓜仍收，白菜、菜心、茄变劣。种秋玉米、番薯。收黄豆，绿豆可再种，芋头、沙葛、黄麻灌水，割夏绿肥，留鸭种，收山塘鱼，姜可收。

工候：摇细叶桉蜜，防台风，防内涝，防夏旱，藿香扎防霜棚。

虫候：蜂采野花、草花、含羞草、酢浆草蜜，除晚造虫，防甘蔗虫。

（7）**八月**：暑始酷，龙眼熟，蕹菜大平，蝴蝶营茧，素馨盛开。

今补充如下：

花候：素馨盛开，茉莉、白兰、指甲、假水仙、玫瑰再开，紫薇、黄槐、萱草始开，米仔兰盛花。

树候：采木麻黄种子，趁雨造林。水翁仍花，黄槐开花，竹伸条，菠萝蜜停花。

果候：二造菠萝收，杨桃停抽新梢，甜橙秋梢，榄收，椎收，龙眼大收，香蕉、大蕉大量上市，西瓜在市，黄皮、杨桃、番石榴收，沙梨上市。

农候：下旬收黄麻，上旬插秧、中耕、除草、施肥，蕹菜大平，芋、菱角、藕上市，播种白菜，芥菜上市，冬瓜大造，西洋菜多，定植椰菜、芥兰、白菜，种秋番薯，收迟熟花生、黄麻，种秋植蔗，夏绿肥割青，整理烟草苗床，收塘鱼，节瓜、白瓜、芋头、藕、茄、豆角在市。

工候：防八月旱，防涝，上旬插秧，蓄水。

虫候：蝴蝶结茧，蜂采草花，防水稻虫（螟虫、稻苞虫、稻纵卷叶虫、剃枝虫）、棉蚜虫、菜青虫、菜螟。

鸟候：家禽秋孵。

（8）**九月**：台风止，秋淋至，黏始收，柑分指，芋可吃，梨粟熟，芙蓉花。

今补如下：

花候：芙蓉含蕾，菊含蕾，白兰、玫瑰、指甲再花，紫薇在放，夹竹桃始花，秋海棠始花，含笑再花，美人蕉花，虎尾兰花。

树候：板栗结子，水榕结子，石栗再花，菠萝蜜收，白榄上市，黄槐花开，西藏红花、大红花仍开。

果候：杨桃正造收，收柿拜月，番石榴翻花，人心果多（全年花）、柚、木菠萝可收，风栗收，大蕉在市，西瓜收，香蕉、大蕉在市，菠萝收，番石榴、圆眼在市。

农候：晚造种抽穗杨花，蔬菜白花，早花生、绿豆收，菱角、白瓜、豆角（八月豆）、芋头、藕、蕹菜、冬瓜在市。收棉，蔗剥叶，播种红烟，种蓖麻、椰菜，收塘鱼，放鱼苗。防旱。整冬绿肥地。果园防旱除草。

虫候：防稻虫害，番薯虫害，菜虫害，蜂采桉蜜。

鸟候：养鸭（晚造埠)①。

（9）**十月**：入秋，番薯登场，白榄落，大黏收，菊花盛开。

今补如下：

花候：菊、芙蓉盛开，秋海棠开，丹桂、桂花飘香，禾雀利、大红花、姜花、四季含笑仍花，指甲、玫瑰、含笑、白兰翻花，美人蕉花，黄槐、夜合仍开。

果候：菠萝翻花收（五月花），甜橙冬梢抽，乌榄收，杨桃收。大红柿收，红柑可收。

农候：薯、番薯收，秋植番薯培土，晚造抽穗扬花，早熟种收，靓菜心、芥兰出，白菜始大，西洋菜、藕出，白瓜、冬瓜在市，秋茄上市，收夏种豆，蔗剥叶，播黄烟，收苎麻，冬绿肥播种，绍菜种，椰菜苗种畔畦，子姜初收，西洋菜下种，薤白花。

工候：防寒露风、禾倒伏，除红烟苗草，果园防旱。

虫候：蔗螟不害，蜜蜂采大叶桉树花。

（10）**十一月**：银河现，霜始下，气乃寒，青梅花，牛放闲八蚕功毕，橙、柚熟，种薯。

今补如下：

花候：芙蓉、鸭脚木花，茶花有蕾，梅花、菊花、大红、禾雀利、牵牛、玫瑰、含羞草、夹竹桃、鸡冠、夜合、四季含笑、秋海棠、秋兰开，紫荆始开，米仔兰、桂花、山指甲、木兰未尽。

树候：鸭脚木始花，采苦楝种子，黄槐花黄，大叶榕、木棉脱叶。

果候：甜橙收，青梅始花，柑、橙、柚、桔收，香蕉收，

---

① 编辑按：鸟候，原缺"候"字。

蔗收，枇杷花蕾。

农候：种冬番薯，晚造收，芋收，龙牙豆、芥兰、菜心、椰菜、芥菜、黄芽白、椰菜花、西洋菜、茭笋、薯、茄、荷兰豆、菠菜、枸杞、茼蒿、白菜上市，藕在市，田犁冬晒白，西洋菜下种，播种冬作物，甘蔗收，番薯收，木薯收。夏绿肥收种。

工候：牛闲，办田，灌水，起畦，准备种番薯或菜，整果枝，修水利。

虫候：蚕停养，蜂采鸭脚木花、青梅花，治菜虫。

（11）**十二月**：风渐肃，桃初花，冬笋出，鹧鸪散，蜂聚粮，农业毕，囤谷，涸鱼塘，柳橙收。

今补如下：

花候：青梅开花，遇寒多子。采苦楝子，水仙芽含苞，夹竹桃、大红花、玫瑰（月季）、牵牛、鸡冠花、桂花残尽，菊盛开，米仔兰开。

树候：冬竹笋出，木棉落叶，下旬凤凰木落叶，黄槐仍花，石栗落叶。

果候：青梅上旬开花，柑桔收，蔗收，枇杷开花，香蕉收。

农候：黄芽白、芥兰上市，菜心甜，芋收，椰菜花、西洋菜、番茄、玉豆、枸杞、菠菜、茼蒿、生菜、马蹄上市，花生收、收秋番薯、晚造甘蔗，移植红烟，棉收毕，培芹菜，冬摇鸭脚木蜜，果园修枝，施肥，防虫，开造林地，防火，塘鱼收。

虫候：虫入土过冬，蜂采鸭脚木花、青梅花。

（12）**一月**：鱼塘干，草木萌动，水仙、梅含苞。

今补如下：

花候：水仙花、梅含苞，大红花变小，合欢落叶，鸡冠、黑玫瑰花、巴黎玫瑰、黄素馨开。

树候：酒瓶椰子含苞，采桉、合欢种子，黄槐、紫荆花，相思花黄。

果候：金橘初丹，四季桔熟，果蔗上市，四会甜柑上市，香水橙、甜橙上市，荔枝含蕾。

农候：菠菜、茼蒿在市，生菜大造，黄芽白、椰菜、芥兰、菜心、萝卜、芋在市，慈菇收，蔗收及种植，移植黄烟，夏绿肥收种，种沙梨、桃、李，播种南瓜、苦瓜、蕹菜，姜收。

工候：办田，育秧，灌水，准备春耕，干塘，保牛及小猪过冬，防霜，治虫，防春旱。

虫候：虫入土冬眠。

第六节　广州的风、雨、雾

广州的风主要有三种，即季风、飓风和龙卷风。雨以雷雨为特出，因而每有闪电和冰雹现象。兹分述如下。

一、季风

广州9月以后到4月中以北风为多，夏季以南风为主，冬夏更替，故名"季风"。

北风来袭以初到为强，故谚称"北风头，南风尾"。即北风来头势猛，往往成冷锋南下，但冷锋过后，即转为天朗气清的天气。[①]

北风突然到达，气温突降，对作物有害，故称"寒潮"。如一天内连续降温到10℃或10℃以下时称为弱寒潮，如降温到5℃以下称为强寒潮，未足10℃降温称为冷气流，故寒露风

---

① 此谚早见于清初《广东新语》卷一。

不能称为寒潮天气。但寒露风已影响水稻抽穗扬花，它是最低温度小于18℃的干冷气流，风力4—5级。

寒潮南下途径不同，干湿有异。一般冬至以前的寒潮经由大陆而来，故晴干少云，过后温度回升也快。立冬前多为弱寒潮（11月以前），故又称"干寒潮期"，是11月、12月旱天的原因。冬至以后，寒潮多经过东海侵入，故每有小雨，气温回升较慢，故称"湿寒潮期"。立春以后，由于冷锋停在南海沿岸，故成"静止锋"，寒潮成不易回暖的阴冷雨天，称为春寒潮（或春性寒潮）。雨天最长，回暖不易，一直到惊蛰还有（3月）。

谚称："未吃五月粽，寒衣不敢送。"在这段时期，冷空气是一次爆发式南下，又回晴较暖，又再次爆发式南下，又回晴转暖。故"冷头暖尾"，在广州多为骤冷、骤暖天气。但真正寒潮由11月到次年3月为止。

正常年份是以冷气流流入，晴干天气开始，渐入于季风期，弱寒潮及回暖天到强寒潮及冷晴天，转湿季风期，阴风细雨天到春寒潮天及其回暖放晴天。故冬季风天以"干冬湿年"为最标准天气，也就是干冬季风和湿冬季风之年是对农事最有利的。

人们对北风有很多谚语，如"正月湿北，冷水长"，"三月北风是雨媒，四月北风送雨回"，"五月北风，水浸鸡笼"，等等。《广东新语》所谓"三冬多暖，至春初乃有数日极寒，冬间寒二三日复暖"。这是说寒潮影响改变广州热带本质。①"深冬奇暖"天气并不少见。故有"春寒雨至，冬雨汗流"之谚，就是说冬天回南时常下雨，热得发汗，春暖要北风来才有雨下，冬季回暖天气也常引来南风。例如：在1月中，冷锋后

① 《广东新语》卷一称："暖者岭南之常；寒乃其变。"

的晴冷天中，每因冷气变性引来越南低压，南风自海登陆，形成冬季阴昙温暖天，可持续2—3日。冬春1月—3月间放晴回暖天也可引入南风，形成高温达23℃的湿热天气，持续达5日。

夏春南风活动加多，如早春的风和日暖天，即为和暖南风天所成。春雷的静止锋雷雨也靠南风吹来才形成，广州人所谓"春天面，十八变"，也说明南撞北天气的特点。

南风稳定控制广州是在4月尾到8月，但并不是每次南风都像北风那样明显，因为"南风尾"才见大，即因南风较热和轻，故来时常受本地较凉气流阻碍，浮在天空；必要南风大至，地面也被南风占领后才易发觉。故南风初来，只觉天气转暖，或转湿转雨等。故《新语》称："暖风所至，百虫蠕蠕，铁力木出水，地蒸液，墙壁湿润生咸，衣裳白醭，书册霉默。"这指回南潮湿天、大雨湿润天等天气而言，故南风多湿。由于全年有南风活动，故广州全年有雨，才免和世界上其他回归线上热带地方那样，成为草原沙漠，而成为美丽的绿色冬暖夏凉热带城市。南风全年活动的基本原因是广州位于热带，故深冬放晴，冷气变性也可成奇暖（25℃）天气。南风带来高湿和热量，对农业是有利的，但对工业却很不利，如许多机械和仪器每因湿热而受到大气侵蚀，要采取热带高温防湿装置或措施。故谚云："五月南风雨水，六月南风干。"

二、台风

台风，广州人称为"打风"或"打风旧"（即一圈圈的大风之意），一般称"打大风"。这是广泛发生在热带地区的强烈气旋。气压特低，故旋涡内气流特急，风速很大，每秒达33.7米。故广州以南，建筑设计抗风压要比内陆一般地区加强，钢材用量增加。对农业危害很大，故历代志书都特别注意台风的记载。

唐代刘恂的《岭表录异》一书，上卷云："南海秋夏间，或云物惨然，则见其晕如虹，长六、七尺，比候则台风必发，故呼为'飓母'。"这是因为台风前湿气大，多卷层云，故常有晕，晕常有虹般的七色，在天边每呈直立的断虹（俗称水盾或台母）。但有虹不一定是台风。该书又称"忽见有震雷则台风不能作矣"，因为虹也可能是雷雨前奏，因"沤雨"或"沤风"都同样有"云物惨然"现象。"惨然"指下降气流把尘埃积在地表，天气闷热的环境。当时已知"恶风彼人谓之飓。坏屋折树，不足喻也。甚则吹屋瓦如飞碟。或二、三年不一风，或一年二、三风"。"秋中复多飓风，当潮水未尽退之间，飓风作而潮又至，遂至波涛溢岸，淹没人庐舍，荡失苗稼，沉溺舟船，南中谓之沓潮。或数十年一有之。"（见唐刘恂《岭表录异》）按《新语》称："'飓者'具四方之风。"台风危害也史不绝书，如《宋史》载宋"开宝八年（975）冬十月台风大雨水，广州飓风起一昼夜，雨水二丈余，海为之泛，飘失舟楫"。明、清台风记载更详。

广州台风为灾由5月开始，这时一般以水灾为主，因台风不一定来广州。6月已有太平洋台风到达，可引起风、洪灾害，但不如南海台风之多。7月仍以南海台风为多，太平洋台风要在8月后才多入广州的，8月尾9月初（处暑）影响广州的台风达四次之多。这时因副热带高压脊北移，台风发生机会较多，使广州这时成第二个雨水高峰和洪水期（俗称"慕仙水"）。九月广州仍受南海台风影响为主，寒露以后才不受台风影响。所以，广州夏季几乎都有发生台风危害的天气，台风天气型也因为台风在广州方位不同，可以分出五型，即：台风中心过境的狂风暴雨天，台风在附近过境为台风大雨天，台风变为热带低压的低压风雨天，台风还未到前的北风酷热天，由台风过境而冷气流侵入的台后阴雨天，等等。

台风由海来，故当台风在海上时，台风边缘下沉气流多由北向南流入台风中心，故广州人称"六月无闲北"，即在盛夏天中忽起微北风（东北或西北），天气酷热，乃台风将到之兆。北风吹后两天即可起风，因台风气旋直径为 500 公里（300—1000 公里），以每小时移动 12—28 公里计，即可知道到达广州时间。台风之前多"炎云郁结"的雷雨天，一两天后才转酷热北风天。

台风天气可分出几个圈来：（1）台风气旋外围是下沉的酷热气流圈，这个天气可持续 1 天到 4 天。（2）台风渐近出现毛絮状的云，且渐渐变厚成层状，酷热因有风而消失。早晚红霞，日月有晕，气压降低，是预示台风要来的天气。这时大约在离台风中心 500 公里处。（3）入台风旋涡范围时，必有阵性风出现，并有雨云出现，低空有散块积云，随风疾飘，广州称为"乌猪过河"。风向不定已可感觉。天气转凉，时有微雨，台风警报即发出。（4）飞云现象之后，开始见浓积雨云吹来，阵雨发生，风力加强，持伞难行。这是在台风气旋外围现象。（5）入涡旋区是浓云飞驰，狂风猛烈，大雨倾盆。（6）涡旋区过后，即到台风中心台风眼区，这里风雨停止，浓云四散，只留薄云，天气闷热，时间约半小时到两小时。通过了这个直径不超过 30 公里的眼区（有时几个小眼组成），又再入狂风暴雨区，然后依次为涡旋外围区、飞云区、台风边缘区等继而消失。由涡旋外围区起，全台风过境很快，因涡旋区阔度才 50 公里，外围区阔度只 300 公里；飞云区也只有 100—200 公里阔度，故三天即可过境。小台风更是 1—2 天即可全部通过。广州也不是台风中心必经，故在台风边缘经过时，就不一定经过六个天气圈的阶段。例如一、二日中风力只在 6 级左右（大树摇动，电线响），即表示风力不大增，台风中心不经广州过了。

如台风在广州东部经过时，风向由北转东北、北、西北、西到西南停风。如台风在广州西部经过时，风向由北、东北、东、东南、南到西南停风。如台风在广州南部通过，风向变化是由北到东北停风。如由广州通过是北转东北，南到西南停风，这是因为旋涡是由反时针方向的气流所成，路线是由西南而北吹向广州。

广州台风以一年三次为多，有时几年不来，和沿海年年必到不同。台风中心经广州为害很大。如史称："道光戊申（1848）八月初及九月廿三，两次台风夜作。覆舟以数千计，人言百年未有。"可见连续两次大台风，灾害特大。又如"同治壬戌（1862）七月初一巳刻，烈雨竟日，平地水深数尺，人畜田庐，损失以十万计，掀巨舶于市廛屋瓦上，玄武庙大榕四、五十围亦仆。其他各乡古木大半摧折。夜乃息。初八复作，势略减"。如果台风大雨遇上涨潮时，广州受害最大，如《广州通志》称："淳祐五年（1245）夏五月，台风大作，夜潮不得退，复驾昼潮沓之，淫潦暴至，濒海室庐俱水深至四五尺，溺二千余家。"明代永乐二十年壬寅（1422）夏五月己未，飓风暴雨，海水涨溢，按《通志》载溺死者三百六十余口，漂没庐舍千二百间，坏仓粮一万五千三百余石。（见《羊城古钞》卷一）1915年广州大水（即乙卯年大水），也与涨潮托顶台风洪水有关。

三、龙卷风（掘尾龙）

龙卷风在广州志书记载仍多。因广州地处海陆之间，山海相接，故这种小型台风式的局部涡旋也可发生。志书所谓"龙"，广州人称"掘尾龙"即指它而言。如《南海县志》称"明崇祯九年丙子（1636），龙起城西柳波涌上"，即指龙卷风

而言。清代记录更详细，如《庚戌南海续志》记："光绪四年
（1878）三月初九日辰时，大雷雨电，暴风拔木发屋，申刻，
西关河旁，猝起烈风，龙气掀簸，自杉木栏外至顺母桥，倒塌
房屋一千五百余家，覆溺船只数百号，伤毙人口数百名，诚巨
劫也。"这次龙卷风和明代地点相近，即起于白鹅潭巨浸中。
其他私人笔记也有记载，如俞洵庆的《荷廊笔记》载云："午
间，天际有黑气如龙，下垂于广州城外之白鹅潭。黑气中又有
白光若匹练，上下莫定，历一时许不敛。舟子疍妇，识为龙
气，骇怖噪呼，群鸣金鼓，焚鸡毛，冀其畏而却避，海中兵
舶，复燃巨炮以惊之。黑气遂飚然横掣，向西北去，风声如
吼，雨雹随之。所过之处，为城西阛阓，凡居民市肆，高户低
檐，无不排墙摧栋，顷刻如扫。有质库置物楼一座，为气所
吸，离地丈许，始行堕下者。计坏庐舍千余间，伤毙男妇二千
余口。"这一记载和笔者在沿海所见陆龙卷情况基本相同，可
见并非虚假。如史澄的《趋庭琐语》所记即较概略。记云：
"未刻雨雹，势骤急，如棋如卵，膈膊有声。申初，雷风大
作，黑气从东南起，冲城而来，浓云浊雾中火光激射，如睹鳞
鬣，空中隆隆作响，挟木石而飞。近城海船洋舶，急燃炮击
之，乃折而西。所过处，墙壁柱石，迅扫而空。未及一时，而
西关一带倒屋至数千间，积尸过万。道路充塞，大雨滂沱时，
数处火起，延烧百十间。"林钧的《樵隐诗话》（三集）也有
记云："余时侨寓城中莲塘街，殊不知有台风也。惟一时天地
晦冥，雷电交至，大雨如注，杂雹如疍耳……惊龙掉尾随云
下，自大观桥至龙津，片时扫却数千舍，宝华、宝仁，带河
基，坚墙大厦齐摧破。"《九江乡志》和《楹联述录》（林庆
铨著）均同记。

由上记述可以归纳出这次龙卷风的特点是：

（1）在大雷雨中产生，且有雹下，显示对流强烈。

（2）时间在申时，即下午4时左右，正是最热之时。

（3）在白鹅潭起风，有黑云柱（向地变小）在浓雷雨云中下伸。

（4）龙卷中有光亮现象，即云顶阳光透入和气柱边有光。

（5）气柱上下成浓云浊雾，摇摆不定，移动迅速。

（6）风力比台风还大，有吼声，与在台风眼所听到相似。

（7）有雨雹同至、雷电齐生的现象。

笔者在台山广海草甫所见情况相同，当时也在下午3时多，在一大片浓积云下发生，风起在地面，沙卷成柱，不可见物。然后在浓积雨云下部伸下黑云柱，始呈漏斗状，后垂及地，形成云柱。云柱结构有二层，内层由云底伸下黑云，突然而快，云柱外围，云却急升，也非常快，且成为光亮气柱。上升云块如流如絮，伴有闪光。整个云柱实一强烈涡旋，中心下沉，外围上升，云柱受搔动摇摆不定，历时十多分钟。云柱经多次摇摆后才在中部折断，云色由黑变灰白，上部变回漏斗形，很像把尾收缩回去天上的情形。下截云柱仍在地面上来回摆动，地面沙柱转动不停，并在山前不停移动。

龙卷风是风中最强烈一种，水平风速可达每秒100米，比台风还大，如广州台风估计最大风速不过每秒33.7米（1936年8月17日），比龙卷风小得多，故龙卷风破坏力特大。但龙卷风范围小，出现次数少，广州可能发生的地点都是巨浸区，如白鹅潭和大海（即狮子洋）两处为主。由于龙卷风是巨大的局部气旋（由50—300米），故雷雨、闪电、雹可以一齐发生。

龙卷风上升速度也很快，因此，能把海水吸离海面成水龙卷。故船只、地面石砾、房屋、树木等也能吸起升天，形成了志书所称的"雨米"、"雨豆"、"雨石"、"雨金"等现象。如《番禺县志》载："正德八年癸酉（1513）夏六月，日中雨石。

是日天忽暗晦，南方一道黑气，自下腾空，震动有声，顷刻落石，大者如拳，小者如卵，其色赤而黑。"这也是由于龙卷风卷起地面石砾，再落到四周附近的现象。另据黄佐《广东通志》称："洪武六年（1373）六月十九日未时，天雨米，如早白谷，身粗小长，黑色如火烧，炊蒸为饭，甚柔软。人争扫食，有取至二三斗者。"可见龙卷风把附近的早谷吹上云端，再下降在广州。此次也在最热时发生（二三时）。"雨豆"记载见于万历二十四年，《南海县志》"廿四年丙申（1596）秋七月，雨豆"，这是龙卷风把豆子卷起后随雨落下的结果。"雨金"是下雨时夹有金属的现象，如《新唐书》称："唐武后垂拱三年丁亥（687）秋七月，雨金于广州。"如果了解龙卷风力强大，"雨金"也不足为奇。

1967年9月某日，笔者在广州东山购物，东山口即火车路和电车站间发生了龙卷风，把三轮车吹得打滚，屋瓦吹上天似纸屑，角铁水泥宣传画板打折在地，尺径石栗树打折，但旋风直径不及百米。

四、广州的雷雨（有雷电或冰雹发生）

广州位于热带，又近海洋，故雷雨天也最多。由3月起，即"惊蛰闻雷"到9月才止。雷雨时，当六七月烈日当空，忽风起云涌，成暴雨倾盆而下，每毁屋伤人，街道为淹。但广州在春夏之交还有一种锋面雷雨天，所以广州雷雨有两种。

1. 锋面雷雨

三月初寒潮已过，气温跃升，但北方冷空气仍可不断爆发南下，在广州南北形成锋面。冷气扛起暖气，水分凝结，雨点在气流中常被冲散。由于水滴是带阳电和带阴电水点的偶极体，故受冲击后，水滴中心成带阳电水点，外围更小水点成带阴电小水点，因而能随气流上升到云顶去，使云层下部为阳电水点，上部为阴电水点。当这种分化累积到一定程度，形成云内和云地之间的正负电荷集中区，云块之间或云地之间就会产生放电的火花，并有空气爆胀的声响，广州人称"行雷闪电"。空气热胀，爆炸而成雷声。但是锋面雷雨和热雷雨有很多不同之处。（1）锋面雷雨的暖气流上升是受冷气流阻挡所致，故地面常见阴凉天气。（2）成雷电机会不多，因为锋面倾斜度不大，要形成强烈对流不易。（3）雷雨以夜间（日出前）为多，因锋面上云受日照增温慢，使云块上升不易。夜间气冷云热，故云块易于上升形成雷雨。（4）锋面雷雨常和锋面雨齐发，故每数天不停，为龙舟水的主要来源，每成灾害。（5）广州落雹也多在锋面雷雨中，因高空较冷，水点成冰。（6）发生季节较早。

锋面雷雨天，雨期长，百物湿潮，整日可在中雨和大雨中，雨时在 10 小时以上。但雷电多在锋面上发生，故多由远处传来雷声，且多入夜雷响，可延到早晨。这些天气都和盛夏热雷雨不同。在成因上，锋面雷雨是同南风湿热不稳定气流源源涌至有关，和印度西南季风期、雨季属突发性的情况相似，预示夏季雨季的来临。

锋面雷雨发生期也较早，由 3 月到 6 月，以 4、5 月为主，尤其 5 月，几占半个月长（如 1957—1961 年 5 年平均占 5 月份 50.3%）、发生时间比热雷雨更集中一些，广州地区的山区每成为暴雨中心，如新丰、龙门、从化等山地。1959 年 6 月上旬河源山区雨量达 795 毫米，形成东江大水。《明史·五行志》也记述："成化廿一年（1485）三月己丑夜，风雷大作，飞雹交下，坏民居万余，死者千余人。"旧志也称："康熙二年（1663）二月廿六，暴风疾雨，雷电大作，漂泊船只，淹死人民千计。"

2. 热雷雨

广州热雷雨以 6 月后为最多，直到 8 月，这是由于地面空气受热，变轻上升，四周天空较凉，空气下沉，形成了局部对流。在上升气柱中，因上升冷却形成柱状浓密云柱，高耸如山，云顶呈一朵朵半圆形的云帽，重叠如翻滚波涛，这就是可成雷雨的雷雨云（又称积雨云）。由于云内有比锋面雷雨更强的上升气流，故雷电强烈，可打毁建筑物、伤人，并有雨前阵风（8级）。下雨时雷电大雨齐作，但是它的面积不大，雨区只有云块那样大，故有"东边日出西边雨"之谚。雨时也短，多数是雨过天晴，有时一日可下几次，故广州人称为"白撞雨"（即突然来突然去之意）。因此，成灾机会不多。因为一次过的暴雨，范围小，雨时多为几个小时，故广州人称雷雨为"过云雨"，即云过即停。志书载雷雨为灾也较少，但仍有载，如《南海县志》称："明万历卅七年己酉（1609）秋七月朔，大水，先数日炎气如蒸，晦日，薄暝赤云漫空。未几，靓雨倾盆，雷击文庙。次白申时，雨止，各场水深四五尺，坏城内偏西房屋特甚。"但这场大雨是下了一天多的，这是台风过境前引起的雷雨。而一般雷雨多在午后二三时开始，到六时左右即停，即形成于对流最强和最热的天时。

夏天热雷雨因垂直运动强，故打雷闪电后又快结束了，故有"响雷在天顶，大雨即过境"的谚语。如午间温度在33℃以上，天空已有一朵朵白云，湿度大，闷热，无风，即为"沤雨"天气，下午必有雷雨，"沤"是粤语，即"酝酿"之意。

雷雨发生时，四周空气流入云块上空，使云底部分气流下沉，再流入外围上升气流中，故雷雨云四周边缘常有外围上升气流和云底下降补充气流间所形成的卷轴云。这种云很像一条卷轴似的，在地面顺风向黑压压地滚过来，颇令人恐怖，成"天日无光"景象。云到时，伴有大风，称为"雹风"，气温也下降；因为天空较冷，下降气流较凉，故雹风大而凉，有时可以拔树成灾。雹风过后，才有大雨。由于风力大和大雨，加上电雷，故雷雨成灾以雷雨前期为容易。广州背山近海，故晴天多有海陆风，即日间在上午开始多由凉快的珠江口吹向白云山热闷区，是为"海风"，故由东南带来雷雨。晚上，山地变冷，海面反暖，故风由白云山向南吹入海，故称"陆风"，带来雷雨多由西北吹来，故广州人说"朝看东南，晚看西北"，如有积云，就知有雷雨来了。

"黄雨"也是雷雨一种，"日出黄云三朝，黄云三晚西照，风雨几天不了"。黄云是指黄金色的云，多因太阳照在积雨云中产生。因为阳光中各种颜色易被空中水汽尘埃散射，只有红、橙、黄光将云染成黄色。金黄色的云多在早晚见到，因为云厚，光通过水汽多，故特别黄，尤以积雨云为明显。因积雨云水点大（含有大水点的云），故每把天空变黄，有"黄云过顶，下雨必灵"，"天发黄，大雨打崩塘"，"天黄有雨"等记载。由于"黄雨"显示空中多水汽和热，故禾田易生螟虫，故黄云和黄天在志书中多有记载。雷雨天气也分四区，即：（1）云缘阵风区，这里有时有"卷轴云"发生。（2）大雨区，即雷雨主要部分，雨点大，直径可达4毫米以上，多风，并有天空雷电，气温变低。（3）雷电区，在云块中部，上升气流最强，云块最密；故云块之间，云地之间，闪电现象多，雨势不大。（4）小雨区，在云块末端尾部。云块大部过境后，尾部仍有小量降雨，云块有些和母体分离，放电现象只限于天空云块之间。风止，天晴可见。广州大雷雨多具上述四个区，但小块雷雨云却不明显。大雷雨区在过白鹅潭时，水汽更多，故气压变低易生龙卷风，有"西南雷轰隆，大雨来得凶"之谚。

3. 雷电

广州和雷州地形相似，即以广大台地地形为特色。台地突起平原之上，易受日热，引起局部对流；尤其水道蜿蜒在台地中，既热又有水汽供给，故龙卷风也常发生。如志书称："白龙见于州冈。"白龙即陆龙卷，由于它把沙泥卷起，成一灰白色尘柱，故称"白龙"。广州东郊石牌是著名雷区，因为这里正好处在白云山麓，地形有利于对流加强；且白云山东侧金属矿床多，又为流状花岗岩区，岩体金属矿物曾经重新排列成条状，故表层红土铁子结核层又厚又多，都是吸引雷电打击的地点。石牌区地壳有较大的电导率，和四周平原水网区不同。由于在广州附近地形和地质都有使雷雨更加强烈运动和影响雷电的条件，故广州夏天雷电也很利害。闪电轨迹最常见的是广州人所称的"蛇仔链"，即长条状分枝的闪电。这种闪电常见于天空云块与云块之间，往往不到地面来，并且快得不到一秒钟就完成。这种闪电也较弱，光不强，纤细。如果"蛇仔链"下地形成云地间放电现象时，每成为强光、走径呈"之"字形的粗条状闪电，广州人称为"闪链"（"链"读音近"靓"）。它分枝不多，但多和云底直接相连，很少像"蛇仔链"那样在天空散出树枝状的闪光。这是主要放电现象，多由下向上直达云底。

在广州大雷雨时，尤其在"蛇仔链"大放之后，偶然还看到一种球状闪电。笔者解放后在石牌华南师院内即见过两次，发光的球体（有时呈梨状）视直径10厘米左右。有一次有两个，是在枝状闪电中产生出来，雷声很大，由云上倾斜走下地面，有一个呈火箭式的飞行。

另一种闪电呈片状，多在云体上部发生，是由大片浓黑色云中同时发出闪光。每照耀附近大片云块，多在云块中部出现。

4. 冰雹

广州位于热带，夏季南风气流很厚，超过3000米，故高空很暖，达不到冰点。雹不易在热雷雨中发生，但在春季冷气流控制下却有可能。水汽上升到0℃以下的高空冷处，水滴成冰。雹就是在雷雨上升气柱中的水点，上升到0℃以下高空结成冰粒；下降后，又在云底吸附水滴；增大了体积后，又再被上升气流抬上0℃以下高空，再结成较大冰粒。这样上升下坠几次，冰粒慢慢增大，直到不能再被抬升时，就跌下地来。所以雹在广州，不在夏天而在春天发生为多，和北方情况相异。广州即便在春季也只多年偶见一次，因春天高空也不如北方冷，故不易成雹。下雹也少而不大，一下就完，故打开雹粒来看，里面同心圆状的年轮式构造是很清楚的。广州有雹即每为史志记载：明"永乐五年丁亥（1407），春三月，雹"。又"景泰二年辛未（1451），雨雹"。"弘治十五年壬戌（1502）春三月，雨雹，折树木，破房屋。死雀鸟无数。岁则大熟，谷每石五十钱。""同治六年（1867）二月十九，城北雹大如碗，击牛毙。"（皆见《南海县志》）笔者幼年在广州河南家居也见雹一次，但小如圆眼核，也在四月（夏历），瞬即停止。

由上述记载看，春初雹多而大，如在上述同治年间的夏历二月一次，雹大如碗，可见广州以春雹为害最烈。

五、广州的雾

广州地处热带，但在冬、春、秋三季都有冷气流南侵，使有雾发生，故一年四季都有雾生成。《南海县志》称："春雾晴，秋雾雨，冬雾不寒，夏雾不暑。"这些经验一直流传到今天，如"春雾晴"到今天仍可用。

雾是地面的水汽凝结成小水点，在地表飘浮空中，形成一片防碍人们视线的白雾。雾水白色主要是反射太阳光所成，所以雾是不透光的。因此，大雾时，飞机、船、车都要停航，对交通影响很大。其实雾和云都是一样的东西，在山顶入云深处，也是如在雾中。雾如果升离地面就可和云层连合，在晴天又可自己成云。

春天多雾主要由于冷气南侵多。地表冷一些，把水汽冷却成小水滴，故春雾多显示冷气流退却或暖气前进时，受冷地面冷却凝结成雾。这种雾是晴天的前奏，故"春雾晴"。有时冷气南下后，冷锋过去，锋后地面冷却了水汽，也可以成雾；这种雾也是晴天的表示，因为在冷空气控制下天气也可以晴朗为特色。由于广州地温高，故很少像英国伦敦和重庆那样，日出而雾不散。

夏天早晨在湿气很重的地方也会因夜间地面散热多而变冷，使地面水汽受冷却成雾，这是地面较凉的原故。故发生夏雾以在初夏和晚夏为多。南来气流特别暖湿，不稳定的南风气流也能成雾，因而下雾即为下雨之兆，故有"夏雾雨"之称。这时气温一般较低，故志称"夏雾不暑"是有道理的。由于秋季冷空气南下是渗透性质，不易发觉，故一起雾即成为北风南下的信号。因冷锋过境快，零星雨点，一天半天即可放晴。这时，天空全由旱凉北方冬季风占领，成为秋高气爽天，故日照特强。因此，不少农民称"秋雾凉风"，即指这种少雨的北风很凉。至于日照特强是"秋雾主晴"之兆。秋高气爽天因气温较低，暖气较轻，难侵入，故成为稳定性较大的天气，因而烈日当空遂有"秋雾日头晒背痛"，"秋雾晒死黄牛牯"之谚。这时的雾却是由于昼夜温差大，湿气在早上因地表散热强、冷却快，故水汽在地表形成轻雾，等到日出即散。这种昼暖夜凉天是成雾的原因。

"冬雾不寒"是因为冬天本来干燥，地面冷而不会成雾，故需回南天，有湿润气流吹入才会在冷地面上形成雾。所以冬季回南天多雾，故有时访问郊区农民，他们会说"冬雾主寒"。如1968年2月27日阴雨冷天放晴后，28日晴天晚9时即有大雾，29日早9时始散，人行如在云中，3月1日又有寒潮来。

总之，雾是地表水汽一种凝结现象，四季可生，是随当时天气情况而定，但总的成因不外二条：一条是冷暖气流相遇的天气条件，一条是早午温差大的条件。广州有"十雾九晴"之谚，即指辐射雾而言。夜间有雾却是变坏天气，因为晚雾会使云层增厚。有时阴天有雾也是坏天气的预兆，即云层加厚，雾不易消失。如果雾像毛毛雨更是下雨的前奏，因为这种现象，是冷暖气流接触的结果。如在冷锋的前缘和低压的前锋。所以广州有"早雾晴，夜雾阴"的谚语。"雾收不起，大雨不止"也属这种情况。春夏间的雾多属此类，这种雾称为平流雾或接触雾。

雾又可以发生在久雨久晴之后。例如广州人说"久晴大雾阴，久雨大雾晴"，就是因为久晴是气压高、空气干造成。如果有雾，就是水汽增加、气压变低先兆，天气易转为阴天。在长期大雨之后，地面很湿，在天气转晴之后，夜间失热较多，地表冷却，也可使湿气成雾。

秋冬也有大雾几天的天气。这是暖风吹到冷大陆来的结果，故广州有"三日雾，起大风"之谚。如果数天早上有雾便是暖气团变性的现象[①]。天气晴暖，气压变低，就会吸引北方冷空气南侵。

总结起来，广州 3、4 月多接触雾，10、11 月多为辐射雾。但广州雾天不多，一两天为常见，故志书无特殊雾天记述。1968 年 1 月 12 日即有回南天辐射雾发生，九时未散。次日较轻，后日渐减，隔一天又有轻雾，形成了深冬奇暖天气，日间单衣轻劳动可出汗。

第七节　广州的旱涝

广州位于热带季风区，但季风是不稳定的，有时强，有时

---

① 编辑按："暖气团变性"原为"气团暖变性"。

弱，有时早到，有时迟到，结果会使某年形成过多雨水，成为洪涝年份；某年又会短少雨量成为大旱年，每造成大灾荒年头。

广州因易成旱涝，故水利措施仍是广州农业的主要工程项目。旱涝现象的发生主要由于雨水失调。但这是完全可以用工程措施去解决的。

1. 旱情

该下雨的季节不下雨就会发生旱情。广州旱情发生可分为春旱、夏旱、秋旱和冬旱。因此，广州全年抗旱工作都要准备。

春旱指3月下旬到4月初时的少雨天气，这种天气可以延长到5月。春分后，水稻生长正需大量雨水，但是春雨来临的迟早很不稳定。没有雨下，加上温度跃升，蒸发大，影响春收作物生长和育秧。如果延至5月中立夏季节，影响更大，以前没有水利就要改种旱作物了。今天有电机抽水，即可解决。

春旱由立春、惊蛰开始（2、3月），所以这期旱象称早春旱。早春旱多由放晴回暖天、霜冻天、风和日暖天等组成。表明冷锋过境快，下不了雨；或南风太强，成不了静止锋，也下不了雨。这种情况如发展到春分、谷雨就会影响早造生产。如1963年春旱即于立春以后，暖气占优势，锋面北移，广州成百年一遇大旱。但由于有水利灌溉，反成旱年丰收。因日照加强，光合作用大大加强加速，水稻、甘蔗普遍增产20%以上，有达100%者。如春旱和冬旱、秋旱连起来，可以形成200天的大旱；如果春旱延到5月清明、谷雨，就要抗旱。按广东气象局统计，全省从1660—1949年凡290年中，春旱延到谷雨后的只有16次，延到立夏、小满的7次，延到芒种、夏至的9次。广州气候较好，但1963年也旱到芒种。冷空气不来，春旱便会延续下去，这是由于在热带高压脊控制下，南风快晴大暖天、南风晴热干旱天等连续组成干旱天气。

夏旱是指大暑到处暑时期不下雨的旱情。因为大暑正是插秧大忙时节，需要水量，又是高温期，所以这时缺雨又会旱起来。如7、8月无台风，又无雷雨，就没有雨水了。因为台风侵入广州是最不稳定的，如由1951—1962年12年中，就有2年（1954年、1966年）没有台风影响，天气由副热带高压控制下的南风晴热干燥天控制。尤其大暑期内，雨量常年也不及100毫米，与8、9月相差近一倍。但这时气温却是最高，因而夏旱每在这时期形成。如1958年南风晴热天在40天以上，形成夏旱。1989年8月亦因此而要抗旱保禾。

秋旱在九月，这是由南风晴热天、台风边缘酷热天、"秋老虎"天等连合组成，有时连及昼暖夜凉天。故秋旱可连入10月的秋高气爽天，这样秋旱也可以延得很长，尤其在台风影响少的年份。如果秋旱延到12月和冬旱连起来，就会影响冬种作物的种植和生长；因为在10月，北风已到，雨量大减，寒露雨量有时只有几毫米。

冬旱由11月开始，如再在冷晴回暖天控制之下，即有旱情。因为秋旱天气都可出现在本月份。故秋旱和冬旱很易相连，并且一直延到早春，即秋、冬季全期干旱。秋冬旱对农作物影响不如春、夏旱之大，因为秋冬本属干季，故对冬作物影响以延到冬、春才见旱情，因冬作物本身多具有耐旱特点。

广州地区旱象易成，这是因为晴天多由副热带高压和冬季风控制。在这种气压较高天气的盘踞下，很难有暖湿气流来代替，故久晴天气不易改变。副热带高压是回归线附近热带形成旱燥气候的原因，故季风不来时，它就来占领；所以在春秋两季季风交替期，副热带高压就成为控制广州天气的主要力量。

2. 涝水

广州涝水每受三江水涨影响，故不尽由本地起灾；但本地长久下雨，或大雨期长也可成内涝。广州涝水一般可分为春、夏涝期和秋涝期。

春夏涝水多属于锋面雷雨天和静止锋阴雨天太长的结果。尤以两者相连起来时，雨期更长，每成涝水，由3月起到5月止都可发生。例如1961年谷雨节气即有内涝成灾，连珠江三角洲沙田区也未幸免；这是因为这一年春雨丰富，静止锋阴雨天长，接着又成锋面雷雨天，故暴雨天连着来，非内涝不可（沙田区即因中山县四场暴雨接春雨来，暴雨量达545.1毫米）。还有五月立夏、小满时期还有热雷雨加入，故五月雨日最多。立夏和小满两节气平均雨日即达10—13天，全节气下雨也可能，故地面内涝易生。尤以冷气流不断侵入时，雨量最大。台风也可在小满引起水灾（如在1961年5月中旬末在香港登陆之台风），广州受"小满水"影响也在此时；接着就是龙舟水到。总之，春、夏涝水多为各种雨水集中的表现，其中尤以有台风加入者为厉害。

夏秋涝水是由台风天和低压风雨天过境造成，这时期以台风天为主。处暑节气可来三四次台风，故雨日加长，暴雨量也增加而成灾，故此期间涝患常生。

总之，广州地区雨季长，故涝水常生；加上受三江水的影响，内涝更易形成。由春末到秋初，可连成雨季，长达半年以上。《番禺县志》载："嘉靖四十三年甲子（1564），正月雨至八月。"可见这种特殊情况确实存在。

广州历史上旱涝情况，列下表以示一斑。

唐　开元二年（714），是岁大饥，麦、竹并枯死。

宋　开宝八年（975）十月，台风，大雨水二丈余。

　　淳熙十一年（1184），旱，十二年饥。

　　庆元五年（1199），大水。

　　开禧元年（1205），旱。

淳祐五年（1245）五月，大雨水。

明　洪武二十三年（1390）夏，大水，秋大旱。

洪武二十五年（1392）五月，旱。

洪武二十九年（1396），水。

永乐十三年（1415），大水，李村圩崩。

永乐二十年（1422）五月己未，飓台暴雨，潮水
　　泛溢。

洪熙元年（1425）五月，飓风水涨。

宣德元年（1426）十月，大霖雨。

宣德二年（1427）六月，水，民大饥。

正统八年（1443），水，民饥。

正统十一年（1446），大水，饥。

景泰五年（1454），水。

天顺三年（1459），水坏民田庐。

成化元年（1465），水。

成化八年（1472）七月，大雨水。

成化十年（1474）七月，大雨水。

成化十八年（1482）四月，水，河清围溃。

弘治五年（1492），飓风，大水失潮。

弘治六年（1493），水，民饥。

弘治十六年（1503），大水。

嘉靖十四年（1535）五月，大水。

嘉靖三十八年（1559）五月，大水。

嘉靖三十九年（1560）秋，大旱。

隆庆五年（1571）五月，水涨，步咀围溃。

隆庆六年（1572）七月，大水。

万历十四年（1586）秋，七月，大水。

万历二十四年（1596），春夏大旱。

万历二十五年（1597），大水。

万历三十五年（1607）五月，大水，沙头、三江等圩皆溃。

万历三十七年（1609）秋，七月朔，大水。

万历三十九年（1611），大水。

万历四十二年（1614），大水。

万历四十四年（1616），北江大水。

天启七年（1627），大水。

崇祯三年（1630）夏五、六月，雨经旬，各坊水涨。

崇祯十四年（1641），大水。

清　顺治四年（1647）五月，大水。

顺治十四年（1657）夏，大雨。

康熙元年（1662）五月，大水。

康熙五年（1666）春，旱。

康熙六年（1667）春，旱。

康熙七年（1668）夏，大水。

康熙十七年（1678）夏，大水。

康熙十九年（1680）秋，旱。

康熙二十年（1681）秋，九月，旱。

康熙二十四年（1685）春、秋旱。

康熙二十六年（1687）春二月，多雨伤苗。

（资料来源：清康熙《南海县志·编年》）

从以上记录可知，古代灾害性天气较少，而明代以后渐多。这是由于宋筑堤，束水归槽，故一遇大水，即行为害；此外还由于年代较古，记录也每不健全。

第八节　广州气候历史上的变迁

广州地区气候在历史上有过轻微的变化。从距今 10000 余年的全新世以来，海面随着第四纪冰期的消失而不断上升，到距今 6000 年上下即升到目前的海面水平。那时广州近海，海洋性气候明显，七星岗下的古海蚀遗迹，即为证明。

在迄今之前的 6000 年中，从在地层中找到的孢子和花粉去分析，即可得知广州 6000 年来的气候是有过变化的。例如在灯笼沙处地层剖面中，在埋深约 9—15 米一段泥沙里（C_{14}测定 6000 多年），找到较多的热带植物种属，如热带蕨类孢子（凤尾蕨等）较多，栲属、黄杞属、无患子科、桃金娘科也多。但是，在 8.9 米以上的泥沙层中（6000—2500 年），以及在 15 米以下的沙泥层中（6000 年以上）找到的孢子和花粉，却反映出较冷地方的植物，多为亚热带的种属，例如桑科、栗属、桤木属、桦属、金缕梅科、枫香属、朴属，还有温带的桦属，可见 8.9 米以上的地层是在亚热带环境中沉积的。15 米以下，除栗属、桤木属、桦属外，还有水龙骨科（蕨类）。到地面附近，热带、亚热带的马尾松、黄杞属、无患子科植物又再出现，表明气候再变和暖。但是从这 6000 年以来地层反映气候变化的总趋势来看，则始终未有过比今天热的阶段，因为即使在较热的时期中，马尾松的成分始终存在，而今天白云山上的马尾松却是在不适宜的环境中生长。

从 6000 年以来的花粉孢子获得当时的植被景观，可反映出广州气候有过变化。即由 6000 年后较凉时期转入了较暖时期，再经较凉时期和今天较暖时期。但变化是不大的，并且历史上的暖期也比不上今天。兹列表说明。

年代（年）	当时植被	当时气候	对比时代
距今 6500—6000 年	粤北亚热带林	湿热 18℃—21℃	大西洋暖期
距今 5000—2500 年	江南亚热带林	干凉 15℃—21℃	亚大西洋暖期
距今 2500—2400 年	粤北亚热带林	湿暖 15℃—21℃	亚大西洋暖期
距今 2400—2000 年	粤北亚热带林	湿凉 17℃—22℃	亚大西洋凉期
距今 1700—1100 年	粤中热带季风雨林	18℃—22℃	亚大西洋暖期
距今 1100—现代	粤中热带季风雨林		

（资料来源：黄镇国等《珠江三角洲》，1982 年）

上表仅就少数孢子、花粉来分析，只能指出其趋势，即广州气候在历史上是有过变化的，而具体变化可和历史记录相对证。

竺可桢先生据史记载得出 5000 年来我国气候变迁有四个暖期和四个冷期。即：

5000—3000 年暖期　　3000—2800 年冷期

2770—1900 年暖期　　1900—1400 年冷期

1400—1000 年暖期　　1000—800 年冷期

800—700 年暖期　　600 年—现在（1900 年计）冷期

但对照广州情况，多不相符，这是因为广州已入热带，而竺氏所据为亚热带、温带资料之故。但也有相近之处，如亚北方期干凉气候，在北方正好是仰韶到殷墟的暖期，表明西南季风向北推进较强，冬季风向南推进加强的结果；即季风活动加强的结果，使南北方气候都有变化。但在距今 3000 年时（周初），夏季风减弱，南北同时成为冷期。亚大西洋期南北也略有不同，即广州在此期中有过一凉期存在（战国到汉），表示冬季风加强的结果，而在亚大西洋末期才再转暖。即隋唐时期全国同属暖期，而宋冷期在广州没有反映，元代暖期也没有反映；明清冷期，在广州是略有反映的。广州南越国和大越国时，正当暖期。

近代变化多属周期性，例如从清末到建国初的情况就是，例子见下表。

年代	1901—1910	1911—1920	1921—1930	1931—1940	1941—1950	1951—1960	1961—1970
降雨	干	湿	干	湿	干	湿	干
温度	暖	冷	暖	冷	暖	冷	冷

（资料来源：张家诚等《中国气候》）

因此，历史上常有大雨、大水、小雨、旱、高温、大冷等记录，则不一定说明这是一个冷期或是一个暖期，也不能明确一个旱期或湿期的表现。这可能是气候变化中的周期性波动的结果。

上表可见广州70年来的气候也有变动的周期性，周期约为10年，即10年干，10年湿，10年暖，10年冷。这大概同太阳黑子每11年变化的周期相契合，而且干年多暖，湿年多冷。这是由于年雨量少的一年日照时间长了，故气温较暖。多雨之年，阳光少了，故气温也低了。气象气候学者，即由此可以预报将来的气候。

当然，影响气候变化的因素是多方面的，这些周期性的气候变化规律也不会一成不变。如在1961—1970年的10年中，雨量较少，理应较暖；但是平均计算，这10年仍是较冷，显然是另有原因，如北方寒潮南侵较多，即为一例。但是说1980年—1990年气温会略高，也不能说没有根据，因按周期为10年的冷暖变化规律，的确存在。即1961年—1970年为冷期是例外，本应为暖期，故1971年—1980年应为冷期，则1981年—1990年应为暖期了。同理，1961年—1970年为干期，则1971年—1980年应为湿期，到1981年—1990年应为干期了。

　　广州气候变化的长期趋势，是向逐渐变暖方向发展。例如广州市区近 5 年来已因工业发达而成为"热岛"，即气温上升，在市中心区高出郊区可达 2℃。热岛边缘落在郊区华南师大地理系测候场附近，即表明这里气温不因城市发展而增温。广州增温显示人口增加、工业发展，使各种温室效应气体排放量（如 CO_2、CH_4、N_2O、CFCs 等）大增。其实全球情况也是一样，据美国科学院 1989 年报告，CO_2 目前已达 350ppm，比以前增加，故气候变暖不会逆转。今后 50 年（即到 2030 年），可能增加 1℃—2℃（据英东 Anglia 大学，1988 年）。

第三章　古代广州的水文地理

第一节　古代井泉

古代建城多有井泉，因遇敌围城，濠池不能汲水。大城也不能只靠河池。而广州古来也以井泉众多出名。早在宋代人们已知井水不如河水水质好。例如宋代《萍洲可谈》已记录了广州井水不好，易生虫，而在大沙头、二沙头处取水（深部），水质至佳，即珠江河底红色砂岩透出泉水比沙泥层间地下水质优得多，兹分述如下。

一、秦、汉井

九眼井位于观音山南麓，相传为秦将赵佗所凿。它是广州最古又最有名的井泉之一，有"越王井"之称。《南海百咏》称："越台井，按《岭表录异》称：'在州北越王台下，深百尺余，砖甃完备，云南越赵佗所凿。广之井泉率卤磆，唯此井冷而且甘。'"《番禺杂志》亦云："越井半存古甃，曰赵佗井。水味清甘，刘氏呼为玉龙泉，民莫得汲。潘美克平后，方与众共之。"吴莱《南海古迹记》亦载"禁民不得汲"事。

九眼井距今 2000 多年，今仍完好。该井水质好，水量多，历代为市民主要汲水源。井径 2 米，为适应人多汲取，在井上铺上石块，砌成九个汲水孔，每孔尺余，故俗称"九眼井"。

今在广东科学馆后花园中，已为破砖瓦塞浅，深只几尺。井口砌石已断成几块，仍见汲孔凿痕。井处本一空地，1964年划入广东科学馆后园，井北街因名"清泉街"，街只宽2米，今成"清泉路"。井东为芒果树街，因旧时民家种有芒果树而得名；今拆建马路，已废。街南通连新街，即今连新路。清代井外还有九龙街。"九眼井"宋后得名，又称"越井"，一名"清泉"。当时井呈一"泉池"形状，广丈余，清代才呈大圆井状。

乾隆《广州府志》："佗时，深百尺，泉味甘冷，宋番禺令丁伯桂开九窍石覆之，因名'九眼井'。"明代黄谏在《水记》中说他春天饮之"水亦颇易其味"，列为第七。这是因为九眼井水是属岩石裂隙水，过滤不清，饮用时，多雨季和少雨季有较大差异的缘故。清初，井近平南王府，故禁人去汲水，后且筑围墙用兵看守，私汲者鞭打四十，专供王府厨用。又据说投珠宝人参水中，故平南王87岁才死，童颜矍铄，视听弗衰，医云得甘泉之力。清代中叶，人口密，井畔成为民居，又近官衙，故城内官署、民居都来汲水，如"菽粟之不可一日阙"。但到了道光年间，因民居太近，街渠不通，屎尿水常浸井，水质变坏。清末民初时更破败填塞。据《番禺杂志》称："越井半存古甃，当时废矣。"可见宋代亦曾淤废。民初孙中山收集武装北伐，军阀龙济光部曾用两架手摇救火车抽水，花两天时间才车干井泉。

宋以前九眼泉井又称清泉井，至唐时还"深百尺余"。此井在唐代还在城外，不在城内，且为当时统治阶级专用。《府志》称："佗饮斯水，肌体润泽，年百余岁，视听不衰。"并称水质很好："水力重而味甘，乃玉石之津液。"唐代以前井供专用，免去秋咸影响，水质较佳；宋以后变浅而多为民用；近代才渐趋填塞，水质变坏、井也毁弃。现古九眼井石虽已破碎，留在广东科学馆花圃中，但当日圆孔周径，仍可由断块留下的弧度推算出来。

该井泉由基岩侏罗纪砂页岩节理中流出，其下还有含水石灰岩层（在市二中地下）。由于砂页岩经过多次地壳运动，碎裂严重，故岩体中裂隙能大量吸收雨水，并通过裂隙的过滤，从井中涌出。观音（越秀）山一带都成为该井水源"供应库"，量丰而味甜。甜，是因为水在岩隙中流动而溶解了矿物质的原故。

二、唐井

唐以前的井还有达摩井。据《光孝寺志》云："在法性寺内，深数丈，甃以巨石，味甚甘洌，盖石泉也。"《舆地纪胜》亦载"达摩井"传说及"鲍姑井"，今堙。又一罗汉井在光孝寺东廊，即达摩洗钵泉，一称六祖洗钵泉。南廊一井又称诃井，也称罗汉井。寺后六祖殿有智乐三藏所称的西来井，大旱不涸，清代多为民汲。可见以光孝寺为中心，此处是广州的古井区。其次是吴时陆刺史井。《羊城古钞》云旧志称"郡城旧无井，刺史始导泉甃之，约百余处，今二井外，不可考矣"。唐井，据《新唐书·地理志》称："南海县城山峻水深，民不井汲，都督刘巨麟始凿四井以便民。"四井，按清代《南海百咏续编》说是"日泉井、月泉井、流水井、乾明井"。乾明井在光孝寺，流水井在观莲街，月泉井在早亭坊，日泉井在仁王寺前。

但此四井是否唐井，仍有争论。因宋代《舆地纪胜》引《晏公类要》只说"千秋井、万岁井都督刘巨麟置"，而与《续篇》不同。另一本清代《白云粤秀二山合志》也称："今城内有日井、月井、星井、乾明井，疑即其古址也。"亦略与《续篇》不合，今分述如下：

1. 日泉井

日泉井简称"日泉"，据《续篇》（即《南海百咏续篇》，下同）说"在内城诗书街龙王庙神座下"，因"每晨日出，井中辄有一日影，与月泉遥相辉映"。又说："考仁王寺唐时称为日泉寺，实因泉得名，明时毁于魏校。"后说："明季江水涨发，省垣被浸，居民闻日泉沸声，群相震恐，以巨石覆之，镇以龙神。"因仁王寺靠近珠江，河水可侵入井内，洪期井水即可产生"沸声"。明天顺间（1457—1464）学士黄谏《水记》称："曾说日泉名当时，但试之，水味不佳。"可能即因河水侵入，故水质不佳。仁王寺原址在今诗书街南。

2. 月泉井

月泉井或称"月泉"，因泉水常见月影得名。按清同治年间地图，在早亨坊东有月泉庙，但康熙年间的图幅是没有庙的。《府志》称："在城内西南古月华楼下，今盐仓街，旧月泉巷址。"则月泉或有庙保护。明黄谏《广州水记》"月泉在西市头"，也是当时名泉，但水味不佳。故月泉井当在西市头为准，即在早亨坊附近，近当时（清同治）的南海县府署。

月泉也是在平原地区，但地势略高，故水质当仍受平原河流影响，故不能和九眼井石隙泉相比。

3. 流水井

流水井在兴隆街东，按同治地图在观莲街、龙藏街之间，今称流水井街。志称泉通观音山是有理由的，因观音山雨水向河边潜流（即在红色岩层中渗透往珠江方向）。但位于六脉渠右一脉古渠旁边，故水味不好。明黄谏《广州水记》说："马站巷流水井二处，皆试之，味亦不佳。"流水井因位于人口最密地方，汲用很便利，故直到民初仍能保存。今已填塞。

4. 乾明井

《大清一统志》也疑乾明井为唐四井之一，在光孝寺。旧光孝寺东廊有洗钵泉（非罗汉井），南廊外僧舍有诃井，六祖殿后有西来井，故乾明井当指乾明寺内的井而言。考光孝寺在唐贞观十九年（645）改制止王园寺为乾明法性寺，宋建隆三年（962）改法性寺为乾明禅院，故井以寺名，光孝寺大井恐为唐井。

三、宋井

宋井有五，一为孙龙图井，在城北较场，明代已塞。二为苏井，又称东坡井，在元妙观西庑，是苏轼所凿；又名"龟泉"，因凿井时得石如龟形（见《羊城古钞》卷七）。孙龙图井文献较少，其他井文献较多，兹分述如下。

1. 东坡井

东坡井在西门内元妙观，即今光孝路和海珠路之间的惠爱路北侧，现已改为小学。井在观西庑，各《通志》称"在观内众妙堂前，以甘洌名。宋人方大琮取定林寺铁井栏护之，环勒名赞"。由于凿井得石，故井有地下水渗出，不是表层土中水，水质较好。但因这里地势较低，"擢甲里"即为古西濠末端，可通舟楫，故观地已入平原区；且相传有古船掘出，故水质不会很好。明黄谏《水记》已不把苏井列入十品之内。

2. 吊碑井

吊碑井在六榕寺花塔南，今花塔街东侧，其地为清时铁局。志称"井中有古碑吊挂"，故名。石为花塔基石，其色鲜红，或为东莞丹石（即红色砂岩），志称为宋井。

《六榕寺碑》云："唐时浮图已毁，宋元祐初，南海林修议建复之，求其故址不可得。造塔辄坏，梦神告以旧基，当有九井环列，东西相去不逾四十五丈，宣泄地气，塔便可成。林于县城朝天门外一里求之，果得古井九。就其旧基，锄得宝剑古鼎，于是塔成。"吊碑井也是到清末才填塞。

3. 龙起井

龙起井在西城仙羊街藏龙里内，即今光塔路到惠福路间的海珠路，宋宝祐元年（1253）时为侍读钟显孙屋后古井。《南海百咏续编》记载："泉脉下通江潮，龙起之说，洵不诬矣。"则"龙起"之名是由于和珠江潮水相通而得名。《续编》又记载："乾隆卅八年癸巳（1773）五月，省垣霪雨旬，西潦盛涨。时有满洲镶蓝旗白佳氏居此屋，夜闻井中涛声震沸，至晓不休，未几，白云山水陡发。"故龙起井是珠江潮通。井位于古西濠畔，地入平原，故"通海潮"是可信的。

4. 居士泉

居士泉在旧巡抚厅前，即今中央公园内。宋绍兴中，折彦质以忤秦桧，谪至广州，凿井得泉，甚美，人号曰"居士泉"，又曰"折公泉"。据黄谏《水记》评价，折公泉胜"苏井"很多，"曾亲尝之，胜苏井远矣"。可见这里已入台地区，地下水由红色砂岩渗出，过滤较清，和平原区受河潮影响的井水相比，当较优胜。（见《羊城古钞》卷七）

5. 星泉

在西关下九路北星泉里。《舆地纪胜》称："星井在广州城西六里金肃门外绣衣坊，时有光若星，故名。"位于文澜书院后。因凿井时见星光于井得名。按绣衣坊在今上下九路。

此处为沙泥冲积层，故井水不很好。

宋井除上述志书有较明白记载者外，按《南海百咏续编》还有环花塔四井。"塔北石马槽有大井，湛然千春不涸，可居其一。[1] 塔西为新街，其华光庙侧有巨井，深广澄澈，可居其一。塔东为花塔街，其土地庙右有古井，阖坊汲食，又可居其

---

[1] 编辑按：此句前原缺："塔南为铁局，所谓吊碑井者，可居其一。"

一。此东西南北四宋井万无可疑。"看来，因井位于高地区，有地下水供应，故冬不涸，也不受咸，故水质信较佳。

四、明井

明井记载详细，尤以天顺年间（1457—1464）学士黄谏的《广州水记》最为详尽。全文如下：

> 予使安南还，驻舟五羊。汲江水饮之，颇甘。及来判广州，城中井水多咸苦。隔城不得日汲，居人皆谓大北门内九眼井甘甚。予乃日汲之。井在粤秀山下，与江水较之，远近相若。复取江水用数月，冬深不雨，水涸江亦咸，乃复饮此井至春，地气上升，水亦颇易味。因暇登粤秀山，转西行，憩悟性寺中，东苑一井，颇佳。视九眼井殊胜。昔达摩卓锡得之，与九眼井相去百步，盖达摩泉也。郡志越井岗伪刘王玉龙泉恐即此井。又鲍姑井在粤台西南，意即此地。后汲北郭洗白井，颇不佳。又行三里余，乃得鸡爪井，郡志所未载，取而试之，虽九龙泰泉，亦不及矣。遂凿井傍石，题曰"学士泉"。郡人遂传其名，士大夫皆取供烹茶用，而是泉遂大显。广州旧少井，陆刺史始导泉百余里，苏东坡、孙龙图亦竣二井，今苏井在玄妙观西廊，尝汲饮之，亦不甚佳。龙图井在城北校场，今不知何处。其余皆陆刺史所凿也。布政司堂西有井颇佳，次则郡廨后井，与光孝寺后古罗汉井相若。今寺西廊有诃子泉，传为罗汉井恐非是，味不佳。开元寺有居士泉，折彦质所浚，今在巡抚厅前，曾亲尝之，胜苏井远矣。他如西市头月泉、草行头日泉、马站巷流水井二处皆试之，味亦不佳。又有星泉在绣衣坊。双井在城北施水庵，其井甚浅，下有双孔，春夏溢出地上，味亦平平。小北门外近西一泉；西禅寺有二井，皆不及城中数泉，尝以

广州诸泉品之，学士泉味最清美，经昼夜色且不变，宜居
第一。九龙、泰泉第二，蒲涧帘泉第三，悟性寺泉第四，
双井街施水庵井第五，小北门外泉第六，洗白井第七，九
眼井第八，居士泉第九。外是固不足取。布政司及郡廨二
井颇胜他处，宜居第十。而苏井、五眼井、罗汉、诃子、
日泉、月泉、书院井因有名当时，而优劣难逃公论也。因
著《广州水记》。

按《水记》成于明代中叶（1457—1464），除龙图井外，
唐、宋古井未塞废。有些到今天还在，如今天还有九眼井废井
可见。三元宫旧有晋井"鲍姑井"，疑在今宫后山坑处，据称
水质很好，则亦为砂质岩渗出泉，和九眼井相同。此井作
"圣水"之用，旧建鲍姑祠，井边生红脚艾，可以治病。故今
山坑敞开，可想见当时该祠及井的建筑，均可容纳。一说
"虬龙井"即此井，鲍姑即用此井水及红艾为人治病。今祠及
井已废为平地了。

"学士泉"今仍在，按檀萃《楚庭稗珠录》（二）称：
"其第一水则北门外蟹眼泉。泉宅田陇小涧中，凡十余泓，长
近一里，以石甃底，蟹眼上翻。其第一泓最佳，以次递减。泉
侧有庙祀龙神，汲者早至祷于神，泉即满，次第分汲鬻于城
中。入城取井泉益其半，得倍值，其味尚佳也。"

《水记》中，"小北门外近西一泉"可能即今天的山水井。
黄佛颐《广州城坊志》称："今小北门沿故城基行半里，有曰
龙王井、八角井者，汲其分鬻于城中，味特胜，唯无蟹眼泉者
矣。"亦可能即指山水井而言。

《水记》所评的科学解释如下：

（1）平原区的井多受潮洪影响，洪水期发生沸声，冬咸，
水变味等，十品以外各井属此类。

（2）山区、丘陵区节理泉好，八品以上都属此类。

（3）台地井泉列于中等，九品十品属之，因为红土层及砂岩渗出的泉水杂质也多。

（4）侏罗纪砂页岩节理泉水最好，因为除了由白云山花岗岩节理流出的九龙泉外，八品以上都属本系岩石分布区。

（5）高地泉比低地泉好，如在低地井列为五、六、七品，四品以上多为高地泉水。

兹再分井论述：

1. 九龙泉

泉在白云山顶峰下山窝（即集水盆）内，是由岩体节理中流出。因九龙泉山窝向东南，迎风多雨，泉源众多，故水清而甘，明黄谏评为第二。山窝内林木也多，成为良好蓄水层，使泉源清洌，但水质仍不理想，因节理泉所含杂质仍多。

2. 帘泉

在白云南麓，水出自花岗岩体裂隙中，属节理泉，故与九龙泉为同一类型。但因泉水在侏罗纪砂岩层上流出，即沿花岗岩节理下透的水到侏罗纪砂岩层不能再下透而流出成泉，故过滤清。但泉水接触空气较多，露头面广，不如九龙泉自岩体涌出，故水质较差。黄谏评为第三。

3. 施水庵泉

双井街施水庵旁有井，井小而浅，底有双孔涌泉，称为双井，街以井名。泉水在春夏溢出地面。按双井在象冈脚，象冈由侏罗纪砂岩层构成，节理繁多，故水在古兰湖洼地边涌出地面，属升泉一类，表明地下水压较大。故春夏地下水丰富期能上升到地表上，为观音山——高丘陵地下水所支持所致。冬天会因地下水少而旱涸。水味不好是因泉眼位置低，易受地表污水影响。黄谏评为第五，比高地的悟性寺泉略差。

4. 小北门外泉——山水井

明代还未称山水井，故黄谏《水记》只能称"小北门外近西一泉"。清代称山水井，泉也是由侏罗纪砂页岩裂隙中流出。泉位在干谷底部，不属涌泉，是下降泉。故后因广州需要大量山水，山水井开凿不下十个。日本侵华前已有自来水，但山水井之水，仍值二角一担，可见山水井水质颇好。日军占广州，百业俱废，山水井填塞。今余一个，在越秀公园兴建音乐曲艺厅时，利用干谷地平，把山水井也并入厨房去。黄谏评为第六。

5. 五眼井

在城内西察院左（见《羊城古钞》），即今教育路中段臬司前一带，位置在古西湖附近，也近六脉古渠之右一脉，故泉味欠佳。因附近人口稠密，汲水人多，故井用石盖上分五孔，使五人能同时汲水。今废。

6. 鸡爪井——岭南第一泉

被黄谏评为"岭南第一泉"的鸡爪井，在三元里飞鹅岭下菜田中。这是黄谏在天顺年间（1457—1464）被谪广州教学时找到的。井旁有碑，为黑色板岩，高一米，阔70厘米，"文革"后遗失。碑文正楷书"岭南第一泉"五字，相传为黄谏手书。又传井水冬暖夏凉，煮饭饭不馊，造粉如沙河粉那样，"韧而爽滑，薄而透明"，且不易变质。水可治热痱①，制镜明亮，不宜洗衣（易烂），今入市物资回收公司仓库院内，利用涌泉性质，用管引蓄泉池中备用。据姚之坦、彭纪宁称："日夜涌水可40吨。"（见《羊城晚报》1988年8月12日）可见为深层承压水上升泉，故水质特佳，其他泉不属本类。据《白云粤秀二山合志》称："井中常有虾若金色，时有五色山鸡飞致饮啄，故谓之鸡爪井云。"

---

① 余家敬居草堂大花园中深井水质清凉，亦治热痱，水温特低之效也。

五、清井

清代井泉更多，故只记较特出者。如石马槽的双眼井（见《羊城古钞》卷七），莲花井街的莲花井。北门外石坎底的蟹眼井，有涌泉如蟹眼，被称为省会第一泉。坡山右侧甜水巷，多为明代前史未载的井，故暂属清井。清代古井大多仍存，如九眼井、吊碑井、月泉井、流水井等在同治地图上还可找到。这些井中属古井者已见上述。

按清代传说广州有"三山、九井、六大名塘"，按曾广衡《广州杂抄》称："九井大约指九眼井、莲花井、流水井、吊碑井、罗汉井、日泉井、星泉井、山水井、双眼井。"则可见清代名井应都是古井一类，即明代已经著名。

清代广州人口众多，又未有自来水设施，故各坊各里均自己掘有井泉，富家厨房及花园多有自掘水井。余家旧在同福西后街到同福西约之间，西临今宝岗路。家由九面过大屋及花园组成。两个厨房均掘有水井，深1.2丈左右；花园有大井，供冲洗、淋花用。市内小屋则多在入门天井处或厨房掘一口小井。在中山四路越王宫址上5米文化层中，计由六朝开始，到宋、明均有井掘出。这座宋"禺山书院"亦有井泉，可见古代广州的官衙、居民多饮用地下水。

第二节　六脉渠今古

六脉渠是指古代广州古城内城六条排水大渠而言。这六条大渠是按照城中地形而修筑建成的，多利用于古代干谷地、小河溪，在濠池淤塞之后，加以疏浚而成。故明郭棐《广东通志》说："古渠有脉，渠通于濠，濠通于海。"《羊城古钞·省会城郭图说》："古渠有六，贯串内城，可通舟楫，使渠通于

濠，濠达江海，城中可无水患，实会城之水利。乃屡浚屡
湮。"" 六渠遗迹"在明代已有"六脉渠说"，如明谭清海即有
《六脉说明》。谭清海建议按六脉来修渠，但不是具体的渠迹，
这位东莞人只提出了五条渠道。他提出的渠道即为后来清代渠
道的轮廓。

古渠是兼有排水和航行的便利的，故称"渠水通于闸"。
闸门是控制船只通入内城的障阻，故直到清代还疏浚南濠
（康熙二十二年，即 1683 年）复通舟楫，民称便焉。至于古
渠前身文溪更是天然河道，千年前已是运输要脉，在宋代盐仓
即在今仓边路和旧仓巷一带；可见当时文溪还未纳入城中，而
是东城和子城间的河道。而西城和子城间的药洲和西湖，在宋
为白莲池，下成文溪，还是泛舟消暑地方，直到明代连三城后
才成为民居，并用为城内排水渠位置。同样，大北、小北二脉
也可航行，如大北有兰湖，宋代还可以驶船入去避风。小北和
大北在南汉时也曾通接起来，舟由流花水可直驶入文溪河中，
即沿唐城北廓泛行，并建有明月峡等池、河名胜。宋六脉渠主
要在西城。

一、宋代六脉渠

宋六脉渠主要在宋西城内，据陈大震《南海志》（元代）
称："古渠有六脉，草行头至大市，通大古渠，水出南濠为一
脉；净慧寺街至观巷（即观堂巷）、擢甲巷、大古渠、新店
街、合同场、番巷，通大古渠，水出南濠为一脉；光孝寺街至
诗书街，通仁王寺前大古渠，水出南濠为一脉；大钧市至盐仓
街，及小市至盐步门，通大渠为一脉；廉访司至春风桥，水出
桥下为一脉；子城内，水出路学前泮水，为一脉。"

《南海志》多引《宋志》，则此六脉渠当为宋六脉渠。陈
氏宝祐元年进士，当见嘉定、淳祐两志（淳祐志距元五十

年）。故序称："即旧志而增益之。"据上述知南濠（今南濠街）是西城排水总汇。在子城的都较短小。六脉渠一名，似由此起。

元代六脉渠即指宋六脉而言，见《南海志》，今不赘。

二、明代六脉渠

明代六脉渠已沿袭成广州排水渠道之名。如东莞谭清海即有建议称："西一脉水绕坡山，由南濠尾穿西关而出；小南一脉，水绕荷塘背，由文溪至府学前渠而出；大北一脉水绕兰湖，由贤关（即天关）里，穿城脚而出；正南一脉，水绕清风桥、龙藏寺、仙湖街而出；小北一脉，水自白云来，合万里桥水，循天关而出。"（见乾隆《南海县志》）

谭说已和宋元六脉不同，即如说"大北一渠，水绕法性寺后，潴于兰湖"，则为宋六脉所未载。而说正西门一脉时，

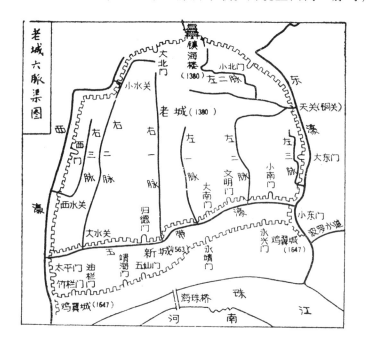

说到"由光孝寺街至诗书街，绕古仁王寺，出西濠以入海"时，则又和宋六脉相同了。而西一脉亦与宋六脉相同；小南一脉则比宋代子城一脉为长远。而小北一脉则又与宋六脉不同，为宋六脉所未载。

三、清代六脉渠

清代六脉渠比较复杂，曾经多次修浚，故六脉渠在各朝代均有差异。兹分述如下：

1. 乾隆五脉

据同治十年版《番禺县志》，乾隆五十六年（1791）总督福康安曾修六脉渠，但只有五条在记，其一已淤。

（1）城北一渠：由十九洞到小石街药师庵，排越秀山水。由越秀山下华光街、十九洞到小石街药师庵。本渠为天然水渠，是古宋城外北郊的东溪，汇入文溪古道，由长塘街出濠。明代筑城，文溪已淤，故改由铜关入东濠。渠在天平横街尾有簧桥。本渠下游积水，旧时为菊湖，今多池塘，一雨即涝。因文溪已淤，排水不畅。

（2）城东一渠：由状元桥到文明门。即一般称左二脉，大部分以古文溪为基础，排东城积水。状元桥在小北路南段丹桂里南，即今法政路和小北路交界附近。渠沿仓边路到大塘街和长塘街之间到文明路穿城入濠。明筑城后，文溪断源，才成为渠。清时，长塘街口仍有文溪桥（即明月桥）存在。大塘街内还有明万历黎崇敕的"文水居"，今塌。

（3）东门一渠：由文溪桥到贡院（即今鲁迅博物馆）东穿城出东濠，称左三脉。排东门雨水。文溪桥流到大东门一段早已填塞，可能为古越城南濠。到东华里和左三脉主渠相连，转南流出贡院东侧出濠。

（4）莲塘街到华光庙一渠：本渠居城中，为内城中部主要排水渠。由观音（越秀）山吉祥路到教育路入濠，即沿宋子城、西城间西湖故址而成。

（5）九曜坊一渠：渠在学院署内东文场地基之下，由桂香街再到三圣宫。三圣宫位于马鞍街和南胜里渠口，这条一般称右一脉。

乾隆五脉是指曾修渠道而言，不一定符合右六脉；当时修渠是因乾隆年间渠道失修，大雨淹街。其后，《南海百咏续篇》认为当时六脉未失，惟浚渠未浚第六脉。这第六脉即"上古桥"一脉云。

2. 嘉庆十脉

嘉庆时，地学家康茂园大浚六渠，因强分渠系只得五渠，说尚欠其一。后赵笛楼加浚五脉是为嘉庆十脉。兹按阮元《广东通志》，下述十脉未把明谭清海的上古桥一脉道出。故《南海百咏续编》称他们"仅据保甲片言，谓六渠已淹其一，但有五脉而已。省县志因之，殊可笑也"。可见六脉在清代已普遍失传。嘉庆十脉以嘉庆十五年（1810）布政使曾燠重疏五渠时所析十渠为详细。兹据《番禺县志》论述。

（1）由卫边街中部邝家祠内起经七块石过清风桥，南下流水井，出仙湖街过仙童桥，由桥脚穿出玉带濠。本渠在乾隆时，向北伸入莲塘街，即莲塘街到华光庙一条，后称左一脉，即今吉祥路到教育路。本渠今天仍是街渠，在卫边街和华宁里之间仍有低地，七块石街现仍保存，大石只余五块完整的。大石长一丈多，阔二尺余，厚达一尺。铺在街渠上，位置也最低，是广州街道少见的大石条，志称"宝石桥"即用它铺桥面。因在华宁里，又称"华宁宝石桥"。水流经抚院东大街上的清风桥，流入水井街。唐代为西湖，宋为白莲池；今在南方戏院内仍有九曜石和池塘古迹。南流入仙湖渠，渠上有大石数块，即仙童桥；桥下有大水窦，开在城墙下部，为半圆拱门式的排水渠口。本渠在清代才成，因明代羊城八景有"药洲春晓"，湖池尚未湮没。

（2）由桂香街南到贤藏街、马鞍街城脚出濠。这渠和乾隆五脉所述相符。后称右一脉，由孚通街口三圣宫南胜里大渠入濠。

（3）城北西华二巷庙后到西水关一渠。本渠是明渠，故有天濠街之称。大坑和小兰湖也在这里，为古宋城北边城池，明扩城后，才归入城内。

（4）周家巷闸门到玉带濠一渠。这渠是古西澳或古西濠遗迹。本渠宋代由擢甲里以下可以行舟。全渠由周家巷西头，南流经官塘街、豆腐巷、擢甲里、光塔街出南濠街和西濠街间大渠出濠，上有石桥，南出大水关入濠。这渠现仍用，在民国初年明渠也由玉带濠伸到毕公巷北。今为海珠路所在。清时称为右二脉。

（5）由杏花巷西到小水关穿西城入西濠。这条渠古称右三脉，比较短，即今天由纸行街中部南流到惠爱西路折向第五甫、第六甫水脚交界处入濠。明古渠之一。

（6）由莲塘街到狮子桥出东水关入濠。即经大石街南出，汇其他渠水。

（7）由莲塘街经九如坊过状元桥一渠。即今由莲塘路北段省人民政府过九如坊，入小北路法政路交界处的状元桥。旧志称由莲塘街通两槐洞过九如坊入状元桥。今省人民政府内仍有低地池塘，或即古渠所经。

（8）由菜园石桥到篑桥，过状元桥出铜关入东濠。即乾隆五脉北面一支，十九洞到药师庵渠道。城北古为田地，多种菜、养鱼（有八大鱼塘在这里）。明筑城后，把北郊纳入城内，因排水太难，分渠也多，只靠铜关出水，故小北易成涝灾。本渠在民初仍存。由马庄巷南、法政路（旧中山大学）

西侧开始，南入法政路南，再东出铜关。天官里东头一段今还在，石桥（万安桥）仍存。渠南伸到万安里东。按旧图状元桥东行还过三条小石桥，故小渠不少。铜关（潼关）即今黄华路桥处，是城北低地及越秀山水的排水总渠，常不能通泄，因城北水是以文溪、西湖为主要排道。明筑城后，两河俱废，只靠铜关出水，故易成灾。

（9）由司后街谭家祠经文溪桥、长塘街到盐司街（贤思街）在城脚入濠。本渠和乾隆五脉相近。但不直上北面排越秀山水。在司后街两头有渠，而街也是低地，故两渠实可通，即华宁里渠和谭家祠渠在古代同是由宋城北面濠池地带来，是可以通舟的。司后街南即为高地区，即城隍庙到新华电影院高地，古子城的北城墙。此段高地陡坡很直，表明是人工开凿所成。子城东面有"洛城街"、"卫边街"等古城外街名（即今吉祥路），而东连宋东城的北边池濠"濠弦街"。志称南汉刘龑凿通西湖和古文溪，则华宁里和濠弦街之间，正可作为开凿池濠地点。本渠又称左二脉。

（10）东门内东华里口到贡院后墙东边城脚。这渠没有了乾隆五脉所述的头段（文溪桥到贡院一段）。本渠又称左三脉。

总之，十渠中，小北三渠实即一脉，它与大北一渠同为明代新渠道。六脉渠加上大北、小北两条明城新建排水渠，广州城内应有八条主渠为是。乾隆五脉是不完备的，因而明代扩北城后，北城大片低地排水不良，可见六脉渠的作用仅限于宋三城地形北高南低的格局。

3. 道光六脉

道光六脉见于道光年间樊昆吾的《南海百咏续编》的六脉渠说。称："正西门一脉由草行头起出光孝寺街、诗书街，汇大石街诸小渠，绕龙王庙而出上古桥外，即白糖会馆，入于西濠出海。归德门一脉由豆腐巷起，出擢甲里，汇西门大街及光塔街诸小渠，南入南濠街果桥下，外即王婆栏，入于南濠以出海。大北门一脉，由越井冈起，南下白莲塘，西汇兰湖（即小兰湖），至回子营，出水关桥入海。此旗地之三渠也。小北门一脉，由越秀山左起，出双槐洞、丹桂里，过状元桥，汇合各小渠，绕五桂庙而出铜关外，纳白云文溪、顺东濠出海。此亦随龙大水，不回顾大城者。小南一脉，由雅荷塘起穿仁和里出仓边街，汇各小渠，绕东岳庙，直下长塘街，至贤思里复古庙下而出暗窦口外，即文德里，于清水濠出海。大南一脉，由古药洲起，出宝石桥、清风桥、流水井至九曜坊，汇龙藏街各小渠，穿仙童桥下，外即南胜里，入于南护濠出海。此民地之三渠也。"

按这六脉，尚欠右一脉的连新街至马鞍街一渠，及贡院右三脉一渠。小北各渠合为一渠。该文作者称南濠东段为清水濠，称东濠顶部的横坑为文溪，是值得注意的。并言东濠无潮水托顶为灾，和今天情况一致。

4. 同治六脉

咸丰七年（1857）英法联军入广州，广州城遭大破坏，毁屋甚多，渠道壅遏，大雨即受水淹，行道维艰。故同治九年（1870）王凯泰修渠时，要新辟渠道，但主要仍有六条。兹按《南海县志》所载分述，并详及支渠。但南流六脉渠只限于宋代三城，明代扩展北城区要由东西水关出水，故需南北分流。

（1）督署前渠（督署即今民政厅，在吉祥路和越华路交汇处）

北流：由落城街（洛城街，今拆建为吉祥路）过莲塘街，合抚标箭道（即今中山纪念堂地）横渠东流入五福巷到铜关入东濠。即今由吉祥路到法政路一渠。

南流：由华宁里、卫边街民房中，过七块石（有桥），出清风桥，下流水井、南朝街，由义隐书院中入学署后院，贯九曜池、仙湖街、仙童桥入濠。即左一脉。即今吉祥路、教育路低地。

（2）抚署右渠（即今中央公园地）

北流：由连新街北经莲花井至九眼井，西入九龙街，过大北直街，由西华一巷过财神庙出北水关入西濠。即今由连新路北流和大北一渠相接。

南流：由雨帽街、桂香街、贤藏街、马鞍街、孚通街，出三圣宫下穿城入濠。即右一脉。

（3）西城百炙街尾明渠

北流：向西北流一支，出北水关入西濠。

南流：为阴渠，比北流支渠长，计经官塘街（观塘）、窦富巷（豆腐巷）、擢甲里、杏花巷、西濠街（今拆建归海珠中路），过石桥，由大水关入南濠。即右二脉。本渠在民国初年到官禄路东和毕公巷北。今石桥还在尚果里（上古里）至麻行街之间，古称上古桥。

（4）旧仓巷渠

北流：由梯云里北经司后街，入谭家祠转高家口东流入濠弦街、天官里民居后，合万安里明渠出铜关入东濠。即由今旧仓巷、梯云里，经越华路、豪贤路出东濠。

南流：由惠竺寺边经仓边街南流黄家巷、毓秀坊、文溪桥、长塘街、贤思街（盐司街）土地庙下，出城入濠。即左二脉。

（5）观音山下渠

由越秀山龙王庙左东流过菊坡精舍前，过将军鱼塘由塘东出贯容家园中合高社十八洞南流支渠，又合十九洞南流之渠，同出洪桥，东流过刘家园、小北直街，到飞来寺合状元桥下之渠，由铜关入东濠。在法政路、中大附中西侧，可见露天渠渠迹。法政路即为古渠所经。

（6）龙王庙右渠

由越秀山龙王庙南下越秀街，穿东墙入和康里，由抚标箭道东过（中山纪念堂北）莲塘街中约，汇督署前北流之渠，东入五福巷、双槐洞、崔家巷理事厅照墙、狮子桥、三多里、九如坊、丹桂里到状元桥，出铜关入濠。即大致沿大石街南、法政路出铜关东濠。

此外，还有西门内纸行街明渠直流诗书街龙王庙前出西水关。东门内东华里明渠过福德祠南流，循贡院东围墙外东出城根入濠。支渠更多，不能尽录云云。

另外，又据《南海续志》所载，同治六脉则是：

（1）三元宫经清泉街过大北直街（即今解放北）入西华一巷到北水关入西濠。渠口有桥，整条为阳渠。渠不大，旧志疑不入六脉渠，因太细小。

（2）九眼井西渠。正渠由九龙街南入徐家巷过大北直街入西华二里出北水关。一由九龙街入榕树巷过大北直街入周家巷出北水关。横渠一在北水关，一由福盘里口到官塘街，经豆腐巷过惠爱街（即惠爱路）入擢甲里，杏花里东侧到大市街转西流诗书街出大水关，南濠全是阳渠。穿城处有半圆大渠口，即明时建城所筑，位于今大德路、海珠中路南头交界处。

（3）由九龙街到莲花井直下桂香街、马鞍街到三圣宫入南濠。同治十年（1871）只通到莲花井，以南渠没入民居，只在雨帽街中间和连新路有渠迹可见。

（4）由龙王庙南下莲塘街、卫边街（即吉祥路）、华宁里、古药洲，经七块石、清风桥、观莲街、龙藏街、仙湖街，过仙童桥入渠。本渠大，是六脉渠迹。但在七块石到观莲街间为民居所压。即左一脉。有横渠由莲塘街过狮子桥、天平横街入第五脉（即下渠）。

（5）由十八洞入小石街药师庵过青龙桥、聚龙桥入铜关。受第四脉横渠水。自莲塘街、狮子桥到天平横街口渠很大，但很多段受民房压着，到太华坊又有民房骑过，故同治时还未掘出咸丰丁巳年间被毁去的渠迹。而小北火灾塌毁了由源头到洪桥、小石街药师庵、青龙桥一段，很久未有恢复。

（6）由聚龙桥到万安桥，万安里全街仍为阳渠，渠大。同治时还掘出道光时立的"禁压渠石碑"，但大部仍被民居压了。本渠由东而西过谭家祠南流出旧仓巷、文溪桥。以下又为民房所压。由大塘、长塘二街之中，出贤思街，入南濠。横渠由东华里到贡院（今广东省博物馆、鲁迅纪念馆）。本渠和第五脉通，雨天白云山越秀山山水并发，即有水淹。

同治六脉这个系统和上一系统大同小异，而渠道排水互相连通则是共同特点。即六脉多可互相沟通，流向也和前朝不一致。分流点不明，随时代变动，表明民房压渠和各期清理工程的影响。小北渠系复杂，故为历代水患原因。城北的东西渠道系统和城南的南北渠道系统常有矛盾，但城南六脉多沿越城高地南倾地势开成，故排水便利。独城北，尤其小北却成积水洼地，几百年来未能畅通。推其原因，主要为明代改文溪南流系统、斜引东濠的结果。因古文溪由小北花园南流后，分为二支，按今天地形仍可指出。一条是由小石街、黉桥、狮子桥出华宁里入九曜池（即今南方戏院内）。故《白云粤秀二山合志》称："狮子桥在大石街西南双槐洞，接观音山之水，走清风桥（这桥是一座低矮的横跨过古六脉渠的街桥，桥面即街面）、七块石而出。"即沿左一脉出东澳。一支沿旧仓巷经文溪桥（也是一座矮小渠面街桥）出东澳，而不是由铜关出濠。故今天小石街和大石街一带最易积水的原因，即在于地形低凹。故明初凿开黄华塘小丘，塞月洞门，改引文溪东入东濠也无法解决小北积水问题。清代地势低处即填高，使城内各渠排水困难，要互相沟通，但仍不易排水；一遇大雨，各街均淹，尤以小北区为严重。

第三节　西濠的变迁

西濠指明城西濠而言，由兰湖（一称兰芝湖，今流花湖、羊城宾馆等低地）低地，经朱紫街三眼桥（古名青石桥）通入西濠尾（即北端之意）沿盘福北路西侧南行，到北城根附近转向西行，沿盘福北西流。到长庚路今人民北路才沿长庚路转向南行，沿第一津、第二甫、第三甫、第四甫、第五甫水脚、第六甫水脚、第七甫、第八甫水脚、太平街入海。所经即长庚路、丰宁路、太平路西侧，今通称人民路。但过一德路后，濠身为民房所压，成一大渠，沿太平南路（今人民南路）通出珠江。暗渠直径达 2 米，故一般载重千多斤的小舟可以入内。昔由珠江渠潜行地中，到桨栏路普济桥处渠入濠，重见天日。本濠近因日见淤塞，于 1964 年全濠改成渠道，渠面成一通途，但只得三五米宽。但按《南海县志》谓，濠广十丈有奇。嘉庆成书的《羊城古钞》也谓，当时"今侵于濠畔之民，始为木栏，继甃以石，日积月累，濠愈狭矣。比之初额，不及其半"。可见嘉庆年间，西濠已只剩五丈宽左右。但今天由濠旁低地来度量，也在十丈以上。如把濠畔已成为街的低地计算在内，则古代西濠宽可达二十丈以上。在西门口一带，西濠洼地已发展成为四条平行濠边的小街。今光复路一带曾掘出古船椇和海船用品，因而可知西濠在古代是广阔的大河。历代以来，西濠也是城防要冲，早有城高池深的记述。故清初两王攻城，历十月之久不下。宋时船舶还可驶入兰湖避风。西关的繁荣也和西濠有关，看水脚码头之多就是证明，因每甫都有自己的"水脚"。

西濠由人工开凿，以城西北角西山、高岗一带为主。第一津以北，西濠是在红色岩系所成台地干谷中流行，直接和古大坑（今天濠街）六脉渠相接。在城墙上有北水关（今废）。这条濠是宋代城北池濠，故呈东西走向。明代广州，合宋三城为一，即由高岗宋城北城根加筑城墙到象岗，才使小兰湖潭塞，成为天濠等大北排水渠，西濠才延长到朱紫街、兰湖低地边缘，并和古兰湖沟通。西濠在转南流后即不用开凿，而是平原区了，故掘濠时也在两旁筑堤堆土，保护濠池，使平原不为洪水所浸。如越秀山水和大北古渠水沿朱紫街干谷冲下，流过高岗开凿之狭窄谷地，不易转南，故第一津东百市后街一段，即要筑挡水堤，迫使濠水由向西转向南流。第二甫到第五甫都有堤围作基础，使濠水不致泛溢，浸淹西关。第五甫、第六甫有红色岩系所成低冈，故濠堤有依傍建筑；第六甫到第八甫（光复中路）濠堤更低，是西关水淹区，古西濠也由此出口入海。因此，西濠地形可分三段。北端为开凿河濠，中为南流堤围岗地间濠道，南为平原上濠道。1915 年（乙卯）大水时，水淹到第五甫脚，可见浮丘以北和南面平原不同，地势较高，称为上西关。

西濠出口段也比较复杂，历几次开浚又填塞。太平南路一段为期更新，是清代人工填海后才开筑的。由于西濠口位置当全省水陆码头，为广州市中心区之一，故清末以来，填濠争地，豪强竞占；濠成明渠，明渠又成暗渠；西濠之上，今且成为大楼区。嘉南堂、新华、新亚等七八层的大厦，即建西濠故道上，故今天西濠两岸高差也是越向北就越大。在平原区中，普济桥、太平桥处，桥面拱起，高出马路面，可见沿濠东西两岸高差不大。但到上九甫、长寿路、龙津路、中山路（西门口）和西华路处，则濠两岸高差愈来愈大。到龙津路由人民中路下濠西街道已需上下十多步级，几有一层楼高。在中山路下西关区地势高差竟达层半楼高，上下石阶梯要分两段。城北西濠近已破坏，濠身也较窄。

兹分四段论述：

一、城北西濠（第一津到朱紫街）

城北西濠在盘福路一段，是宋西城北濠。因为天濠街（今德宣西路）有露天渠道，古称大坑。一说是兰湖排水渠，通过兰湖。大北山水以古小兰湖为潴集处，故明扩筑广州城，天濠成为六脉之一。但北城根以西一段，仍为明城外西濠一段，故在宋是城北濠池，排粤秀山水。在明代又为排大北山水和朱紫街山水的护城河。濠北为昔方便医院，今为市第一人民医院。

盘福北路西侧一段应是明代开凿的濠池。到朱紫街中部青石桥处和古兰湖低地相通。解放后，建有抽水闸于此，管理污水排出。朱紫街北端是在象岗和木壳岗间干谷地，明扩城时，凿象岗为北门（大北门）即于街尾开凿。西濠凿到这里要停止，但可引入古兰湖低地。明代防清兵攻城即放水积贮濠中，杜永和佐将范承恩做内应降清，就是以放清濠水，使清兵得渡作为条件的。

近年渠濠淤塞，且在和庆里东有民居压渠；今天更有新楼建在盘福路北濠池，二楼以上才和马路同高，显示出西濠形态的低洼。

二、西濠中段（中山路到盘福路）

在中山路西门口附近，西濠是切过 20 米台地而成的，有基岩露出如浮丘石。积金巷（今中山七路东头南侧）可见红色砂岩露头，所以西濠的形态清楚。由丰宁路到光复路之间凹地很宽，达 100 米。中山路在西濠处也低而再起，表明广州城和光复路大致同高（同属 20 米台地）。濠内一河两岸，旧种有杨柳，西侧濠边已辟成民居，屋面特低，不及马路面高。南段因濠地填塞，濠池已变成大沟渠形状了。

西濠为宋代西城的濠，陈岘重新修建城濠，在明代连三城时曾浚深过一次。由于西门口是交通要道，故本段濠池有三座桥跨东西，集中在西华路处（第二甫）。以长庚约通宜民市一桥为主，乾隆《南海县志》称"西门桥"，嘉靖丁亥以后改建。

三、南段西濠（惠爱路到第九甫）

第六甫到上九甫一段西濠，全在平原上掘出，故濠面和街面高差不大。上九甫处与人民路下西关只差三几级石阶，故沿岸码头很多，古来是运输繁忙河道，并纳城西小水关古六脉渠水。地为宋、明西濠入海濠口地点，故两岸多为官商侵占；今天濠身变狭，濠地成为民房区。在濠东形成了大围、二围、三围。水脚也多，第五甫、第六甫、第八甫都有水脚，且各有桥跨两岸。濠边堤围也较低，不如中段明显，故常有水患。濠道又易分歧，在西濠可折入南濠，但折西入柳波涌也很合地形大势。按西关平原多由围田、塱地组成，宋西城一部分也属于围田区。古西濠又在宋西城南部西濠街和南濠街之间，古称"西澳"，在清代仍多荒地。故西濠是利用围堤筑成，第六甫到第八甫多为堤围较高地点，又是南北行，显然有防西关水涌泛作用。如清代西关平原上还有南北走堤围保护上西关，即由永安围及西乐围所组成。东西向沿珠江北岸堤围则成大道所经，西关涌即沿堤间洼地开出。

总之，西濠南段也是人工开掘和用城墙及围堤固定下来的大水道，对西关商业兴旺也起了很大的作用。

四、西濠口段（上九甫以南一段）

明代城南民户日多，扩筑新城，故西濠延长到太平路入海。但本段入海曾分两支。一支由新城南流入江，即沿今天太平南路入江。另一支由西经德宁里、光雅里、大观河入柳波涌。本段河涌交汇，故码头特多，商业繁荣。元初至元中，宣慰使世杰班即建有木桥，"高跨西坝"，以利水陆交通，称为"太平桥"。明成化八年（1472），韩雍改砌以石。这桥在康熙年间拆移青云桥，和今天太平桥不同，今天太平桥是正对新城太平门的城门桥（太平门在状元坊街口处）。

西濠口在宋、明向南出海，正当白鹅潭。风大，潮急，船行不便。尤其在台风季节，涨潮一涌即至，一退即成急流，不好航行。故成化八年（1472），都御史韩雍"引流自西达江，舟楫出入，虽海风大发，不能为患"。（见《羊城古钞》卷一）但到了万历年间（1573—1620）又改由新城西边直向南出海。"（丁酉岁）王学曾、郭棐、杨瑞云提议浚西城固濠，使绕城如带。"这是第一次改回原来濠道。其实，"嘉靖五年（1526）时巡按御史涂相从郡人彭泽议分东西展流，径西直入于海，建大观桥其上"（见阮元《广东通志》）。故再开太平南濠显示了当日交通规划上的进步。明代大通烟雨和柳波涌齐名，即因当时内地交通，多由佛山水道通西江、北江、潭江各地。故大批商船是由大通港入柳波涌，沿西濠入广州的。如果船体大或商业兴起，柳波涌、大观河（建有大观桥的西濠出口段，地当今第九甫南）已不适应，如开太平南濠则很快出白鹅潭，风帆无阻。因柳波涌（或称芙蓉浦）前有黄沙淤积，大舟行驶不便。柳波涌（即今黄沙直街、兰桂新街一带）本身也日变浅狭，而大观河也弯曲淤塞，故有改回旧道必要。故万历中时，十四甫新河只留兰桂里以下河道，即大观河（今称西关涌），涌在民初仍伸至瑞兴里天后庙前。志称沿古濠道有旱桥、青云里、淘沙迏地名，清代到光雅里华光庙后之馨兰里（即瑞兴里）才见渠口（瑞兴里即桂兰里或馨兰里，是清代烟花脂粉地方，故称）。民初已不到华光庙，缩短到天后庙前，小舟可驶入，庙前空地仍称十四甫码头。因这里有一大码头，有大榕树，地势低，洪水时期即淹没。填塞困难，又称"曹基尾"。瑞兴里西头叫曹基，是河岸基围，地势较高些。这条西关涌易开，又无风浪为害，故在明初是恰当的。但是新城建立之后（即嘉靖四十二年，1563年），为着护城才有万历改濠之举。由明到清，西支时通时塞。《羊城古钞》卷一再引《广东通志》："后总督戴耀、巡按李时华开复旧太平旧濠，绕新城而达于珠江。"知清代也曾开太平南濠。又据同治《南海县志》称："后于西水关之右，开普济桥、回栏桥一路，直达珠江，遂将第十四甫码头塞断。"嘉庆年间，据曾燠《疏清西关濠水记》中说："嘉庆年间，大观河又加曾修广一丈六尺，免去瘟疾之患。"可见当时西濠遗迹尚存。今天由馨兰里口到柳波涌六百丈多，大致可勘查清楚。

目前西濠是向南由人民南路直出珠江的。在明代向西流入西关涌处，仍保留有"旱桥"青云桥、青云里、陶沙迏等有关水道地名。解放后，陶沙迏巷还有保存，而青云桥（即旱桥）所在的街改称"德宁里"。街形弯曲，相当于明代河涌所在洼地。西关涌大部改为大暗渠，铺盖水泥板。

整体而言，旧城一段西濠应是宋濠，因黄佐《广东通志》称："西濠在城西，洪武初，因旧址修浚。"修濠是沿古河道进行，因唐代江边已达浮丘石处（见《南海百咏》）。故元《南海志》称："城之外，环之以濠，东自平海门侧，由海道入，绕至城西金肃门外，通出海道。"可见西濠在元代和东濠相通。但这出海濠池，以珠江海阔，"直流汛急"，不便船只出入，才开大观河出柳波涌，通佛山大通滘口。道光《南海县志》卷九"建置"引《梁储记》称："昔之僻地，今即通津，居贾行商，往来络绎，脱遇风涛骤作，则千万舫皆可以御舻而入避。"又称"深皆丈二尺，广皆七丈，直过十八甫柳桥馆迤西之南浒，……长可四百余丈"，到清代成西关"八桥之胜"。但已淤窄，因据曾燠《疏浚西关濠水记》称："惟大观桥向系三拱，其二拱久被占塞，中一拱丈量一丈六尺。"知清代浚濠是按一丈六尺修浚的。

沿濠涌支渠清代以后也纷纷填没或淤塞，因同治、光绪年间曾大面积建房。志称："同、光之间，绅富初辟新宝华坊等街，已极西关之西，其地距泮塘南岸等乡，尚隔数里。光绪中叶，绅富相率购地建屋，数十年来，甲第云连，鳞次栉比。菱塘莲渚，悉作民居。"（见庚戌《南海续志》）故填涌建屋即在此时。

第四节　东濠的变迁

东濠指小北门（即今小北花园）、越秀北路东侧到越秀南镇龙街附近为止。今天，东濠两侧还留有民国时期用水泥铺成的人行路，故东濠形态和清代大致相同，潮涨时可入民船载运砖、瓦、木、石，潮退便成一污水沟。现正另建渠把街渠污水排除，又定期放出麓湖水冲洗，使东濠变得卫生，下游并可以航行。东濠北接文溪，今称横坑，即在今旧北园酒家。文溪由东北来到旧北园，转折东南流，成一锐角形转折，沿一干谷侧行（因干谷本向西北倾斜），穿过黄华塘人工开凿小峡谷，流出法政路口铜关，经大东门、东水关出海。今天永安桥口下是后来的新展河道，已属濠口范围。镇龙街以南的东濠更是清代填河的河滩地。因此，东濠也可以分为四段，即登峰走廊中的古文溪河谷地、铜关到小北门东濠北段、东水关到铜关东濠中段、东水关以下濠口南段。前两段在台地区中，后两段在平原区中，故运输一般以后两段为主。铜关前的黄孖塘属船舶运输的终点港性质，一直维持到民初。濠水面也很宽，一般比西濠阔，在大东门附近濠身凹地几达十丈。由于东濠有排山洪作用，故濠水与西濠不同，每泛滥成灾。小北区也每因排水不通而成为受涝地区。

一、东濠上游古文溪谷地（登峰走廊）

东濠和西濠最大不同之处，是东濠有长远的山坑水来源，由小北门向东北走，经下塘、上塘、唐帽岗、鹿鸣岗、凤凰、田螺墩到长腰岭，计有 3.5 公里。白云山、越秀山区有 11 条坑水冲下，黄花岗红岩丘陵有 5 条坑水冲入，故登峰走廊的横坑不能宣泄，造成小北水淹。尤其明代建城后，切断横坑南流谷地，排水更难。横坑即古文溪的土称。明代城墙迫使横坑文溪转东南流入东濠，排洪不易。因黄华塘人工开凿小峡谷阔只丈余，而古文溪在小北花园处谷地阔达五六丈，因此，明代小北门下还有月形水门，使古文溪（即横坑）水能流入城内，沿古文溪由小北路、仓边路直下长塘、大塘街出濠的。由于登峰走廊这种储水地形，使横坑山水大都集中在下塘、田心一带低平谷地中，不易排出；故东濠承受山洪冲击，每沿濠泛滥。今天建麓湖水库，才把山水潴积，不再泛滥市区。

二、东濠北段（小北花园到黄华路桥）

东濠在古铜关（潼关，疑东关转音）以北一段是人工开凿台地区建成的濠渠。宋以前文溪经广州入濠，东濠只开到铜关附近。本段濠渠是宋以后始凿。开凿的证据可由地形来说明，因为阔不过一丈的横坑怎能有力量横切过红色岩系组成的小丘（相当 20 米台地）？小丘高达 10 米，长 100 米以上，即今越秀北路段。其次文溪在北园处接山水井坑水突转成一尖角，这是天然河流所没有的现象，必定由人工造成。第三，广州城脚非常整齐，成一直线陡崖，故东濠西南坡很直陡，和东北坡台地弯曲形不同，显然经过人工凿平，一如司后街直线状陡坡一样。第四，文溪有进城故道存在，都可说明本段渠道是人工凿出。笔者（1954 年）在黄华塘对面小丘濠脚找出红色岩系露头，为泥质页岩及粗砂岩薄层，其中还有凿孔及断口保存，更是确证。

开凿年代可由文溪断流、排水入濠来说明。越秀山向东南伸出一山脊，和越秀北路小丘向西北伸出处相连，只在小北花园成一缺口入城。故于此向东南开凿不需很深，即可用为排洪道。由此排洪入濠路程很短，又顺地势。此为明代之事，因阮元《广东通志》称："洪武十三年（1380）永嘉侯朱亮祖连三城为一，因浚旧濠。"旧濠当为宋濠，但这段是新城，故必要新浚濠池。樊昆吾在《南海百咏续编》中说过在道光中仍可见小北门城墙上有月洞门的旧迹。塞月洞门是成化间议凿北濠时，因太监陈岘说不宜锄断地脉，故只凿东濠 265 丈 6 尺，斜引文溪水出东濠，所以凿开黄华塘峡谷在这时起主要作用。因为这时小北门月洞门甫塞，故大凿新濠当在成化三年（1467）时。

铜关也为明代所筑。因明以前这里在城外，又为宋城北濠所在。明初扩城，括入城中，故置水关于此。《广东通志》称："于东门之北城下，置小水闸，防以柱石，疏成渠道，以引山涧之水。"航运也以此为终点。

三、东濠中段（铜关到东水关段）

东濠最古是本段，今天仍有航行之利。古代为东城交通的孔道，和西濠一样繁忙。

东濠北段为明代新凿，以南古来是海。按《南汉春秋》卷五载："后主……始令堑广州东濠。"但唐城小，宋代增筑东城即向东扩大，故东濠也改移到今天现址处。按《广东通志》："熙宁初，转运使王靖城东城，复濠其外。"则濠为再浚可能性较大。因《广东通志》谓唐子城也有东源，云："清水濠即古东濠也，在南城行春门下穴城而达诸海。"今天的东濠实应是熙宁时东城的东濠。因唐东濠、北宋东濠（如开庆年间时的濠）均是古越城；汉唐时子城的濠，不是宋东城的濠。明初连三城为一，故旧浚濠，当指宋东城的东濠而言。所以说本段东濠至少有 900 年的历史。从《筹海图编》及《岭海舆图》二书附图上看，东濠只到铜关附近，未北接文溪。

本段东濠虽位于平原区中，但平原不广，且是台地间的倾斜平原，故和西濠中、下段掘在围田、塱地之间不同，古支汊很少。四边很近即有岗地，这也是使东濠易生洪水的原因。故说东濠和西濠各不相同。本段潮可涨入。

四、东濠口段（东水关以南至珠江）

宋代东濠濠口即在东水关附近，古称沙澳，和东澳相连，又与波罗水道相通，故古代是外洋船舶集中地点。濠口为一大海湾状。宋代以前没有东水关，它始设于南宋。故东濠和玉带濠本是天然河道。

东水关以南到玉带河一段，为新城建筑时伸长濠口部分形成，有永安桥横跨其上。今天永安桥已盖了顶棚成为市集一部分，但桥仍保存，且改为水泥桥。本段濠面已扩大到十丈以上，而古代当更宽。船只很多，东水关前常停满船只，故今天两岸工场很多。玉带河已填塞，但玉带河段以下，河面阔，达廿丈以上，且已和波罗水道相连，成西行水道。明时筑横沙和东濠口间水道，可以今天海旁街为界；今永安直街及宝源街等当时都还在海中，故河面阔达 100 米以上。筑横沙还是一片沙洲，海印石还在濠口海上，这是明代情况。

清代初叶，又"筑东西两翼城，各长二十余丈，直至海旁，为门各一，即今所谓鸡翼城也"。（见《羊城古钞》卷一引《广东通志》）东濠口再南伸到镇龙上街和糙米栏口，濠面仍阔二十丈。但海旁街、镇龙街已日见沙积。这时是顺治四年（1647）冬总督佟养甲掌粤时候，距今 300 多年了。到了同治十年（1871），鸡翼城淤积更大，向海伸展 60 丈多；海旁街南已发展到有永安直街等新居民区了。并且在东濠口建立长堤，伸入珠江东炮台（即海印石）侧，称东鬼基，即今天东濠口。因东濠冲下的沙泥受伸入海中长堤束夹，使海印石东与筑横沙水道淤塞起来，连入筑横沙；于是同治以后，东濠口遂成一内湖。东濠、玉带濠（内城南面的河道）、玉带河（外城南面的河道）和波罗水道各水，汇于东濠口处的内湖，把新东濠口南移到东鬼基（用西洋方法建筑的堤称"鬼基"，"番鬼"的堤基之意）和东炮台之间。到清代末期，东鬼基四周又再填成陆地，如东园、广舞台等地，即更在鬼基之南。东濠口再一次移出珠江。到宣统三年（1911），长堤筑成，东堤直连大沙头；由车站到大沙头间只有一短桥相通，东濠也变得狭窄多了。而内湖形态到民国还保存，宽达廿丈。人工筑堤填地已使东濠口地形大变，波罗水道已成渠道性质，筑横沙已成民居。

东濠口由于一向是交通运输中心，故今天沿袭东濠街名，还保留有糙米栏（即永安横街）、猪栏等名称，是东城薪、米、木、石、粪、草出入通道。

东濠的治理在解放后才真正谈得上。首先是防止山洪冲下广州，因而筑麓湖水库在游鱼岗以上的登峰走廊谷地，纳白云、越秀、黄花园各坑水，又按时放水冲洗东濠。其次，隔截东城污水，另筑渠排出。再修好濠基，就可全免水患，又可改良东城卫生条件。

第五节　南濠的变迁

南濠指在城西西濠街和南濠街间的古渠前身，今为海珠路所在。古代城内南濠出城后自流入海，西汇西濠，东出珠江，今天已全部改成街渠，出海处已几经改变，和玉带濠连成一起，不自行入海了。

按《南海县志》称："三城虽合为一，而濠各自达于江。"故明代连城以后，南濠仍南流出海，因为当时新城未筑。南濠范围，由于西通西濠，故水涨时，潮由西南、东南并入，汇于归德门。但因西濠近海，涨退流急，故后曾改全向东流，以免西濠水急，故南濠无论在新城已建或未建时都有潮入，一向为交通要道，古称"西澳"，和"东澳"并称（"东澳"因多沙，故又称"沙澳"）。

南濠历史也古，且遗迹一直保留到筑马路时期，海珠中路南段即利用古渠建成。南濠在海珠路和大德路交界处流入玉带濠，并称古濠过城处为"大水关"。唐代可能已称为"西澳"。

南濠开凿始于宋代，故宋南濠是广州最繁荣地点之一。因为如不重要，不会花大功夫去开筑，故宋南濠建设最值得注意。西城是在1071年才修筑，因当时城西为"蕃汉大贾巨室"集居地方，自唐代起即为外人居留地；有蕃坊、蕃巷，又有光塔及怀圣寺，所以蕃商积极捐款修西城。当时，光塔即为海舶引航之用，故南濠早在唐代已为船舶码头区，有如今天西濠口一带，不但是商业中心，且建有高楼大厦。惠福西路古称"大市"，西澳边建有五丈高的共乐楼等。《南海百咏》称

"南濠在共乐楼下，限以闸门，与潮上下，盖古西澳也"，故为唐、宋广州商业中心和对外贸易地区。南濠附近今天还保留了大市街、麻行街、玛瑙巷、象牙巷、米市街等商业中心行业名称街名，连西城的南濠附近城门，也称为"阜财"门、"善利"门，可见当日城西南地区是广州中心。城外即珠海，当时称"小海"，因不利商船避台风，大浚南濠成为当时有利于发展对外贸易及商业的措施。

按《羊城古钞》卷一引《广东通志》云："宋景德年间（1004—1007）经略使高绅所辟，纳城中诸渠水以达于海。"按古六脉渠也的确是有4条渠都以南濠为出海总渠的（即草行头至大市，净慧寺至观堂巷、擢甲里、新店街、合同坊、蕃塔街、光孝寺街、诗书街、仁王寺，大均市至盐仓街，小市至盐步门。这四条通大古渠转入南濠入海）。但由于当时南濠距海近，故为舟楫利用。稍后"大中祥符中（1008—1016）邵晔知广州，始凿濠为池，以通舟楫"。这次是专为船只开濠的，而当时南濠正为古西澳，航运繁忙。南宋建城后又浚之（淳熙二年，1175，经略使周自强复浚），到嘉定二年（1209），"陈岘复开自外，通舟楫以达于市，旁翼以石栏，自粤楼至闸门，长一百丈，阔十丈，自闸至海长七十五丈"。（见《羊城古钞》卷一引《通志》）陈岘这次浚渠1600丈，且东西置闸。各濠因近海面各自直接出海。南濠由西城脚闸门到海不过七十五丈，故今大新路以南即为河边。此后，有宋一代，仍不断修浚，以利舟楫。如绍定三年（1230）方大琮曾浚之；宝祐元年（1253）李迪且浚至擢甲巷，又加深濠底；德祐元年（1275）又浚；元代至元二十八年（1291）又浚。

蕃商建筑在南宋岳珂的《桯史》中有载，称"有楼高百余尺，下瞰通流。楼上雕镂金碧莫可名状。……后有窣堵坡，高入云表，式度不比他塔"。这楼如以光塔为它的窣堵坡，就

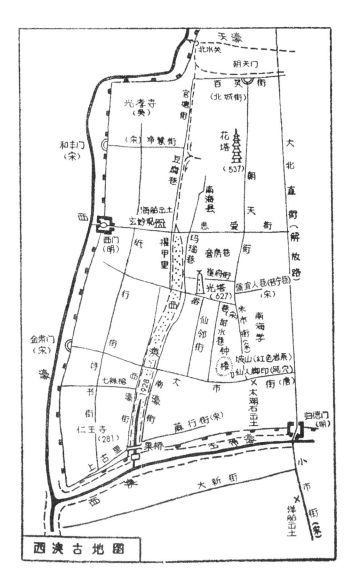

西澳古地图

位于光塔街，当然可以看见南濠了。但是在大市也有高楼建成，位于今惠福西路古东濠边上。《古钞》称"旧名粤楼，在大市阛阓中，高五丈余，背倚诸峰，面临巨海，气象雄伟，为南州冠"。这楼北宋时称共乐楼，主修西城的程师孟《咏共乐楼诗》云："千门日照珍珠市，万瓦烟生碧玉城，山海是为中国藏，梯航尤见外夷情。"可见当日南濠附近的繁荣。南宋初年又曾重修。《古钞》卷七记："宋绍兴中（1131—1162）漕使王□言重建故楼曰'共乐'。元大德中（1297—1307），元帅罗壁撤而新之，易曰'远华'。后毁，惟存花桥。成化三年（1467）巡抚韩雍重疏淤塞，复建。"可见粤楼经历宋、元两代不衰。

明代因新城有代替西城兴起之势，且南濠因受城的阻碍，易于淤浅，是以明连三城时，"改甃濠南旧水关，广紧六尺，关下铁石柱闸凡两重，以严防御"（见《古钞》卷一引《通志》）。则明代已失航运之利。但是按康熙年间（庚申）《复修碑记》中说："兹在穗石西隅，戍楼壁立之下，高筑水关一桥。盖为海内名区，会城胜迹，画船自古，香扇传今，一脉细流，通城引港。"可见明代濠过城墙处有桥跨越，桥上筑有戍楼。

清代南濠在清初曾加修浚，因为在康熙二十年（1681）"布政司郎廷枢疏浚南流，复通舟楫，民称便焉"（《古钞》卷一引《通志》）。可见康熙时还有石桥保存，月洞也大。濠畔石栏杆等尚有保存。故南濠一直维持到 1791 年才成六脉渠之一（右二脉），清末南濠才见淤塞。但街渠作用还一直维持到民国初年，直到筑海珠路才改为暗渠，湮没于路下。故《广东通志》称"南濠在城楼下，限以闸门，与潮上下，古西澳也。"（《羊城古钞》卷一）故南濠是和潮水涨落相应的濠。水满时，能反灌附近的水井，使井内常有沸声（如龙起井等），可见南濠是老城最低洼地点。1915 年（乙卯）大水，"西水"沿南濠侵入内城，淹至七株榕街处。1911 年，南濠淤至毕公巷，民初只余渠道 300 米。清代南濠渠道拱门高约 2 米。

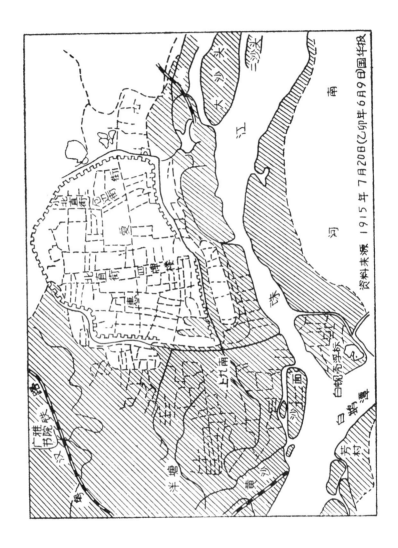

第六节　玉带濠的湮没

玉带濠在宋代未有名称，到明代才有。因古濠是各自入海的，东、南二濠本与西濠分流入江。嘉靖五年（1526）引东、南二濠之水，皆流汇于西濠，合西濠而入海，其旧濠已湮，所以今所称玉带濠即指老城南面东西水关之间一段。

玉带濠因为是城濠，虽然经过多次变动，但位置变化不大。宋末和明代初期，城南日见繁荣，民居众多，各濠出口易塞，而东西沟通却较有利。故明代筑新城后，各濠出海只靠西东走的玉带濠了。兹分述之。

宋代城濠和明代不同，故史志称"旧濠已湮"。但玉带濠在宋代应该形成，因宋城南商业发达，内濠至为需要。《宋史·邵晔传》称："广州濠濒海，每蕃舶至，常苦飓风为害，晔凿濠系舟，飓不能害。"邵晔在大中祥符四年（1011）任广州知州时，始凿濠长1600丈，阔20丈，水深3丈。当时能开这样阔的濠池主要是有天然水道为基础，即古东澳之地。城南当时民户不多，且为涨沙地点（即珠江弯凹处），故这濠在魏璀再知广州时，有"环城浚之"的话。1211年陈岘重浚城濠1600丈，东西置闸，千六百丈不止，玉带濠段包括东濠、南濠，因南宋三城已筑。东西置闸，恐怕是指这段。置闸是蓄水以为防御用。"开庆元年（1259）经略使谢子强复拓之，广二十丈，深三丈，东、西坝头甃以石。"（见《古钞》引《通志》）可见南宋末年还有广阔河道。有宋一代，都为船舶行驶修建本濠，故番舶常驶入濠内。

宋代玉带濠之盛，与商业发达有关。明初孙典籍曾作《广州歌》记宋、元盛况和明初的衰落。全诗云："广州富庶天下闻，四时风气长如春。长城百雉白云里，城下一带春江水。少年行乐随处佳，城南濠畔更繁华。朱楼十里映杨柳，帘栊上下开户牖。闽姬越女颜如花，蛮歌野曲声咿哑。巍峨大舶映云日，贾客千家万家室。春花列屋艳神仙，夜月满江闻管弦。良辰吉日天气好，翡翠明珠照烟岛。乱鸣鼉鼓竞龙舟，争赌金钗斗百草。游野留连望所归，千门灯光烂相辉。游人过处锦成阵，公子醉时花满堤。扶留叶青蚬灰白，盘载槟榔邀上客。丹荔枇杷火齐山，素馨茉莉天香国。别来风物不堪论，寥落秋花对樽酒。回首旧游歌舞地，西风斜日淡黄昏。"又"日费数千万金。饮食之盛，歌舞之多，过于秦淮数倍"（见《广东新语》）。

明连三城之后，玉带濠已成一东西走的濠。各濠独自入海的渠道也改变了。由于南城已发展成一新城，原来入海渠易淤塞，又经元代的破坏，贸易渐减，濠渠日淤。连三城时，曾因旧浚濠。嘉靖四十二年（1563），都御史吴桂芳建新城，玉带濠纳入新城之内。海船不入，豪绅争地，使濠身日狭，初还用船过濠，后来用桥了。"渡水几家无画楫"变成"飞桥跨水"。新城西水关月洞门明代还很高大。潮水涨入，以归德门为汇点。由西濠上潮，进退时急流发生，不如东南来潮稳定，故玉带濠曾设闸，改水全由东流，"以免西濠之急水也"（见《梁储记》）。但未建新城之前，已在 1527 年引东濠、南濠之水由西关出海，并改濠名为玉带濠。

清时玉带濠仍可随潮入舟，但已淤积利害，直到明初，不清浚即成污水沟。今天有的地方已开辟为二条小街。因为这时海外贸易中心已在珠江岸上，内濠的航运价值遂失，只作排水渠。故解放后，全部改为大渠道，渠面成一宽广街道。但在街名上仍可见沿濠曾为主要商业区，如高第街、濠畔街一向为商业发达街道；高第街百货日用品商业，自明至今仍为广州中心之一。在同治年间，沿濠多为栏口，如定海门（小南）的柴栏、糙米栏，大南门的春砍栏，旧德门的黄婆栏等，可见清末仍为交通要道，否则难成栏口。今西水关脚即为码头。显然，这些地名也和玉带濠未淤时有关，即清初渠仍未淤，故康熙时才有修南濠通舟楫之举，而濠塞是在清末以后才加剧的。笔者所见，解放前此濠部分仍可随潮涨入小舟。全濠旧只有四桥，即南城四门的四桥：定海门前的定海桥，文明门前的青云桥，大南门前的迎恩桥，归德门外的归德桥。但到清末，飞桥多架，只归德门东边附近已有一道，南濠渠口附近更达四道。因这里是交通要道，内外城由此沟通，渠道争淤，作坊又多，故西岸码头及桥也多，濠也最狭，比东段相差成倍。如文德南路东边一段，濠阔且达十丈（聚贤北街到文德路桥之间），这是笔者所见最阔的玉带濠段了。

玉带濠淤狭早在明代开始，吴兰修《桐华阁词》自序说："洪武十三年（1380）拓城填濠，只容二艇，红楼翠馆，改为珠市矣。"解放后，大德路建房，在濠身掘出红砂岩冬瓜条石材甚多，即为拓城填濠物证。但是由于商业发达，玉带濠在清代仍是船只密集之地。据《南海县志》称："归德门外濠畔街，富贾巨商，列肆栉居，舟楫运货，由西水关入，至临蒸桥，络绎不绝。"按临蒸桥即在濠畔街街尾处。

濠畔街自明代以来，不断加高，故街下有古街被填埋。解放后，在濠畔街建房，即发现2米下有古街存在，街面也用麻石砌成，可证玉带濠两岸繁荣。建筑物重叠堆高地面，在濠身变狭的同时，河岸加高了。

第七节　清水濠的湮没

清水濠和今天万福路清水濠街不同，它是古代濠池名称，属宋代开凿濠池。

《番禺县志》称："清水濠，在旧子城，即古'东澳'。穴城达于海，后亦注于南濠。"濠在清末、民初以定海桥到青云桥一段最宽；因北面依城，南为三忠祠（今图书馆），民居不占。广有十丈，即古"东澳"地望。西可接仙湖街，为南汉西湖所在。则古称"西湖东连沙澳"，也合地势。东澳东南即为珠海，故《南海县志》称："自定海门桥到文明门青云桥一段为清水濠。"今查邹伯奇先生主测南海图中本段有汉渠一支，斜向东南伸展，是古来濠道屡改，仍有遗迹可寻。按"后亦注于南濠"一词，就是后来改引向西，会南濠水渠了（大南门以西，古称南濠）。地当今清水濠街。

另据《南海志》却说："清水濠在行春门外，穴城而达诸海，古东澳也，长二百有四丈，阔十丈。"《广州府志》谓："凿自宋时。"

这样，宋、元清水濠和今天清水濠街是上下游关系，即"东澳"是宋清水濠。今清水濠街处玉带濠，因承清水濠水而得名，而实为玉带濠之东段。

宋清水濠据《南海志》称："岁久堙壅，嘉定二年，经略陈岘重浚。"故此濠常淤。这条水道在南汉时曾因抗宋师浚深一次。《南汉春秋》（卷五）："始令堑广州东濠。"则东澳是古代一条天然水道，为人工濠渠所利用。

第八节　玉带河（新城东南濠池）的湮没

明代以后，老城濠南已淤积成沙，商业日繁，故明筑新城，以保护外商和当时商业中心。但新城外并非直接临海，如西段虽说直临大海，但仍有一段海滩。而东段更有沙洲发育，故建新城时，西端是沿珠海建立，而东端是沿太平沙沙洲北部城南地方建立。故新城西阔东窄，相差两倍（即今大德路与一德路距离比文明路与万福路的距离相差成两倍），因东新城受太平沙北河渠影响，不能向南扩大。而太平沙也已不入商业中心地区，不需用城包绕起来。

东半部新城外的濠是在新城建筑时，一齐开掘成的，故当利用当时天然水道建成。据何彦《总督吴公筑省外城序略》云："浚永安桥诸濠水环抱，以入于江。"可知当时凿濠只限于东部，西部因近海故不用凿濠保护；前无沙积，不似太平沙淤成滩地，所以凿濠护城。

玉带河由万福路、湛塘分支出东濠，河渠在湛塘西侧转南，再由东向西到五仙门附近入江，长 500 丈左右。但由于玉带河开得较窄，一般只有一丈多阔，很易湮塞；故在鸡翼城附近、玉带河即断头。玉带河南岸一带是新涨沙田，在河的南侧即有石基大街。中心部分为太平沙，往西南伸展为增沙（即新增加的沙滩地），到玉带河西口为新沙（即今新沙街，其中又分上街、下街、西街、直街等）。东边则称为沙尾，今即沙尾直街、沙尾后街一带。横跨玉带河有四条桥，即永兴门外的万福桥，永清门外的永清桥，回龙直街西尾的回龙桥，新沙直街的清安桥。清末再加一道湛塘街石桥，即前后共五道。玉带河今已成为街渠，河址即在今海珠广场出珠江，并沿泰康路、万福路、湛塘街到镇龙街止。东头是由湛塘南及林公巷间湛塘路，出八旗会馆北端入江，即今称湛塘路南口处。今天东园横路以南还未成陆。

第九节　珠江水文今古

水文者，包括河水涨落、汛期和枯水期，广州濒海更多咸卤问题、潮汐问题；此外，水色清浊，含沙多少，都有可述，因这些都影响到人民的生活。广州城临珠江，故应有所记。

一、海流

《陆胤传》说："州治临海，海水冬咸。"《羊城古钞》卷一也说"南海与会城相隔百里，咸潮少到，唯西北江水绕城东流，抵扶胥与东江合出虎门以入海，故水常淡。然隆冬久旱，海潮间有至者，故微咸"。可见千多年来，广州一直受海流咸潮影响。《古钞》引《广州府志》:"潮源于东南大洋,入于虎头、甲子二门,以达于斜西海,其南则入于崖山。故曰祝融之汪,南海也。停水曰汪。"可见嘉庆以前,已知潮流自海入广州,而南海是各水所汇。南海水文特点是"炎洲之水,其边大洋以北者清而绀,边大洋以南者碧而黑。西涨暴下则黄浊,黄浊故淤泥壅积以成田。碧而黑则性劲味咸。水卤所生,火膏所发,鬻之可成盐末。故凡海水秋冬咸而春夏淡,咸则盖清见底。谚云:咸水清,淡水浊。咸水满洋,不如淡水一掬。言淡者虽浊而可食也。虎门外之水,重咸也。虎门内之水,轻淡也。舟入虎门则低五寸,出虎门则高五寸。水咸故有力也。入夜则海水纯丹,火光万里,波浪乘风,如千万火山冲击。"(见《羊城古钞》卷二)由上述可知百多年前,已知南海到广州城间的海水水文特点。

(1)珠江口以北水清色,以南水黑色,盐分高,沙泥少,为暖流水团,故制盐易。汉代广州已有盐官(见《汉书·地理志》)。

(2)珠江西水含沙量多,呈黄浊色。西北江合流处常见黄浊水块和青色水块相混,因北江水清之故。

(3)珠江水黄浊是含沙量大所致,并可积成田土。

(4)珠江口海水秋冬咸,夏秋①因大量洪水冲出变淡。

(5)水色蓝黑是因沙泥少,故更透明见底。绿色是有沙泥,故成青色。

(6)虎门内外盐分相差大,因虎门内伶仃洋是淡水汇集地。虎门外为大洋,虎门特狭,故内外盐分分布急变。

(7)知咸水比重大,浮力大。故称"有力"。

(8)知海面有发光现象,即海上浮游生物体的磷光(夜

---

① 编辑按:疑为"春夏"。

间）。日间每呈红色。

广州有咸潮到达的时候在目前多见于 1 月—3 月。在较旱的年份河水会达到 3‰ 的含盐量，对水稻生长不利；河水有菜汤的咸味，故广州市区自来水需由流溪河、北江上游取水为宜。所以由咸潮侵入程度来看，广州是属于咸潮威胁区；东郊黄埔一带更属于咸害区了。咸潮影响区达到广州市北郊古云东海东口，即包括花县河、流溪河口地区。

咸潮（即随潮涨入的咸水）之所以能深入广州，主要是由于西江、北江水量不是以广州河道为主流，只属支流所经。其次是河床平坦、广阔，中间没有很大的弯曲，坡度又平缓，不能阻碍海潮上涌。例如由白鹅潭到黄埔出虎门都是一条宽广的水道。河水又深，有利于比重较大的咸潮灌入。且虎门外即为海水浸潴地区，盐分重；东江口州仔围历年实测最大值为22 克/升，故广州古今都常受咸潮影响。反之，近海的东莞、新会，及在三角洲中心的大良、小杬却不受咸潮影响。因为它们都位于主要河道上，流量大，河水经常保持入海状态，故咸潮不能侵入。

二、潮汐

广州城濒海，珠江每天都有涨潮和落潮现象。古代人们对广州潮汐观察却很深入细致。如《羊城古钞》卷二："以朔日长至初四而渐消，以望日长至十八而消，谓之水头。以初四消至十四，以十八消至廿九三十，谓之水尾。春夏水头盛于昼，秋冬盛于夜。春夏水头大，秋冬小。"由这段嘉庆前的记载可知：

（1）一日有两次高潮和两次低潮，每次相隔约 6 小时。这和月球近天顶有关。

（2）两次高潮，有一次高些，一次低些。故被称为非正规半日混合潮，反映了广州受离海洋远、进潮退潮路径复杂影响的结果。

（3）潮汐分水头（即大潮）和水尾（即小潮）。即一日中有朔望大潮的存在。水头即大潮，初一到初四潮水特大，十五到十八又来一次特大潮水期。一在朔，一在望，都是因为这时太阳和月亮正好位于同一直线上，引力为日、月合力，故涨潮特大。水尾是在上、下弦时。这时，日和月正好成直角位置，故它们对地球所起潮力是互相抵消的，所以涨潮不大。

（4）春夏水头大，秋冬小。在朔望大潮中，尤其在春分、秋分时，因日月同时运行于地球的赤道上方，故起潮力比一般朔望大潮要高，称为"二分大潮"。故沿海一带"三月三观潮"和"八月十八观潮"是很有名的。我国钱塘观潮也是在八月十八（夏历）。

这种精密的观测是由于人们生产上的实际需要。俗谓"水头鱼多，水尾鱼少，不如沓潮，鱼无大小"。这是因为涨潮特大时，大的鱼才能进入珠江，数量也多的原故。明、清防倭（日本海盗）时期，也把清明前三日至大暑前一日谓为"春汛"，以霜降前一日至小寒前一日谓为"冬汛"。春汛水头大故称大汛，冬汛水头小故称小汛。按汛期防备倭寇对沿海各地的劫掠。

广州潮还有一特殊的"沓潮"，是北方少见的。沓潮即"潮之盛也"。一名合沓水，即谓"水之新旧者去来相逆"。"沓"者重沓也。故重沓时，旧潮之势微劣不能进退。为什么潮水会应退不退，反而新涨潮又可以涨上来呢？这多是由于台风在珠江口吹袭时引起的。如《羊城古钞》引《旧通志》："淳祐五年（1245）夏五月飓风大作，夜潮不得退，复驾昼潮沓之。淫潦暴至，濒海室庐俱水深至四五尺，溺二千余家。"又引《南海县志》称："弘治五年壬子（1492），飓风大水失潮。"可见沓潮是灾害性水文现象。这一现象，早在千多年前的唐代已有记述。刘恂的《岭表录异》有载："沓潮者，广州去大海不远二百里，每年八月，潮水最大。秋中复多飓风，当潮水未尽退之间，飓风作而潮又至，遂至波涛溢岸，淹没人庐舍，荡失苗稼，沉溺舟船，南中谓之'沓潮'。或十数年一有之，亦系时数之失耳。俗呼为'海翻'、为'漫天'。"这是很正确的解释。

沓潮形成是要具很多条件的。一般飓风不一定能成沓潮。台风引起增水现象，取决于台风的强度（即气压的降低程度）、路径（方向）。如沈灿燊先生计算 1957 年 7 月和 9 月两次台风时增水程度，得知气压降低 1 毫巴，水位升高 5—6 毫米。而当风向偏转时，和河水流向相连，水位可急升。沓潮时，涨水期长，江河成大海，鱼退而复来，渔人最喜欢；但水灾最易生成。

三、洪水

广州地濒南海，当三江总汇，故很易成灾；洪水为害，史不绝书。淫雨、大雨、飓风，龙舟水、西水、小满水，沓潮、特大潮水、山洪都可成为古代广州洪水为患的原因，兹分述如下。

广州雨水成为洪水的主要来源，是和北方河流不同的。广州珠江洪水主要由雨水太多而成，不似黄河有桃、伏、秋、凌四汛，雪水、冰水也能成洪水为患。但广州由于降雨方式和雨期不同也产生了不同的洪水汛期。

1. 谷雨初汛

如果春雨绵绵到谷雨天时，雨势增大，锋面雷雨增多，雨势加猛，就会出现汛期，要开始防汛。如 1961 年三江水涨，三角洲内涝（中山县数天下雨达 545 毫米），广州水满，长堤受淹一部分（东堤局部低处）。志称"三月大水"即指这期雨水所成洪水而言，但并不是年年有。内涝淹死禾秧，为害农业。

2. 小满水

"立夏、小满，江河易满。"有时在立夏、小满时节常下十四、十五天雨的，所以这时的汛期是比较固定的。尤以北江为主，东江也重要。北江由 1950—1962 年 13 年中，有 7 年发生较大洪涝，且为东江、北江最高水位时期，有"小满水"之称。史称"四月大水"即指此期。广州也受小满水威胁。

3. 龙舟水

芒种节气是雨量最多季节，故河水也随之迅速上涨。这时正值端午前后，故又有"龙舟水"之称。这个汛期也是比较固定，就广州城来说，比小满水更具有威胁性。东江也主要。对抽穗扬花或孕穗的水稻来说，最怕龙舟水淹。志书称"五月大水"，即属此汛期，广州人一般称"西水"，即指西江来的洪水。龙舟水多由西水造成。

4. 慕仙水（七夕水）

志称"慕仙水"即指七月七（夏历）民间拜七姐期间的飓风暴雨所成洪水，多在八九月台风盛期，也是广州第二个雨量高峰期。由于此时暴雨较多，故台风一来，江河即满。加上大潮顶托，洪水难排，即易成风、涝、洪水患害。这是广州主要汛期，志书上多记为"台风暴雨"或"暴雨洪水"。由于汛期正当夏历七月七，即为盂兰祭鬼会期，及七夕拜仙姐织女节，故称为"慕仙水"。

5. 白露水

白露节气广州仍处台风期，故仍有水灾发生，但次数已较少。但如达 200 毫米以上雨量时，即可形成水患。志书上写"七八月大水"即属此类。粤西、海南岛也常出现，即为"秋风"型的水文特征了。

6. 山洪

广州山洪以白云山东麓登峰走廊为患最大。在未建麓湖水库前，山洪在锋面雷雨天气中即可发生。小满水汛期也有山洪发生。台风期也有山洪。故广州小北、大北受山洪威胁最大。白云山水由麓湖所在登峰走廊下泻，也使东濠沿岸受淹。大东门内昔时棺材店多，故史有"浮棺满街"的记载。

白云山水急发急退，志书称小北水淹门楣已是常事，大街水深一丈纪录（3米多）也不少见。如樊封《南海百咏续编》称："乾隆三十八年癸巳（1773）五月，白云山水陡发，由沙河直注，冲崩小北门，遍灌三城。而小南、大东城扉，为水撼闭。各坊衢水深六七尺，万民登城陴避灾。四日水方退，官廨民廛坍塌大半。"这种情况，一直到新中国成立后，游鱼岗建成麓湖水库才根本解决问题，使小北山水危害从此消失。

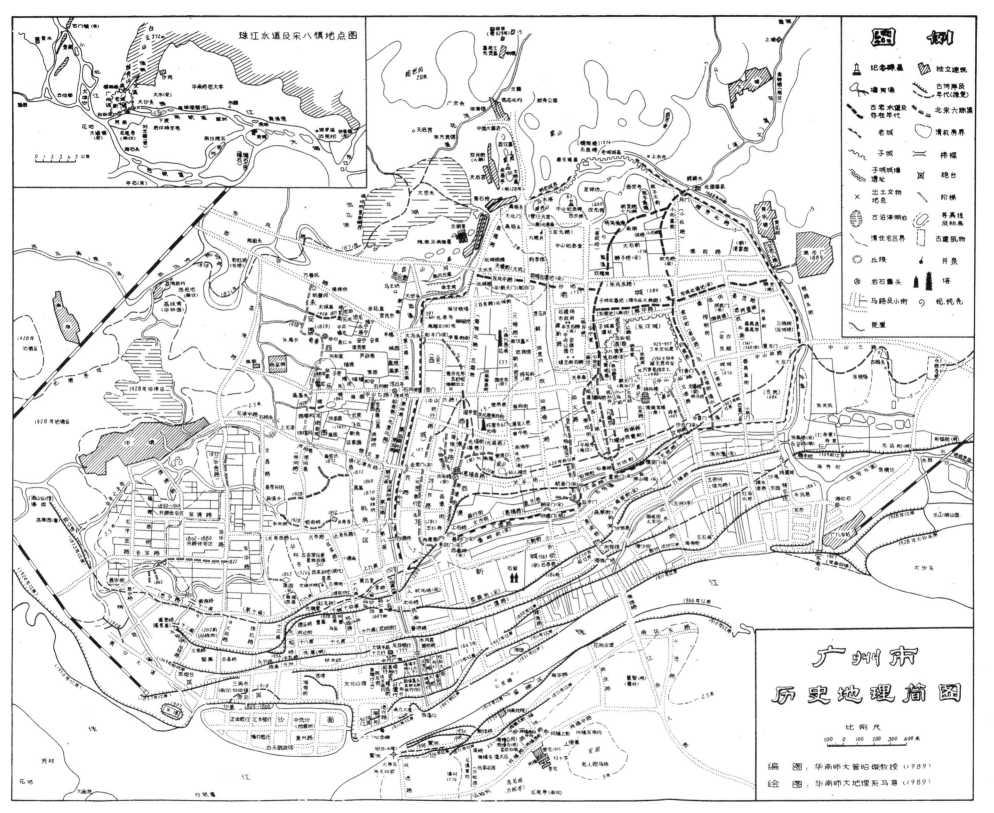

广州市历史地理简图

珠江水道及宋八镇地点图

图例

编 图：华南师大曾昭璇教授 (1989)
绘 图：华南师大地理系马蓉 (1989)

比例尺

下　篇

广州城历史地理

第一章　越城、番禺城和广州城

广州建城的历史有 2800 多年了。虽然《尚书·尧典》中有"宅南交"的记载，杜佑《通典》也说"夏禹声教，至南海交趾"，商代"汤始定南越献令"（郭棐《通志·卷之三》），唐《通历》还说"成王时周公测景，至于南海"，但是未有建城的记录。我们试定广州建城有 2853 年历史，时间主要是以越城的历史为依据的。计年由 1991 年计起。

越城是指秦代任嚣、赵佗所建的城池而言。这座越城前身又是南武城、楚庭郢等。这里我们是以楚庭郢计起的。因为郭《通志》卷三称"粤服楚，有楚庭，即今郡城"，时为周夷王八年。而黄佐《广东通志》亦称"楚庭郢在番禺"，可见这座小城即广州城的前身。但是可惜这座"楚庭"和"南武"没有留下考古、文物上的证据。因此，我们只能从史籍文字上推敲，和从楚式铜兵器在粤中地区出土去说明。

楚庭之前，广州地点当然已有聚落，由"宅南交"到"周公测景"都表示这里是个南方聚落点。至于楚庭、南武城关系，明黄佐的《广东通志·政事志》公署条说："秦南海尉署始于任嚣，在泷口西岸万人城，赵佗亦居之，设尉一人视守，皆秩二千石。是时越人窜入丛薄，佗于是徙近南海郡，去今省城西二十七里，致招来焉。既乃入治番山之隅。因周末楚庭之旧。其署在东二百步（宋为盐仓）。先是越王子孙臣服于楚，逾岭而南，止于斯。开楚庭，曰南武。威王时，有五羊衔谷之祥。佗因筑五羊城，周南海郡，凡十里。"

黄佐的意见是楚庭即南武城和赵佗城了。这座佗城又名越城，是因为后汉建番禺城时早已焚毁。而把新建番禺和赵佗城分开，即用越城称它，表示这座佗城是南越武帝所筑之意。黄志[1]《舆地志三》第十五城池坊都条称："广州城始筑自越人公师隅，号曰南武。后任嚣、赵佗增筑之。在郡东，周十里。汉改筑番禺城于郡南六十里，西接牂牁江，为刺史治。号佗故城曰越城。"

因此，谈广州城起源要先谈越城了。

第一节 越城历史地理

一、越城

越城前身是楚庭。对楚亭有些人有不同见解，但地点相同，则多数同意。清《方舆纪要》称"嚣初居泷口西岸，入治番山隅，因楚庭之旧名"即可代表。

楚亭可理解为楚置的官衙。今人黄文宽认为是楚军驻地，一说又认为是秦制的亭长所在，大意都不主张是城。但清《羊城古钞》卷四称："楚熊伐扬粤（夷王八年），时事楚，有楚庭郢，今之郡城也。"则清代人有的理解楚亭是有城保护的。"郢"与"城"通。更早一点明黄佐《通志》亦记"楚亭郢在番禺"。即楚亭郢和楚庭是不同的。一说以为扬越不在广东，而不出湖北，楚亭实不存在。[2]

楚庭是官衙的推论可由《广州记》、《南越志》等残卷中

推定。晋顾微《广州记》称："广州厅事梁上画五羊像，又作五谷囊，随像悬之。云：'昔高固为楚相，五羊衔谷于楚庭，故图其像为瑞。六国时，广州属楚。'"这段文字说明楚庭即官衙所在。沈怀远《南越志》（成书约 460 年）称"任嚣、尉佗之时，因楚时有羊五色以为瑞，因图之于府厅矣"，这也是说楚庭是衙门地点。一说高固楚相，因年代不合，此说不实。

五羊降于楚庭，即楚庭早于五羊城。楚庭在哪里？明郭棐《广东通志》卷七说："开楚庭，曰南武。"可见楚庭是在南武城中，而南武城则在越城中。楚庭即为南武城中的官衙，也是越城的官衙。

五仙观今天在惠福路坡山上。这是明初由旧址迁来的。它不是原来纪念五仙的宋前五仙观。宋《南海百咏》称："五仙观在郡治西，其先有五仙人，各执谷穗，一茎六出，乘羊而至，衣与羊各异色，如五色，既遗穗与州人，忽腾空而去，羊化为石，州人因其地为祠，石今尚存。"五仙观在郡治西也即和宋《舆地纪胜》（卷八十九"广南东路·景物下"）所说"五仙观在州治西偏"一致。郭棐《通志》卷六十七寺观条称："五仙观旧在番禺十贤坊。"康熙《南海县志》卷之二称"十贤坊即今布政司地"，十贤坊近十贤堂，宋《舆地纪胜》（卷八十九，"广南东路·景物下"）称"十贤堂在子城上"，又称"八贤堂在十贤堂东南"。又黄《通志》称西湖"南有千秋寺，北有八贤堂，元季倾覆。洪武三年，以寺址为按察司"。八贤堂当在今新华电影院一带。即子城西北角。故黄《通志》并称："十贤堂在十贤坊后城上。"《南海百咏》称："十贤祠在郡治之城上。"可见五仙观是近西城墙的，即在布政司后堂之外，明广丰库址。总之，楚庭是在新华电影院到北京路一带。楚庭郢则应以此为中心建成，即五羊城，亦即后称番禺县的地点。据《太平寰宇记》说是"城周十里"。这样，楚亭不是在今越秀山下"古之楚亭"牌坊处了。

建城记录确实有据的是南武城。

康熙《南海县志》已记录于卷之三编年中,认为"高帝元年冬十一月南海尉任嚣卒。赵佗代为尉,增筑南武城,自立为南越武王"。同书卷之二建置亦称:"按旧图经城自周报王初,越人公师隅始筑,号曰南武。"但是公师隅所筑南武城是修复吴时所筑的南武旧城。黄文宽称公师隅一名即为修城师傅。亦有说公师隅前已有城郭。

《羊城古钞》(仇池石,1806年)卷七引《吴地志》称:"吴中有南武城在海渚,阖闾所筑,以御见伐之师。"该书又称:"或曰初吴王子孙避越岭外,亦筑南武城。"为什么称为南武城,仇池石认为是"阖闾所筑南武城在丹阳皋乡。吴既灭,其子孙南徙。遂移南武之名于岭外。"上说多据东汉赵晔《吴越春秋》:"令师隅修吴故南武城是也。"

公师隅修南武城事亦见于《羊城古钞》卷七,称:"越灭吴,遂有南海,其后为楚所灭。越王子孙自皋乡入始兴,有鼻天子城。令公师隅修吴故南武城。既不果往。而赵佗遂都之。故佗自称为'南武王'而宫亦曰'南武宫'。"明郭棐《通志》卷二十二"郡县志九·流寓"亦称:"乃往相度南海,将依山筑南武城拟之(即拟东武山)。而越王不果迁。时三晋推魏最强。越王与魏通好,于是使隅复往南海,求犀角、象齿以献之。隅久在岭外,乃得诸琛,并吴江楼船、会稽竹箭献之魏。魏王乃起师送越王往荆,栖之沅、湘。于是南武疆土,遂为越贡奉邑。称雄于交趾云。"公师隅献了多少东西给魏王呢?黄佐《通志》引《竹书纪年》说:"使公师隅来献舟三百，箭五百万及犀角、象牙。"① 可见当时的南武城已是对外贸易相当发达的据点，建城是可能的。并且，后来还引起秦始皇的野心。成书早于《史记》30 年的《淮南子》卷十八称"越之犀角、象齿、翡翠、珠玑"即说是秦经略越地目的之一。

南武城是个小城。所以，赵佗要扩展它。南武城扩展按记载大致有三次。

第一次是楚相高固。《读史方舆纪要》即持此说。卷一百零一"广东 2 广州城"条称："又相传南海人高固为楚威王相，时有五羊衔谷萃于楚庭。遂增南武城，周十里，号五羊城。"

第二次是秦将任嚣入治番禺时增筑的。主此说的有较多记载。宋《南海百咏》即称这城为"任嚣城"。增筑有多种方式，例如加筑一座小城于南武城侧也是增筑。如按五羊城为楚庭城扩大，则当在今教育路到登峰路 700 米距离之间。而任嚣城却在此城之东的。可见任嚣增筑南武是在旁加一个小城的方式。宋《南海百咏》"任嚣城"条诗序称："《番禺杂志》云，今城东二百步，小城也。始嚣所理，后呼东城，今为盐仓。即旧番禺县也。"这个城小到什么程度，《唐峒记略》说："旧有城，在州之东，规模近隘，仅能藩离官舍暨中人数百余家。"这个城可能即"任嚣城"。

第三次扩南武城即为赵佗接掌南海尉后。康熙《南海县志》卷之三编年说："汉高帝元年冬，十一月，南海尉任嚣卒，赵佗代为尉，增筑南武城，自立为南越武王。"据《太平寰宇记》称："按其城周十里，初尉佗筑之，后为步骘修之，

---

① 据《古本竹书纪年》称："献乘舟始网及舟三百，箭五百万，犀角、象齿。"（魏襄王七年即公元前 312 年）

晚为黄巢所破。"其实黄巢攻破的是中城。中城破而不残，因黄巢占领后还想当节度使，可以反映广州并未全部残破。

总之，南武城建立早在越灭吴后。即为前473年左右，故吴南武城距今已有2460多年。公师隅建越南武城为楚灭越前，即在前306年之前，距今为2300年以上。高固扩大南武城为五羊城是在2320年之前，即在楚威王时代（前339—前329年）。越城是增筑南武城而成，亦有两次，即一次为任嚣增筑，在始皇三十三年或稍后，即在前214年或稍后，距今约为2200年；第二次赵佗称帝扩建为汉高帝元年（前206），距今为2196年了。兹列表如下：

越城历次扩建年代表

（曾昭璇制，1984年）

年代	城名	距今年数	资料依据
前473±年	吴南武城	2460±年	《黄志》
前306+年	越南武城	2300+年	《寰宇记》
前339—前329年	五羊城	2320年	《方舆纪要》
前214年	任嚣城	2200±年	《南海百咏》
前206年	越城	2196年	《南海县志》

二、越城的考古学证据

越城是指赵佗扩建的南武城及任嚣城而言。南武城在西，任嚣城在东。赵佗称王再扩建一次。这座越城又叫"番禺城"，为《史记·货殖列传》中大城市之一①，称："番禺亦其一都会也。珠玑、犀、玳瑁、果、布之凑。"番禺广州在秦

① 《史记》称都会者九：邯郸、燕、临菑、陶、睢阳、吴、寿春、番禺、宛，加京师为十。

墓中作"蕃禺"（1953 年西村石头冈出土漆盒上），秦立县。清屈大均认为即《山海经》中的"番隅"（见《海内南经》）。《初学记》引《南越志》称："番禺县有番、禺二山，因以为名。"（卷第八岭南道）该书成于 454 年—464 年间或稍后，即坐事被徙广州时或其后，比《水经注》浪水条所录的"番山之隅"一说为古。清《大清一统志·广州府·山川·番山条》称："《后汉书·地理志》:'番禺县以有番山、禺山得名。'"据中山大学周连宽先生研究，范晔本《后汉书》无此条，疑引自其他版本的《后汉书》。据他分析，《后汉书》有四种，除范晔本以外，还有薛莹本《后汉书》，袁山松本及谢承本《后汉书》。薛莹本很少见，袁山松本亦少见被人引用，唯谢承本则多为学者常引。此本记事详确，故周氏认为此条可能是在谢承的书上引来。如是，则《南越记》亦有所本的。番禺县即因城内有番、禺二山而得名的。

赵佗入治番禺也有一段过程。即初居泷口，再移于番禺西面。《元和郡县志》称："赵佗故城在县西二十七里，即佗都城也。"这个赵佗都和佗城不同，佗城是指称王后的越城。赵佗都城是指他的指挥所、官署所在。黄佐《通志》即说："秦南海尉署，始于任嚣，居泷口西岸万人城，赵佗徙近南海郡，去今省城西二十七里，以利招徕。"其地即今大沥镇到松岗墟一带低丘台地和平原交接地方，既有水道四通八达，又有高地防守。由西江、北江来此相会也很合适。且可避去"石门"之险，有利招降，才入驻南武城中。本此，岑仲勉说"一军处番禺之都"应在骑田岭一说，未见可取。

越城在哪里呢？宋人说在宋东城，即旧番禺县所在。《宋会要辑稿》8130 卷方域八、九称："本州子城东，有旧古城一所见存，与今来城基址相连接，欲乞通作一城。"这是当日吕居简奏请建东城时的情况。宋末人陈大震入元后写的《南海

志》卷八（今存残卷）称："州之东旧有赵佗城。古迹颓垣废
垒而已。余襄公诗云'千载犹存古越城'者，即其地也。"按
《南海志》一书，多抄嘉定二年陈岘本及淳祐七年方大琮本所
成，故多记宋时事。传筑城亦获得"古越城砖"，因而有考古
材料根据（《羊城古钞·三城考》）。

　　但是真正的考古学证据是在 1974 年中山五路市文化局内
（原禺山书院）距离地面 5 米下发现的南越王宫砖石走道为可
靠。砖石走道之下为大型木结构遗迹。从木块 C_{14} 年代测定为
2190±90 年（北京大学），为越城遗物。地面目前高出中山路
面 2 米。即自古传说的"禺山"所在，故清代称这里为"高
坡"（由旧仓巷上来的斜坡）。今天也是市内高点。但从发掘
的情况看来，全是文化层堆积。木结构基底才是河滩淤泥层
（自然堆积层），与长堤河岸同高，即大潮洪水期可淹上。因
此，当日番禺城地面，在这里并不高，一如今天长堤各地。大
型木结构由四条长而宽的大木厚板平行排列铺成，其上有短木
粗桩插上。木板最大露出一块长达 29 米，一端则同由一横阵
木块所截接。

　　在木结构上有 90 厘米厚红色沙黏土，中有汉瓦发现。其
上为一碎瓦片层。木结构下有 2 米厚灰色黏土层，和红黄色红
沙土不同，它是天然堆积层。再下为白鳝泥（即河床沉积粘
土）。据麦英豪（1986 年）资料，广州第一工人文化宫亦有同
样滑板、枕木发现于 4 米下。

　　木结构以 3—5 寸径树干（有皮）承大木板（厚 15 厘米，
阔 70 厘米）为特色。已发现四块大木板为整段厚木所成，彼
此平行，距离 5.8—3.5 米，上有活动木桩，也成列对立，似
为建筑物基础，因子城内各处都有发现。详见麦英豪《广州
始建年代考》（1986 年）。

　　红土层以上凡 4.9 米厚文化层。有六朝八角井凿开，由地

面到达 3 米深，井为红黄色砖砌，成斜隔纹。在 2.9 米有明弘治五年（1492）石碑发现。在 4.4 米深处的下层红土层上，有一层 75 厘米方形巨厚铺地花砖，厚 20 厘米。砖上花纹为菱形几何纹，砖面上有大量瓦筒碎片（圆形）层，大型铺地砖为砖石走道的旁路砖，路中间为长方形石砌宽 2 米走道，一些地方为 1.85 米。在新大新大楼下，亦发现有南越王宫"万岁"瓦当、走道。

木结构可能是古船台，也可能是干阑式建筑物的基础，称为"树"。木结构地面高程大致为珠江河面，亦和地下水相近。计目前珠江最低水面为 1.0 米，河岸水面为 4 米（地面为 5 米），即天字码头和木结构基地同高。今天每年洪水可淹上长堤，故当日越王宫走道仍可为特大潮洪水淹没。

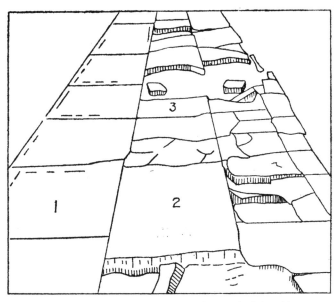

中山四路文化局地下 4 米越王宫中砖石走道出土情况

1. 70 厘米×70 厘米菱形花纹铺地方砖

2. 长方形白色砂岩石板

3. 方形白色砂岩地板

越王宫砖石走道上堆积的
"万岁"瓦当残片（曾昭
璇摹，1988 年）

中山四路越王宫砖石走道
上铺砖的花纹图案（摹本）

新大新大楼地下五米多处出土南越王宫"万岁"瓦当
（黄鸿光供稿，1988 年）

我们现场探测结果，文化层分划如下：

（1）地表为现代堆积层　　　　0—1.0 米

（2）清、明两代堆积层　　　　0.5—1.0 米

（3）宋、元两代堆积层　　　　0.7—1.9 米

（4）唐代堆积层　　　　　　　0.5—1.0 米

（5）晋南北朝堆积层　　　　　0.6 米

（6）东汉堆积层　　　　　0.5—0.8米

（7）汉代堆积层　　　　　地表4米以下，0.4—0.7米

这样，正由于在传说中的禺山顶上发掘出5米厚文化层，以及在北京服装店、中山五路百货商店①，以及在马路以南的地点都掘出深达4—5米的文化层，有些有木柱出土，都说明这一地点长期有建筑物存在，也就是说：

（1）禺山不在这里；

（2）越城原始地面低于今天4—5米。

这两点非常重要。因为自宋以来，即传说这个高地是"禺山"所在。因此古代广州地望也就受此牵连。二是认为番禺城是择高地建城的。近人仍有受这一观念的影响。

为什么说这里是越王宫所在呢？就是因为这座巨大的木结构存在为越王宫基础的可能性。龙非了先生认为是"栅"。吴壮达教授认为是干阑式建筑基础。而我们侧重是在木结构上的砖石走道上。这条走道的结构是很讲究的。基底填上纯质红土层，厚达0.4—0.7米。是由别处运来专门铺填路基的。其次，石块砌成的走道，两旁是用大型花纹铺地砖砌筑。宽在1.85米，开掘出一段直道，平整宽畅，长达20多米。路面石块每块厚4.0—6.5米呈长方形，长达1米，纵列平砌，砌成两行，表面错列间切，显非民间街道建筑。

大型铺地砖厚达12厘米—15厘米，大小为70厘米×70厘米，烧制时四边有圆孔，这是广州市第一次发现秦制宫廷建筑用砖。在西安、咸阳秦宫殿建筑大型铺地砖亦用此花纹，大小相近，比汉初宫廷用的还大。而砖形制和其下基础年代相当。

更重要的证据是铺地砖构成的砖石走道上，残留有大量的残瓦当，瓦当有些印有"万岁"秦小篆字样。走道北面的残

---

① 现改名"新大新公司"。

瓦当也有些同样有"万岁"秦篆字样，并和大型铺地砖残件，涂朱色或绿色的砖雕饰等宫殿残件相混。有些万岁瓦当还涂有朱色。窗档残件也是砖雕。其他板瓦、筒瓦上也印有小篆"公"、"官"、"卢"等字样。瓦当图案如树纹三分法布局和烧制方法和咸阳秦瓦当相同。可见这个宫殿是越王宫的地点。其他如绳纹板瓦、筒瓦、蕨草纹瓦当、方格纹瓮和罐，弦纹三足罐，篦纹三足盆和小盆，夹沙粗陶釜，米字纹瓮和罐等，它们都和秦汉半两（6枚）出土，还有文帝四铢半两钱等出土，都说明遗址是越王时代遗物。在第一号船台大枕木（按文管会定名）上刻有"东□八"秦篆，出土漆枕残片针刻有"丞里□"秦篆，也说明走道上下遗物同为秦汉时期。

还有越王宫殿的旁证是火烧层的保存。按《史记·南越列传》："楼船力攻烧敌"及"楼船攻败越人，纵火烧城"等

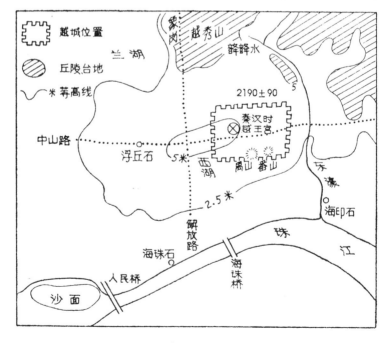

越城位置约示图

语，而这里正好有火烧过的炭屑和红烧土层堆积在瓦残片层之上，厚达 10 厘米。反映当日火势很大，也说明王宫是毁于火的。即越城毁于前 111 年，距今约 2000 多年。越城东部到宋始修，《宋会要·方域》称"街衢见砌石段，仰权借修砌城脚"，可见越城街用石砌。

三、越城的范围和形胜

南越王全盛时的番禺是郡县同治的。《汉书·地理志》称："南海郡治番禺县，尉佗都。"故《水经注》浪水条称："南海郡昔在今州城中，与番禺县接连。"即番禺县是在步骘所修的新城中，也就是后来晋、南朝、隋、唐的广州城。从唐代记述的番山和禺山的地望测量，亦知唐番禺县衙是在步骘城中，并且也是佗旧治处。《元和郡县志》卷三十四广州南海县条称："南海县本汉番禺之地。……番山在县东南三里，禺山在县南一里。尉佗死，葬于此。"同书番禺县条说："番禺县，本秦旧县，故城在今县西南二里。县有番、禺二山，因以为名。"秦汉时赵佗是郡县同治，故越王宫址即番禺县地址。番山（今中山文献馆北侧）距县三里，正当今儿童公园处（亦有越宫大木板在地下 4 米多钻出）。而禺山正当北京路青年文化宫门口越秀书院，即古双门底西。是则越城范围当在今财政厅到北京路、西湖路口之北，即秦番禺县故城。证诸《水经注》浪水条所说，"骘到南海，见土地形势，观尉佗旧治处，负山带海……乃曰：斯诚海岛膏腴之地，宜为都邑。建安二十二年（217）迁州番禺，筑立城廓"，可见步骘城是佗旧治。步骘城范围也大致反映越城主要部分。从《水经注》浪水条说"今入城东南偏，有水沉陵，城依其上，闻此郡人称之为番山。县名番禺，傥谓番山之禺也"，亦可知越城东南角应为番山，北为越王宫址。街道当为丁字形，宫前南通江岸上大道和东西向大道，即今中山路和北京路址。

步骘城即唐子城，故越城西址当在西湖之东。因《南海百咏》称："药州在子城之西址。"即越城范围大致可以查出。据古越城街道应为石砌道。

据汉初葬墓分布范围亦可看出越城是以越王宫为中心的。黎金在《广州的两汉墓葬》中指出南武城和南海郡治时称："城址大约就是现在的中山四路、仓边路口附近一带。"麦英豪寄给作者的汉墓图也是如此。据黄文宽先生告知，今迎宾馆舞池下为西汉早期墓，因有沙底，并疑即任嚣墓。可见越城是不过华宁里（南汉黄鹂港，今称黄泥巷）的。象岗上的南越文帝墓，因山为陵，亦可说明为当日城郊。观音山（今越秀山）宋名北山，亦为佗墓所在，因《舆地纪胜》八十九广东南路古迹条引《南越志》称："赵佗葬于此。山为陵，其侧立庙，号曰'灵庙'。宋时记此庙为'南越王庙'在南海县北。"（同书）《元和郡县志》卷三十四亦称："北庙在县北三里，即尉佗之庙也。"其上有越王台。今象岗文帝墓顶亦为朝台，故越王台亦有可能为佗墓所在。建庙守墓亦为古制，越王庙亦暗示为陵山所在。北庙到宋仍在，《太平寰宇记》卷一百五十七称："（天井岗）其下有庙，甚灵，土人祈年，谓之'北庙'。"明代才东移。《番禺县续志》称："明时合三城，凿象冈以为北门。将北庙东移，改拜武真。北庙为唐名寺。"据此，北庙即今三元宫地。天井岗一名似有开凿之迹。今象岗文帝墓亦在山顶凿井开穴 17 米，成为墓室。则佗墓在此，也有可能。黄文宽先生亦推测佗墓在今水塔所在岗地（木壳岗）。据周作恒工程师告诉作者，越秀山山洞由市二中通体育场及五羊雕像两洞，穿冈而过，所遇多为风化土，坚岩甚少，即陵墓封土之类。按佗墓葬时车由四门出，故不易辨。《羊城古钞》卷三称，"佗葬时，辒车四出，不使人知其墓……或曰：'在

悟性寺'"，后者和我们设想一致。而车四出情况亦可推知是
北上王山（即越秀山）的。因为东出是丘陵地，不利营墓，
西出和南出都是平原，更无陵地。如四出空车，留葬禹山
（见《元和郡县志》），则禹山也是低丘，不利营陵的（因地
下水流出）。故《广州记》说："城北有尉佗墓。"这样，越城
的形胜才和任嚣所说相符。《广州记》还说："墓后有大岗，
谓之马鞍岗"，可见王陵是在群岗之上的。《水经注》还引王
范《交广春秋》说"佗之葬也，因山为坛"，即建墓工程或用
建坛工程掩盖，以免泄密。

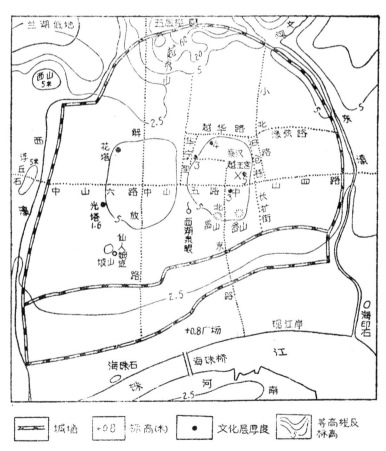

广州市地形及文化层厚度图（点旁数字）

总之，越城形胜是"负山险，阻南海"（《南越列传》任嚣语）；也是步骘观佗旧治处所说的"负山带海"（《水经注·浪水》）形胜。山即朝台、北山、王山、越王台等，海即珠江，因今天粤人仍称过江为过海。越城是广州城最高处（5米），四周较低，因文化层最厚之故。

越城大小，人多认为是十里，如《番禺杂志》、《太平寰宇记》等。比后汉步骘城约大一倍。可见越番禺城是南方重要海外贸易城市，才能成为全国十大城市之一。如象岗文帝九年墓出土银盒，即从市舶而来。故《淮南子·人间训》说："一军处番禺之都。"亦可知当日番禺不是一座很小的城市。《读史方舆纪要》称："（步骘）郭番山之北为番禺城。"还留东面一半的古越城未建，《南海志》称"余襄公诗云：'千载犹存古越城'"，到宋代改建为东城。

第二节　汉番禺城考

越城自前196年被烧毁后，汉于郡南五十里，西江东岸，再建一南海郡城。《汉书》只说："筑番禺城于郡南五十里，西接牂牁。沮洳难居。"明黄佐据此定在今龙湾、古坝间。黄佐《广东通志》（1561年）称："在广州城南五十里，汉建安末交州移治于此。吴分交州为广州，亦治于此。《汉书》所谓浮牂牁，下漓津，盖乘斯水入粤者也。今之沙湾、紫泥港是矣。"

番禺城迁建于沙湾、紫泥（即龙湾、古坝附近），似不确。今人叶汇在"文革"前，吴壮达于1976年去考察，据说没有结果。作者去两次亦无所得。当地为江边小村，开村在宋代，沙洲众多。江岸常变，不易成大聚落。沙湾亦唐代以后才成聚落。显然是按里数求得。近作者到吉利涌乐从河考察，得乐从河古为大河，顺德联围后，河道变窄，才成今天小河形态。在简岸下游，我们在咸宁社稷坛附近发现唐代末期废墟。

一、南汉咸宁县废址的考证

在顺德简岸村侧（西侧），细海南岸（细海是当地一条小河的名称），是在河岸地势较高的一处瓦砾场所。笔者考察时还是一片瓦砾堆荒地（1978 年），瓦砾厚达 1 米以上，混有唐、南汉瓦片甚多，随手已捡出唐末"六出碗"残片不少。因此，这片瓦砾场不能开成鱼塘和桑基；地势较高，解放后大洪水未曾淹过，面积达 30 亩，周绕水沟，平面图形态近圆形，故不利于基建，当时只建有猪场及农械厂。石桥头有古桥一座，还有咸宁社设在桥头，社坛已毁，但村民仍称为"咸宁社"。

《广东新语》记称："咸宁社在简岸村西北，南汉时析南海县为常康、咸宁两县，今顺德简岸则南汉时咸宁县城也，故社沿是名。"《顺德简岸简氏家谱》称："南汉时，析南海为常康、咸宁二县，今南海地者在简岸，则南汉时咸宁县地也。故有咸宁社之名。简岸乡东一桥，叫回汉桥，建于明弘治三年（1490）桥下一直出大海，有大埠头。"可见这里在唐末已是一地方的行政中心区，才能自成为一个县的县治点。唐时建县也当有所依据，即利用古代这里已经是一良好建城地点，才选用简岸的。

二、咸宁县废址即汉初番禺城所在

能够立县之地必定是有一定的面积，在经济上也必定是个兴旺发展地区。考唐代建镇要求有三条，一有人口，二有充足赋税收入，三有军事地位。即地点重要，才能建镇。故汉代立县也应有类似要求。兹论证如下。

（1）咸宁四周地方在汉代已有广大平原可以建县城。

珠江三角洲沙田区在汉代已南达顺德县南部，例如金陡、石涌一带已是广大平原区，已有大地主阶层如吕嘉等出现。吕嘉为南越赵佗丞相，兵败亦逃回家乡石涌，筑城御乱。《广东新语》称："石涌在顺德西南二十里，吕嘉败时，与其王建德亡入海，伏波将军路博德追至石涌得嘉。"今石涌附近，仍有大片牛骨层及白陶碎片，属硬陶，为汉代遗物，附近有西汉墓两座出土。在拥节山坡还有大量战国时代软陶出土，属红陶。可见在战国时期，这里已是人口较稠密地区，即已有大片平原可供耕作。

简岸东北面陈村在汉代已有荔枝进贡，这就说明汉代已有大片平原所在。1585 年（万历）《顺德县志》称："陈村岁栽花果出售诸郡，自汉例献龙眼、荔枝。"陈村得名由陈临，为东汉太尉，可见陈村附近亦有大面水田了。

简岸北面西淋山亦有汉墓出土；沙富蚌岗亦有西汉遗址，中有炭化谷粒。罗坑、庄头亦有西汉墓。说明当日平原已有耕作水稻。

杏坛逢简平原下 2 米处亦发现西汉时代文化遗址，有陶器、铜刀等。

总之，在简岸四周都是大片平原，为水稻产区，故能在唐代建县。推测汉代亦为水稻产区才有大官员产生，建番禺城于简岸才有条件的。因为南越郡、县同治，汉初越城残缺，郡、县分治也是合理的，从征粮角度看建县于斯甚合。

（2）简岸也可说在广州南"五十里"。

无论古籍记汉初番禺城建于郡南"五十里"或"六十里"，也都承认是在龙湾、古坝地点。这里从正南方向而言。但是古书所记，里数和方位只是一个约数，未经精密测量，尤以方位为然。"郡南"方位在佛山以东，新造以西地区都可用上。考南汉兵败逃亡时，亦取道花田（今西关郊外）准备出平洲，下陈村，向南行。南越吕嘉亦取道这一条水道南下顺德（今大良九眼桥即有吕嘉传说）。因此，我们认为不能按正南方向为准。因为大家都查过，龙湾古坝并无汉代遗迹。

简岸在广州南西南方向，记在广州之南亦无大错，且里数相合。因此，《汉书》的说法并非不对，而后人体会不深，才不敢说可能在简岸。

（3）简岸合乎"西接牂牁"地理位置。

牂牁江是指西江而言，古代北江亦称西江支流，牂牁下游分支众多，主流都称牂牁。由西南下广州的西南河流也称牂牁，由西南下小塘的东平水道也可叫牂牁，总是指由西江东南流下各条主要水道而称，并没有指定哪一条才算牂牁江的。

目前简岸虽然没有大河（只有小河称细海）。但是在汉代却有一条西江主要入海水道，汉代水道地形和今天相反。

今天细海是乐从河下游一条小汊道。乐从河在汉代却是一条大水道。今天乐从河北面为潭洲水道，是石湾到陈村主干水道；乐从河南面是北江正干顺德水道，河阔水深。这都是后来河道演变的结果。

乐从河由沙寮入口，蜿蜒成一曲流，由乐从四曲而达北滘，河宽20米—30米。这是顺德大围中的村落密集地区。咸宁即在北滘上游的简岸西侧。东临细海，即位于古代牂牁江的两岸。乐从河是古牂牁江的一条大河，此说有如下理由：

一是由目前乐从河是一条曲流来说明，即按照地形学原理，大河干涸后，河床中即遗留一条细小曲流水道。曲流的范围就反映当日大河的河床的阔度。所以，如果我们把乐从河曲流两边连起来，即可见到古乐从河床宽达500米以上。

二是从历史地形学研究，也可证明乐从河是位于葛岸和平步之间的河道。

乐从河南为葛岸，北为平步。这两条村都是古老村，平步村附近有商代遗址。平步本身也是宋村。葛岸也古，1853年（咸丰）《顺德县志》称："葛岸烟户极盛，良滘、沙滘次之。相传葛稚川尝来卖药，留题而去，故以葛名。"1461年《明一统志》称"相传晋鲍靓女葛洪妻尝行炙南海"，该地有"葛仙渡岸"的传说，今石牌坊上还有"葛仙渡岸"四个大字，向北而立。按平步的"步"是"步头"之意，即码头。葛岸的"岸"是江边之意。即在宋代乐从河是由葛岸到平步之间，宽达4000米以上，可见古代乐从河是一条宽阔大河。

宋代河宽可用古堤围作证。平步最老的宋堤在村边，按三角洲筑堤始于北宋，乃是以"筑堤以护田"为目的。宋堤在村边，明堤距宋堤约1000米，清堤又离明堤1000米。清堤外即为河滩50—200米不定，明堤上有1938年建的青云桥，桥闸门上凿有"崇祯十一年（1638）岁次戊寅筑造；嘉庆四年（1799）十月吉旦重修"字样。清堤又称"外围"，外即乐从河谷地。在葛岸亦有相似情况。在葛仙井及庙处为宋岸，地势最高。现葛岸亦为宋村。明堤离葛岸村边1000米，清堤又离明堤1000米。外为乐从河坦地。故今天乐从河所余只是很狭窄一线，而明代时还阔达2000米以上，宋代以前在4000米以上了。

三是地势上，在葛岸处，明代围田低于清代围田。平步外围则大致和内围（明围）相等。可见乐从河是由人工筑堤，分期狭缩所致。

四是沿河村落密集，人口众多，反映当日乐从河是一条交通动脉，交通繁荣的主航道。居民点以葛岸（渡口）、简岸为主。乐从河南有理滘、良滘、马滘、沙滘、新滘、滘笃等，沙洲有鹭洲、禄洲等，都是宋代以来主要大村，即南海县腹地。故汉代设县简岸是有理由的。因沿河大片平原也是水稻耕植中心，缺点是易洪易涝。

（4）咸宁为汉县合乎"沮洳难居"环境，简岸位置是在乐从河下游汊河区。

这里河道现分三支，北叫西滘，中为小海，南为细海，呈放射状散开。本区在未合成顺德大围之前，的确是经常受洪水淹没的。这里乐从河两侧是低洼地区，因为沿乐从河两岸，古代沿大河的两岸是天然堤所在，故地势较高，由葛岸到简岸，沿河多数建有大村，即因为沿岸有天然堤存在，地势较高之故。但是在天然堤之后，即为广阔的泛滥平原，地势特低，如洪水冲破堤围，堤后平原即为一积水低地。故在汉代时，未有人工堤围，两岸天然堤一旦被洪水冲破，即使两侧平原，成为泽国，故称"沮洳难居"是有道理的。今天北滘在清代以前，还名"北渚"（北滘福田寺，同治五年碑文中称）。可见清代以前洲渚地形是本区地形特色。而简岸正当乐从河下游三角洲式分汊水道地区，也说明当日沙滩地形的特点，故洪水常泛和积水期长是这片平原的特点。因而，在这里建番禺县也有不好的条件，即"沮洳难居"。因此，当三国东吴分交州为交、广二州时，即把这座番禺县移回广州，于是复现了广州郡、县同治的局面。因为当时广州城新修好，四乡交通方便，不需要再在这个易洪易涝的平原农业区中建县了。

在简岸东侧还有一座小洲，名叫"绿州"或"独州"，这里有"先有独州，后有广州"的传说。按广州建于吴时黄武五年（226），则独州当为汉时遗址。称为独州，即在平原孤立的州城之意。因此，按此意亦有汉代番禺城曾建于此的可能。且地近简岸，简岸南汉时作为城址，或以独州不如简岸合适，也说不定。因为独州亦是由小河沟环绕的30亩大小的小沙洲，地势较低，易于受洪水淹没，不似简岸地势较高。但在独州我们找不到唐砖、汉瓦，因而只能存疑，附述于此，以俟来者。

乐从河上游为吉利涌，上接小塘，即北江正干所经。正合符《水经注》所载牂牁江由番禺西分支南入海一股。《水经注》浪水条称："又东至高要县为大水，又东至南海番禺县西，分为二。其一南入于海。其一又东，过县东南入于海。"北江小塘一支（今称东平水道）正是在番禺县西境，南折入海，即南下经乐从河出海，是牂牁江正干之一支。另一支才入广州虎门，故称过县东南入海。

在长沙出土的马王堆古地图中，亦可见北江入西江东支正干，然后东南入于海的。我们认为这一支也可说明是北江正干出海一支。图中这支北江正干向东南入海，正和三水出小塘经乐从河入海的形态相合。

乐从下游是越相吕嘉的故乡，吕嘉曾筑金陡和石瓮两城以自固，可见当日是个广大平原地区。附近不断发现汉代墓葬和文物，即说明汉代这里已是广州的粮仓。故于此建城立郡，是很有可能的。

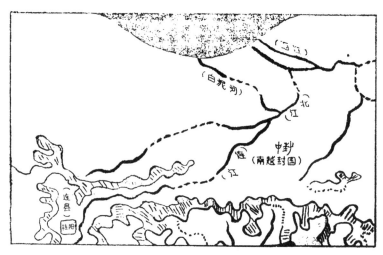

马王堆三号汉墓出土（前 168 年）古地图（部分）

三、步骘城的范围大小

汉建郡城在越城南五十里后，因而番禺衰落。但到后汉步骘建城间330多年中，番禺旧城亦不见消亡，反而有所发展。因为《汉书》称番禺仍然是个南方重要城市。《汉书·地理志》称："多犀、象、玳瑁、珠、玑、银、铜、果、布之凑。"从这段话看，番禺在这时还比《史记》时要繁荣，因货物中多了银、铜两种重要金属。结果是交州治也要由交趾迁来。《地理志》还说："中国往商贾者多取富焉。番禺其一都会也。"可见番禺仍在发展。东汉时，据《周府君功勋碑》（148年—167年）称："故其败也（指沉船而言），非徒丧宝玩，潜珠贝，流象犀也……抱布贸丝，交易而至"，可见交州治迁来番禺是受经济发达的影响。

修复越城的时间是在217年即建安二十二年，因《水经注》浪水条称："建安中（即建安十六年）吴遣步骘为交州刺史。骘到南海，见土地形势，观尉佗旧治处，负山带海，博敞渺目，高则桑土，下则沃野，林麓鸟兽，于何不有，海怪鱼鳖，鼋鼍鲜鳄，珍怪异物，千种万类。"又"骘登高远望，睹巨海之浩茫，观原薮之殷阜。乃曰：'斯诚海岛膏腴之地。宜为都邑。'建安二十二年，迁州番禺，筑立城廓。"他指明迁州番禺是尉佗旧治处。这个旧治的标志即番山。

《水经注·浪水》："县名番禺，傥谓番山之禺也。"即步骘城是东南为番山，北为南海郡，郡东侧为番禺县。按东汉复筑番禺城后，再无重大改变记载，直到宋代，只有南汉时凿平禺山成新南城一段而已。因此，可以宋代子城或中城来考订后汉番禺城范围和大小。

宋中城比唐城大一点，即多了城南的南汉新南城部分。新南城是指清海军门以南一段，即步骘南部界线为番山到清海军门一线。《舆地纪胜》卷八十九称："清海楼在子城上。下瞰番、禺二山。"清海楼即清代拱北楼，在今青年文化宫前。这里是唐子城的证明，可见于《五代史·南汉世家》。文称："吾入南门，清海军额犹存，四方其不取笑乎，龚乃去之。"其城即为子城，番山和禺山都在楼下瞰范围。故其处地势亦高，和今天地形相合。双门在宋代已改。王积中（1097年）记称："惟谯门之旧，适临通衢，而宣诏堂适对其衢。乃崇谯门而新之，乃易宣诏堂而大之，上起层楼，以壮丽谯。中为复门，以列棨戟。"南宋刘克庄亦有《重建清海军双门记》。《羊城古钞》卷七亦说是"司马伋重建，改双阙为双门"。在《永乐大典》图中，即更清楚说明双门是在今西湖路东口附近。西湖正在它的西侧。

清初楼改题为"拱北楼"，由记载及图看仍指为即唐代的"清海楼"。《广州府志》（乾隆）称："在布政司南，即唐清海楼也。其地本番禺二山之交。刘龚削平之，叠石建双阙其上。宋经略司马伋重建，改双阙为双门，今曰'双门底'。"按今天仍用此名。楼于二十世纪二十年代拆去。唐城建于汉城之上，故地势较高。今青年文化宫门前处，北京路面在这里往南即成一斜坡往大南路降低，表示大南路到西湖路一段为南汉新南城地区。故地形上分为两级。大南路到高第街又低一级，表示这是宋代的新南城地区了，地势又降一级。再南是太平沙，地势最低，汛期高潮还可淹没。这是明新城外的河边地了。广州市由财厅前到珠江边，一共四级地形，即基本上反映广州城四次的扩大。唐子城是最高一级了。

子城西界为药洲西湖。华宁里口清代还有"古药洲"石额。西湖今天仍有九曜池保存，已作为南方戏院北侧的休息地点，正加修葺恢复。西湖范围在明初广州城图中仍可见到。如在《永乐大典》广州府图中，即知北到惠爱路（中山五路），南到惠福路。

在今天广仁路段，在 1972 年曾发现子城墙一段作南北走向，城墙中多有宋前砖瓦，显然是宋代城墙①，基宽 6.6 米，应为唐子城西界，因宋沿唐城加砖砌的。

北城上有宋斗南楼。《舆地纪胜》卷八十九称："斗南楼在府治后城上。"黄佐《通志》记嘉靖戊午（1558）在城隍庙后发现"唐、宋以来完缮楼橹板干"的杉木板库。即步骘城北界在此。东面则有文溪为限，且有旧仓巷等地名。文溪桥即为宋桥，清水濠亦为宋濠，南汉亦称"东濠"。郭棐《通志》卷之十五广州城池称："清水濠在行春门，穴城而达诸海，古东澳也。"

此外，由晋、南朝墓葬亦可大致指出后汉番禺城范围。今人民公园据说即有晋、南朝墓葬遗迹。北面小北多晋以后古墓。《粤小记》称："丹桂里内掘塘底四五尺，有大黑棺乘以石础。"横支岗已有唐墓发现。故后汉建城范围大致和文字记载符合。在拱北楼废墙亦曾出土晋砖亦记为吴时繁荣地方，即子城范围得此实物证据［见汪兆镛:《广州城残砖录》（1932）］，文称"永嘉世，九州空，余吴土，盛且丰"，出土年月为庚午年冬季（1870）。

第三节　广州城历史地理

步骘建城后三年，后汉亡。吴黄武五年（226），孙权分合浦以北为广州。广州之名由此起，至今有 1765 年（1991 年计）了。王范之《交广春秋》称："汉初，交州刺史治嬴陵。

---

① 见黎金:《越华路宋代城基遗址考略》，《广州文博》1990 年第 3 期，第 12—17 页。

元封五年（前106），移治广信。至是，始移治南海。以其徙自广信，因改交州为广州。此广州之始也。"

一、晋、南朝广州城的繁荣

广州城自晋至唐未见扩展。但城市日益繁荣兴盛，人口众多。目前发现晋墓砖文字多称："永嘉中，天下灾，但江南，皆康平"；"永嘉世，天下荒，余广州，皆平康"；"永嘉五年（311）辛未，子孙昌，皆侯王"，"癸酉，皆宜价市"。晋殷巨《奇布赋》称："惟泰康二年（281），安南将军广州牧腾侯作镇南方。余时承同恭备下僚。俄而大秦国奉献琛来，经于州。众宝即丽，火布尤奇。"（《艺文类聚》，卷八十五）晋法显自锡兰返航广州，亦说"常行时五十日便可至广州"（见《法显传》）。饶信梅称："简文帝时（550），粤人移居新加坡者极多。"（《广州贸易发达分析观》，载梁嘉彬《广东十三行考》）《十三行考》还引张星烺《南洋史记》称："阿拉伯人在广州已有留居地。"《晋书·吴隐之传》称："广州包带山海，珍异所出，一箧之宝，可资数世。"《南齐书·王琨传》称："世云：广州刺史，但经城门一过，便得三千万也。"广州自吴孙皓时已核实户口，但人口数未详。据《交广记》称："西晋建兴三年（315），江扬二州经石冰、陈敏之乱，民多流入广州，诏加存恤。"《宋书·五行志》称："（元兴三年十月）逾城放火，壬戌夜，火大起，延三千余家，死者万余人，因散溃，城遂陷。"则当日广州人口不少。据《南海志》载，晋代户口为37481户，刘宋降为8574户，人口49157人（全路计）。

城市的建设虽无扩建，但修城有之。因晋后广州城坚固。《宋书·孙处传》称："季高至东冲，去城十余里，城内犹未知。循守战士犹有数千人，城池甚固。"且在东汉末年以来，已有不少建设，如甘溪，《太平寰宇记》引《南越志》称："昔交州刺史陆允（胤）之所开也。"这条甘溪即是广州城人民饮水主要来源。《三国志·陆胤传》（卷六十一）称："州治临海，海流秋咸，胤又蓄水，民得甘食。"即陆胤曾凿甘溪引水入城北，并建水塘储水，使广州城有充足淡水水源。

寺观的建设也是这时期市政建设的项目。尤以城西建寺宇不少。如太康二年（281）建的王仁寺即为一例。始建者可能为海道入中国最早僧人。后宋西城即以此为界的。成化《广州府志》称："护国王仁禅寺，在郡西濠街，晋泰康二年梵僧迦摩罗尊者自西竺来始建。"397—401年罽宾（今克什米尔）昙摩耶舍（即三藏法师）改虞翻宅为"王园寺"，即今光孝寺。526年建华林寺于西关，达摩从西竺国"泛重溟，三周寒暑至此建寺"。事见《旧唐书》。阮元《广东通志》称："广州人称寺地为西来初地。"537年昙裕奉敕建塔立寺，曰宝庄严寺，即今净慧寺。

还有，坡山是晋代渡口的传说，这里是可信的。晋代广州城南界为清海楼，西南江岸即在坡山。由于坡山脚下今天仍有"仙人脚印"的壶穴地形保存，可证明是当日河边地。西侧岩面还有一浅凹窝，可为旁证。这和岩面上其他凿痕（如小沟等）不同，是天然洪水冲蚀的结果。晋时江岸当在坡山、王仁寺、番山、东较场北一线。

二、唐代广州城的繁荣

唐代广州城亦有维修的记载，如《王勃记》中，即有广州修城壮丽的纪录。黄巢也想当广州节度使。《新唐书·黄巢传》称："巢又乞安南都护广州节度使。书闻，右仆射于琮议'南海市舶不资，贼得益富，而国用乃屈。'"《新唐书·地理志》载通海夷道也是以广州为起点，直达波斯、阿拉伯半岛的。所记"三兰国"或即东非海岸。

城市建设有浚甘溪通航，城西建有蕃坊。南汉凿禺山辟新南城，凿兰湖、西湖等建设项目。先说东北城外建设，吴浚甘溪到唐更加开凿。《南海百咏》称："唐会昌间，节度卢公遂疏导其源，以济舟楫，更饰广厦，为踏青避暑之胜地。伪刘时，复凿山为甘泉苑，中有泛杯池，濯足渠、避暑亭之类。其下流为甘溪、夹溪南北三四里，皆植刺桐、木棉，旁侧平坦大路。"可见东郊已形成一大片郊游览区。

蕃坊在城西，建有怀圣寺及光塔，正当南濠东岸，为番舶码头区，有番巷，并有蕃长管理蕃坊事（据《天下郡国利病书》引房千里《投荒录》）。

怀圣寺建于唐贞观元年（627），流花北约15号仍有回回坟保存，俗名"响坟"，建于贞观三年（629），为葛宛士墓。《明史·西域传》称为"干葛思"。即《闽书·方域志》称"有门徒大贤四人，唐武德中来朝"中留广州的一位，即《天方正学》中的"旺各师"。按嘉庆七年（1802）孟冬重刻石碑称："墨底约国（璇按，即麦地那）四十位先贤奉至圣穆罕默德差遣，奉送天经，协同苏哈伯·干葛思传教中国，始于唐贞观年间。……原有古碑，年久字蒙，今照原碑刊记。"张星烺也指出《苏莱曼游记》记唐广州有回教寺。《中西交通史料汇编》中说该记称："中国商埠为阿拉伯商人麇集者，曰广府（Khanfu），其处有回教牧师一人，教堂一所。"这是851年前情况。其后60多年，哈散亲记的黄巢之变，亦说明唐代蕃坊之盛。《阿布·赛德·哈散记录》称："事变首领名曰班雪（璇按，可能指黄巢），攻陷国中无数城邑后，以回教纪元二六四年（即乾符五年，878年）攻陷广府。据熟悉中国事情之人云，除杀中国人外，回教徒、犹太人、基督教徒、火教徒，亦被杀甚多。死于此役者达十二万人。皇帝奔至图伯特（璇按，即西藏，Tibet）国边境之巴都城（Bamdou，即成都）。后得塔格司格司（Taghazhay，回纥人）王之助，继续战斗，乃复位。"（见《中西交通史料汇编》）故唐代西城已形成一大片市区，能居住十二万人。按《旧唐书·李勉传》称："勉性廉洁，舶来都不检阅，故来年至者四千余。"即平均一天有十一条番舶入口。按《旧唐书》只言"四十余舵"。其实杜甫《送重表侄王砯评使南海诗》称："番禺领亲贤（指李勉），筹运神功操。大夫出卢宋（指卢奂和宋璟），宝贝休脂膏。洞主降接武，海胡舶千艘。"即当日珠江海面千艘番舶之多。《新唐书·王锷传》称："日十余艘，载皆犀、象、珠、玑，与商贾杂出于境。"即将舶来品转贩。《唐大和尚东征记》亦称"江中（指珠江）有婆罗门、波斯、昆仑等舶，不知其数"，下文并说"州城三重"，这都说四十余舵番舶不能使广州如此之富，而各种记录也不止四十余舵的。今试申辩之。

三、岁来番舶四千余舵辨

岑仲勉先生告余，有文证《旧唐书·李勉传》卷一百三十一所称"来年至者四千余"之误。中华书局且特刊"来年至者四十余"的版本（宋版《新唐书》）。兹试论之。

1. 广州人口蕃人可达 12 万，汉人当更多。总计开元时（713—741）户 64250，元和时（806—820）为 74099 户。即人口至少达 30 万。流动人口，张星烺估计 80 余万（以每船200 人计，见《中西交通史料汇篇》第二册，中华书局 1977年版，第 204 页），而当时税收，据《旧唐书·王锷传》（卷一百五十一）称："所得与两税（璇按，指地税、户口税）相埒。"如岁来 40 余舵，怎能相当全广州地税和户税？

2. 海舶收入，左右国家财政开支。《新唐书·黄巢传》（卷二百二十五）称："巢又乞安南都护广州节度使。书闻，右仆射于琼议：南海市舶利不资，贼得益富，而国用乃屈。"
具体收入，邓端本《广州港史》引苏莱曼《东游记》称，"以
吾度之，每届舶期，则广府金库，当日进五万典拿"，并引
《新民丛报》1905 年 15 号《世界史上广东之位置》一文注称
阿拉伯一典拿约当清末白银三两。故高峰期收入很大（15 万
两白银）。显非 40 舵番舶能抽取。因为按《东游记》记当日
关税只是"官吏征百分之三十税后，乃将货交还原主发卖"。
（见《中西交通史料汇编》第二册，中华书局 1977 年版，第
201 页）按珠江河面已有"海胡舶千艘"的诗句，而《唐大
和尚东征记》记天宝九年（750）自琼北归过广州时见"江中
有婆罗门、波斯、昆仑等舶，不知其数，并载香药珍宝，积载
如山。其舶深六七丈，狮子国、大食国、滑唐国、白蛮、赤蛮
等，往采居住，种类极多。州城三重。都监执六矗，一矗领一
军，威严不异天子"。广州当日珠江番舶当不止 40 余舵。按
4000 余舵计，日进船 20 只（以南风季节计），也符合珠江番
舶"不知其数"一语。

3. 从唐代有蕃坊、有扶胥外港等可推，小坊镇产生也不
能只靠年来 40 余舵番舶的供应而产生。因每月平均进船 7 只
（只南风期计），不需立扶胥镇及蕃坊。故盛唐之际，外舶来
广州最多，夏季风期入港船只当不只此数。但由于事隔一年，
进口船多达一百倍，这种突增也至足为后人所疑也，40 余舵
不可信。

四、"州城三重"的解释

《唐大和尚东征记》中所称的"州城三重"的解释，徐俊
鸣主张是唐代的主城，即子城和东面古越城及西门外蕃坊。他
给作者信中（1984 年 7 月 25 日）："即以广府城为一，文溪以
东的古越城东半残垒为一，其他一可能是蕃坊，因《天下郡

国利病书》有'（蕃人）筑石联城，以长子孙'的话。"按此
文见《天下郡国利病书》卷104，按古越城是残破败垒，与
"州城三重"雄姿，似不相称。蕃坊石城规模不大。但如自蕃
坊东行，确是横贯三城的，称为"州城三重"亦无不可。作
者则以为南城、子城及官城三重，似更雄壮，即自珠江岸上
陆，穿过南城区，入清海军楼子城内，再入古越王宫的官衙区
（即今财政厅处），也有三重城区，且皆繁华壮丽之区，气魄
雄伟。因今财政厅为隋、唐时的刺史署，后为南汉宫殿区。而
清海军门位于番禺二山间，形势险要，而门外市廛，直至江边
乃是商业中心区。此三重与徐氏"三重"各具特色。

　　唐城地势亦以此分出二区，一为子城高地，一为临江平原
低地。今天清海军门（今青年文化宫南北京路面）亦比惠福
路高。北京路为当日唐城主干道路，即由刺史署直临江边，有
广阳馆在。《全唐文》卷575引《进岭南王馆使院图表》称：
"近得海阳旧馆，前临广江，大槛飞轩，高明式叙，崇其栋
宇。辨其名陆海珍藏，徇公忘私，俾其载天捧日，见圣人一家
之为贵。穷祥极瑞，知天子万方之司存。今年波斯、古逻，本
国二舶，顺风而至，亦云诸蕃君长，远慕望风，宝舶荐臻，倍
于恒数。臣奉宣皇化，临而存之，除供进备物之外，并任蕃商
列肆而市。交通夷夏，富庶于人，一无所阙，车徒相望，城府
洞开，于是人人自为家给户足。"按"海阳"即"海北"之
意，即该馆位于珠江北岸。修复此馆即王虔休在广州时
（785—805），旧馆当为前代所用。

　　与此南北主道正交的东西向中山路也当为唐代以前的东西
干道。因按汉制宫前为市，即有东西和南北干道，越城当效汉
制如此，学者甚至以为秦制亦如此。故此二路为广州最古，亦
唐城主道。城外茅屋为主，《新唐书·宋璟传》称"广人以竹
茅茨屋，多火。璟教之陶瓦筑堵，列邸肆，越俗始知栋宇利，

· 239 ·

而无患灾"。这是 714 年—715 年之事。但广州竹木多，搭棚工艺好，故到元和间（806—820）又再教一次。《新唐书·杨于陵传》称："教民陶瓦易蒲屋，以绝火患。"城内由于街道狭窄，杜佑曾扩大街道，《新唐书·杜佑传》："佑为开大衢，疏析廛闬，以息火灾。"即把东西、南北干道加宽，内街亦疏析。按陶瓦房汉代已多，故唐时再提倡矣。

唐子城亦有修理。《新唐书·刘崇龟传》称："崇龟至广州，始修理城隍，抚恤疮痍。"计自后汉到唐，城市日益发展，加上唐开海上贸易，故于城西发展出一个新区，称为"蕃坊"。

五、唐代蕃坊考

唐代蕃坊是一个外国商人聚居区，不是一条街。这个蕃坊区颇大。北到中山路，南达惠福路和大德路，西抵人民路（西城之西墙），东达解放路。理由是在这个区域内，有不少街名仍反映外商的特色。如玛瑙巷，即当日外商出售珠宝的街道，象牙街也是。街名也有不少为阿拉伯语翻译而来，兹据马逢达《广州蕃坊考》（1986 年）列出：

街名	阿拉伯语称呼	古代名称
（1）光塔路	大食巷、大纸巷	光塔街
（2）惠福路	"大食"街变音	大市街
（3）仙邻巷	"支那"（中国）	仙邻巷
（4）甜水巷	"中国山岗"音译	甜水巷
（5）海珠中路	"送别"巷音译	仙羊街
（6）诗书路	"狮子"谐译	诗书街
（7）蓬莱北街	"真主至大"音译	蓬莱北街

（8）擢甲里　　　"小巷"意译　　　　　　　　擢甲里

（9）玛瑙巷　　　大食、波斯人卖珍珠玛瑙　　玛瑙巷

（10）朝天路　　　朝天房之意　　　　　　　　朝天街

（11）纸行路　　　与大食有关　　　　　　　　纸行街

　　在这个区内还有些已佚名的街，也和蕃商有关，如"蕃巷"（有即指光塔街意见）、"玕琩巷"等等。从上述街名看，蕃坊大致和上述地区相符合。

　　蕃坊形成的年代，据黄文宽告诉作者应是836年"华夷异处"年份。即《旧唐书·卢钧传》称："先是土人与蛮獠杂居，婚娶相通，使或挠之，相诱为乱。钧至立法，俾华夷异处，婚娶不通，蛮人不得立田宅，由是徼外肃清而不相犯。"但房千里《投荒杂录》已载有蕃坊，称："顷年在广州蕃坊，献食多用蜜糖、脑麝、有鱼俎，虽甘香而腥臭自若也。"此书成于太和中，故恐蕃坊成立更早。《卢钧传》所记，是加强蕃坊的管理。

　　蕃坊之设应为贸易发展后，蕃人留居多而设。据马逢达资料，开元二年（714）已有"敕金铁并不得与诸蕃互市，时已有五世土生蕃客"。故《天下郡国利病书》卷二百二十称："贞观十七年（643）诏三路舶司。"可知唐初已有，但名称时改，政制未定，贞观称"舶司"，开元前称"押蕃使"（见《唐国史补》卷下），"押蕃舶使"（见柳宗元《飨军堂记》），"市舶使"（《册府元龟》），至开元二年才出现"岭南市舶司"，《唐会要》卷六十二称："开元二年（714）十二月，岭南市舶司右威卫中郎将周庆立、波斯僧及烈等，广造奇器异巧以进。"故开元置司后，才有蕃坊设置需要，以利管理番务。但日久乱生，番汉混居，到卢钧时大加整理，故蕃坊或早于开成年初。回教寺和光塔为其中心地区。大食人居大纸巷大市

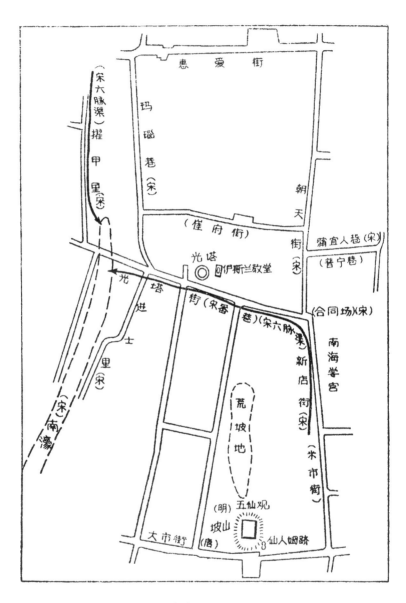

唐蕃坊简示图

街，走木巷为市集、竹篙巷为仓库，扁担巷为起陆点，杏花巷为造船处，白薇巷为香料街。

六、番塔（光塔）唐建说

蕃坊中，最有特色的是光塔的存在。今仍存于光塔路怀圣寺内。南距马路 2.5 米，相传是 1300 多年前唐初所建。因每次礼拜前专人在塔上喊"呼唤词"，叫人来作礼拜，称为"喊邦"，故又名"邦克塔"。蕃坊多为回教徒居住（阿拉伯人）。因塔身光滑，故名"光塔"。塔高 36.3 米，塔座海拔据王维《光塔》所记（1985 年《广州文博》）为 2.87 米，塔直径 8.35 米，圆周 26.25 米。塔底深 6—7 米。由石条建塔基，再砌青砖（大小为 0.273 米×0.105 米×0.06 米），横直垒叠。1989 年重修今式。南、北门低于目前地面 1.6 米，故登塔先下梯级，才能进塔门。南门宽 0.73 米，高 1.75 米，需下步级9—10 级（左边 9 级，右边 10 级）。塔体墙厚 1 米，蹬级 159，右转旋上；北门宽 0.77 米，高 1.78 米，塔体墙厚 0.84 米，右转旋上 153 级到塔顶平台。塔心为砖砌圆形实心柱，下大上稍小。塔身开长方形小窗 10 个。外宽 0.14 米×0.15 米，内宽 0.71 米—0.72 米。塔顶平台墙厚 0.61 米。塔顶是称为"磨盆"的圆形平台，台四周有高 1.45 米砖墙围绕，厚 0.38 米，外周 18.09 米，内周 15.7 米。围墙脚下有 43 小洞排磨盆雨水，现塞了 2 个。瞭望眼按方位八个，外宽 0.19 米，内宽 0.395 米，高 0.36 米，厚 0.295 米。

平台中央为"塔尖"，直径 2.5 米，磨盘上有南北二梯，宽 0.8 米，塔尖四周可走行人。塔尖高 8—9 米。西有高 1.75 米，宽 0.51 米小拱门，为上塔顶悬旗挂灯楼梯。现门脚有防水级（高 0.23 米，宽 0.13 米），楼梯级宽只 0.53 米。塔尖外墙厚 0.22 米，级右旋 15 级为止，现已不能通至顶部。塔尖外周长 7.77 米，向上缩小。

1959 年 8 月市建设计院测得塔身已向西侧斜 53 度（1.15米），一说是地基不稳定影响，一说是建塔作西向朝圣之故。塔尖顶部砖砌两层八角形，两层相距 1 米。托承"拱北圆屋顶"。第二层托圆屋顶旧有金鸡，指南北风向（能转），清代为英夷偷去，1935 年才改礼拜帽式的"拱北圆屋顶"。1979年公布为省重点文物。

这一塔式在国内外均少见，代表着阿拉伯最早的塔式。因目前在叙利亚所见塔式乃"翁米亚王朝"第一所建，比光塔迟 80 年（唐开元初年，713—715）。因而在国际上很有研究价值。

塔北门顶上有阿拉伯文石碑一块，方形（0.8 米×0.62米），1934 年立。马逢达译为《修建尊贵的寺塔碑记》。由穆罕默德·奥斯曼·本·候奈书，穆罕默德·也而顾吧撰文。

寺在大殿（礼拜堂）之前，这是唐制而非宋制。虽经历代重修，但仍保持原来风格。南宋、元（1350 年）、明（1468年，1600 年）、清（1698 年）、民国（1934 年）均记有重修碑或记。

1. 光塔建于唐代说

文字记录多称"光塔"建于唐代。《南海百咏》称"番塔始于唐时，曰怀圣塔"；注称："《历代沿革》载怀圣将军所建；故今称怀圣塔。"按《历代沿革》可能为陈岘《南海志》的首篇，友人韩振华称在唐已有封大食人为将军之举。元郭嘉《重建怀圣寺碑》（1350 年）亦主张唐建。

碑文称："白云之麓，坡山之隈：有浮图焉。其制则西域，灿然石立，中州所未睹。世传自李唐迄今。蜗旋蚁陟，左右九转：南北其局。其肤则混然，若不可级而登也。其上为二道，上出为一户。"按此碑"文革"时毁。

清《重建怀圣寺碑记》（1698 年）亦主唐建，云："怀圣寺浮图也。既而稽其年代，盖建于唐之贞观。有古碑焉，然不可读矣。得元至正碑，备载为西天大圣石室之教，其徒奉命，至今唯谨，东来兴教，建塔者三，此其一也。"

此外，《广东新语》、乾隆《广州府志》、乾隆《南海县志》，都主唐说，即自宋至清，多从唐建说。

2. 光塔建于宋代说

民国以来，史学并兴，中外学者，每疑光塔为宋代始建。如日本桑原骘藏《蒲寿庚考》中称："（塔形）据美国戈太尔之研究，翁米亚王朝瓦立得第一时，始创建于叙利亚，故广东番塔绝非唐初所建矣。"（见陈裕菁译本中华书局 1954 年版）我国白寿彝更提出光塔建于 1091 年—1191 年之间（见 1947年 1 月 20 日天津民国日报《史与地》周刊《跋重建怀圣寺记》），文称："《桯史》明记窣堵坡与礼拜堂之创建，在蒲姓负责市舶，定居城中之后，其创建时期最早恐不过在绍兴壬子前百年之内。唐建之说，不足信也。"

1946 年他在《中国伊斯兰史纲要》（第 16 页）注称："怀圣寺相传是唐时所建，但并无真正的唐代记载可凭。"夏鼐亦曾函作者主宋建说。函称："光塔相传创建于唐代，实则当为宋时所创建，元至正间曾重修过。"并说："我的这些意见，并不成熟，姑写出来，供你的参考。"（1974 年 5 月 7 日）

罗香林在《唐宋时代广州之回教》中，说寺是唐建，塔则宋建。理由是《蒲氏族谱》称："叔祖玛哈咮、玛哈嗼二公倡筑羊城光塔，俾昼则悬旗，夜则举火，以便市舶之往来也。公特捐巨金，赞成甚力，西来商旅咸德之。"

以后，不少学者采用宋建之说。

3. 宋建说不能成立理由

璇按罗氏引玛哈咮、玛哈嗼建，据该《蒲氏族谱》（即

《南海甘蕉蒲氏族谱》）为"初四世祖太中大夫公传"中之语，为蒲氏嘉定四年（1211）入粤后时人。而《南海百咏》成书于1206年前，早已记之，故蒲氏是"修建"不是"始南海建"。岳珂《桯史》所记，为岳氏10岁来广州所见，为绍熙壬子（1192），亦早于蒲氏所见。岳珂称"余后北归，见藤守王君兴翁诸郎言，其富已不如曩日，池隩皆废云"，故蒲氏20年后倡修是有理由的。但称光塔宋建不能成立。

白寿彝称蒲氏负责市舶亦有误。按蒲氏负责市舶，与《桯史》中称"其最豪者为蒲姓，号白番人，本占城之贵人也"不同。此人并不负责市舶。故白氏定"绍兴壬子前百年"建塔有误。史未见有负责市舶的蒲姓，只有负责茶盐专卖的蒲氏，时代在"绍熙壬子"之后。因《蒲氏族谱》中有"管军千户侯"嗨哒儿（即海达），为广东常平茶盐司提举。故白氏之说有误。此误源于桑原骘藏《蒲寿庚考》（见该书第三章注三十一）。桑原骘藏还有一大误，即以《蒲寿庚考》定蒲氏为海番，而抛弃蒲氏为西域人一说。余在岭南大学已与历史系学生言之，至今《辞海》［地理分册（历史地理），1982年，古代中西交通，第425页］中仍未改。蒲氏实为"西域华化的广州人"。因其祖为丝绸之路上的罗布泊湖岸回民，以蒲为姓留学山东，后迁入广州，娶华妇四代为蒲寿庚。

4. 光塔唐建理由五点

怀圣寺建于唐代有利于光塔唐建说，唐制塔寺同建，佛教已如此，且建于堂前，故回教初传，效法佛殿规制，很有可能。蕃坊中建光塔有利伊斯兰教活动和番舶归航。这里地当西澳，又为蕃商"流寓海滨湾泊之地"（《天下郡国利病书》），建光塔是有理由的。

怀圣寺内文字记录亦有利于塔建于唐说，如：

（1）今天大殿（礼拜堂）正梁上，仍书有正楷"贞观元年岁次丁亥秋鼎建"十一字。即寺建于627年。

（2）今天望月楼（月楼）正梁上仍有楷书"贞观元年岁次丁亥秋季鼎建"。按历代改建，当抄录旧楼兴建日期，不会乱改。

（3）一些匾额上仍有"寺塔建于唐贞观元年"的记录。

（4）桂花岗"响坟"为建塔者的墓地，该墓据嘉庆《重修先贤塞尔德墓寺记》称："墓建于贞观三年。"

故今光塔北门上阿拉伯碑文，亦称："此塔始建于回历一千三百五十一年前，即唐贞观皇帝的第一年。"

从寺、塔、墓所记大致如一，有利于唐建一说。

从日期计，元至正十年（1350）碑记称："教兴，岁计殆八百。"此数与三山吴鉴《清净寺记》称"迄今八百余岁"一语相合（见《闽书·方域志》引用）。

从考古和第四纪地层资料看，亦有利于唐建说。即按中山四路越王宫处文化层堆积厚度计，唐代地面比较今天约低2.0—2.5米。故光塔今天低于地面1.6米多，亦合此数。因钻探塔基为上白垩红色砂岩。表明基岩出露地点上建塔，不但地基坚固，且当略为高出于珠江平原之上，各朝建塔亦多选高地，以免洪水冲击之患，故光塔当日也应选西澳岸上高点兴建，因此，塔基比平原略高。

从塔砖尺寸看，亦有利于唐建说。据龙庆忠告知，日本人战前曾在塔顶窗格取得唐砖，1988年大修光塔时，龙氏及研究生亦在塔体上部采得唐砖，作者亦曾亲见上部有大型古砖存在，亦疑为唐砖。因与光孝寺及潮州开元寺古砖同一形制。

从外地记述，亦有唐初传教之说。如何乔远《闽书·方域志》（卷七）即说："有门徒大贤四人，唐武德中来朝，遂传教中国，一贤传教广州，二贤传教扬州，三贤、四贤传教泉州，卒葬此山。"即干葛思贞观年间在广州并不是孤证了。

综上五个方面来看，有利于唐代建塔说。

形制方面以南宋所记为详，恐唐制亦大致相近。《桯史》云："后有窣堵坡，高入云表，式度不比它塔，环以甓为大址，絫而增之，外壄而加灰饰，望之如银笔。下有一门，拾级以上，由其中而壄转焉，如旋螺，外不复见其梯磴。每数十级启一窦。岁四五月，舶将来，群僚入于塔，出于窦。嗝晰号呼，以祈南风，亦辄有验。绝顶有金鸡甚巨，以代相轮。"恐唐代塔式与此相近。因直至今天，光塔仍与南宋塔式相差不大，只局部稍改，

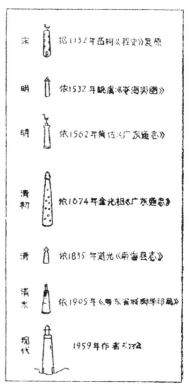

广州光塔塔式变迁图

如今天有南北二门，梯级分二道旋上，已无窦，塔顶金鸡不存而已。这是由于塔易受风雨摧蚀倒塌之故。如洪武二十五年（1392）七月，金鸡为台风所堕；1532 年姚虞《岭海舆图》中，又作亭状；1562 年黄佐《广东通志》又用金鸡；万历庚子（1600）又用葫芦；1674 年金光祖《广东通志》又用葫芦（明葫芦 1669 年台风吹堕）为顶；1835 年《南海县志》又改为十字架形；1905 年《粤东省城舆学印局》图上，又改用帽式。但塔身"银笔"形态不大变化。故推之于唐，亦略同于宅塔形式。

伊斯兰墓地唐代已在桂花岗处。除葬奉使护送天经而来的

至圣母舅旺各师（即干葛思，Saad Wakkas）外，还有一处
"四十贤者"墓地。据咸丰二年（1852）长沙回教徒蓝煦《天
方正学》卷七《旺各师大人墓志》称："昔者舍西德（贤人之
意）四十位，同时归真，皆墓于大人墓次（即干葛思墓）。"
按 1802 年嘉庆碑（在响坟掘出）称："墨底约国四十位先贤
奉至圣穆罕默德差遣，奉送天经，协同'苏哈泊'（即干葛思
的称号'大贤者'）干葛思传教入中国，始于唐贞观年间。
时列班次序礼，遇强人尽弑，其强骇然自尽同归，竟为舍希
德，仙游埋葬，凑成四十位先贤舍尔德之墓。原有古碑，年久
字蒙，今照原碑刊记。嘉庆七年（1802）孟冬立。"

此墓地 1959 年修路掘迁，多为空墓，只一用红色砂岩砌
墓，有人头骨，余是空白。此墓头骨特大，当为外国人。墓内
有皇宋通宝，疑经改挖，故唐代桂花岗附近十多个小岗，均可
能为唐代伊斯兰墓地。

5. 唐代广州建设

光塔以外，唐代还保存古塔，即净慧寺塔。据王勃《净
慧寺塔记》称："大宝庄严舍利塔者，梁大同三年，内道场沙
门昙裕法师之所立也。"寺即今花塔寺。唐时为净慧寺，塔后
毁。宋重建，称千佛塔。据王勃所记，则舍利塔亦唐时名塔，
彩绘华丽。唐代寺有光孝（称乾明·法性寺）、华林，建药师
庵，日泉寺（即晋仁王寺因前有日泉得名），又有开元寺（后
为元妙观），即今中山六路市场及小学地。

孔戣建广思馆在今旧南海县街，宋为广安宅，收留"宦
粤子孙之流落者"。这些建筑都在当时城西郊外，为州人游憩
地方，故寺观林立。沿江边有郑公堤、扬仁坊等，华林寺前三
摩地亦已成陆，与西来初地接近。

城北兰湖码头区有余慕亭（刺史李批建），西澳有码头
区，在澳口涌上也有水陆码头戙船澳，在今彩虹桥附近。

唐代在城中亦开泉井，《新唐书·地理志》称："南海，上，有南海祠。山峻水深，民不井汲。都督刘巨麟始凿井四。"晏公《类要》云：千秋、万岁二井，即刘氏置。

官衙以清海军楼直街为前道，岭南道署即在今财政厅，隋为广州刺史署，南汉为王宫。唐时称"都府"，旧节度使署。府树六旗，即六纛。园西有飨军堂，宋为西园，即清代知府署，今大马站街北新华电影院北，华宁里东地段。

南海县街在城西北兰湖边，今兰湖里地。按《驻粤八旗志》注云："芝兰湖在北门外双井街西，今其地尚有石刻'兰湖里'三字。"阮元《广东通志》称："南海县署，隋时建在郡城西北兰湖里，唐宋因之。"

番禺县署唐时在河南。阮元《广东通志》称："隋时建于江南洲上，唐因之。"今农民运动讲习所附近县址，为康熙廿五年（1686）始建。

唐代广州城北为官衙区，无城门，只有东西南三门。南门即靖海军门。《新五代史·南汉世家》（卷六十五）称："吾入南门，清海军额犹存，四方其不取笑乎，龚乃去之。"门上有匾云："清海军节度使府"，东侧道旁有神纛庙，《石林燕语》云："节度使建节，唐制有六纛，今无是也。"今亡。

七、唐代广州外港——扶胥镇考

广州为唐代最大港口，外贸兴盛，故有外港的兴起。即隋南海镇所在。

1. 扶胥港晋代已为洋舶放洋地点

汉代广州已是外贸港口，即《汉书》称："犀、象、玳瑁、珠、玑、银、铜、果、布之凑。"故晋时已有外港性质的"古兜村"记录。《广州记》称："广州东百里有村，号曰'古斗'，自此出海，溟渺无际。"说明古斗村是放洋起点。按晋代百里约当今 90 里，地点正好在唐扶胥镇地点附近，可见古斗村海运上的重要。"古斗"是古越语，意即"岗村"或"山村"["古"今壮语读 guek，即岗，"斗"（dou）指"有人居之地"]，古扶胥镇亦正当岗地和海岸相接处。

"扶胥"亦古越语，"扶"即人，今壮语仍用。"胥"即"溪边"，今壮语仍称溪边、河边为"huij"，音"胥"。即"人墟"之意。计由晋代山村到唐代"人墟"说明城镇兴起的过程。距广州 80 里水程，陆路即要 90 里了。

广州古称南武城时，已有外贸活动，《淮南子·人间训》更说"一军驻番禺之都"。陆贾《南越行纪》称："此二花特芳者，缘自别国移至，不随水土而变。"广州西汉墓出土有由璧琉离制成的珠和璧，与《汉书》所载带丝及黄金去买璧琉离一事相合。桓宽《盐铁论》称："璧玉、珊瑚、琉璃咸为国之宝，是则外国之物内流而利不外泄也。"晋代石门水道要冲有贪泉之戒。《隋书·食货志》称："晋元帝居江左，岭外酋帅因生口、翡翠、明珠、犀、象之饶，雄于乡曲。"可见外贸之盛，中外僧人来往频繁。故古斗村的外港兴起是有需要的，因洋舶入广州，河转东西行，驶风不便。这里步行 90 里即到广州，故起陆方便，因人日行 90 里为一程。笔者曾走此路，朝发夕至，比走仁化至汝城五岭山道 90 里为轻松。

古斗村的兴旺可用南海小庙的建立为标志。黄鸿光认为晋代可能有庙，他引《艺文类聚》卷七十八载庾阐《游仙诗》为证。诗云："南海纳朱涛，玄波洒北溟，仰盼烛龙曜，俯步朝广庭。"因海外交通兴盛而引起海港建庙，保佑平安，是航海人员精神支柱。南朝更盛，《宋书·蛮夷传》称："舟舶继路，商使交属。"《南齐书》称："瑰宝溢目，商舶远属，委输南州，故交、广富实，刓积王府。"《梁书·南海诸国传》称："航海岁至，逾于前代矣。"故有谓"南海神庙"即建于梁代。

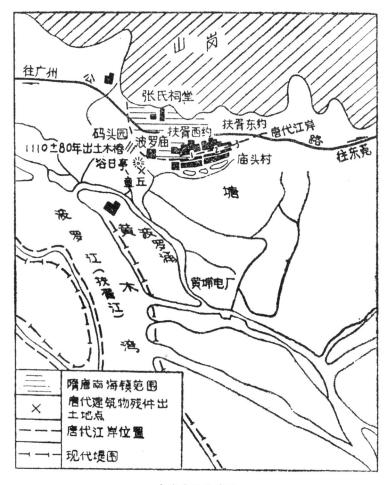

南海庙附近简图

《广东名胜史迹》（森清太郎，1921 年）即引"梁大同元年
（535）士人董昙之创建"。《六侯之记》碑称："达奚司空，庆
历中阮遵有记云：'普通中，菩提达摩由南天竺与二弟航海
至，达奚乃季弟也，经过庙，款谒王，王留共治，达奚立化庙
之东。'"这虽为神话，但反映梁代建小庙的可能性。故隋代
敕令建庙于南海，因旧小庙而大之，亦甚合理。

南海神庙，群众称"波罗庙"，波罗即婆罗门，梁时名波罗国，今南印度。此庙即反映中印交通频繁。庙前旧有木波萝树，宋《南海百咏》诗云："累累圆实大于瓜，想见移根博望槎。"即南宋时树仍在，且指为出使官员带归。黄鸿光《〈六侯之记〉碑辨伪》（见《广州文博》，1987 年）中，说达奚为唐使 36 国之达奚通。《中兴书目》称："《西南诸番行记》一卷：唐上元中（760—761）唐州刺史达奚弘通撰。弘通以大理司直使海外，自赤土至虔那，几经三十六国，略载其事。"今称"番鬼望波罗"，在南海庙后（西北侧），另建小庙祠之，祠约 23 桁大小，余由庙后小门入，其像为番人以手掩额南望。1988 年按照片重塑，改置庙门东侧，以符望海之意。这是按旧图重修的。

2. 隋建庙于南海镇南

《通典》礼六"山川"条称："南海于南海镇南，并近海立祠。"《隋书·礼仪志》（卷七）："［文帝开皇十四年（594）闰十月］诏东海于会稽界，南海于南海镇南，并近海立祠。"南海镇是隋代南海置县时邑治。据石碑（1911 年修铁路时出土）《隋大业三年（607）太原王夫人墓志铭》称："窆于南海，治扶胥。"即扶胥是土名，南海是官名。南海庙前有章丘，上有浴日亭。庙建于海岸突出处，与章丘遥接，东为庙头村，北为岗地，这是一个有掩蔽而又突入海中的地点。建庙条件优良，既不占用市镇面积，又能作为归航标志，风景优美，而交通又方便、集中。

据龙庆忠指出，此庙地基平面图式，亦为唐制，表示唐代至今，庙址不变。按地形亦可证明，即章丘和庙关系，古今如一。但设镇则要有条件，隋、唐建镇，虽无明文，但要有人、有钱和地位重要三条，全国基本一致。故扶胥建镇，即表示当地于隋代已经是人口多、经济发达和交通要冲之地。故小庙建大庙，亦有可能。因按《新唐书·地理志》记载，中国通海夷道，只有广州起航一条。扶胥升镇，后更升为县治，可见扶胥在隋已很繁荣了。海舶驶入广州不如泊于扶胥方便。据《宣和奉使高丽图经》卷三十四，知唐海舶深6—7丈，国内二千石船深三丈。嘉庆十三年抄本《西山杂志》载天宝中（742—756）泉州海舶尺寸为："舟之身长十八丈，次面宽四丈二尺许，高四丈五尺余，底宽二丈，作尖圆形，桅高十丈有奇。银银舱舫十五格，可贮货品二至四万担之多。"唐船不能入幼发拉底河，广州虽好，但不如扶胥港，因这里到宋代还称为"大海"。港阔水深，河道南北走向，有利风帆，为广州所不及。因广州当时只称"小海"，水急有潮声的。

3. 扶胥港的海港优越条件

唐代扶胥镇是个优良海港。章丘还是在水中。这可以由今天小丘四周陡崖存在来说明，因为海水直拍崖下，不断侵蚀的缘故。因此，章丘在海岸有消能作用，使内湾风平浪静。韩愈在《南海广利王庙碑》中，称这里为"扶胥之口，黄木之湾"。这湾正是狮子洋和广州珠江接连地点，东西向珠江漏斗湾到此转南北向的狮子洋大漏斗湾。珠江漏斗湾由广州"小海"阔1500米，到扶胥口扩为2500米，称为"大海"。珠江口内，潮洪急紧，一出扶胥江口，江面骤宽洪潮转弱，依山面海，樵汲充足，加上南面市桥台地又可防台风，形成局部少雨区。

由于黄木湾凹岸当冲，正好使扶胥港不见淤积，故由隋到宋元，江边章丘，仍能兀立江干，未连陆地。岗顶宋建浴日亭后，即成为"波罗浴日"奇景，即岗东海面宽广，日出于水中的景色。到元代仍为"羊城八景"之首。江宽水深、风平浪静的扶胥港，得以形成。今在章丘之北，南海庙西侧，即有码头园地名，是一池塘所在。1973年8月，即于塘区发现三排木桩，两侧支柱夹持，每条长 2 米多，伸展长达 20 米多，为唐代码头木桩，即当日海舶码头区地点。

从码头木桩 C_{14} 测定，得距今为 1110 ± 80 年，即相当于晚唐时期遗址。木材据何天相、陈鉴朝鉴定，作木材结构及物理力学性质测定，为海南紫荆木。即码头区偏于庙西。1984 年又在码头园出土唐代陶制壁饰残件，浴日亭章丘下亦有出土。从地名及实物推定，港池偏西也取水深和少受东风浪袭击之故（因东北冬季风和台风都以东向风为多）。

从唐末木桩码头发现推知，目前珠江平原多是宋代以后堆成。今天大村，据孙文娟 1981 年调查，黄埔、东圃、南岗等地十多个村庄都是南雄珠玑巷宋代南下移民。故唐代聚落多依田垌。这是因为珠江三角洲唐代未有堤围，平原每年必淹，人们退居高地，即耕种山丘间垌田。入宋堤围兴建，平原不再受淹，称为"坦田"。故一般坦田多为宋村，垌田多为唐村。故隋唐南海镇（或扶胥镇），也当建立高地之上。

扶胥口内，即今珠江前航道，礁石转多，深水航道窄，如鱼珠岗处江面，即有"石龙过江"，乃一层坚硬砂砾岩（红层系中的一层）突起于江底而成，由白垩纪红砂岩所成礁石在大濠沙江底即有大石、二石突出，如两只犬齿，扼守江门。故今天选港仍要避开，选今港址。

今天珠江中游水深也在 4 米以内，且为冲刷槽，古代不会更深。礁石亦多，都使海舶不易航入，大船多泊扶胥港口。

4. 南海镇的变迁

隋代南海庙北为南海镇，但今天全无踪影，只留码头园故址为证。即今天庙北大片山坡地，实为当日人烟稠密市廛。今天沿公路虽建不少商场、餐厅，仍未如当日之盛。

庙东为庙头村，徐俊鸣据村门古石额"扶胥约"而认为庙头村即古扶胥镇。按该村前部是建立在平原上，洪水可淹，且为宋村，故已非唐代扶胥，至少在南部已入宋代扶胥镇。即隋唐南海镇应在稍北山坡地上，洪水不到处为是。

南海镇的衰落与战争残破有关。有唐一代，以黄巢攻占广州一役，影响至大。即 879 年前后，阿布·赛德·哈散（Abu Zaid Hassan）记录称："事变首领名曰班雪，攻陷国中无数城邑后，以回教纪元二六四年攻陷广府。据熟悉中国事情之人云，除杀中国人外，回教徒、犹太人、基督教徒、火教徒，亦被杀甚多，死于此役者达十二万人。"（见《中西交通史料汇编》第二册，中华书局 1977 年版）但过后很快又恢复。今天只余庙头村，乃唐代以后之事。

庙头村主街今天仍作东西向沿岗边伸展，表示"街村"型式（Strassendorf），即不是团块状的农村，而是商业性的聚落。这条主街今天仍分成三段，称"扶胥东约"、"扶胥中约"、"扶胥西约"，也反映古代"扶胥镇"的残留地名。

八、唐广州通海夷道考

唐代广州为各国最大海港亦见于《广州通海夷道》，附述于《新唐书·地理志》后。为二条通海夷道之一（另一去高丽）。记至北非及波斯湾海程。此文历来考证不详，兹从地理学观点申述如下：

原文：

> 广州东南海行。二百里至屯门山，乃帆风西行，二日至九州石。又南二日至象石。又西南三日行，至占不劳山，山在环王国东二百里海中。又南二日行至陵山。又一日行，至门毒国。又一日行，至古笪国。又半日行，至奔陀浪洲。又两日行，到军突弄山。又五日行至海硖，蕃人谓之"质"。南北百里，北岸则罗越国，南岸则佛逝国。佛逝国东水行四五日，至诃陵国，南中洲之最大者。又西

出硖，三日至葛葛僧祇国，在佛逝西北隅之别岛，国人多钞暴，乘舶者畏惮之。其北岸则箇罗国。箇罗西则哥谷罗国。又从葛葛僧祇四五日行，至胜邓洲。又西五日行，至婆露国。又六日行，至婆国伽蓝洲。又北四日行，至师子国，其北海岸距南天竺大岸百里。又西四日行，经没来国，南天竺之最南境。又西北经十余小国，至婆罗门西境。又西北二日行，至拔飔国。又十日行，经天竺西境小国五，至提飔国，其国有弥兰太河，一曰新头河，自北渤崑国来，西流至提飔国北，入于海。又自提飔国西二十日行，经小国二十余，至提罗卢和国，一曰罗和异国，国人于海中立华表，夜则置炬其上，使舶入夜行不迷。又西一日。至乌剌国，乃大食之弗利剌河，南入于海。小舟溯流，二日至末罗国，大食重镇也。又西北陆行千里，至茂门王所都缚达城。自婆罗门南境，从没来国至乌剌国，皆缘海东岸行；其西岸之西，皆大食国，其西最南谓之三兰国。自三兰国正北二十日行，经小国十余，至设国。又十日行，经小国六七，至萨伊瞿和竭国，当海西岸。又西六七日行，经小国六七，至没巽国。又西北十日行，经小国十余，至拔离歌磨难国。又一日行，至乌剌国。与东岸路合。

此文以今地考之如下：

（1）二百里至屯山，今九龙屯门山，则海舶虽曰自广州，实为自扶胥出发，因扶胥至屯门山才是二百里，屯门去广州二百八十里也。

（2）九州石今称九洲洋，唐称小岛为石，洋有九小岛，列如星，又名九星洋（《筹海图编》卷三），地近琼东北角七洲洋。清代屯门至九州石只需一日程［见《方舆纪要》、《方舆类纂》（温汝能）、《洋防辑要》诸书］。

（3）象石今大洲山，又名双石，由两山合成，远望如猪，又名独猪洋。作者上岛考察时，远看亦可说如象。由九洲洋南下，二日可到。

（4）占不劳山今占婆岛，《岭外代答·占城条》称："在唐曰环王，王所居曰占城，以名其国。"《东西洋考》称占城为不劳山。海程亦合。

（5）陵山今海南渔民说即"大佛"，因称灵山，山顶一石如佛头，故名（见《星槎胜览》）。山连占城山，古代海舶樵汲于此，即燕子岬岬角山咀。

（6）门毒国即今越南归仁，为古代名港，故称为国。国境可达芽庄一带，平地较多，可有港口。

（7）古笪国即今芽庄庆和一带，与门毒邻接，故一日可达。顾炎武《天下郡国利病书》说是真腊，疑误。

（8）奔陀浪州即占婆强大时三部中之南部地方。宋宾瞳胧国。今越南藩朗，著名古代港口。

（9）军突弄山今湄公河口外昆仑山，宋后改名昆仑，为东西洋航路必经岛屿，甚险，附近称"昆仑洋"，宋已有"回怕昆仑"古谚。岛居小黑人，唐已捕为奴隶，称昆仑奴，为古中国南界。

（10）"质"今马六甲海峡，"海硤"即海峡。西北向，长达百里，北岸罗越国，南岸佛逝国。"质"为马来语译音（即Selat译音），意即"海峡"。即今"石叻"。

（11）罗越国即今柔佛，唐代国每岁来广州，《新唐书·南蛮传》称："商贾往来所凑集，俗与堕罗钵底同。岁乘舶至广州，州必以闻。"为海上交通要道，唐时甚盛。

（12）佛逝国今苏门答腊岛东南部，都巨港，全名室利佛逝，《寄归传》卷一称"末罗游洲"，唐末称"三佛齐"。曾占今马来西亚及印尼一部，控制中印贸易。与我国友好，义净曾译经于此。

（13）诃陵国即今爪哇岛，晋《佛国记》称"耶婆提"，唐亦称"阇婆"，宋称"社薄"，元称"爪哇"。《岭外代答》称："莆家龙，在海东南势下，故曰'下岸'，广州自十一月至十二月发舶，顺风连昏旦一月可达。"

（14）葛葛僧祇国在今苏门答腊岛西北部的岛上，一说即今伯劳威斯群岛（Brouwers Is.）或其中之一岛［《辞海》地理分册（历史地理），中华书局1982版］。

（15）箇罗（个罗），亦名"哥罗"（《唐书·南蛮传》），约相当今吉打以北到克拉地峡范围。《宋史·外国列传》译为"古罗"。即Kalah译音。

（16）哥谷罗，《酉阳杂俎》卷十八译为"伽古罗"，《宋史·外国列传》译为"葛古罗"，地处当今马来半岛两岸克拉峡附近。地产白豆蔻，大食人用为地名。

（17）胜邓洲，今苏门答腊岛北部棉兰附近，今天仍为港口。具体地点有说在棉兰北部日里附近海岸上。

（18）婆露国在今苏门答腊岛北部，《南海寄归内法传》第一卷译为"婆鲁师洲"，《大唐西域求法高僧传》卷上亦同。《新唐书·南蛮列传》译为"郎婆露斯"，并云分占该岛（与室利佛逝国），与僧祇国近。今名巴鲁斯（Baros）。一说在大鹿洞附近。

（19）婆国伽蓝洲指今尼古巴群岛（Nicobar Is.）。即婆露国属的伽蓝洲部分。明译"翠蓝屿"。《求法高僧传》下卷译意为"裸人国"，《瀛涯览胜》作"裸形国"，因岛上为不穿衣服（袄用包阳布袄式）的小黑人分布，称他"男女赤体，皆无寸丝"。

（20）师子国即斯里兰卡的古译名，旧译"锡兰"。宋名"细兰"（《诸番志》），此名始于晋《佛国记》，《宋史·注辇传》称"国东南约二千五百里，有悉兰池国"，亦"狮子"的译音。

（21）南天竺即南部天竺，即今南印度，师子国距此百里，正合。《后汉书·西域传》称："天竺国一名'身毒'。"《大唐西域记》称："详夫天竺之称，异议纠纷，旧云'身毒'，或曰'贤豆'，今从正音，宜云'印度'。"

（22）没来国即今印度南部西岸马拉巴尔（Malabar）地方，宋《岭外代答》称"麻啰拔国"，具体地点一说在奎伦（即 Quilon），《诸番志》译"故临"。即《开元释教录》第九卷之"摩顿邪"。《元史》译"俱蓝"，《东游记》称"Kaulam-Male"。

（23）婆罗门即印度古称，意即"婆罗门众之国"。东汉后即有此名。

（24）拔飓国即今孟买附近的巴聿（Baroche），或译"拔罗奇"。位孟买北面纳巴达（Narmada）河口北部。

（25）提飓国即今卡拉奇附近的第聿（Duil），印度河岸东，爱得利斯（Edrisi）记宋船常至此。七世末曾为回教徒毁。大河在国北出海。

（26）弥兰太河即今印度河，因阿拉伯语称印度为弥兰（Mihren），此河又大，故名弥兰大河。

（27）新头河即印度河音译（Indus），一说为"Sindhu"音译，意即"大河"。名始见于《佛国记》。此处一用阿拉伯语音，一用梵文语音，可见已入回教活动范围。故两种文字并用。

（28）渤崑国即今巴基斯坦北部地方，印度河由喜马拉雅山区流下山足平原区内。

（29）提罗卢和国即今波斯湾头亚巴丹港附近，因此地夜有灯光设施，见于梁代阿拉伯马苏地（Abu-I-Hasan Ali-eI-

Mas'udi)《黄金牧地》(*Meadows of Gold*)一书，即记此地有中国船到，亦有灯塔三处导船入口记载，在奥波拉(Obollah) 东。

（30）罗和异国即入波斯境海港，古人以一城为一国，未如今天之国也。

（31）乌剌国即今奥波拉附近（Obollah），因唐时已有该城，即此城早于萨赞王朝已存在。即今巴士拉附近（Al-Basrah）。正当伊拉克幼发拉底河口。为内陆浅水船转口处。638年建城。

（32）大食即今阿拉伯回教（伊斯兰）国。《岭外代答》卷三称："大食者诸国之总名也，有国千余。"当日大食统治伊朗两河流域，故称"大食之弗利剌河"。

（33）弗拉剌河即今幼发拉底河之古译名。河口有勃萨罗城（见杜环《经行记》），或即巴士拉西末罗国境。大食哈里发（即代理人之意）欧默尔建于638年。

（34）末罗国即今巴士拉之西（Al-Basrah）地区，又译"勃萨罗"。宋时仍盛。（见《太平寰宇记》）

（35）茂门王据张星烺称即茂门大首领的意音两译名，即：Emir al mumenin。

（36）缚达即今巴格达古译名（Bagdad）。《诸番志》译为"白达国"，《元史》译为"报达"。"（末罗）西北陆行千里"亦合。

（37）三兰国即今坦桑尼亚首都达累斯萨拉姆，此地英译名为Dar es Salaam。"萨拉姆"即"三兰"的今译，因Salaam亦可译为"三兰"。此处已在赤道南，为阿拉伯、印度、波斯人最南活动基地，建立城国，今天仍有七万人，多奉伊斯兰教。

（38）设国在三兰北廿日水程，约当红海口阿丁附近地区，即亚丁对岸吉布提（Djibouti）。古代已为埃塞俄比亚出海港。一说在也门共和国的席赫尔。

（39）萨伊瞿和竭国约在今阿曼马斯喀特附近沙尔（Sur），理由是：一由设国海程十天到此，第二是"正当海西"，第三是由此航向转向西行。第四，地名音近似。

（40）没巽国即今苏哈尔（Suhar），因阿曼的苏哈尔又名"Mezeon"可译为"没巽"，且海程也由此转向西北行。

（41）拔离歌磨难国，此国距乌剌国只一天，应在波斯湾头西南岸上。

此文还记述了海东、海西两条航道，汇于乌剌国。

《通海夷道》是记述唐代贞元年间（785—805）唐帝国对外海上交通的一条主要路线，并且是由当时丞相贾耽亲自探访记录下来的，故可靠性和准确性较大。《新唐书·地理志》称："其后贞元宰相贾耽考方域道里之数量最详，从边州入四夷，通译于鸿胪者，莫不毕纪。其入四夷之路与关戍走集最要者七：……七曰广州通海夷道。其山川聚落，封略远近，皆概举其目，州县有名而前所不录者，或夷狄所自名云。"

按贾耽著作有五种为主，此条即出于他著的《皇华四达记》（十卷）。其他如《地图》十卷、《关中陇右山南九州别录》六卷、《吐蕃黄河录》六卷、《古今郡国县道四夷述》四十卷，均与此条无关。

从地理学观点，广州通海夷道特点有：

（1）航道只记述主要航线，包括海、河、陆联运情况。

（2）涉及国名 31 个，地名 12 个，小国 70 多个。

（3）全航线以乌剌国为中心，分东岸、西岸两条主航路，正好反映当时伊斯兰教徒活动范围。计东到中国航线长程 89 日，西南到坦桑尼亚 48 日。故此线记述最长。

（4）中国贸易远达东非，比西汉代航线也更远和详细。

按《新唐书》七道是："一曰营州入安东道，二曰登州海行入高丽勃海道，三曰夏州塞外通大同云中道，四曰中受降城入回鹘道，五曰安西入西域道，六曰安南通天竺道，七曰广州通海夷道。"每条最长也有二百多字。

（5）从伽蓝洲"又北四日行，至狮子国"一语，从航程计，沿海航行是不可能的，应为横渡孟加拉湾，故推测已有"牵星术"，即远洋航行技术，一如今天。按古海图传世已称唐李淳风为先师，李氏为天文学家，故"牵星"知识已有。观宋人已可横渡印度洋，亦可反映唐代航海技术水平已很高，才有番商喜坐唐船往返记载。

九、南汉京城兴王府的广州

南汉是广州一个兴旺的时期，由于大越国的建立，物阜民丰。在全国动乱的环境中，南汉能偏安一方，从事和平生产，凡五世55载，足与南越国五世93载相比。如统治集团不骄侈残暴，还不至亡国。

南汉精心对兴王府广州加以建设，突出有两事，一为扩大广州城南区，称"新南城"，二是建园林宫馆。已知苑囿8处，宫殿26个。故《宋史·刘铢传》："自晟以来，城壁濠湟，多饰为宫馆池沼，楼舰皆毁，兵器又腐。"如以刘隐为节度使计起，广州安定为67年了。

严格来说，"新南城"是唐末开辟的。因其时刘隐还未称帝，仍为岭南节度使，事在唐天祐三年（906），即唐亡前一年。《舆地纪胜》引《城冢记》称："郡南城步骘迁州时尚隘，黄巢焚之。到刘隐更筑，凿平禺山以益之。宋增筑子城。"

南城为广州主要商业区，向无城保护，故刘氏扩展南城，称"新南城"。因为在城内和城外之间隔有番、禺二山，基建不便。近年因建商业城，计划拆建西湖商场一带，承麦英豪邀去看地基，自小马站到商场，地面几处有红色砂岩露出，显然为凿平岗地，为"凿平禺山"之证，商场即基建其上。故越秀书院街以南，西湖路以上，皆当日禺山所在。西下西湖，东下北京路，这里土层厚达10米。再过泰泉旧里（今拆平为青年文化宫），才再升起为番山，文化层亦达4—5米，下为红土（因旧里为黄佐故居，至今500年，广州古屋之一），即清海军门为一天然低谷所在。而南汉凿平禺山时，禺山地势仍稍高。刘氏才能建双阙其上。此亦唐末之事。《南海百咏》引《番禺杂记》云："两山旧相联居，刘龑凿平之，就番积石为朝元洞，后更名为清虚洞；而以沉香为台观，于禺山之上。"这样，对广州内城建设，面目一新，不但壮观了南城，且商店民居可在禺山之下兴建，扩大南城范围。

历史记录只"凿平禺山"，但只提主要工程而言，番山、坡山亦曾加以凿平，以利市区之扩大。如《南海百咏》称："番、禺二山也，今在州学之后者，止余一大磐石，有亭榜以'番山'。"则宋时只余一巨石的形状，可能即为凿平后的残石。其次，坡山据《乾隆·南海县志》称："山体原非高大，为刘龑所凿，竟成培塿。"即刘氏在建国初期已筹划兴建兴王府广州城了。《南汉春秋》（刘应麟，1833年）称，"凿山城以通舟楫，开兰湖，辟药洲"，可见对市政建设还有这三件。

按通舟楫即对兰湖进行开辟。估计兰湖只是疏浚水道和湖面，使船只可驶入和停泊方便。因唐已有余慕亭"使客舟楫避风雨者皆泊此"。至晚唐失修，刘氏开之。

药洲是新辟的，把子城西濠扩大为池馆区，反映广州安定和繁荣。这是南汉较大园林工程之一，包括建南宫和凿西湖500多丈，辟药洲三部分。刘氏利用了文溪水源和西湖湖底涌泉自然地理优越条件，投资兴建为南宫，这是刘龑扩大兴王府计划之一，并历多年才能完成。因凿西湖500余丈是在汉主使罪人移石太湖才建成的。南宫则先作于乾亨八年（924）。《新五代史·南汉世家》称："八年，作南宫，王定保献《南宫七奇赋》以美之。"

新南城城门有鱼藻门，建于江边，在今大南路、文明路一线。《南汉春秋》称："大宝末（966—971），有稻田自海中浮来，泊鱼藻门外，民聚观之。"这稻田即葑田，用竹木排耕作，故能移走。此门恐为南门，因正在江边，二则宋代由清海军楼开直道至海，经子城南门，或即此。一说有"安澜门"。《青箱杂记》称："有稻田自海中浮来，止鱼藻门外，民聚观之。"《皇华纪闻》称："安澜门即伪汉鱼藻门。"

十、南汉宫殿——玉堂珠殿、楼台

南汉由于政局安定，外贸兴盛，如《旧五代史》称："［乾化二年（912）四月］刘岩遣使贡金银、犀角、象牙、杂宝货、名香等于梁，价凡数千万。"刘氏贡进口物资多次，反映外贸兴盛，梁帝亦认为他"累进崇资"（见《命钱镠进取海南刘岩敕》）。《南汉书·诸臣传》称："光裔相高祖二十余年，府库充实。辑睦四邻，边烽无警。当时号称贤相。"在《黄损传》中亦记："陛下之国，东抵闽粤，西逮荆楚，北阻彭蠡之波，南负沧溟之险，盖举五岭而表之，犀、象、珠、玉、翠、玳、果、布之富，甲于天下。"可见南汉初期是一繁盛时期。人口增长即可证明。唐开元之盛，广州户口只64250户，至元和增为74099户，但到南汉却突增到170263户（据《文献通考》），这和北方大量移民入广有关，但广州能容这80多万人口，的确不简单。南汉建国初，五岳"皆建行宫"，"建玉堂珠殿，饰以金碧翠羽，悉聚珍宝实之"。（《南汉书·高祖纪》）。自建南宫以后，殿宇兴建多达数十宗，为历代少见。兹述如下（在兴王府区内）：

（1）南宫在今九曜坊，即今教育局职工学校地。北临药洲。内有三清殿，曾见白虹，欧阳修《新五代史》称"白龙"。刘氏"改元曰白龙，又更名龚"。

（2）昭阳殿在财厅前、儿童公园一带，即南汉内宫中，事据《十国春秋》。据《五国纪事》称："以金为仰阳，以银为地面，檐、楹、榱、桷皆饰以银，殿下设水渠，浸以珍珠，又琢以水晶、琥珀为日月，列于东西两楼之上，亲书其榜。"并说在"大有七年春（934），帝作"。但据王诩《昭阳殿赋》称："甲子春，始作兹殿。"

（3）秀华宫，据《五国故事》称："（大有）十五年作秀华诸宫，皆极瑰丽。"亦见欧阳修《新五代史》。李托为宫使，故在内宫，当时兼"押番"要职。

（4）南薰殿，据《南汉书》称："晚年，出新意，作南薰殿，柱皆通透，刻镂础石，各置炉燃香。"《十国春秋》称为"有气无形"。

（5）三清殿，在南宫内，《五国故事》称："白虹入三清殿"，与《新五代史》不合。

（6）昌华宫，在今河南官洲北亭，古称"海曲"，因四面环水，今仍名昌华市，有"昌华八景"之美。南汉陵区，高祖刘龑居此，称"康陵"。《通鉴》称："乾和二年（944）命越王洪昌谒烈宗陵于海曲，至昌华宫，使盗杀之。"

（7）长春宫，在西湖药洲前，《通鉴》："光天二年（943）与诸王宴于长春宫。"《广东通志初稿》称："宫在仙湖，其前为药洲。"

（8）乾和殿，在今财厅前，儿童公园一带，内宫的殿，铸铁柱。《南汉书》称："建乾和殿，铣铸铁柱十有二，周七尺五寸，高丈二尺。"《南海百咏》称："野史云，铣铸铁柱十二，筑乾和殿，今府之治事厅尚植其四，柯公述所致也。"与

《南汉书》称建于晟（中宗）异。唐节度使府。

（9）甘泉宫，建于甘泉苑内，《南汉春秋》卷十称："（苑）在越秀山后；郡城东北五里。"《五国故事》称："汉主避暑于甘泉宫。"今上、下塘（麓湖区内）。

（10）文德殿，在内宫，《十国春秋》称："是岁（920年）文德殿成，著作郎陈光乂献赋，赐珠数升。"

（11）聪正宫，在今南海神庙，《南汉纪》称："大宝九年（966）尊南海神为昭明帝庙，为聪正宫。"

（12）万政殿，在内宫，《十国春秋·南汉后主本纪》称："大宝元年（958）立万政殿。"《南汉纪》卷五称："一柱用银三千两，以银为殿衣，间以云母。"刘铱建。

（13）景福宫，在内宫乾政殿西，见《南海县志·建置略》卷之十（道光十五年序本，1835，下同）。

（14）景阳宫，在内宫，因《宋史·李托传》称："兼列圣、景阳二宫使。"李为重臣，所兼宫使当为内宫之主殿名称，以示宦官身份。

（15）思元宫，在内宫乾政殿西，见《南海县志·建置略二》称："其西改构景福、思元、定圣、龙应等宫。"

（16）定圣宫，在内宫乾政殿西，见《南海县志·建置略二》卷之十。

（17）列圣宫，在内宫，因钱大昭《雪波史略》中《乳源云门山匡圣宏明大师碑》有大宝七年（964）列圣宫使、甘泉宫使、玩华宫使。当为内宫重臣，故为内宫主殿之一。

（18）玩华宫，内宫主殿之一。李托为宫使。《宋史》、《新五代史》均载。

（19）大明宫，见《新五代史》中的《南汉世家》称："故时刘氏有南宫、大明、昌华、甘泉、玩华、秀华、玉清、太微诸宫。凡数百，不可悉记。"

（20）集贤殿，在内宫，《南汉书》卷三称："遣集贤殿学士邹禹谟如南唐贺即位。"亦见陆游《南唐书》。

（21）禹余宫，据宋人《九国志》称："铢建禹余宫于城东南六十里，山水奇绝，铢避暑多往焉。"该书《廷玥传》称："禹余宫在城东南，廷玥雅所爱，尚请解兵职为宫使。"地当今莲花山附近。

（22）龙德宫，在内宫，主殿之一。《宋史·世家·刘铢传》称："美擒铢及龚澄枢、李托、薛崇誉与宗室文武九十七人，同系于龙德宫。"

（23）万华宫，内宫主殿之一，因吴怀恩曾为万华宫使，因苍梧县感报寺铜钟款式有"万华宫使"字样。

（24）刘王殿，在河南隔山村，为南汉祀南郊的殿宇，因附近有祀坛。黄子高《知稼轩诗钞》有注云："考河南隔山村有刘王殿遗址。"《广东新语》亦称："珠江之南，有伪南汉离宫故址，黄萧养增筑居之。"附近上马岗、下马岗、洗马涌，为南汉宫女习武骑马、洗马的地点。

此外，还有含章楼，等等。

以上只记兴王府附近宫殿，外地仍有一大批。如天华宫建筑群，建于罗浮山金沙洞，建宫后改名黄龙洞。宫内有云华阁、含阳门、起云门、甘露亭、羽盖亭，均极华丽。肇庆梅庵也很出名。今天仍为旅游点之一，以斗拱梁架雄丽著名，出檐深远，今天仍有欣赏价值。还有太一宫，等等。为通天华宫，还在增城石滩元洲开一御河，今仍名"刘王涌"，现仍见残迹，宽2米，长数十米。

欧阳修《新五代史·世家》称晟时云："诸宫凡数百，不可悉纪。"且已有"宫苑使"官职专司此项工作。

南汉楼台也不少，有记载的如下。

（1）沉香台，在禹山上。《南海百咏》称："而以枕香为台观于禺山之上。"按沉香为贵重进口木材，如不进口，也很名贵。

（2）朝元洞，在番山上。《南海百咏》称："就番积石为'朝元洞'，后更名为'清虚洞'"，并称："况漕司贡院之东，有神祠，至今尚以'清虚洞'为榜。"《南海志》称："（贡院）即伪刘清虚洞旧建东西二院。"

（3）清海军楼，即清拱北楼，唐建，筑马路时始毁。南汉改建双阙。黄绍统《重建六纛大王先锋庙记》称："刘隐凿平番、禺二山之交，叠石建双阙其上为谯楼。"至宋始改为"双门"。

（4）仪凤楼，疑在内宫前宫城楼上。《新五代史·南汉世家》称："〔大有三年（930）〕龚登凤仪楼受俘"，则此楼用于显国威，当亦华丽。

（5）梳妆楼，在河南海幢寺侧小丘。黄佛颐《广州城坊志》卷六称："海幢寺园侧有土一坯，相传为南汉梳妆楼。"此说晚出，疑者较多，因未见官书记载，但亦非不可能之事。因河南开发已早，晋代遗迹已有不少。

（6）河南郊坛，在河南隔山乡乌龙岗，即今南武中学校址。其处旧传有南汉梳妆楼、千秋寺址，刘王殿在其南隔山乡。今岗边仍有南汉建龙尾导，又名龙尾道。即今宝龙直街（宝岗路西）。同治《番禺县志》称："祈雨坛在河南龙尾乡，又呼'龙道尾'。"按建坛必要筑路，也是唐制，如唐建含元殿前，即有"龙道尾"。按《资治通鉴》称："后梁贞明四年十一月壬申，越主岩祀南郊，大赦"；"后晋天福八年，十一月，丁亥，汉主祀南郊，大赦，改元乾和"；《新五代史·南汉世家》称："（大宝）二年，铢祀天南郊。"这座南郊的祭坛，即在河南刘王殿附近，龙道尾的存在，亦一证也。今此处仍有"郊坛顶"街名。

（7）游台，在越秀山越王台址。南汉改为游台。《白云粤秀二山合志》称："（越王台）南汉刘龑叠石为道，名曰'呼鸾道'，旁栽金菊、芙蓉，与群臣游宴，故又曰'游台'。今名'歌舞岗'。"呼鸾（亦作"銮"）道，道始于今"百步梯"，过半山亭后，向东斜上，而不直上中山纪念碑（明观音阁址）。

（8）刘王廪，这是南汉时在河南建的仓库，阮元《广东通志》称："卢循故城在县城南六里，南汉时以为仓廪，人呼为刘王廪"，亦名刘王殿。地点在今前进路南万松园路一带台地上。即利用卢循故城地址改建或重建而成，清黄子高《知稼轩诗钞》中有《刘王殿怀古》亦说在隔山村北一里许处，可见近代人已不称为仓廪了。

（9）避暑亭，在甘泉苑内，苑为南汉重点建设园林之一。与莲花山附近的禹余宫的天然山水相比，以人工建筑为胜。按《南海志》见于《永乐大典》引文（卷3579）称："番禺县有玉液池，一名金圹塘，自西竺（璇按：山名）至此塘多潴水也，故上塘村、下塘村之名犹存。"是即甘泉苑地可达于此。但《南海志》的玉液池与西园宋玉液池却大不相同。

十一、南汉池苑考

南汉大兴土木，离宫别馆数百，多有池苑相配合，如南宫之药洲，列石水中，取材远达太湖，南汉园林布局，直保留到今天，为我国最古的园林遗迹，应加研究和保护。兹记大要如下：

（1）南宫药洲　南汉时未有西湖（宋代名），药洲已为南宫内园林设计。此园是以花、石、湖、洲布局为重。主景为湖面及沙洲的布局，而小景即为花、石。这是江南园林特色。后来北宋引上北方，成为宋"花石纲"的制度。可见南汉园林对后世的影响。药洲刘龑所辟，一说刘铱所凿，以花、石出名。宋许彦先有"花药氤氲海上洲"之句。石以药洲九曜石为主，取以象天上星宿，立药洲水旁。《顺德县志》也记有潮观街义隐书院池中，石高丈许，质白滑，横数尺，想亦其一也。《南海百咏》称："药洲在子城之西址，漕台（即南官地）之北界，旧居水中，积石如林，今西偏壅塞，水尚潴其东，几百余丈。"可见到南宋仍仿佛其旧。石景不止九曜石者，因整个药洲均以石胜，又称"石洲"。

（2）玉液池　在华宁里，七块石北，《南海百咏》称："（石屏堂条）在郡城西，蒋公之奇所建，其下有池百余步，列石甚富，刘氏所谓明月峡，玉液池也。"《舆地纪胜》称："石屏台在经略厅西，有池百余步，池中列石，其状如屏，或云南汉时玉液池也。"可见石景连入宋代，仍然如此。《南海百咏》又称："每岁端午令宫人竞渡其间。"此池入南宋即废。池畔有含珠亭、紫霞阁。

（3）明月峡　峡与玉液池并提，故可能与药洲有狭窄水道贯连，即水由峡通入池中。因这里是流花水和文溪汇入西湖之地。

（4）黄鹂港　华宁里南段又名黄泥巷。李士桢《街史》称："华宁里俗名黄泥巷，盖黄鹂港之讹。南汉时，两堤夹植杨柳，上多黄莺，故名黄鹂港。"

（5）宝石桥　今名七块石街，《百咏续篇》称："伪汉刘铱，命黥徒采砺山之石，跨湖为桥，以通花药仙洲者也。其石光洁若玉，长丈有六，横三尺，厚二尺，平列如砥。"今天仍保留在街面，旧称"宝石桥"。

（6）甘泉苑　内有甘泉宫，在今小北门外地。《南海百咏》称："甘溪在郡东北五里北山山脚下，东晋太守陆胤所凿，引泉以给广民，亦呼甘泉。唐会昌间，节度卢公遂疏导其源以济舟楫。更饰广厦为踏青避暑之胜地。伪刘时，复凿山为甘泉苑，中有泛杯池、濯足渠、避暑亭之类，其下流为甘溪。夹溪南北三四里，皆刺桐、木棉，旁侧平坦大道。"清代陆殿邦《维心亭室文集》指濠弦路北"湛家园以南，天关里以北，一带菜地孤塘，及城外黄华塘长堤，尚可仿佛其旧"。此苑有水与流花水相通。则甘泉苑面积很大。

（7）芳春园　在城北。嘉靖《广东通志》称"飞桥跨沼，林木夹杂如画"，翁山以为"一名甘泉苑"，未知他说"桃花夹水二三里，东接藃藃水，可以通舟"何所依据，似把芳华园移此。

（8）流花桥　今仍在兰圃内，水已成灌溉沟，桥改石桥。在市体育馆侧。南汉建，因宫女用花饰随水流出得名。明始易为石桥，建亭其上（见《番禺县志》）。今石桥上刻"流花古桥"四字。

（9）芳华苑　在城西。《南海百咏》称："在千佛寺侧，桃花夹水一二里，可以通小舟，盖刘氏芳华苑故址也。"《南汉春秋》卷十二称："在会城千佛寺侧，即今华林寺也。"一说在千佛塔寺侧，即净慧寺地，当日南濠北伸到此，今官塘街北仍为低地，古称小兰湖（见《百咏续篇》称"潦水涨漫顷余"），或为芳华园池苑地。千佛塔寺，"南汉宗女于此为尼"，建千佛塔（见《大明一统志》）。《恭岩札记》称："南汉时，上元中秋，辄登塔顶燃灯，以兆丰稔，号曰赛月灯。"其时净慧寺仍为近郊区也云云。故乾隆《南海县志》称："其芳华园、芳春园，俱在城北。"即从此说。

（10）显德园　在今荔枝湾附近。黄佐《广东通志》称："显德园在荔支湾，旧广四十里，袤五十里，今尽为民居。"

（11）华林园　在今半塘，《舆地纪胜》称："刘王花坞乃刘氏华林园，又名西御苑，在郡治西六里，名半塘，有桃、

梅、莲、菱之属。"《方舆胜览》亦同记。《舆地纪胜》又称
"紫芝桥在泮塘中路",则此园有桥、林之胜。

（12）西园 今西关西部地方。《粤台征雅录》称："羊城
西部外,其地统名西园,即俗称西关也。"又刘世馨《粤屑》
称："至荔枝湾,南汉显德园在焉。又五里为三角市,中为花
田,汉素馨葬处也。半塘有花坞华林园,皆南汉故迹,其地总
名西园。"即"西苑地"。一说西苑地在今荔枝湾村附近,洗
马涌南。（此涌与河南洗马涌不同）。

（13）昌华苑 在今河南官洲北亭。《舆地纪胜》称："荔
枝洲在南海东四十五里,周回五十里,刘氏创昌华苑于此。"
明代以后,分二说,黄佐《广东通志》称:昌华苑一名显德
园,亦伪刘故址也,在荔枝湾。《岭海名胜记》、《岭海舆图》
从之。余从在江南洲上一说,因与南汉陵区相合,而《南越
志》已称："荔枝洲,上有荔枝,冬夏不凋。"《海录碎事》称
"在番禺东",亦与此说合。黄氏有误。

（14）望春园 在城南。乾隆《南海县志》称："望春园
在城南二里。独花坞故址宋代犹存。"按望春园在城南二里,
即在当日珠江边上。疑在海珠石处,因此岛向以风景著名,民
国仍辟为海珠公园。

（15）苏氏花园 在城西,今西关蕉园大街,龙津东路
北。黄佛颐《广州城坊志》卷五称："故老相传此地即园（苏
氏园）故址。"陶谷《清异录》称："南海城中苏氏园,幽胜
第一,广主尝与幸姬李蟾妃,微行至此,憩绿蕉林。广主命笔
大书蕉叶曰'扇子仙'。苏氏于广主草宴之所,起扇子亭",
二说相异。

此为南汉私人园林记述。按南汉为外贸发达时期,城中富
人不少。如能自太湖采买石归,即很富有。中官管外贸已知有
二人,即吴怀恩及李托,均为皇室重臣。官名"押番",亦沿

唐代之名。宋太祖尝认为如刘铱用心治国可不必亡国，即指其经济实力而言。李托等亦言宋朝南侵，欲夺我宝货为目的，因而焚府库，使宋兵无宝可掠，希望自行退兵。

十二、南汉陵墓考

南汉陵墓规制不大，已知有下列几处。

（1）高祖刘龑陵称"康陵"，"葬兴王府城东三十里北亭。熔铁锢其外，使不可启"。这座谥天皇大帝、庙号高祖的"康陵"，在崇祯九年（1636）间被发现于官洲北亭。《羊城古钞》卷三称："堂宇豁然，珠帘半垂，左右案玉几，备列有金人十二，举之各重十五六斤，中二金像，冕而坐若王者，笄翟如后者，各重五六十斤。旁有学士十八，以白银为之。地皆金蚕珠贝所筑。旁有便房。当窗一宝镜，大径三尺，光烛如白日。宝砚一，砚池中有一玉鱼，能游动。碧玉盘一，以水满注其中，有二金鱼影浮出。……令得玉枕一、金人四以归。玉枕作卧虎形，长可尺许，大小珠见风悉化灰土，口含之而出，乃得完好。承棺有黄金砖四，棺既斧碎，有怀其发齿以出者。所发隧道如城，巩高五尺，二座深三丈，一碑当穴门中立。辞称高祖天皇大帝哀册文。翰林学士知制诰正议大夫尚书右丞相紫金袋臣卢应敕撰并书，其所为大帝者，崩于岁壬寅四月甲寅，朔越廿四日丁丑，号为大有十五年葬于光天元年，陵曰康陵，盖刘龑墓也。"墓在北亭洲山边，有雷出穴，为农民发现。

此墓据《番禺县文物志》（1988年）称："墓是青砖墓，五层券拱砌成墓室。"长10米，宽2.8米，隔墙分前后二室。前室左右壁各有八个壁龛，顶呈穹形，可能放置造像。封门石板弃于墓左山坡，长3.04米、宽0.96米、厚0.15米（据蔡德铨）。另两块砌街边水渠（北亭村），与明代记载相符，墓址今在村东南青岗山腰上。

《南海百咏》称："陵山刘氏墓也，在郡之东北（疑南字之误）二十里，漫山皆荔子树，龟趺石兽历历具存。昔有发其墓者，其中以铁铸之。予尝至此地，摩挲断碑，不见始末，但见其辞皆葬妇人墓。考之伪史，疑懿陵也。"有疑即马皇后墓，祔葬于"康陵"，因康陵中有帝后像共立记录。

（2）烈宗刘隐"德陵"，在海曲，亦葬北亭陵区。今北亭村北宋地处山坡上，有一文一武石人，石马一对，石羊一对，东西对立，相距10.9米。石雕文官在东，出露地面2.44米，腰围2米，与石马相距4.68米。石马连座出露地面1.92米，整石雕出。马具雕出精美。石马南5.15米为石羊，长1.10米。连座出露1.05米，跪卧式。武将在西，正对石文官。高2.16米，腰围2.2米。南5米为石马，南5.14米为石羊，两两相对，由鸭屎石刻出。墓碑、铭于"大跃进"时被撬走。有疑为德陵墓道。一说宋墓（蔡德铨，1988年）。按北亭陵区还有太子墓传说。陵区亦和广州风景区荔枝洲相合，则刘氏陵区亦为离宫别馆所在，故建有昌华园于此，有昌华宫，红云宴亦开于此。可知官洲北亭为南汉重点建设段地点。当时并有"宫苑使"专职官员。《南汉书》称："乾亨七年（923），遣宫苑使何词聘于唐。"今仍传有"昌华八景"或"北亭八景"。据司徒彤称（1989年）：指"盘龙晓月、松岗夕照、荔子红云、渭桥烟雨、马步归航、水云古寺、梅园香雪，蚧泉煮茗。"可见今天仍是番禺名胜地区。今后对南汉陵区亟应保护和发掘，为研究南汉取得实物资料。

（3）中宗刘晟"昭陵"在城东北四十里博大山（《南汉书》）。《南汉书·考异》称：晟墓在番禺县东北四十里之昭陵山。据麦英豪考证，认为在今石马村附近，因山有石人、石马的雕像，石马存留于今。墓大，亦为青砖穹形墓，出土有南汉精制青釉瓷器，为极珍贵品。附近亦遍山荔枝树，想当日亦为一风景区。《大清一统志》亦称为"昭陵山"云。

（4）花田在西关三角市，为南汉葬宫人墓地。《南游记》称："今府西十七里有花田，平畴弥望，皆种素馨。相传南汉宫人死多葬此，一名白田。"可能因遍种茉莉，一片皆白得名。黄佐《广东通志·古迹》卷十九引《南海百咏》称："花田在城西十里三角市，平田弥望，皆种素馨花。"《南征录》："刘王时，美人死葬骨于此。至今花香甚于他处。"但入清已为民居，因清代叶廷勋《西关竹枝词》十首中，即有诗句"花田旧址无花种"了（见《梅花书屋近体诗》）。

三角市，据清蔡士尧《荆花书室诗钞》中的《八桥竹枝词》自注称："永宁桥南三角市，昔为花田。"永宁桥即今三板桥处（在和平西路），市即鱼塘栏东街道，开马路时，沿三角市拆建珠玑路（中段），地名今已消失。《粤屑》称："汉素馨墓处也"，疑误。因按《南汉书》称："素馨后主司花宫女，以色进御，封美人。性喜簪那悉茗花，因名素馨。死葬兴王府城西北郊。后主痛之，使人多植那悉茗花于冢上，号其地曰'素馨田'，坟曰'素馨斜'。"与花田记载不合。按西北郊为岗地，宜为墓葬，而花田则似为骨灰墓，今基围区亦可见多层木棺葬，因平原无高地，堤围即较高葬处，为地位低的人葬处。《岭海名胜记》则把美人墓与素馨斜混在一起，折衷二说而记。一说素馨是王女。事见《明一统志》，称："在阳江县东，王女名素馨，葬此，冢上生那悉茗花，因名素馨。"与花田亦无关。又据《南海志》亦称：素馨与花田并非同在一起的。

十三、环兴王府廿八寺考

刘氏作恶太多，故迷信思想浓厚。刘岩知子孙不肖，事业有如"牛角"，逐渐衰败，终至灭亡。故求仙佛为护。第三子刘玢立二年，即被四弟刘晟所杀，诸王争位，互相残杀，一脉家传。刘晟杀尽诸弟兄共 14 人。后主立，又杀二弟。皇族有女为尼，如城西净慧寺即有宗女为尼于此。《大明一统志》称："净慧寺在府城西，南汉宗女于此为尼，建千佛塔。"但按《舆地纪胜》称："净慧寺刘氏长寿寺也。在二十八寺之外。"故刘氏建廿八寺，实为求佑天堂，保护刘家，非把古老寺庙改名也。

环绕兴王府廿八寺名称，见于《南海百咏》诗中，其诗序云："以下二十八寺，列布四方，伪刘所建，上应二十八宿，尚大半无恙。"诗云：（东七寺）"慈度天王更觉华，苍龙东角梵王家，普慈化乐成尘土，兴圣犹兼觉性夸。"（西七寺）"文殊千佛显真乘，水月光中见定林，昭瑞当时连集福，咸池今日应奎参。"（南七寺）"井轸南宫焕宝光，千秋古胜并延祥，只今两寺无名字，地藏旁联四实方。"（北七寺）"国清尊胜北山隅，证果报恩同一区。地藏荒芜并报国，尚余悟性斗牛墟。"

上诗已知南宋已有二寺失名，一些荒废了。但四方寺宇大半仍在。

依《南海百咏》记载，廿八寺名称，大致如下：

（1）东七寺：慈度、觉华、梵王、普慈、化乐、兴圣、觉性。（其中普慈、化乐二寺已毁于南宋）

（2）西七寺：千佛、真乘、水月、定林、昭瑞、集福、咸池。

（3）南七寺：宝光、千秋、古胜、延祥、地藏。（内二寺已于南宋失名）

（4）北七寺：国清、证果、报恩、报国、悟性、尊胜、地藏。（地藏寺有两所，疑误）

《南海百咏·卢循河南故城》条中称："在郡之南岸，古胜寺之西。"则古胜寺当在河南。又说"真乘寺亦在硬部（即步），其地斯近之矣"，"刘王花坞在千佛寺侧，芳华园故址"。其他寺考证如下。

廿八寺寺名及地点可考者有：

（1）东七寺　慈度寺在海珠石上，《羊城古钞》称，建于大宝年间，乾隆《南海县志》同。《南汉书》称为后主时，僧达岸请建。

（2）西七寺　西七寺中千佛寺争论较多，多因千佛塔有多个而起。净慧寺有千佛塔，故一说千佛寺即净慧寺。但此寺已明记不入廿八寺之内。第二说认为在唐开元寺（宋大中祥符中改天庆观，后称元妙观），亦因内有"涂金千佛塔"之故。《楚庭稗珠录》卷二称："寺有金涂铁塔，刘铢溶铁为之，涂金于外，光耀至今。"寺内还有铢及二子铜像，据传匠人因造像不似而被杀。《大明一统志》称："南汉刘铢与其子各范铜为像，略不肖似，即杀冶工，凡再三乃成。"并以此寺亦有河流经，故定为千佛寺，实误。因《南海百咏》指出在城西，但不在华林寺，而在青紫坊。黄佐《广东通志》称："日泉井，在旧青紫坊千佛寺侧。"（见《岭南丛述》引）即今龙津东路附近。因《南海百咏》"刘王花坞"条即明记在千佛寺侧。

定林寺，黄佛颐疑其在天庆观附近，因《南海古迹记》称："（东坡泉）经略使方大琮浚泉；护以定林废寺铁井栏。"（见《广州城坊志》卷三）按南汉时未建西城，故恐在西城范围之内，因铁栏笨重难搬，在天庆观附近，亦有可能。

真乘寺，据《南海百咏·朝汉台》条，指在城西硬步，即今西场附近。

（3）南七寺　宝光寺是大通寺前身，后主应达岸建，时地僻，故建寺于此，大宝间建，宣扬佛法，参学者多，在附近田野建房居住，渐成市集（见《南汉书》）。千秋寺有争议。《图书集成·职方典》引《广州府志》称："（药洲）州南有千秋寺，元季俱毁，今故址为按察司。"但一说在河南海幢寺。阮元《广东通志》称："海幢寺在河南，盖万松岭福场园地也。旧有千秋寺址，南汉所建，废为民居。"此说后出，余从前说。

（4）北七寺　悟性寺在越秀山足，《南海百咏续编》称"三元宫在越井岗，即唐之悟性寺故址"，寺久废。

石门西华寺为南汉大宝元年（958）建，宋、明重修，但是否入廿八寺之数，未考。

南汉兴王府寺观亦盛，可记者如下。

（1）光孝寺　在今光孝路北，寺史长达1700多年。本南越王赵建德故宅。吴为虞翻讲学处（222—252），称"虞苑"。虞死，家人施宅为寺，名制止寺。据顾光《光孝寺志》称东晋时名"王园寺"，贞观十九年（645）改乾明法性寺，会昌五年（845）改西云道宫，宣宗十三年（859）复旧。南汉时，《南海百咏》称："法性寺刘氏时为乾亨寺，后复旧名，今为报恩光孝寺。"

南汉，光孝改为乾亨寺，今天保留胜迹仍多。相传当日寺后园即为刘龑避暑之所。据清凉道人《听雨轩笔记》称："寺后有园一区，树石亭台，回廊曲沼，颇饶幽趣，相传为南汉主刘龑避暑之所。寺僧历来修葺之，故虽已数百年，尚未颓废。"今天游览仍可略见旧。

东、西二铁塔是南汉遗物。东塔方形七层高6.35米，连座7.59米，全身有九百佛龛，为莲花座。四周雕"行龙火珠"、"升龙降龙火焰三宝珠"，反映南汉铸造水平很高，为全国最古最大铁塔。西塔为南汉大宝六年（963）太监龚澄枢与女弟子邓氏卅三娘铸。民初坏了三层，现存下面三层。东铁塔是宋时由开元寺迁来的。

白莲池、洗砚池唐代已有，故南汉仍存。

（2）净慧寺　今六榕路六榕寺。梁大同三年（537）昙裕奉诏求舍利东归建，称宝庄严寺。王勃有记，今重抄刊出寺中。《壬申南海续志》引《恭岩札记》称当时还有"赛月灯"风俗，说："各里巷亦累瓦为塔，集薪燔之，火遍三城（按当时未有三城），亦奇观也。至今其俗尚存。"

（3）开元寺　唐建，宋为元妙观，但内有刘铱"涂金千佛塔"，铱及二子铜铸肖像，恐南汉时仍在，未改名。

（4）药师庵　唐建，因《番禺县志》称："药师庵在小北门直街，鼎建于唐。"《白云粤秀二山合志》称："巷内比丘不下百人，省中尼庵，惟此为盛。"民国为小学，现仍为小学。想南汉时应仍在。

（5）华林寺　梁普通七年（526）达摩来建，历代均盛，故南汉亦存。一说即千佛寺。有误，因按《百咏》说千佛寺在刘王花坞，则在华林寺之西半塘，二寺相距仍远。

第二章　宋、元时期广州城历史地理

第一节　宋代广州城的历史地理

前　言

广州城在宋代和明代都是一个大发展时期，在历史地理上争论问题也较多，因此本文突出这个时期的问题加以讨论，元代的广州城，亦作重点。

宋代广州城是由三个城组成的，称为"宋代三城"。

广州城的结构即反映出广州城不断的扩展。

一、宋代三城的历史地理

1. 中城（子城）

宋灭南汉时只有唐子城一座，且经战火伤残，《宋史·南汉刘氏》称："美等乃进攻，保兴迎战，大为所败。美乘风纵火，烟埃垄起，崇岳死于乱兵。城既破，铢尽焚其府库。"《新五代史·南汉世家》亦说："龚澄枢、李托等谋曰：'北师之来，利吾国宝货矣，焚为空城，师不能驻，当自还也。'乃尽焚其府库、宫殿。"因此，为恢复广州外贸而要修城，早在景祐四年（1037）即曾修城一次（见《宋会要稿》）。主要修补各处。由于子城临江无濠，船只受台风危害，在 1014 年由邵晔开内濠。《玉壶清话》称："邵晔知广州，凿内濠以泊舟楫，不为台风所害。"《宋史·邵晔传》称："（大中祥符）四年知广州，州城濒海，每蕃舶至岸，常苦飓风，晔凿内濠通舟，飓不能害。俄遭疾卒，年六十三。"这是开始建设广州港的一件大工程。该书还记："广人歌曰：'邵父陈母（指陈世卿除盐法自由买卖），除我二苦。'"按子城有东濠，即刘铱"堑广州东濠"（《宋史·南汉刘氏》）。西濠为西湖。故内濠当在珠江岸内，即今玉带濠（由仰忠街到高第街北一段），离城较远，还有高绅开凿的西澳（1004—1008）。《南海百咏》称："景德中，高绅所辟，维舟于是者，无风波恐，民常歌之。"南濠是人工凿的，但这里地势低，当是古河道洼地，因在濠的北段近玄妙观即发现古海舶。《南海县志》引《恭严札记》称："元妙观西偏，乾隆初，有道人黄某垦隙地为菜畦，获藏镪无算。相传初启工三四尺，得檀木盈丈。视之，盖洋舶也。搜掘至船，因获多金。意唐、宋前，此处当属濒海巨浸矣。"这片低地，在1915年大水，仍为西北江洪水涌入老城地点，直到七株榕。《百咏续篇》记："'龙起井'在西城仙羊街藏龙里。宋宝祐元年（1253）侍读钟显孙屋后古井……乾隆卅八年癸巳五月……夜闻井中涛声震沸，至晓不休。"濠畔有光塔是番舶归航标志。这都反映宋初外贸的发展。

修子城记载，主要一次为1045年加筑子城。《宋史·魏瓘传》称："知广州。筑州城环五里，疏东江门，凿东、西澳为水闸，以时启闭焉……侬智高寇广东、西，独广州城坚守不能下。"《舆地纪胜》引《皇朝类苑》称："魏侍瓘初知广州。忽子城一角颓，得一古砖。砖面范四大字云'委于鬼工'。盖合而成魏也，乃大筑子城，未几，侬智高寇广。其城一击而摧。独子城坚完，民逃于中，获生者甚众。"

这座子城后因修东、西两城又被称为"中城"。

宋子城或中城比唐代子城要大些。因宋子城是承南汉兴王府而修筑，即已把南汉时凿平番、禺二山地划入城中。《南海百咏》引《番禺杂志》称："番山在城中东北隅；禺山在南二百步许。两山旧相连属，刘龑凿平之。"《舆地纪胜》引《城冢记》称："刘隐更筑，凿平禺山以益之，宋增筑子城。"可见宋子城已包括南汉"新南城"部分。南门亦已由清海楼移出南面"鱼藻门"或"安澜门"一线，即今大南路、文明路处。城北仍在唐子城之北。越秀山隋唐时称为北山，如五层楼后岗《隋徐君墓志铭》称："葬于南海甘泉北山"（汪兆镛《广州新出土隋碑三种考》，1923 年），显在城外。《舆地纪胜》称："越王台在州北悟性寺。宋唐庚记云：'台据北山，南临小溪。'"又《舆地纪胜》广东南路条称："斗南楼在子城上"，"十贤堂在子城上"，"八贤堂在十贤堂东南"。郭棐《广东通志》称"斗南楼在府治后城上"，即今越华路中段（旧司后街），是子城北界。今越华路南仍有高起直线形城基地形保存，其南即为子城历代官衙所在（越王宫废址亦在），高出越华路 3 米上下。据《永乐大典》广州府境之图，仍绘为城濠所经。可见越华路北低地，为广州北郊。楼称"斗南"即"北斗之南"之意，亦合城正北建楼之意，有"北倚越台"之称，为 1101 年建。十贤堂在子城西城上。因十贤堂东南八贤堂，此堂在西湖北端，亦在宋西园地，有五仙观。故十贤堂所在城上当为西城墙上。

越华路北到越秀山为一低地。据《舆地纪胜》引唐庚记称："（越王台）台据北山，南临小溪，横浦祥牁之水，辐辏于其下。"即西、北江支流和东边甘溪是相通的。而宋北城池濠也开于此。甘溪下游文溪亦流入低地中，潴水成池，灌州后平地。《南海志》卷八称："开庆以来（1259），谢经略子强，复自蒲涧景泰山，导泉水西入于靗靗水，又至悟性寺之左，筑堰潴之，深二丈许，以潢浸州后之平地，有习坎重险之象。南开小窦，溢则泄之于濠。近年决其堤，纳水于濠，遂以其故地为田，属之官。"作者陈大震宋末人，入元而作，故当亲见其情。说明宋城北界不过此低地。今省政府内地下有蚝壳钻出。地名沙地，亦指中山纪念堂处。其西为九眼井，井口地面亦低，科学馆地下有河相沙层沉积（据姚清尹），其上有文化层厚达 4 米。可见由今西濠到东濠洼地为古代河谷。西城北低地今天仍有天凛街在，古名"大坑"，亦表示低地之意。宋西城北的濠池亦见于《永乐大典》广州府图中。今市二中下 9 米处有灰岩层，可知洼地为溶蚀所成，亦一因也。

子城西界为西湖。《南海百咏》称"药洲在子城之西址，漕台之北界"。按漕台即今九曜坊。西湖残迹九曜池，仍保存于南方戏院北侧，为观众休息地点，南汉九曜石还存池塘中，现将修复，作为游览点。北段为文溪西支，有南汉玉液池、明月峡、黄鹏港（今黄泥巷）、宝石桥（今仍有七块长大的花岗岩在街面）诸胜。宋改为石屏台、石屏池。《舆地纪胜》称"药洲在西园之石洲"，石屏台在经略厅西，或云："南汉玉液池也。"北端在 1972 年曾发现古城墙一段，在今广仁路侧坡地处，作南北向，由宋砖所成，显然是宋子城一段。由本段子城作南北走向，得知城西北并不呈方角形，而为一带低洼之地，即石屏台及石洲遗址，故子城似非方形的城。今华宁里仍地势特低，西侧地势立即升高，表示子城西城遗址地形。由巨大的七块石和西湖九曜石，及九曜池的泉孔成群（9 个）看来，则子城西界还是清楚的。

子城东界为文溪正流所经，宋代三桥，即有两桥横过文溪的。一为城北的状元桥，在今法政路和登峰路交界处。同治《番禺县志》称这是李昂英建的三桥之一（还有狮子桥、文溪桥），1255 年建。文溪桥，郭棐《广东通志》卷十六："文溪桥李昴英建。"明成化文溪改流出今东濠，文溪桥水断，成为六脉渠之一，改为明月桥。今长塘街和旧仓巷之间，渠在中山五路路面下（清代称为左二脉渠），桥呈拱形，阔 2 米多，高亦 2 米。《白云粤秀二山合志》卷二"长塘街北口，旧有小桥，即古文溪桥"。按长塘街即为文溪断流后，在河谷中贮水所成的长塘，还有大塘等存在，今亦名大塘街。《图书集成·职方典》称："大塘在广州府城内，连亘三里，旧为盐课提举司后堂。"今仍称"贤思街"。反映宋代用"任嚣城"作盐仓，以及古东濠在唐代以后，即浚深成可航的水道，宋用以运盐。《南海百咏》称："（任嚣城条）今城东二百步，小城也，始嚣所理，后呼东城，今为盐仓。"《南海百咏》称"（甘溪）唐会昌间，节度卢公，遂疏导其源，以济舟楫"。这条古东濠因由水塘流出，水色特清，宋名清水濠。在《水经注》中，所谓"有水坑陵"即指文溪。故城倚其上，也反映出子城东界即在文溪一线。

　　子城城墙在南汉灭亡时损坏，故在 1037 年城壁损败。《宋会要·广州府城》称："景祐四年五月十一日，广南转运司言广州任中师奏城壁摧塌。"而 1045 年已有请筑子城之意。《宋会要·广州府城》称："庆历五年五月八日，资政殿学士知曹州任中师请修广州子城……中师曾知广州，以州独有子城而废久。"直到魏瓘修城后，1052 年又再修之，加筑城门。《宋会要》称："皇祐四年十月廿九日，诏知广州（即再次知广州）魏瓘……其广州城池，当募番汉豪户及丁壮并力修完之。"郭棐《广东通志》卷十二称："（魏瓘）复于城南辟凌霄门。"又卷十五称："筑东西南雍城门，南曰镇安，西曰朝天，南曰步云，东曰行春。后又改朝天为有年，步云为冲霄。"到 1067 年又要修城。郭棐《广东通志》卷五称："治平四年，知广州吕居简始陶甓甃城"。可见子城是不断修建的，平均约 50 年一次。

子城有多少个门？城北未有门的记载，又是府署所在。东西南三面才有门，已知 3 个。

南门为镇安门，又名镇南门（见《南海志》卷八）。故称"南曰镇安"，当为清海楼改建双门前的广州正门，有王积中记称双门至海边为一直道。记称："逾谯门以抵城闉，以临涨海，其衰三里，其直如矢。"镇南门是嘉熙元年（1237）改定。

南门东边，有步云门，后改冲霄门。按郭棐《广东通志》事纪四称："魏瓘筑州城，为凌霄等门。"即筑于 1045 年（《南海百咏》说是 1044 年）。这门即后来文明门（今文明路得名于此）。《南海志》卷八称："冲霄门在子城之东南隅，州学之直。绍兴二十七年经略苏薖辟。旧名步云。"

东门名行春门。位于今长塘街北口，即清明月桥（宋致喜桥处）。文溪一水阻隔东西交通，故建桥当在通途之上。今中山四路当为入城大路所在，故纪念古人牌坊特多。惠爱街直而较宽，也是广州主要大街之一。这段濠池如按由海到行春门计算也正好和今天测得由江岸到文溪桥长度一致，说明行春门应在今中山四路上。《南海志》卷八称："清水濠在行春门外，穴城而达于海，古东澳也。濠长二百有四丈，阔十丈。"今测得自濠至文溪桥址约为 700 米，正合。

西门名朝天门，后改为"有年"。据黄文宽见告，解放后有朝天门石额在中山五路掘出，正好说明在中山五路处是西门所在。这门和行春门正好成一直线，亦为清代清风桥所在，即为入城大道所必经。街南即为西湖亦一证明。按《永乐大典》广州府境之图中，亦可见惠爱街为一直街，位置也正好在城的中部。

子城城门按《羊城古钞》卷七称："西南曰素波。"但据

《南海志》卷八称："素波门……在盐仓街之直。"今附近还有素波巷保存。徐俊鸣认为素波门在西城，此说有理。因盐仓街即今盐运东、盐运西处，在西湖西南。郭棐《广东通志》称："广东提刑按察司在府西南，洪武二年，改盐仓街旧盐课司故址开设"；并说："公署狭隘，乃辟司之东千秋寺以广之。"则素波门当在西城东南隅，即今惠福巷东旧盐仓街南口，其外即为素波巷。《羊城古钞》似不确。《南海志》卷八亦称："素波门在城西之南，盐仓巷之直。"

　　子城内结构大致可分三段。北部是历代广州官衙所在，由越王宫到南海郡或广州府均在这里，包括各种衙门在内。即惠爱街（今中山四路）以北地区。南部城内商业区，以双门底

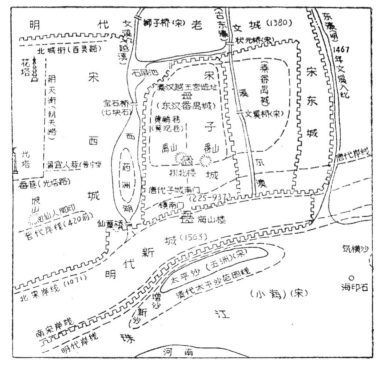

宋代三城示意图

为中心，到西湖路附近。第三段为沿宋江边地，即大市（沿江边商业区），今惠福路一带，包括河边码头区。王积中记称："惟谯门之旧，适临通衢，而宣诏堂适对其冲。乃崇谯门而新之，乃易宣诏堂而大之，上起层楼，以壮丽谯，中为复门，以列棨戟。复为黄堂以饷军旅。又取刘氏铁柱于荒草淤泥间，牵曳置立堂下，由是出焉，洞重扃逾，逾谯门以抵城阖，以临涨海，其袤三里，其径如矢。"可见1097年时，子城已分出官衙区、商业区和沿河商业区三大区。

从地形上看，由今天财厅前到珠江边，地势是逐级下降。计由最高的财厅前计起（即越城及后汉步骘城所在地），向南依次降低。子城清海军楼，即今双门底处，地势向南下降明显，表示今西湖路到惠福路一段（约长250米），为南汉"新南城"范围。已离开禺、番二山，故地形上比越城低了一级，约2米。

宋子城南地势又再低一级，即由大南路到泰康路一段，地势也是向南缓慢减低，高第街今天仍低于大南路。即以濠为界，地形高低不同。宋子城地势较高，城外较低，高差达1—2米，显示城外江边低地特征，差别明显。

泰康路以南，地形也是向南降低，直到今珠江边，这是宋代"五洲"所在，在当时还是江上沙洲，刚浮出水面不久，入明才淤起成太平沙。即今珠江长堤地区，地势最低，每当洪期高潮，仍可淹上马路。由泰康路向南望，即看到地势明显降低，表示当日江上沙洲特色。

总之，第一级最高，因越城废墟所在，文化层堆积特厚所致（4—5米）。宋子城南部为宋代河边地，文化层堆积不厚（2—3米），故地势低一级。子城外河滩，形成更新，文化层堆积更薄（1—2米），故地势更低。明新城外已入近代商业区，因而最低。子城街道则以东西向的惠爱街及南北向承宣街为主干，呈一丁字形。至今仍然如此，即中山四路和北京路段。只在西园处有十贤坊、五仙观等建筑。

城北官衙区以今财政厅为中心。越王宫，汉南海郡，隋刺史署，唐节度使署，南汉为德龙宫，宋为经略安抚使司。西为西园，南为双阙（南汉建），至宋时（1052 年）改为双门，又称"节度楼"。西园宋于唐响军堂开为经略司，即明广州府署。司后有元老壮猷堂等建筑。前有大马站、小马站街，按《宋史·兵志》已载，可知为宋代南北直街。在《永乐大典》南海县之图中，已有急递铺标出。且近西湖边"流水井街"亦已绘上。且南抵城边（沿今龙藏街），可能是子城西侧街道，亦有记载为宋街，并和承宣街平行，为当时市阛地区。

唐代子城南部市阛区在明初已知有旧五羊驿，即《南海志》称："子城直街内有来远驿。"位于今北京路之西，越秀书院街附近（今西湖商场北）。北为宝泉局。西湖为宋漕运司。郭棐《广东通志》卷七称："布政司清军道旧为海北道，在西瓮街旧五羊驿址。"即宋代亦当有官衙所在。而宋末南城外滩地已有大面积成陆。大市街是唐代已成市，而入宋为广州沿河商业区的中心区。

子城西为西澳，有大市、蕃坊；东为古越城废墟，但仍有居民，南为宋南城地，亦为商业及码头区。

宋代子城官衙多，又有唐代以来的疏市廛和改用瓦屋的建筑工程措施，即用版筑、瓦顶和扫灰水的建筑形式，故市容较好。《宋公遗爱碑颂》称："其率人版筑，教人陶瓦，室皆涂垩。昼游则华风可观，家撤茅茨，夜作而灾火不发，栋宇之利也。"但街道仍很狭窄。如王积中记称："以府门隘痹，偏处东隅，官寺民居交隘，必侧舆转辔，乃克有适。"这条主街也如此狭窄，其他也不会太宽。

最宽处为双门地段，按南宋刘克庄《重建清海军双门记》

称："筑基广十丈四尺，深四丈四尺，高二丈三尺，虚其东西二间为双门，而楼其上者七间。凡碁皆甃以石，覆以砖。门之柱八，各三尺六寸。旁柱三十有六。凡柱皆易以坚木。辟两旁地为翅环。以翅楼前为颁春、宣诏二亭。"则这个小广场有30米多宽的，有如一瓮城大小。

城东南学府亦大。据章粢记称："一日，诸生百有五十一人，以状来请……咸曰：城东南隅，有驻泊都监官廨，值番山之前。"可见学府之大能住150人。又是原来官衙建筑，即说明当时子城内是街道狭窄，但瓦屋已多。这一情况直到清代民初，我们所见街道情况，仍是如此。沿今北京路还有仓库，到明初还有（如永丰仓、盐仓等）存在（见《永乐大典》广州府境之图）。《南海志》称："永丰仓在子城直街，旧名广丰。"南有"桩备仓"。城外民户也多。宋代子城要扩大是势所必然，尤其西城和东城的兴建和经济发展形势，配合最密切。

2. 宋东城

宋东城是据古越城遗址兴建的。熙宁二年（1069）四月建，成于熙宁四年（1071）十二月十三日。《宋会要稿》方域九称："熙宁元年四月廿三日龙图阁直学士吕居简言：'前知广州，伏见本州昨经侬贼。'后来朝廷累令修筑外城，以无土难修。本州子城东有旧古城一所见存，与今来城基址连接，欲乞通作一城。诏令广南东路经略安抚司疾速计度功料，如法修筑。……十二月十三日广南东路转运使王靖言：'修展广州东子城，修毕。'"又《南海志》称："余襄公诗：'千载犹存古越城。'"又说"袤四里，壕其外，为门三"。

较详细记录东城情况的还有《唐垌记略》。他说："旧有城在州之东，规模近隘，仅能藩离官舍，暨中人数百余家。"即东城是个规模很小的城，唐垌记时的东城也是以官舍为主的，并和任器城记载相似。徐俊鸣即以东、中城合为越城。步骘城只占越城的西半部是有理由的。越王宫处为赵佗扩大任嚣城部分，也由考古研究证实，因文化局发现的木结构下无文化层。

修建东城记载，是有扩展东城的记录的。即因子城有城无廓之故。《宋史·张田传》："知广州，广旧无外廓，民悉野处，田始筑东城，环七里，赋功五十万，两旬而成。"其时为熙宁元年（1068）。筑七里的城20天成功，显然是有旧城为基础的，即廓的性质。章粢记略（1096年）称："熙宁元年（1068）张田为州，惩艾侬智高之寇，请增筑东城。而学为城所侵，因徙国庆寺之东。"其次，《南海百咏》称："东城乃熙宁初，吕居简所请，转运使王靖所筑。"又说："始嚣所理，后呼东城，今为盐仓，即番禺旧县也。"《番禺杂志》称："熙宁间，吕居简为帅，因其遗址筑之，见郏亶之记。"该记称："患旧城不足以容民，而议为西城者皆以地处卑薄，毁民居者众，而不可为者……为城（指东城）衰四里，为濠以环其外。为楼橹五十有一，为门二，实旧濠之两端，合子城而为一。"

从这记里知修东城比修西城易，居民较疏，地势较高，即因有古越城废墟为基础之故。环四里大小，有濠绕城，这在《永乐大典》广州府境之图上，仍可见到。而由城北菊湖南流入唐子城东濠的文溪故道，也被东城截断，成为行春门外的清水濠，要穴城而达于海。而截城地点是和子城北城墙和南城墙一致。故东城是没有西门的，西门即行春门外地方。这里有文溪桥入子城。

东城北接子城北城墙，即今越华路南高坡向东引展地方，正好为濠弦街（今豪贤路）位置。濠边当是宋东城北城濠濠弦。由《永乐大典》广州府境之图上看的确如此。即北城濠在子城和东城段是呈直线状，没有弯曲，和西城北城濠相接处却有明显向北弯折流路，反映西城的广大。濠弦路南仍见有高土墩地形，与今城隍庙后高土墩相似而规模略小。城隍庙后土墩清代仍称东岳，上有庙。今仍有东岳首约街名。

南界和学府前文明路相接。按东城南界在《永乐大典》图中与内濠亦平直同在一线上，因而，宋城亦当如此。因此图是在明初连三城为一时所绘（还未廓入越秀山）。应为元、宋时旧址联成。濠形少变，故南界应以玉带濠为界。

东城东界以番禺县学为界。按番禺县1051年设于州东紫泥港，县署是王靖修东城时建。郭棐《广东通志》称："皇祐三年（1051）复分南海为番禺。设县治于州东紫泥港。熙宁二年（1069）经略使王靖创建。"县东侧为县学。据乾隆《广州府志》称："洪武三年，知县吴忠，训导李昕度地于东城外建焉。十三年，展东城，学遂在城内，即今学。"据此宋东城东界可能在今番禺县学之西，即今农民讲习所西侧。芳草街已是城外。今天在芳草街下掘出蚬壳层，也说明这里是古代河床地方。本层蚬壳一般年龄为2000多年（根据 C_{14} 同位素测定），可知汉代这里仍是河汊区。紫泥港一名也可反映当日地形情况。由此直南下贡院（今省博物馆地），接文明路古东城南面城墙。

东城只有四里，如按上述地域量算也正好符合。

东城只有三个门。东门叫震东，南曰迎薰，北曰拱辰（见《黄通志》），西边没有城和门。因此，东城即子城东廓。郭棐《广东通志》称"居简得越城遗址，复谋筑之，会移荥阳，朝京师，上其事。诏转运使王靖成之。袤四里，濠其外，为三门，南曰迎薰，北曰拱辰，东曰震东。西与子城行春门相接，是为东城合子城为一"。

东城以番禺县署为中心。南有德政街，向南直达城外，则迎薰门当在今文明路和德政路交叉处。拱辰门应在豪贤路和南北向榨粉街交接处。因大街多有长久历史，通途是不易变迁的。今天德政路（清代又名番禺直街、秉政街）北段是拆建的（拆番禺县署地）。而榨粉街则通直而宽，故疑它是当年的主街。震东门则可能在中山路上，大致在今农民讲习所前。

街道型式亦似子城。它以东西主街通子城，并以番禺县南正街为通海边大街，即亦呈丁字形街道结构。北门在番禺县之西，北门大街直通南城墙，即今榨粉街、秉政街。番禺县南正街之东，还有一条大街，南下城边。三街之中部又有一横街贯通，按今图似为担竿巷位置。以上宋代东城街道系统均见于明初连宋三城的《永乐大典》南海县及番禺县之图上，今中山路和德政路即沿东城主街型式改宽而成。

东城大建筑物少。已知仓库在东门内。《南海志》卷十称："东城甲仗库在震东门内。"可见官衙仍然不小，尤以在番禺县正街两旁者居多。因明代记录不少番禺县下属单位名称，这些单位多沿前代所设，如按司厅、龙德书院等。

3. 宋西城

宋西城是在熙宁四年（1071）修建。《南海百咏》称："西城则程师孟经始于熙宁四年。"兴建西城理由是由于这里是繁盛商业区，最怕变乱。如侬智高攻广州，而受伤残。《广州重立天庆观记》："皇祐四年（1052）广源侬寇乘不备，潜流窃至，番禺中城之数延灾，规宇悉焉煨尽……又舍四十万，买田供奉。"这是元丰二年（1079）春九日三佛齐人捐建天庆观的记载。可见建城是很必要的。《宋史·大食传》称："熙宁中，大食国使辛押陁罗乞统察蕃长司公事，诏广州裁度。又进钱银助修广州城，不许。"西城比东城迟建是因为"而议为西城者皆以地处卑薄，毁民居者众而不可为者"（见郏亶记）。《宋会要稿》九亦称："吕居简言，前知广州，伏见本州昨经侬贼。后来朝廷累令修筑外城，以无土难修。"《宋史·程师孟传》称："徙广州，州城为侬寇所毁，他日有警，民骇窜，方伯相踵至，皆言土疏恶不可筑。师孟在广六年，作西城。"

总之，由于无土修城，破坏民居又大，故迟于东城才兴筑。修城又主要靠自己力量，不靠蕃商。

二、西城的大小和范围

西城范围据吴莱《南海古迹记》称："建德故宅在西城内。"即光孝寺是在西城中，现在位置仍表示它在西城北角。是则西城以光孝寺为西北角所在。《舆地纪胜》亦称："广安宅在西城中。"其地即今旧南海县街。西城角宋有诗书街、仁王寺地名，可见当在今尚果里处。东南有盐仓街、小市街地名（见《南海志》六脉渠条），当即西城东南限。北面中央公园为清平南王府，元广东道肃政廉访址。故应为宋西城东北角。郭棐《广东通志》卷七称："洪武元年征南将军廖永忠开设广东卫于元广东道肃政廉访司故址。"西城西界即和今天西濠相当。南界即和玉带濠相当。东界与西湖相当。北界与天濠街相当。天濠又叫大坑，附近有北城根街。徐俊鸣说它是西城北街名，亦在城北。按《永乐大典》图四周有濠环绕，故天濠街即为北城濠故址成街。其南百灵路，作者调查时，有群众反映即北城的转音（一说是有百灵庙之故），百灵街即北城街。总之，北城大致在今百灵路到后楼房（平南府后街名，因王有后楼养动物得名）。今百灵路下天濠街即有明显斜坡分开，北低于南（西城内）达1—2米。即西城城基和地面仍高于城外地面。

据此，西城在西湖之北，比子城北面要再北一些，在南面又比子城向南扩展一些，各约100米。西城各城墙长共为6000多米，亦合十三里记录。郭棐《广东通志》卷十五"城池"称："熙宁四年（1071）经略使程师孟筑西城，其周十有三里，城广一百八十步，高二丈四尺。为门七，东南曰航海；

南曰朝宗，曰善利，曰阜财；西曰金肃，曰和丰；北曰就日，后方大琮改就日为朝天。"

西城七门可能是 1071 年情况。因为按记录不止七门。例如见于宋、元著作中的即还有素波门、威远门等。

（1）航海门　这门近西湖。因为这里一切都和航海有关。如招待蕃商的驿馆即在门内西湖区。楼钥《攻媿集》卷八十六"汪公行状"称："宋时泉州有来远驿，广州有怀远驿，为招待贡使之所，不可视同蕃坊也。"《舆地纪胜》称："来远驿绍兴六年（1136）十月戊午，改广州奉真观为来远驿，以招徕各国贡使。"观即建于药洲上。航海门在哪里？《南海志》卷八称："航海门在西城之东南。"又说："转运使司在航海门内仙湖街。"可见门是在西湖之南，即今书坊街处。该门到《永乐大典》图中仍可见到城楼。

（2）朝宗门　门在航海门之西，按西城南面大街有小市街，这条宋街称为"小市"当也繁盛如"大市"，才有此名。其南口通沿濠码头区当有城门。此门或即为朝宗门了。易其需《易氏前谱考证》："淳熙十一年（1184）甲辰五月，遂负神主，弃产挟资，入广之城南小市街石亭巷居焉。"（见《广州城坊志》）可知宋时小市已是商业区。故到清代这门还称为"归德门"。

（3）善利门　门在朝宗门西，可能在南濠街口。因《南海志》卷八称"西高桥在善利门外"，这桥正好是在南濠上。濠街又是宋街，街内有不少商务管理机关。《南海志》称："惠济药局在南濠街。商税务在南濠街。酒醋务在南濠街。"门外即有税课司，这在《永乐大典》图中见到。

（4）阜财门　门在善利门之西，可能在南濠之西。徐俊鸣认为在南濠口西侧，此说有理，但位置可能在诗书街南口。因为这条宋代街道和城外直街相接，表示古代有一城门相通。

这条街道今称竹栏街，为城外商业区。清代建有竹栏门。

（5）金肃门　门在阜财门之西，即西城墙南面一门。其外通绣衣坊，即今上下九地。这门在《永乐大典》图中仍可见到。大道直通到西湖南岸，即今惠福路，古称"大市街"。它是宋代商业中心区。门外即为开明桥（旧名止戈），一里外又有起敬桥，过桥又是直道直通半塘（唐时地名），为西关平原上主干道路。

（6）和丰门　门在金肃门之北。《南海志》称："在西城之西，旧名丰乐。淳祐六年（1246）经略方大琮扁今名。"又称"净慧街之直"。这街今天仍在，即光孝寺前的直街，东西向，东连豆腐巷（窦富巷）。在《永乐大典》图中仍可见到。今天门外仍有大道直通馽船澳，为古来入城大道。当时宋桥横跨西濠，称为"通津"，即通彩虹桥兰湖水道之故。《南海志》卷八称："为政桥旧名通津，在和丰门外。"

（7）就日门　门在北城墙。按《永乐大典》图中，城门位于花塔之东，九眼井之西，即朝天街北口。宋后亦改朝天门。《南海志》称："朝天门在西城之北，旧名就日。淳祐六年（1246），经略方大琮扁今名。"故桥旧也称"就日桥"。《南海志》称，"拱北桥旧名就日，在朝天门外"，为北上大道必经。

（8）威远门　门在朝天门之西。门外有桥。《南海志》卷八称："鼎安桥旧名威远，在威远门外。"此门可能是因后来塞闭而不见更多记载，但很有可能在南濠北口处。因为官塘、窦富、仙羊都是宋街。又当澳北口，又是西城南北贯通大道。《永乐大典》广州城池条即记东濠附近街名，都是宋街，如南濠街中有威远门的廨库衙门，亦可说明威远门在南濠北口，寿安院亦在威远门内。

（9）素波门　门在西城。《南海志》称："素波门在城西之南，盐仓街之直。"这门即在西城南面，盐仓街前。盐仓街即今维新路东侧惠福路段，今盐运西、盐运东处为旧盐仓所在。其门前有盐亭，城门外有素波巷。今仍有素波巷保存，故素波门当在航海门之西。徐俊鸣疑即盐步门，亦有理由，这里有盐亭。又说此处为洋舶取淡水处，可终年不腐。这是因为这里濠底有泉眼喷泉，和西湖底泉眼在同一直线上（东北—西南）。故盐步门或为素波门的俗称。此门不见于建置，或为后来才开辟的小城门，有如冲霄门等，时开时闭。

三、西城中的南濠

宋代西城结构特色是把南濠包入城中，和中、东两城不同。这是因为南濠左右正是商业中心地区，难以分割开来。这条南濠据地形特低而知是利用天然河流开成。唐代时称为"西澳"，已是蕃商和洋舶码头地区。到宋代不过适应发展外贸形势而加开凿。晋代江边是坡山。西澳正在坡山西侧，即古代湾澳地方。据高绅凿时为1004—1008年，西城未筑。这里连上惠爱路元妙观清初发现洋舶，可知当日已为洋舶行驶区域（见《恭岩札记》）。西澳入宋改为南濠，曾修四次。《永乐大典·广州城池》称："淳熙二年（1175）经略周自强浚之。岁久复堙。嘉定二年（1209）陈经略岘重开，自外江通舟楫，以达于市。旁翼以石栏，自越楼至闸门长一百丈，阔十丈，自闸门至海长七十五丈。绍定三年（1230），经略方大琮浚之。宝祐元年（1253），李经略迪复自擢甲里开浚至闸口，又加深焉。"这濠阔达10丈（30多米），在两岸又是南濠街、西濠街，又有阜财、善利两门，北达光塔蕃商区，故西城建城必要包入。据宋末元初陈大震说："维舟于是者，无风涛恐，且备火灾。"（《南海志》）当日珠江称"小海"，平时可泊，但台风时，即可驶入西澳避风了。《南海百咏》称："南濠在共乐

楼下，阻以闸门，与潮上下，盖古西澳也。"可知宋时南濠是
仍可入潮的。

四、西城道路的型式及房屋建筑

西城街道型式和中、东城不同，中、东两城以丁字形主街
为特点。中心是省、县行政中心。西城为商业区。故道路四通
八达。西城西侧两门为通珠江三角洲各地的主要陆路，即今天
西华路和长寿路。南北向大街则有武安街（今马安街）通盐
步门（素波门），小市街通朝宗门，南濠街通善利门，官塘街
通威远门，朝天街通朝天门。东西向的大市街通金肃门，净慧
街通和丰门。其中南北向贯通全城的一条，即就日门到南城；
东西向的有大市贯通到子城。即基本上是呈方格状型式。

已知宋街有南濠街、擢甲里、小市街、大市街、武安街、
番巷（光塔街、唐街）、盐仓街等，均见于《南海志》。还有
朝天街、诗书街、新店街等，即基本上今天的主街大多是宋
街。这些街道一般也很狭窄，如南海学宫前宽达 3.5 米的是少
见了。因为就在两旁的青云巷和北面蒲宜人巷（今普宁街）
在清代只有六尺多（同治年间图中量出），至于将军衙门前则
当宽些。由清代街道推测宋代街道是不会太宽的，因为未有马
车通行的记载，官员也多数乘肩舆的。次要街也不少是宋街。
曾广衡《家谱再抄》称，"（公说）徙甜水巷，乾道三年
（1167）死"，即为一例。崔府街即宋丞相崔清献故宅处。

西城房屋也以瓦面为主。程师孟《共乐楼》诗称："千门
日照珍珠市，万瓦烟生碧玉城，山海是为中国藏，梯航尤见外
夷情。"（见《舆地纪胜》卷八十九）这里万瓦当指西城广大
居民住宅而言。

蕃商居建筑以蒲姓巨商为突出。岳珂《桯史》卷十一称：
"其最豪者蒲姓，号白番人。原是占城贵人……有楼高百余

尺，下瞰通流，谒者登之，以中金为版，施机蔽其下，奏厕铿然有声。楼上雕镂金碧，莫可名状。"这种楼房还有不少，该记即说："层楼杰观，晃蕴绵亘，不能悉举矣。"他说："居室稍侈靡逾禁，使者方务招徕，以阜国计，且以其非吾国人，不之问。故其宏丽奇伟，益张而大。"（"番禺海僚"条）这显然和共乐楼的中国式建筑不同。而番巷建筑也有特色。庄季裕《鸡肋篇》即称："广州波斯妇，绕耳皆穿孔，带环有二十余枚者，家家以篾为门。人食槟榔，唾地如血。"蕃汉杂居也是西城特色，故光塔和花塔并存，各具特色。

南濠上除花桥外，还有果桥（高绅建）和菜桥。宋桥除城门外濠桥，还有春风桥。

西城主要公共建筑物以共乐楼为主。楼附近有树林，高15米多。前有石桥名"花桥"。这座粤楼到绍兴年间（1141—1150）才称为"共乐楼"。入元又改称"远华楼"。按郭棐《广东通志》称："旧名粤楼，在大市阛阓中。高五丈余，下瞰南濠，傍多古木，如植麾纛，诸峰峙其北，钜海绕其南，气象雄伟，为南州冠。宋绍兴中漕使王正言重建，改扁曰'共乐'。大德中，元帅罗壁撤而新之，改扁'远华'，元季毁，惟存花桥。"（明代又称"粤桥"。）

光塔和花塔在宋代已存在。不少学者认为光塔始建于宋。花塔则为元祐中（1086—1093）林修建。赵叔盎记称"高二十七丈，八棱九层"，和现在规制相同。道教有元妙观，即唐开元寺址。1008—1016年改为天庆观，1296年改为玄妙观。大门在海珠北路祝寿巷。观内有苏东坡开凿的"苏井"。观址四周空地较大，入明仍有"琪林苏井"一景，列为八景之一。摩洛哥人依宾拔都他（Ibn Batuteh）于他的《游记》（成书于1355年12月）中曾记载秦克兰城（即兴阿兴城）中有庙，可能即指赠医施药的善堂玄妙观。秦克兰即为 Cincalan 或 Sinhalnan，又称 Sinia-ul-Sin（兴尼乌尔兴），据《中西交通史料汇编》第二册第 79 页所载："城之中央有大庙一座，伟壮华丽，庙有九门，每门内有大厅、石凳，游者可坐以休息。二门三门之间，有房舍数间，瞽者跛者居之。凡此皆无所依靠，借庙内恩施，给与衣食。此类建设，每门内皆有之。其外又有医院，专援萎弱有疾病者。有厨房以备作饭调味之用。又有医士及厮仆之属。有人告余曰，年老无力以自赡养者，亦可由此庙内取食。孤儿寡妇，无依靠者，亦可来此取衣食。余思此制，可谓仁深往厚，乃中国古代某圣主所创建。其庙内经费，依帝命，由城内、村庄、树园各种收入充之。该圣主之御容，至今犹绘于庙墙上。居民施敬礼焉。"当时广安宅亦在其附近，即崇报寺地，今旧南海县街。国外学者有认为是光孝寺，似不确（如玉尔 Herry Yule 等）。因不居城中，又未有记九门之多。

此外，在大市附近的街名也值得注意，如按罗香林引《蒲氏家谱》中说："爱珠海之澄清，因就穗城玳瑁巷而家焉。"则今天仍在的象牙巷等也有可能是宋代街巷名称。邓端本称玳瑁巷即今玛瑙巷，也反映蕃商区街名都是以宝货集散地而得名。《续资治通鉴长编》卷二百三十七称："熙宁五年（1072），广州城外蕃汉杂居已有数万家之多。"可见西城建筑物不少。

宋代三城经历多次修筑。据《宋会要稿》等摘出如下表。

景祐四年（1037）	修补城要处
庆历四年（1044）	魏瓘修子城
皇祐四年（1052）	瓮东、南、西子城城门（魏瓘再知广州）
治平四年（1067）	吕居简陶甓瓽塘
熙宁元年（1068）	张田筑东城，环七里
熙宁二年（1069）	修东城（王靖）

（续表）

熙宁四年（1071）	修西城（程师孟）
绍兴二十二年（1152）	方滋修三城，洪适记："郡有中城，合东，西而三，其周十有九里。"
嘉泰元年（1201）	修城
嘉定三年（1210）	修雁翅城（陈岘）
绍定二年（1229）	修城
绍定三年（1230）	修城
绍定六年（1233）	方大琮增修三城
端平三年（1236）	修外城
端平三年（1236）	摧锋军监修城
淳祐二年（1242）	摧锋军修城
宝祐二年（1254）	摧锋军修城
开庆元年（1259）	修各城
开庆二年（1260）	勇敢军修城
景定元年（1260）	水军、勇敢军等修城
景定二年（1261）	预备军修城

　　上表所记修城日期有些是用出土宋砖来定，不一定可靠。如景定二年修城即据《双槐岁抄》称："宏治间，有携古砖求售者，文曰：'景定辛酉预备砖'"；景定元年也因有"景定元年造御备砖"，"勇敢黎砖"出土而定；还有水军修城砖出土。端平三年修城也因则有1236年摧锋军监广州修城砖出土而定。即修城大致有民造砖、官造砖、军造砖三大类。看来小修当不只此。

五、南城（雁翅城）

南宋广州外贸日益发展。南城沿江岸亦兴起成为新的商业中心，因而亦有建城保护的必要。南城或雁翅城即在 1209 年兴筑。因为这时城南沿江已淤出不少地面，且成为繁荣商业街道。《舆地纪胜》卷八十九广东南路中即记"雁翅城，州城之南，长九十丈"。《南海志》记"东城长九十丈，为门一。西城长五十丈"。东城太长建平海门交通。雁翅城在 1233 年、1235 年重修，1259 年又修，以保护南城区。城上在东翅建一亭曰"番禺都会"，西翅上建"南海胜观"亭。于 1259 年在雁翅城下再筑羊马墙，由城下到江边，保护南城。元《南海志》卷八称："雁翅城隙垠植以木栅而至海，备不虞也。"黄佐《广东通志》称："宋开庆元年（1259）经略使谢子强增筑羊马墙高六尺许，于雁翅城下隙垠，植以木栅，翼而至海。"

南城区的宋街今天可考的不少。按记载有高第街、濠畔街、清水濠街、卖麻街、东横街、西横街、状元坊（通泰坊）等。

黄佛颐《广州城坊志》引《龙湾冯氏世谱序》称："《宋史·冯拯传》……相传居城南清水濠里，子元祉迁龙湾。"又《林永思堂族谱》："始祖林楚伍，福建兴化府籍。宋解元进士……三世晓山，名元杰，由广州省城解元里（在西横街内），迁居番禺县河南堡五凤乡。"《龙山乡志》张公彦元墓碑称："至宋有子颐者，以事迁广城高第街。"《香山县志续篇》称："雍陌黄族始祖高凤，宋代由省垣卖麻街迁居雍陌。"壬申《南海县续志》称："状元坊为张镇孙所居。"这样，宋代南城街道基本上和明代新城相似。由高第街到卖麻街都是宋南城范围。今天还有素波巷、木排头、水母湾等当日海边地名保存，表示宋南城沿江地区。当日海珠石还在海南，即靠近河南江岸。《南海百咏》称"走珠石，在海南"，表示当日江面仍广，《萍洲可谈》称珠江为"小海"。

南城公共建筑以海山楼有名。"海山晓霁"为宋代羊城八景之一。《南海百咏》称："海山楼建于嘉祐中（1056—1063），今市舶亭前。唐子西有登楼怀古诗。宋时经略安抚，于五月五日阅水军教习，于其上尝新荔。"《萍洲可谈》卷二称："广州市舶亭枕水，有海山楼，正对五洲，其下谓之'小海'。"五洲即今太平沙。《舆地纪胜》亦称："海山楼在城南。"《大明一统志》称："海山楼在镇南门外。"即楼位于今天北京南路和东横街交界处。这座楼是魏瓘利用修缮府署剩余材料建成，高与城相当。据向宗道《海山楼记》称："据一都会，距牙谯步武间，有胜处焉……因府署之余材，取工于民，审势爰规，不日而落成。"此外，楼前还有市舶亭，即为码头。《萍洲可谈》称："泊于市舶亭下，五洲巡检司差兵监视，谓之编栏。"计由市舶亭到清海军门是一条直道的。

城南还有山川坛存在，即今东横街处。清代仍用为庵地，称为"庆云庵"。（见《广州城坊志》引《番禺县志》）

宋代西关已有南海西庙（今广州酒家处）。《南海百咏》称："又有西庙在城西五里。"《南海县志》引《魏志》称："洪圣西庙即南海神，在太平门外第十甫。"又今丛桂路亦为宋街。《南海续志》（壬申）称："南宋词人刘镇学者，称随如先生，居丛桂里。"东郊猎德且已发展为一卫星小镇。

六、宋代的广州卫星城镇

宋承唐、南汉外贸之盛，广州成为我国最大外贸港口。广州城也由中城扩建了东城和西城，形成三城并立的形势，并且在广州附近也兴起了不少卫星城镇。据北宋中叶王存等编修的《元丰九域志·广南路》卷九记载，广州所在南海县和番禺县共有 8 个镇，基本上环绕着广州城，文称"望，南海。六乡，大通一镇。上，番禺。五乡，瑞石、平石、猎德、大水、石门、白田、扶胥七镇。银炉一铁场"。这里指出了南海 1 镇，番禺 7 镇，共 8 个城镇，兹一一考订如下：

1. 大通镇

大通镇位于今天花地大通滘口，古代为通向珠江三角洲各地的主要水道，由广州经过大通滘到佛山，再转四邑、中山、顺德各县要道，故水道也名为"大通"，即沟通珠江的北江、西江的水道。这里遥对广州，自柳波涌和澳口出来的船只，都可由此捷径通三角洲各地。故宋代成镇，镇址即今芳村，其地仍有大通寺街和大通通津等街，近年才因建房消失。

大通镇早在南汉已为广州名胜地区，有宝光寺，为环兴王府二十八寺之一。宋代名大通寺，可能寺兴使大通镇也兴起。依智高攻广州（1052 年）曾占此镇 53 天，为攻广州据点。宝光寺达岸禅师有肉身存下。乾隆《番禺县志》卷五称："水旱疾疫祷之辄应。政和六年（1116）赐名大通慈应禅院。"大通寺到清代仍在。该志还称："园林幽胜，内有双井，晨熹初散，常袅轻烟，所谓'大通烟雨'也。"这是宋代"羊城八景"之一，直到元代仍为八景之一。解放前寺及井均在，笔者少时仍见一井，亦名大通烟雨井。井口圆形，宽近 1 米，即后来警察局及培英学校地，今广州果子食品厂处。隔小河仍有镇东街一名，即大通镇东面街道。今仍有镇东大街、镇东直、镇东横等街道。明代以后，已不选入羊城八景，因佛山兴起后，大通镇属南海县境，因而渐次衰落。镇衰寺废，今天已为民居之地了。时期约在明代，因元《南海志》称设"水铺"于此。

2. 瑞石镇

瑞石镇今名穗石，位置在河南岛南岸，面临后航道，对岸即为番禺县旧县城的新造镇。由于新造兴起，瑞石镇衰，沦为农村。时代为明代，因元《南海志》仍说"水铺"设于此。

瑞石镇是因为岗边有一块巨大石块得名，今名"大石头"。旧有一松荫石，为祥瑞之石，故名。距离扶胥镇较近，是番禺县中心位置，故能成镇。其西即南汉陵区，称为"海曲"，指航道转折之地，并为昌华苑（南汉宫殿）所在，今仍有昌华市，即其附近。唐代以前为荔枝洲，即《太平寰宇记》广州南海县条下称"《南越志》：江南洲周回九十里，东有荔枝洲"的地区。可见这里已有一农业中心地区的作用。北距广州约 20 公里，东北距扶胥镇 10 公里。《元一统志》仍有瑞石镇一名，可见入明代才衰落下来。

3. 平石镇

平石镇约在今谢村东南的"胜石"坊附近。谢村为南宋时大村（为南宋杨娘娘家乡，见《番禺县志》），其东南通北江，东北通穗石镇。宋后改为胜石，并衰落成为农村，成为谢村的一个坊（即一条街），仍为商业性质的小聚落。近代钟村已有兴起成镇的趋势，即在其东南方。

宋代平石镇因位于河网区，交通十分方便，为南通大沙田区（容奇、桂州、潭洲、黄圃、黄角等宋代沙田区）交通要道；沙湾亦已达一千多家，故其为局部经济中心亦有条件。衰落原因可能是水道的变迁，如淤塞或淤浅，等等。衰落始于明代，因为元代《一统志》仍称平石镇。但元代水道已不重要，故"水铺"已不设于此。

4. 猎德镇

宋代猎德镇即今猎德村附近，南临珠江。因有海心沙发育，故猎德成为良好泊地，水深风静，湾头当凹岸，水深可泊大船。南岸为磨碟沙，分珠江一支东出黄埔。西入广州又有二沙头水道，亦为静风少浪航道，为广州东部河汊汇合中心，历代为江防要地。同治《番禺县志》称"珠江又东为大沙头，又东至猎德口。猎德汛在县东三十二里"。即此。

猎德东面即为琶洲，亦宋代码头区。琶洲东面即为扶胥镇，亦为八镇之一。可见宋代珠江东航道上，城镇兴旺，直到扶胥镇为止。《元一统志》仍有"慕德镇"一名，即"猎德镇"，可见衰落是在明代以后，才渐成农村。今天猎德仍为一大村落。海心沙已淤浅，故可能明后江流流心线南迁，猎德深水码头丧失，不利船泊，才衰落下来。今天猎德已有堤连入海心沙了。元《南海志》说"水铺"只设于大通、瑞石，猎德已不设"水铺"，只设"旱铺"。

5. 大水镇

大水镇在今天河村附近，临濒沙河。由于沙河雨季山洪冲下，故被称为"大水"。今亦成农村。由于地近广州，故成为一镇，到元代仍不衰落。《元一统志》仍称它为番禺一镇，《南海志》更说"递铺"、"旱铺"均仍设于此，直到清代初期。天河村即原名"大水"。有"跨过天河大水圳"的谚语，故改大水为天河村。可见其地位之重要，与北门铺并提。

按宋、元广州东城门是大致在大东门附近，故大路出大东门经东山永泰寺北"官路岗"东行，官路岗即今广州市第62中学、梅花村一带岗地，高平好走（不怕洪水）。永泰寺即今广州铁路管理局西小东园。这里也是明太监韦眷墓。明代有永泰村于此（据《永乐大典》卷11905图）。沿此路直到车陂，还设有陆路驿铺、大水平铺、大水中铺，才到车陂正铺。可见当时东路入广州的兴旺情况。

大水镇亦衰落于明代，因元代各种记录均有大水镇一名。明初此镇仍在，故为《永乐大典》记录。

6. 石门镇

石门镇位于今天石门村。该镇亦已由镇衰落，今成农村了。按《元一统志》仍有石门镇，可知明代才衰落。但按《南海志》则递铺、旱铺均已不在石门镇，故估计入元地位已下降。

石门镇是因东北到西南走向的石英砂岩褶曲低丘横截小北江而成为"石门"奇景得名。明代以前，石门上经白泥河可通石角，为上北江捷径。《太平寰宇记》说："二月、五月、八月有海潮上二禺峡（即中宿峡或飞来峡），逐浪返五羊，一宿而至。"据东汉时《海峤记》所说，由飞来峡一夜返广州，由此水道才可，因由芦苞、三水均不可能。可见石门是古代北上要冲，兵家必争之地。如《史记·南越列传》说："元鼎六年（前111）冬，楼船将精卒先陷寻陕，破石门，得越船粟，因推而前，挫越锋，以数万人待伏波。"按"寻陕"即今"浔峰峡"，即石门形成的长条状山地中的峡谷，汉军从侧面攻入后，才能攻破石门，俘获越军粮草，推进到广州。

石门附近，唐已有金利镇于六颈海，位于官窑之东。宋代才转入石门建镇。可见当日北上水道的兴旺。石门衰落亦在明代，因《元一统志》仍记有石门镇。《南海志》仍记递铺设在石门，只废水铺。明代衰落主要是河道变浅，船只难行之故。因北上石角白泥河已淤断，而西南潭水道也淤浅，少水入小北江。《广东新语》称："其（北江）分流入西南潭者，夏日四之一，余月十之一，以故舟楫不由石门。"清代仍为石门汛址。今石门一寺一泉仍在，泉即贪泉，可见晋代广州很富，而石门为官家必经之地。

7. 白田镇

白田在今西关珠江江岸丛桂里附近。《读史方舆纪要》引《南游记》称："今府西十七里有花田，平畴弥望，皆种素馨。相传南汉宫人死多葬此，一名白田。"明嘉靖《广东通志》卷十九"古迹"称："花田在城西十里三角市。"这里一说白田即花田，一说花田即三角市。按三角市地名，清末民初地图仍可见到，现在不见了。即今珠玑路中段，开马路时即顺三角市拆建（见 R. Schnoch, *Canton With Suburbs and Honam* ［地图］，1907 年测）。白田是古一些地名，花田稍后，因作为南汉宫人葬地才称花田，而白田已是军事要地。《南汉书·后主纪二》即称："宋师至白田，帝素衣白马出城北七里降。"则白田在南汉已是一卫星城镇了。按今三角市（塘鱼栏东珠玑路）亦距广州城十里之数。清刘世馨的《粤屑》亦称："五里至荔支湾，南汉显德园在焉；又五里为三角市。中为花田，汉素馨葬处也。"则白田可能因遍地白花而得名。明后已成民居。

白田成镇是由于其是水陆码头所在。《新五代史》称："铢以海舶十余，悉载珍宝，嫔御，将入海，宦官乐范窃其舟以逃归。师次白田，铢素衣白马以降。"故白田当日已为驻军重地，当有市集。宋时，依智高败宋军于此，阮元《广东通志》称："智高引众去广州，广东兵马钤辖张忠、知英州苏缄邀击于白田，忠战殁。"

8. 扶胥镇

扶胥镇即今南海神庙东侧庙头村，今亦已成为农村了。据中山大学徐俊鸣教授的资料，庙头村旧有"扶胥约"石额。笔者考察亦知今庙头村为一街村（Strassen-dorf），即不是农业聚落那种呈团块状（如石牌、冼村等），而是呈长条状，沿大道发展，今南面仍为塘湖区。长街亦分为"扶胥西约"、"扶胥中约"、"扶胥东约"三段，可见庙头即古代扶胥镇旧址。

唐代以前，隋立南海镇于此，并建县。后县迁入广州，即恢复扶胥镇一名。可见扶胥镇早已成港口。南海庙亦有早建于萧梁之说，更早还有《广州记》所说的古兜村（或古斗村）之说，称："广州东百里有村，号曰古斗。自此出海，溟渺无际。"可见古斗是晋代洋舶出海地点。古斗距广州里数亦近于今的庙头村址。总之，扶胥镇兴起很早，发展也很兴盛。据《南海志》称，宋代扶胥镇还和多个国家有来往，岁收在 4467 贯，而新会县只收 4082 贯，清远县只有 3623 贯，东莞县只有 2282 贯。一镇岁入即比一县要多。故宋、元两代都把南海庙浴日亭列为"羊城八景"之首，称胜景为"波罗浴日"。

扶胥镇衰落也在明代，因明初严禁通海，故商业大减。其次是海岸淤浅，沙田发生，影响泊船，多改泊琶洲去。因《南海百咏》称："俗传洲（指琶洲）在水中，与潮升降，盖海舶所集之地也。"今浴日亭已不在海中，而是成为平原上一小丘，丘前已有大片平原形成，现建成黄埔发电厂，只余一小河通到南海庙门码头，庙头村已去不到了。

宋扶胥镇的兴盛和宋代外贸兴盛关系至大，当时广州商船已能直航横渡印度洋。

七、宋代广州游览区——"羊城八景"

宋代"羊城八景"反映当日广州主要旅游地点所在，反映城市建设和发展情况。由于宋建三城，为广州大发展时期，羊城八景也于是时首创。

宋代八景大多依存于当日商业兴盛的市郊乡镇地点，或为人口集中地点。故能反映当日旅游业的情况。

宋代八景据《羊城古钞》卷首（又见乾隆《广州府志》）称是：

扶胥浴日	石门返照	海山晓霁	珠江秋色
菊湖云影	蒲涧廉泉	光孝菩提	大通烟雨

并说"此八景见宋志"。兹分述如下。

1. 扶胥浴日

"扶胥浴日"是指今天黄埔南岗间庙头村南海神庙处浴日亭小丘上观日出的景色，在广州东郊约 40 公里处珠江边上。

今天，在浴日亭所在的小丘上，已经看不到"浴日"的景色。

在宋代，南海庙前的珠江，是被称为"大海"的。宋杨万里诗："大海更在小海东，西庙不如东庙雄。南来若不到东庙，西京未睹建章宫。"（见《南海百咏》引，小海即今太平沙前珠江，西庙在今下九路广州酒家）浴日亭小丘是三面临江的小半岛。登岗东望、南望是一片大海，江水直拍岗脚，今天岗边仍呈陡峭岩岸，表示江潮冲蚀的地形。岗顶建有浴日亭，登临四眺，海空相接，旭日东升，霞光万道，成为"浴日"的奇景。

岗后湾内即为南海庙，庙侧即扶胥镇所在，故称为"扶胥浴日"，表示宋代是游人集中地点。宋祝穆《新编方舆胜览》称："浴日亭，在扶胥镇南海庙之右，小丘屹立，亭冠其巅，前瞰大海，茫然无际。"可见宋代扶胥镇正是在珠江边上的海港。唐代已称这里为"黄木之湾"，一曰"扶胥之口"（见南海庙韩愈碑）。但据叶广良意见，古代扶胥镇址应在稍北近山岗地点。今天庙前村仍为杂姓聚居，街道型式亦仍为交通村落，不似农村没有主街。故庙头村仍为商业聚落转为农村的聚落。扶胥镇的衰落按明代八景已不选用，故或为明代以后不再成市之故，因江面不断淤积，波罗庙前，已积成坦地，海舶不易停泊，恐亦一因。清初庙前涨沙连绵数十里，已见于窦光鼐"登浴日亭诗注"中。窦为乾隆年间人。

黄木湾与黄埔音近，埔即河岸淤涨陆地。黄埔村多明代建立，恐元代以后，江面渐淤。而唐代以前，此处大海，已载于晋裴渊《广州记》中，唐前里数较短，约亦合于今庙头村地点。而当时尚未成镇市，要待南海神庙兴建后才不断繁荣起来。

扶胥镇兴起与地形有关。即广州漏斗湾在这里开始。扶胥以上，直到广州，河道狭窄，江称为扶胥江。扶胥村即在这江口处。出扶胥口即入于狮子洋，江面突宽，加上东江未淤积成埔，故东、南都是水域，南海庙中泥塑像的达奚司空（达摩季弟），额手南望，即为梁代波罗国（即今南印度）番人留此望洋兴叹的传说（庆历中阮遵记称）。今大殿已毁，但宋、明碑仍在，础址还存，亟宜恢复，成为南海远航博物馆。庙西出土成排木桩，是唐代码头的木柱，反映古代江边是深入庙前、庙侧。今天江岸已淤出 100—200 米，黄埔电厂即建于其上。通入庙前大码头（清代建设），只余一条小溪，曲折通江。珠江中亦涨沙成覆瓦状沙洲多个。在浴日亭四眺，已是田畴四布，江流不清了。这片沙是光绪年间涨起成坦的，可见清代江面仍阔。故在清代八景中，仍有波罗浴日一景。扶胥又称波罗，即因庙中有大木波罗两株，传为司空携来所植，因而群众改称南海庙为波罗庙，庙前江曰波罗江。每年会期（三月廿三），庙前村乡民还制出波罗鸡等小玩具出售。庙中铜鼓（唐林霭得自古坟，大的有"汉伏波将军所铸"七字，实无，径4.5 尺，高 2.3 尺；小的出浮洲铜鼓滩）现仍存。浴日亭中苏东坡诗与陈白沙诗仍在。庙有始于梁大同元年（535），董昙之建一说，即司空来穗后（527）八年建，到隋开皇中才盛。即南海庙是珠江 1400 年前的江岸。

扶胥镇为宋广州外围八大镇之一，属番禺县（《元丰九域志》），即为广州外港。商业比猎德、石门、瑞石、平石、大水、白田、大通为盛。

2. 石门返照

石门西北距广州约 15 公里，位于北江支流小北江上。它是明代以前，南北交通的要冲，因为往北为白泥河，直通石角入北江正干，为古来北方南下主航道。因为当时北江下游分为两支，即北江正干和白泥河（上游今称落排河）。在前 168 年马王堆出土的西汉九嶷山道图中，还清楚可见。淤塞是在明代兴建清平围时，在上、下陵洲处，利用凸岸淤积较盛，截断白泥河入口，才使船由正干下三水，石门北水道才闭塞，但在宋代却是北江主流。汉楼船将军杨仆下南越，即在这里决战（《史记·南越列传》）。由西江来的牂牁江也是经由石门入广州的。西南涌明代以前未淤，为西江主航道，故石门为西、北两江主航道所经，成为广州八景之一，即在为当日交通要地的背景下形成。水大江面阔，按记载晋代以前，沉香洲还未形成，故江面是非常广阔的（传洲为吴隐之沉妻刘氏挟带沉香于此积成）。

小北江在这里横穿过一列东北到西南走向的岩石山岭，河道收束，两岸高岗对峙，夹对如门，崖岸岩石露出，故名"石门"。又相传因吕嘉积石防汉，积石如门得名。其实这是地形学上的遗传河川河谷地形。小北江切过一行石英砂岩山岗而过，表示它本来就是这样地流着。但只是在更新世以来，地壳不断上升，小北江因为西、北江总汇，流量大，下切力强，当地壳慢慢上升，河流还是可以侵蚀下去，形成河谷，保持古代流路。只是在切过坚硬的石英岩所成的山岗时，要把河谷变得更狭窄一些。今天条状的横截小北江山岗，是在两侧软弱岩层被蚀去后残留的部分。由于这里是残留的古地面，所以，山岗顶部也很平缓，呈平顶的岗地。只在山坡上雨水冲刷强烈地点，才出现一堆堆乱石峥嵘的状态，才给人们传说是吕嘉积石的残块。这里长条状的地层分布形态，表示这里是个褶皱区，附近还有几条相互平行的山岗，表示褶皱构造的特点。小北江因此是条古老的河流，在山岗未形成前已是一条河道。当日山岗还是呈平原的地貌，平原上流动着的河流日后变成一条穿切山岗的水道。这列形成石门的平顶山岗也就是 60 米台地的一部分。由古平原上河流到今天石门地形，经历了 30 万—70 万年。

石门返照到明代以后就不再列入羊城八景，也是因江面淤浅变狭所致，政治经济上背景是石门已不再是交通要冲，西南涌在明代已有秋涸的记载。明代西南涌有一段称"西南潭"，可见河道很深。清初《广东新语》却称："（西南潭）今则沙淤水涸。"这是由于思贤滘淤积，西江水不入滘，而北江水也少入涌的影响。这样，白泥河、西南涌来水变小，石门河就变浅，不成主航道了。石门前后水道也淤沙成洲，不成宽广河面，不利于夕阳返照，石门返照美景也就欠佳。

宋代江面阔，石门狭，一过石门，河面开阔，水色天光，夕阳斜照，当然是美景，故石门不只以石门地形特色见奇，且以夕阳返照为特色。相传石门返照，是广州幻影，浮于水面，车马往来可见，一如沙漠上的海市蜃楼。这在古代也是可能的。因为只要地面冷热不匀，光线通过大气层时，发生弯折，远处景物即可返折射入空中，形成幻影。石门处绿树成荫，冷气积聚，而石门前后，水面广阔，午后夕阳炎热，使地表冷热不匀，可形成幻影于波涛之上。

石门对峙，山坡特陡，岩石裸露，这是江水不时冲刷山足之故。今天两岸山嘴，即石门山和凰林岭脚都有水蚀凹穴，凹入如岩。江边崩石也不少（即吕嘉积石故事之源）。相传旧有小石门地形，即江边石岩洞有如月门，可通小舟。"石门"即以此得名。现已为江流所啮，小石门崩毁，不可复见。

石门山和凰林岭下，由于石英砂岩节理多，地下水源丰富，"贪泉"（北岸）即由此形成。水质清凉可饮，因为地下水通过细微裂隙，过滤去污浊物质而成清泉。今江边建有贪泉亭，恢复古代游人泊舟游览石门风景点。

石门在宋代亦为广州附近八镇之一，可见当日人口、交通、商业均甚兴旺。这是它成为八景之一的政治、经济背景，并有南汉建西华寺等名胜。

3. 海山晓霁

"海山"是指海山楼。宋代嘉祐年间经略使魏瓘建于镇南门外江边。镇南门即今大南路与北京路交界处。门外江边，即今东横街和北京路交界处。因为镇南门是子城南门，即清代大南门，而门外高第、东西横街为宋街，故为当日江边地。按《南海百咏》称："海山楼建于嘉祐中，今市舶亭前。"可见海山楼是当时珠江盛会的地点，故列为宋代八景之一。

羊城八景总是和珠江联系在一起。宋代有此名楼，故另成一景。因这里江面宽广，称为"小海"，计由东横街到河南宽度在1公里之上。海珠石是靠近河南方面，和今天成为河北岸边情况大异，又正对五洲，为番舶停泊验关地点。《萍洲可谈》："泊于市舶亭下，五洲巡检司差兵监视，谓之编栏。"宴请蕃商地点即在海山楼上。登楼一览，江天海阔，番舶成群，是会城壮观。《舆地纪胜》说："海山楼在城南，极目千里，为登览之胜。"《大明一统志》也说："海山楼在府城镇南门外，极目千里，百越之伟观也。"宋陈去非诗："百尺阑干横海立，一生襟抱与山开。岸边天影随潮入，楼上春容带雨来。"虽前有五洲（即今太平沙前身），仍不影响珠江的空旷感。可惜元代毁了，故元代八景即没有此景。这楼是利用修城时的余材修建，和城墙高度相若。从今天看是不算宏丽的。

阮元《广东通志》引黄佐《广东通志》称"在府城外西南一里，即宋市舶亭海山楼故址"，故有说即在今西关怀远驿街。这说法指明代市舶提举司署而言，非海山楼也。

海山楼美景以"晓霁"为特出，即也有"浴日"之意。天初晓的时候，又是雨过天晴的时候，才显得更加美丽之意。因为这段珠江是东西走向的，而珠江东段河面急速扩宽，向"大海"过渡，特别有晨光在广阔水面上出现的奇景。五洲浮沉波际，当时尚未成大沙洲，而只分成五块小洲，不影响江面的宽阔。

五洲即今太平沙。由五洲淤起成沙是因这里正当文溪出口地点。文溪由白云山东麓流下，沿途接受十九条暴流沟谷来水，自今小北花园流入广州，沿登峰路南下大塘街出江。另一支由大石街经华宁里、西湖出江。大量沙泥即在出口处淤积成沙。计由北宋到明代不下 600 多年，使五洲合成一沙，称为太平沙。可见堆积之盛。

海山晓霁之景入明代可能即由于江面日狭，沙洲涨淤，景色大不如前。加上元代海山楼毁，洋舶转向城西蚬子步（即今怀远驿街），不再成为会城游览中心点了。

4. 珠江秋色

珠江是指石门到黄埔一段河面而言。东有东江流入，西有北江、西江流入。因宋代北江主航道为白泥河，牂牁江主航道为西南涌，故珠江有"三江总汇"之称。名称是因江中有"海珠石"得名（宋代称"走珠石"，即胡人过海，明珠走跌海中，形成石传说）。由于珠江不当东、西、北三江的正干，故沙泥冲入较少。水色旱季清澈，这时正值秋天，故珠江沿江秋色是给人们清新之感，不似夏季洪涛涌潮，水色黄浊，故亦列为八景之一。秋天天高气爽，游览石门、波罗庙，以及过河南游览都和青绿色的珠江水色连触，正如人们在福州欣赏青绿水色的闽江一样。小海横渡给劳动人民片刻的安息，欣赏珠江风景，江上凉风，吹来新鲜空气，故珠江秋色到明代都列为八景之一，是很有道理的。清代以后，因珠江日益变狭，才不选入。珠江也称为"省河"了。

宋代珠江比今天珠江要宽一倍以上。据《南海百咏》说"走珠石在海南"。可知今天的珠江只有宋代的一小半。因为海珠石现在是河北的岸线，位置正在新堤路面，北缘当今新堤一横路南段。工会大厦和工人塑像即当日程璧光铜像附近。石为白垩纪砾岩层，故能在江中兀立，形成较大一块礁石，面积约 2 亩，长 180 米，阔 30 多米，形如榄状，浮出波上，附近还有七块小的。地层倾角为 20°—25°，走向 SSE，倾向 SWW。北距宋代江边濠畔街为 750 米，南距河南 300 米，相差两倍以上。南宋时代南城已外淤 400 多米，明代又淤涨 80 多米，江岸已移至一德路南五羊驿，今谊园附近。清末海珠石已离北岸 100 米，1928 年建长堤，海珠石辟为公园，有木桥 20 米长连岸，1931 年建新堤时连陆。与"沉水之香"齐名的"浮水之珠"的海珠岛，至是消失。

珠江西段沙面明代称"中流沙"，即北面珠江和南面珠江宽度大致相等。而在宋代则北支珠江比南支要更大。宋代珠江边在南海西庙前，即今广州酒家处，即《羊城古钞》称："南海神在太平门外第十甫。"庙建于绍兴年间（1131—1162），即杨万里所称的西庙，《南海百咏》称"在城西五里"之处。其南地名为"基"的是明代开垦的围田区，如曹基、黎基、冼基、蓬莱基等。这样，珠江西段沙面北支宽达 750 米，珠江整段宽达 1300 米多。东段海印石正当中流。此石即今广九大马路南面，三马路北段地面，亦为红岩所成。宋代江边在玉带濠口，这里珠江宽达 1300 米以上，加上两岸林木繁盛，故景色宜人，为广州胜景。

5. 菊湖云影

菊湖是指广州城北的人工湖而言。宋代广州城和今天最大不同之处是广州城北的人工湖存在。宋代广州城北面不是在越秀山。人们在五层楼看见的广州城墙是明代老城的城基。这段由广州西山、高岗到象岗，连越秀山的城址，是明初扩北城所扩大的广州城址。宋代城北是在今百灵路、越华路、豪贤路一线。今天越秀山南麓的科学馆、中山纪念堂、省人民政府、大石街、小石街、小北花园一带，是宋代广州城的北郊，是个低洼的地方。菊湖就是在这片洼地中的一个大湖，地点在今天大石街一带。这个菊湖是接受文溪山水潴成。据《羊城古钞》卷二称："（蒲涧）沿涧而南，为文溪，为上下二塘，至粤秀山麓，则分流为二，右曰越溪，左曰菊湖。""上下二塘"即今天的上塘村和下塘村。上下塘本名金钟塘，因分上下二塘而成（见《南海志》引）。故菊湖是在上塘下塘村下游，越秀山下，即今小北花园西侧越秀山足低地。今天挞子大街，即清代挞子大鱼塘所在。这带洼地清代为八大鱼塘区。除挞子鱼塘外，还有将军大鱼塘，在大石街北，广三十多亩，"烟波浩渺，藻荇交横"（见《白云粤秀二山合志》）。大石街西有将军塘，"终岁弗涸"（樊封《梦香园诗》注）。应元书院"大门外莲池，延袤数亩"（王凯泰《应元书院志略》）。这些鱼塘有呈长条古河道形状，如清代小北门火药局前大鱼塘长 30 丈 9 尺，宽 6 丈 5 尺。可见这片菊湖洼地遗址，在清代还可见到，是天然积水区。

菊湖在宋代著名是和汉唐以来开发文溪有关。文溪源古代出自蒲涧，涓涓细流，下流以水甘冽名甘溪。甘溪成为广州主要淡水来源，三国吴时，即有蓄淡水记载。《三国志·吴志·陆胤传》："州治临海，海流秋咸，胤又蓄水，民得甘食。"怎样把甘溪水蓄起来呢？唐代节度卢钧"又筑堤百余丈，潴水给田，建台榭其上，列植木棉、刺桐诸木，花敷殷艳"，可见唐代已建坝蓄水，成人工湖，且辟为游览区。宋代菊湖就是在这个基础之上形成的，南汉又成为园林所在。故宋时菊湖即成为羊城八景之一。

菊湖消失是在元代。据元陈大震《南海志》卷八"城濠"条称："开庆已来（1259），谢经略子强，复自蒲涧景泰山，导泉水西入于靜靜水，又至悟性寺之左，筑堤潴之，深二丈许，以潴浸州后之平地……南开小窦，溢则泄之于濠。近年决其堤，纳水于濠，遂于其故地为田，属之官。”这块官田到清代仍为八旗驻军属田。陈大震宋末人，故知宋代筑堤建塘及入元毁塘情况。菊湖入元即不再有记载，故《读史方舆纪要》"广东"称："越溪，志云：其水甘冷，一名甘溪，曲折流注越秀山麓，左为菊湖，今湮，右为越溪。"可见明末还知宋代菊湖为越秀山前湮灭的湖。明代扩展北城即把这片越秀山前低洼地辟为城内民居用地，故郭棐《广东通志》即注明今湮，说明在明代已消失。

菊湖云影当指菊湖当日水静如镜，晴空云彩，朵朵映入湖中，因此得名。菊湖得承南汉池园规模，建成羊城游览中心之一。

菊湖以云影出色，表示湖水不动，这是人工水库特点。再加上位于越秀山南，四周岗地、城市包围，风静水平，在高处看菊湖，云影更清楚。

6. 蒲涧帘泉

蒲涧帘泉是指白云山中一条南流山涧而言。因涧中有九节菖蒲草生长，故名。《广州记》说涧中产菖蒲，一寸九节。《南越志》称："此菖蒲安期所饵，可以忘老。"所以，蒲涧早在一千多年前即为宗教活动地点。解放前七月二十五（农历）为安期生升仙节日，游人涌至，满涧是人。古代蒲涧泉水南流到大钵盂岗即转向西流，入文溪，上、下塘，为广州城甘泉来源。故蒲涧出色还在于和广州人民食水有关。作者少年时，清明节常游蒲涧亦人挤人（1930—1936），热闹得很。

帘泉是指在蒲涧中有高崖滴水称为"滴水岩"，滴水受山风吹散，化成雨点，自30—40米高崖飘下，溅洒如雾，雨时水大，滴水成为水帘，下即有地下水在谷底东侧出露，称为"帘泉"。水流即为古代文溪源流。《羊城古钞》引《番禺县志》称："帘泉在蒲涧东，汇为流杯池，沿涧曲折而南，为行文溪，流入金钟塘，注于粤秀山麓。"这段暴流山谷长约 3.5 公里。蒲涧即指在大钵盂岗以上一段山涧而言。

蒲涧的景色也由于地形别具特色。沿文溪有 11 条暴流山溪汇集。蒲涧特点是成一条条峡谷，峡谷内古代林木荫深，地下水在谷旁渗出，故泉水众多。水由石英砂岩裂隙中渗出，水质清冽，味甘，故有甘溪之名，与九眼井水相似。白云山上九龙泉亦属同一类型山泉，但因终日少见太阳，故水温较低，更有清寒甘冽之感。而夏日蒲涧涧内气温更为清凉。今则林木砍伐，泉源大减，景色无奇，故亟宜恢复。

蒲涧另一地形特点是上游有一陡崖，称"滴水岩"。岩上又较和缓，这是附近山溪少见的。这是因为白云山东坡地质结构特色的影响所致。白云山是花岗岩所成的山地，高 382 米。但是在半山却有两层坚硬的砂岩保存。这是年代古老的岩层，后来由于花岗岩的喷发，岩浆由地下喷上，把砂岩层冲破，岩浆热气又把砂岩中的砂子熔化，形成石英结晶，使砂岩变质成为石英砂岩，硬度大增。它比花岗岩更坚硬，更难风化。因此，当流水在山上流下，切蚀山坡，形成沟谷时，这层坚硬的石英砂岩，便在谷地中突出，形成悬崖，表示它坚硬的岩性。上下方的花岗岩体却已形成峡谷地形，使蒲涧寺、帘泉寺等呈长条状沿谷伸展的狭长形态。狭窄不利游客观览。涧水由岩上流下，形成飞泉。因花岗岩体含水少，泉源不大，不成瀑布，故称为滴水岩。流水下注，击岩有声，声铿铿而不呈潺潺之声，表示滴水击石成声，和流水声有所不同。今滴水岩仍有滴水，只因四面光秃山面，沟谷无林，已无风景可欣赏了。但从地形风景资源看来，是仍然值得重建的。

值得一谈的是，蒲涧宋代以前是流出广州的，但今天已改流出沙河镇。地形变化很大，表示河流间曾经发生互相袭夺的结果。即沙河镇小河向上源侵蚀力强，它比降大，近珠江。而蒲涧西南流入广州，流程长，比降小，故沙河上源切过大、小钵盂岗间山坳，夺蒲涧水流，直南下沙河。我们访问，群众也说农民用锄掘开分水处，人工把蒲涧引向南流。今天蒲涧下游文溪上游已成为无水流的干谷，但是谷形还很完整，顺谷西南行，直出小北。今天公路和麓湖即沿谷地修建。

蒲涧不只被沙河上源袭夺，在长腰岭处还被西坑水袭夺，使蒲涧水不从西南流入广州。这里河流劫夺发生较早，估计在宋代以前。因为苏东坡建议引蒲涧水是用竹笕和石槽的。元代《南海志》中亦说宋"谢经略子强复自蒲涧景泰山导泉水西入于韸韸水（即甘溪）"。可见在1094年及1259年都是引泉入广州，而蒲涧水不是自然流入广州的，暗示蒲涧水流已转向沙河镇方面去了。据吕坚《迟删集》称："陈文忠及第后……瀹菖蒲涧，凿流杯池，注之沙河"，则明末清初，则蒲涧转入沙河确经人工改道的。

7. 光孝菩提

光孝菩提一景是指宋城西北角的光孝寺而言，寺在林荫之中，为当时游人集中地点。

光孝寺是汉初南越王五世孙（婴齐子术阳侯）建的故宅。吴虞翻曾居，以苹婆树和诃子树成林而称为"虞苑"或"诃林"。时佛教已传入，翻卒，妻还吴，宅施为寺，以后即成为广州佛教圣地。寺面积大，古建筑又多，早为广州古迹名胜地点，故入宋即成为羊城八景之一。

光孝唐代贞观十九年（645）改为乾明法性寺等。入宋，为乾明禅院（962），再改崇宁万寿禅寺（1103），天宁万寿禅寺（1111），报恩广孝禅寺（1137）。到1151年才改定为光孝寺，距今已有830多年。

菩提树是继诃林之后才种植的。诃林到明朝还保存50—60株（见《光孝寺志》）。502年才由西印度僧智乐三藏带一株菩提树航海来，植于戒坛畔。以后就繁殖开来，远传到肇庆、德庆。宋时已非原树。光孝菩提出名，也和宗教活动有关，即中国禅宗六祖慧能即在此菩提树下剃发，开东山法门。故游人多重菩提而轻诃子。其次，菩提叶浸水后，叶质腐烂，只剩细脉如纱，叶端滴水尖保存独善，其他寺产不成。可作为灯纱、书字画的工艺品。今大殿前菩提树是 1798 年台风吹倒（次年死）再植，是 1800 年或 1802 年僧曹溪由南华寺取回。这树四人才能合抱。诃子树是热带果木，今殿后一株是清中叶后再植（清初已绝）。

宋代兴建西城，西北角即利用光孝寺作为边界。寺外即为城墙。因为寺北地势较高（任嚣即葬此），有利于城基建立。今寺北天濠街，即为宋代西城北面城濠遗址，称为"大坑"。今街面地势低下 2 米以上。附近有北城根街，亦表示这里是城北边上街道。寺西侧为西濠，地形特低，对岸即为高岗。西濠在此开凿，并呈直角转弯，称为"金字湾"，北通兰湖。高岗地势较高。清代二王入城，即用一排红衣大炮，列阵高岗，轰破城墙突入。寺西西濠因取泥筑城，故也池深广于东濠。寺前大街宋代为一条重要交通大道，称"净慧街"，今仍用此名。这条宋街西通西关。城门即称为"和丰门"。明连三城，逐废塞此门。

寺内白莲池唐代已有，今仍贮水成方池，罗汉井仍在。现有文物，有 401 年建、顺治十一年（1654）扩成 7 间的大殿，2 丈高唐发塔（677 年建），大悲幢（825—827），南汉东西两铁塔，唐睡佛阁（佛已毁）（705—707），唐石签筒，宋刻石像，元刻石像及宋六祖殿。塔殿等仍在待修。寺地虽高，但泉水仍足，如白莲池冬天仍不涸。寺内发塔今已低于地面 1 米多，反映唐代地面比今天要低得多。此外，唐代还有房融洗砚池、来仰轩（859）等。

8. 大通烟雨

大通是宋代广州八大镇之一，是宋代急速兴起的广州卫星城镇，因南汉时仍未盛。位于白鹅潭西侧花地大通滘口。今天仍有大通寺及大通通津等地名保存。遥对广州，为宋时通佛山一带水道交通要冲，故成一商业繁盛的镇。风景秀丽，又近广州，故和石门返照、扶胥浴日同成八景之一。

大通宋代为寺名，即大通寺，全称是"大通慈应禅院"。相传寺内有井，能预报天气，下雨前，井会冒烟，故"大通烟雨"一名，即由此而起。但这里亦有云，日过千帆，绿树碧波，烟雨迷蒙之时，最为美景，故名。可见大通烟雨的出名，也和宗教活动有关。因《羊城古钞》引《广州府志》称："五代刘晟时名宝光寺，达岸禅师住持化去，有肉身。祈祷辄应。"故亦为人们集中游览和活动的地点。今大通烟雨井还在（解放前）。井口圆形，宽近 1 米。

宋代羊城八景可以反映当日广州的繁荣状态。东到扶胥，比黄埔港还要东展。北抵石门，也比今天为广。当日石门镇今只余一村。东北到蒲涧，南及珠江。城内只有光孝菩提一景。

宋代羊城八景，只有一景在城内，反映当日市区的广阔，即城郊八镇，石门、大通、扶胥已为游人集中地点；白田亦称为"花田"；大水及猎德已包其中；只平石及瑞石未见成旅游点记载，地点也不包入上述旅游点范围之内。

八、宋代广州商船横渡印度洋说

广州商船在宋代已能横渡印度洋，即由苏门答腊岛起，向西直过印度洋彼岸的阿拉伯半岛南岸。这是由历史地理上提出的。因为学者提出横渡印度洋多用郑和航海图来说明。因在郑和海图上有"官屿溜用庚酉针二百五十更船泊木骨都束"一语，即说在今马尔代夫群岛航向西南五十天到索马里的摩加迪沙。从而说明郑和曾横渡印度洋。其实这里有两点不妥：

（1）这条航线只是横渡半个印度洋，即只由马尔代夫群岛开始，横过的是阿拉伯海。

（2）这是明初的事情，即距今500多年前才横渡阿拉伯海，与我国文化先进性不符。

我们认为我国广州商船已能横渡印度洋的证据在《岭外代答》卷三中即有记述。文称："有麻离拔国，广州自中冬以后发船，乘北风行，约四十日到名兰里，博买苏木、白锡、长白藤。住至次冬，再乘东北风，六十日顺风才到此国。"又说："哲宗元祐三年（1088）十一月，大食麻罗拔国遣人入贡，即此麻离拔也。"

麻离拔在阿拉伯半岛南端。因为据《诸蕃志》称，麻离拔东北经巴林等地可至巴格达。文称："白达国系大食诸国之一都会，自麻罗拔国陆行一百三十余程（一程相当于马行一小时）可到。"又说麻离拔国西行可到麦加，原文称："麻嘉国自麻罗拔国西去，陆行八十余程方到。"因此，用几何交叉法即可定出麻罗拔国是在今天马赫拉地方，即在阿拉伯半岛南部海岸上。[①]

从航海路程计算，麻离拔国亦应在阿拉伯半岛南部。按横渡印度洋起点是在"兰里"，《诸蕃志》称"兰无里"。《明史》称"南巫里"，在今苏门答腊岛北部班达阿齐处。广州到此，风帆一月多。《诸蕃志》卷上亦记："（蓝无里）国土产苏木、象牙、白藤。"还说，"北风二十余日到南毗"，即横渡孟加拉湾到达印度半岛南部。

兰里风帆60日到麻离拔国，即比到南毗要多出一倍以上的航程。因此，由兰里去麻离拔国应该比由兰里去南毗要远出

---

① 编辑按：麻罗拔国，即麻离拔国。

一倍以上，横渡孟加拉湾后，再横渡阿拉伯海，才需要这么多时间，因孟加拉湾只有 2000 公里宽，而阿拉伯海却有 3200 公里宽，故航行时间要多出一倍以上。而由兰里直航麻罗拔国正好是横越孟加拉湾和阿拉伯海，即横渡整个印度洋。

因此，从历史地理分析，真正横渡印度洋是在宋代，而不是在明初。如由《岭外代答》成书约在 1178 年计起，距今应在 810 年以上。下列试加分析。

1. 广州商船开拓横渡印度洋航线原因

横越印度洋航线是由于沿岸航行常受到当地战争和各国政局影响所致。宋代时，正好波斯湾商业因突厥人侵入两河流域，波斯贸易大受影响，而由波斯转去大食的商路也大受影响。因此，宋代商人为着和大食商人贸易就要找一条新航路，避开波斯湾，直航阿拉伯半岛，而当时麻离拔正是大食国的重要港口，此时大食国强盛，故能吸引宋代商人直航来此贸易。

开辟这条新航线有不少优点：

（1）避免受沿途各国的劫掠和盘剥之害；

（2）航程大大缩短，有利于交易进行，则返往去大食，只需一年，计由广州十一月开船，十二月中到兰里，三月到大食或东非沿岸，再顺西南季风返航，九月回到广州，为期不到一年。而沿岸航行则长达 18 个月，或更长。

（3）天文航行技术（即"牵星术"）已提供足够技术条件作远洋航行。

总之，宋代广州商船已能作横渡印度洋航行之举。由于贸易发展，广州和大食国的贸易以麻离拔为主要港口。因而不同于老一辈历史家的考证，认为麻离拔是在印度。

冯承钧认为麻罗拔国①是在印度。他在《诸蕃志注》一书

---

① 编辑按：即麻离拔国。

中称"麻罗拔"即 Malabar，即今天"马拉巴"，古称"南毗"，在印度半岛西南岸。张星烺《中西交通史料汇编》（第二册）则认为是"没来国"，并用该处大食商人众多为证。沈福伟（1979 年）和张俊彦（1981 年）即曾指出他们的错误，即他们只从对音上考订，没有以地理学来分析。如《诸蕃志》已指出乳香出产在大食国，文称："（乳香条）出大食之麻罗拔、施曷、奴发三国深山穷谷中。"奴发即《马哥孛罗游记》中的 Dufar，今名佐法尔，施曷今译席赫尔（Shehr），《马哥孛罗游记》中的 Esher，故麻罗拔应在其附近，不会在印度。这三小国同是受大食管辖的乳香产区，不会产乳香三国中，有一国远去印度。张氏也知印度当时不受大食管辖，只由于译音相似，才认定在印度的。故我们从地理学上去分析该国应在阿拉伯地方。

2. 广州商船横渡印度洋的技术证据

远洋航行必须要具有海舶和航行技术知识，即地理知识，这些宋代商船都有条件。

海船条件在唐代已经具备，宋代更多大海舶，如 1974 年 8 月泉州出土洋舶，尖头方尾，底尖身扁，船头高 6 米，尾高 10.5 米，宽 0 米①，深 3.3 米，长 34.5 米。《岭外代答》称："舟大载重，不忧巨浪而忧水浅。"《萍洲可谈》称："舟正方若一木斛，非风不能动。"《岭外代答》还说："舟如巨室，帆若垂天之云，柂长数丈，一舟数百人，中积一年粮，豢豕酿酒其中，置生死于度外，径入阻碧，非复人世。"这显然是远航的准备，即横渡印度洋是毫无问题的。从泉州后渚港出土洋舶看，也是专门远航用船。

第二，远航要有海图，今天航海仍要用海图。宋代有海的

---

① 编辑按：原版如此。曾新按：推测指的是陈列于泉州开元寺的宋代古沉船，据查：沉船残长 24.2 米，残宽 9.15 米。复原后长度可达 34 米，宽 11 米。

记录，已见于《诸蕃志·序》，称："暇日阅诸蕃图，有所谓'石塘'、'长沙'之险。"现存的"郑和海图"自称是用前人的图，校正后绘制的。《顺风相送·序》也同样记载了："永乐元年（1403）奉差前往西洋诸国，奉诏累次校正针路，牵星图样，海屿水势山形图画一本。"类似的记录，亦见于《宁波温州平阳石塘流水表》（集美学校藏本）中，称："明永乐元年奉旨差官郑和、李恺、杨敏等出使异域，分往东西二洋等处，开输贡累累，校正牵星图样，海岛山屿水势图画一本，务要巽取能识山形水势，日夜无歧误也。"可见明代以前已有海图和牵星图了。

明代为着出使各国先后派员去校正牵星图及海图，故说"累次"校正，几乎主要航路都派中官去校正过。据《明史》记录，有闻良辅、宁善使琐里，尹庆使满剌加、古里、枝柯等等。这些旧海图、牵星图当然是宋、元时留下来的。明初上到宋末不过100年，故旧海图当有宋代传本。

第三，是关于牵星术问题和针路问题，这在宋代也是具备了的。因为牵星术是我国古代创造发明之一，一些学者认为传自阿拉伯商船，这是可疑的。理由是我国早在汉代，即已有船队由徐闻、合浦出发，作远洋航行贸易，事见《汉书·地理志》。在《汉书·艺文志》中，也有丰富的海上占星著作，说明海上占星术已经有专门书籍记录。如《海中二十八宿国分》（廿八卷），《海中二十八宿臣分》（二十八卷）、《海中五星顺逆》（二十八卷）、《海中五星经杂事》（二十二卷）、《海中星占验》（十二卷）、《海上杂占》等，共计一百三十卷以上。

汉代占星术也可由考古学证明。如长沙马王堆三号墓帛书《五星占》中，即用"指"来计算星座高低。文称："月与星相遇也，月出太白南，阴国受兵……三指，有忧城，二指有……"汉代有"星经"，有"指"，且有不少海上观星及观日月、潮汐、气候的书籍，则当日海上航行已有可能。《汉书·地理志》称："自黄支国船行八月，到皮宗；船行可二月，到日南，象林界云。黄支之南，有已程不国，汉之译使，自此还矣。"这个黄支国即今斯里兰卡国，因《汉书》又说："（黄支国）民俗略与珠崖相类，其州广大，户口多，多异物，自武帝以来皆献见，有译长居黄门，与应募者俱入海，市明珠、璧琉璃，奇石异物，赍黄金杂缯而往，所至国皆禀食为耦，蛮夷贾船，转送致之，亦利交易，剽杀人。"

这个黄支即今斯里兰卡，亦可从上面这段文字考证得知：（1）"洲"即一大岛，（2）民俗和海南相似，（3）由缅甸航去要2个月，（4）岛民文化水平较高，（5）产珠、宝石、璧琉璃，（6）它是交通转运站，由此可证黄支国即斯里兰卡。计由徐闻经历多国（由合浦5月到都元国，再航4月到邑卢没国，再航2月到谌离国，步行10多天到夫甘都卢国）才到黄支。反映这条航线是沿岸航行；但返航8月即到皮宗（地在印尼岛上），即反映是由黄支国横渡孟加拉湾的远洋航行，可以旁证汉代有牵星术。

计汉之前，《淮南子·齐俗训》卷十一，已指出北斗导航，文称："夫乘舟而惑者，见斗极则寤矣。"至晋《抱朴子》更称："并乎沧海者，必仰辰极以得返。"故汉晋以来，牵星术已在航海上广泛应用。

至于针路记载，在宋代已很进步，《萍洲可谈》（1119年成书）卷二中，已记罗盘在航海中的重要性。文称："舟师识地理，夜则观星，昼则观日，阴晦观指南针。"《梦粱录》亦称："全凭南针，或有少差，即葬鱼腹。"《指南正法序》更称："自古圣贤教人通行海路，全凭罗经廿四位，变通使用。"可见宋代针路已有详记，故大海航行，畅通无阻。即我国古代已有"牵星术"（即天文导航）了。

3. 牵星术中的"指"数值考

郑和海图中的"指",由宋、元海图传下,是用来测定星辰高度的单位。历来争论颇大,我们认为是中国水手创造的,汉代开始已有(见曾昭璇:《明"武备志"中"过洋牵星图"试释》,《科学史集刊》1982,地质出版社,北京)。并指出 1 指为 1°.9091524。即 1 指大致相当于 1°.9。这和刘南威、李斌(1978 年)利用《五星占》记录求得 1 指为 1°.9 相同。

按用"指"测量星辰高度还可远溯至战国时期,因战国时"巫咸占"已使用了"指"。这可由唐代"乙巳占"和"开元占经"中的引用"巫咸占"文字得知。历汉、唐都如此,且都可求得 1 指为 1°.9。因在"巫咸占"中记述了金星和月亮南北最大距离为 5 指,相当于今天的 9°.4,即 1 指为 1°.88,这和我们计得相近①。从郑和海图上求得亦为此数。现代海南岛渔民仍用指和角去作为测量星辰高度数据。

我们根据海南渔民的求法,即用手掌横向,伸直手臂,手指向左,拇指向下,与海面相接,小指向上,和星座主星相接,来求出指角数。一般人们臂长为 60 厘米,指粗为 2 厘米,故一指相当的角度数为:

$$\mathrm{tg}\varphi = \frac{2}{60} = 0.033$$

$$\varphi = 1°.909$$

即一指亦和 1°.9 相当。总之,自战国到今天的指角数是一致的。这就说明指角数是中国古代航海人员的发明创造,不是由阿拉伯船员传入的。

指角数值观测在明代已有记录。据李诩《戒庵老人漫笔》卷一中称:"(周髀算尺)有象牙一块,长二寸,四角皆缺,

---

① 刘南威、李启斌、李竞:《郑和航海图与牵星术》,刊于人民交通出版社《郑和下西洋论文集》(1),1985 年版。

上有半指、半角、一角、三角等字，颠倒相向，盖周髀算尺也。"又云："苏州马怀德牵星板一副，十二片，乌木为之，自小渐大，大者长七寸余，标为一指、二指，以至十二指，俱有细刻，若分寸然。"据严敦杰考证，最小一块为 2 厘米，定为一指。可知一指阔度，亦用人手指粗细定出的，即航海人员用为测星辰高度规范化的表现。

第二节　元代广州城的历史地理

元军占广州并非容易。因镇守广州有一支精锐部队"摧锋军"。这是宋代有名的部队。虽然宋经略使要投降，但下层军兵要打。《历代通鉴辑览》即记："摧锋军将黄俊、陈寔拒雄飞（元朝招讨使）于石门，性道不战，俊战败奔广州。"广州被梁雄飞占领了。但是至元十三年（1276）九月熊飞又收复广州，12 月又失广州。1277 年 4 月，张镇孙又收复广州，冬又失广州。1278 年 3 月凌震、王道夫又克广州，10 月又失广州。李恒、张弘范开都元帅府。12 月又战于广州。这样反复拉锯战，对广州城是有很大破坏的。

元占广州后，又下令夷平城池。虽然广州城墙低矮，但拆去不易，都反映广州城在兵燹中受破坏很大，城内民居及官衙都受不同程度破坏。加上群雄起头抗元，故广州城池是保存不易的。如元兵吕师夔、张荣实到广州时，城外居室烧光，元军三入广州始平（据《永乐大典》11905 卷）。

一、元代广州城未全拆毁

元代国土广大，为着军事统治方便，把各地城池毁平，广州城也不例外。《南海志》称："至元十五年（1278）正月八日，元帅（指塔出及吕师夔）下令夷其城隍。惟子城及两雁翅无恙。"故元时广州西城及东城是被毁去的，不毁的只是子城及东西两雁翅城。故《元史·地理志》称"广州录事司至元十六年（1279）立，以州之东城、西城、子城并番禺、南海二县在城民户隶之"，是表示当时刚毁西城、东城而子城未毁，故情况和宋时一样。不能由三城存在，而说成城池没有拆毁。

从《南海志》记述，元代广州城大致和宋代一样，但城外略有变化，即把宋代城北水库放干，成为田地，入于官，不再是水库地了。城内侧西城南濠，在至元二十八年（1291）亦浚深。市政方面，也有改变，如清海军楼，改挂"广东道"匾额。因元制行政区划以"省"为一级单位，全称是"行中书省"，以别于首都的"中书省"。第二级为"路"（宋代为第一级行政单位），省太大则在省和路之间设"道"。广州属当时江西行省的广东道。江西省治在龙兴路，即今南昌市，广东道治广州路，即广州。故清海军楼改挂牌为"广东道"。以上三事见于《南海志》中。

元初广州城残破可由广州是宋元最后决战地区看出，民族压迫和阶级剥削交织在一起。广州城遭到反复争夺（见《元文类》卷四十一），破坏特甚。《南海志》记郡学破坏情况，即其一端，文称："至元丙子（1276），天兵下广，重屯于学，毁拆殆尽。"县学校亦记："兵戈洊兴，学毁于火。"（南海学）番禺学亦记："兵火后，莽为丘圩。"

但是由于外贸的发展，广州很快恢复成为主要海港。《元史·马八儿》卷二百一十称"遣广东招讨使杨廷璧招俱蓝"，时在1279年。可见战事一停，即进行海外贸易。至大德甲辰（1304）有陈大震《南海志》出，载舶货及外国甚详。该志残卷卷七称："圣朝奄有四海，尽日月出入之地，无不奉珍效贡；稽颡称臣。故海人山兽之奇，龙珠犀贝之异，莫不充于内府，畜玩于上林，其来者视昔有加焉。而珍货之盛亦倍于前志之所书者。"按陈大震宋"宝祐元（1253）第四甲姚榜。朝奉大夫，知全州。至元十八年（1281）承事郎，广东道儒学提举"。（见《南海志》卷九）仕两朝，所语非虚，广州之盛，可于其志求之。因作外国考于后。

广州城的繁荣，第二个方面表现为游览地区的扩大。如以"羊城八景"为代表来看，元代广州由于海外交通、国内交通的发展，故对于"羊城八景"的选择亦有所不同。同时亦反映军事占据的破坏一面。宋代城内的光孝寺是游人集中地点，入元庙宇破坏，故光孝寺不再成为胜景了。城池除被破坏外，城门也有改名。

故下面即先述这方面的情况。据《永乐大典》，明联三城为一时，西城西侧仍有两门，即金肃门（沿宋未改）和中和门（宋名和丰）。北城有两门，即威远（仍宋旧）和顺天（宋名朝天）。东城今大东门称"正东门"，中城南门称"正南门"，西城南门的小市门（《南海志》）亦已称"归德门"了，还有"定海门"。

二、元代广州游览区——羊城八景

元代广州的著名游览区，即以羊城八景命名的地点，与宋代略有不同。据《乾隆南海县志》称，元代羊城八景如下：

扶胥浴日　　石门返照　　粤台秋色　　白云晚望
大通烟雨　　蒲涧帘泉　　景泰僧归　　灵洲鳌负

从上述八景看，知元仍宋旧，以扶胥和石门两镇为八景之首，大通镇仍同为八景之一。蒲涧还未衰落，宋代海山楼入元已毁，故"海山晓霁"一景取消了。菊湖此时也已放水干成田地，也在八景中消失。光孝名寺入元也被破坏而不存在。珠江秋色也不再成美景了。因此，元代八景有四景改换，最突出是灵洲鳌负一景,远在官窑,但因交通发达,成为南北河运枢纽,故立为一景。粤台是指越秀山与粤王台而言,即观音山入元代已成为广州主要游览地点了。此外,远在白云山上的白云、景泰两景的兴起,说明当日城市已扩大了范围。扩大是向山上为主,反映广州城的市区比宋代又进了一步,故入明代即有宋代"三城低隘"之语。故由元代八景的选择,反映城市的发展,比宋代已有所扩张,分述如下:

1. 扶胥浴日

这一景说明入元代时,浴日亭仍在海上,东望汪洋无际,一如宋代,平原未曾淤起成陆,故此景仍可看到。

扶胥镇仍未衰落,仍为元代重要口岸之一。按《南海志》称(税赋):"(旧志赋税)扶胥镇税钱:肆仟肆佰陆拾柒贯。"可见宋代税收很大,入元仍盛,因陈大震未有注释其衰败。从通商国家之多,贡品之盛,扶胥外港仍然是被需要的、繁荣的。据《南海志》载通商地点达 147 个之多。南海庙至元间祭 7 次(1264 年、1276 年、1278 年、1289 年、1291 年、1292 年、1293 年)。1291 年封南海神为"广利灵孚王",以后又祭 11 次(1305 年、1320 年、1324 年、1326 年、1327 年、1329 年、1333 年、1350 年、1351 年、1354 年、1355 年)。可见南海庙入元仍盛,当与海港兴盛有关。

2. 石门返照

石门镇处景物也多,贪泉、石门自汉、晋出名。当日石门水道未淤浅,仍为南北交通要冲。石门水道淤于明代,黄佐《广东通志》称:"芦苞水,其水秋涸,夏始溢。"故石门水道夏天才多水来。《南海志》称:"南海县……石门铺。"可见亦为交通要冲。今仍存西华寺一处,仍为广州旅游点之一。石门镇当未衰落也。

3. 大通烟雨

大通烟雨是表示大通镇继续于元代,反映大通镇仍为当日和佛山交通的要冲。西江、北江南下广州，经大通港入广州仍沿宋旧，河道未淤浅。因大通港淤浅亦在明代。

4. 蒲涧帘泉

此景仍沿宋旧，可见当日白云山仍盛。这是山南一条泉水充足的溪涧，涧顶即为滴水岩所在，溪水飞散而下，故称"帘泉"。崖下深涧水清荫静，多生菖蒲草，为广州附近主要菖蒲产地，采为石山盆景之用。元代仍为广州主要旅游地点（重阳、清明时节），故成胜景。涧内寺宇多所，元时仍有宋建（990年）蒲涧寺，到清代民初仍存。

元代新定八景有四，多在山地范围。

5. 灵洲鳌负

灵洲是指西南涌官窑东面江心洲而言。洲在水中，名称很古。《南越志》称，"肃连山西有灵洲焉。其山平原弥望，层延极目。晋郭璞谓南海之间有衣冠之气者，斯其地也"，所以这里是一处很早就知名的地方。有宝陀寺，万历《南海县志》称："宝陀寺在灵峰山（指灵洲山），创晋朝，山下有超然二堂，为仕官往来宾饯之所。"

灵洲在广州西北32公里，正当郁水中流。这座江心洲并不是由沙泥堆积而成，而是中流河床上的礁石，故又称灵洲山。明陈献章诗"中流几丈石"，可见明代仍未变。这片石英砂岩所成的江心小岛，有如鳌鱼的背脊，海上仙山向有"鳌峰"之称，故名"鳌负"。意即岛上庙宇也是仙境。

宋代《南海百咏》将灵洲比作镇江的金山（亦为在长江中的小石岛），称"小金山"，可见当时是牂牁江上的第一砥柱。并建有妙高台等胜处。元代成为水陆交通要道，不远的官窑即为"驿市"所在。

西南涌古名郁水或牂牁，可见河道不如今天狭窄，因称为西江主流所经。明代筑堤后，河道才变狭，上游芦苞水及西南涌来水也减少。古河道宽达 1000 米，到明代只余 200 米，且被堤围夹束。金利镇因位于分汊水口，筑堤后交通位置失去而衰落。江水"入西南潭者夏四之一，余十之一"。故上游二水水量大减，江身在 1000 米宽谷中成曲流摆动，于是小金山北侧渐成主流，向北移蚀，南支水道正当凸岸成为沉积地点，日趋淤浅。1874 年《南海县志》称："灵洲山距官窑二三里，屹立郁水中，数十年间南渠寝淤，积沙成陆，潦水时至，壅遏不流，墟堤患之。"

按唐代灵洲下游称"六颈海"，唐《十道志》称"小金山"为"海上名山"，故河道宽广，为泮汭主流，入元称"官窑站船十"（《南海志》）。可见明后才淤，清时淤出岸滩，成为寺产。民国已成涓涓细流、水归北支。1957 年淤断，南支成田。今天可改回原貌，使小金山胜景恢复。

6. 粤台秋色

越秀山中山纪念碑处，碑脚为海拔 75.3 米，水塔岗 50.3 米，五羊雕像所在木壳岗 56.8 米，五层楼 52 米，都非越台旧址。越台是指越王台，陈际清《白云粤秀二山合志》称："山顶有观音阁，即玉山楼旧址，故又谓之观音山。山之东北，越王台址存焉。汉赵佗建。"阮元《广东通志》引《南海县志》称："观音阁之东北为越王台故址，台之北为镇海楼。"台即今中山纪念碑东面高坡地。元代未有五层楼，其地开朗高旷，正是登高胜处，成为元代胜景之一。故明代即扩展北城，把台址包入老城区中。赵佗墓可能即在其下。

7. 白云晚望

白云晚望是指白云山上白云寺晚望亭处的胜景。白云寺地近今山顶公园，向西望正好是广州城所在，今天仍于此建有长廊，亦题名"白云晚望"。长廊另一端又创新题曰"白云晓望"，因这里不只西望，且可东望。古人在这里建有"晚望亭"，即以夕阳西下时，正好下望广州城，霞光暮色，美景全收。入夜灯火万家又别饶景色。一说白云晚望是指白云山上晚望山下的美景而言。这是按字面解释。

白云寺内有九龙泉，今仍在。泉在石英砂岩中渗出，向为广州名泉。清代茶楼且特别请人挑水下山，煮茶应客。传安期生修道于此，忽见九童戏此，变而成泉，即龙所化也。白云寺高临峭壁之上，为远观良好地点，故于此建亭西望，成为胜处。今天白云寺已毁，但九龙泉仍在，亦成为旅游点了。

8. 景泰僧归

景泰是寺名，僧归是亭名，即景泰寺的僧归亭处，为当时胜景之一。

白云山多峰，景泰山即其中一峰。旧峰下有峒，称"泰霞洞"，有坑称"景泰坑"，今天仍用此名。因梁代崇佛，州官萧誉请罗浮山景泰禅师卓锡于此，择地建寺于此得称。师杖地得泉，称"泰泉"。林谷向北，荫森泉足，故建寺于此。宋时避讳，改称"龙果寺"（见《康熙广州府志》卷十七）。《羊城古钞》称："（龙果寺条）寺旧名景泰，以梁景泰禅师卓锡于此得名，有僧归亭。"在卷七又称："僧归亭在楼霞山景泰寺，今不存。"可见清代该亭已毁。一说景泰僧归言山林寺宇之美，配以僧人来往幽境称胜云云，此又一说。要之，景泰僧归和白云晚望可表示白云山南北都已成为游人向往的风景区。

今天景泰坑及山风景不很美，泉林不足，是清代以后，生态环境被破坏的结果。因清初二王入城前，铸红衣大炮以轰击广州城墙，即选中白云山北坡泉林丰富、地形隐蔽地点，避开明军耳目，伐木铸炮。大量用水，使景泰坑林木尽伐，山泉枯竭，至今未能恢复原状。故应加保护，使山泉复出，林谷清净，为白云山一胜处，是很有条件的。

元代羊城八景中也是城内无一景的，这即反映元代战争对广州城的破坏。低隘的三城，实无一处胜景可言，故入明即要连三城为一，并加扩建，才能适应社会发展的需要，也把越台包入城中。

三、《南海志》载外国的地理考释

《南海志》卷七"舶货"节有"诸蕃国"，记交趾国管、占城国管、真腊国管、暹国管、三佛齐国管、东洋佛泥国管、单重布罗国管、阇婆国管。南毗马八儿国以下无"管"字，表示隶属不明。兹分述之，以补国人未有考释之缺。

（1）交趾国管：团山、吉柴。

按交趾即越南北部，宋前交州地。《诸蕃志·交趾》条称："皇朝重武爱人，不欲宿兵瘴疠之区，以守无用之土。因其献款，从而羁縻之。"与广西钦州、左江为邻。团山、吉柴为地方，应为当时港口。中统二年（1261）封为安南国。即元初已称安南国，而陈大震宋民，故仍沿宋志（嘉定、淳祐本《南海志》称呼），《南海志》原序云："爰即旧志而增益之。"此处沿用宋名"交趾"。

团山疑即"屯山"，为红河三角洲中海港。《元史·外夷传》卷209称："张文虎粮船以去年十二月次屯山，遇交趾船三十艘……又船重不能行，乃沉米于海，趋琼州。"此乃镇南王攻交趾时事。《岛夷志略》称为"断山"。《寰宇通志》称："在新安云屯县大海中，两山对峙，一水中通。陈李时（1010—1388），蕃国商船多聚于此。"即今海防港外下龙湾东北一海岛名。

吉柴疑亦港口。地近南方。《元史·外国传》称："（安南）定走美良县吉利栅。"这座吉利栅疑即吉柴。地在演州，即汉日南郡地，在交趾南部地方，但未有确据。应在越南东北岸。一说或为交趾鸡唱的异译（见《南海古代地名汇释》），似有理。

（2）占城国管：泥越、乌里、旧州、新洲、古望、民瞳眬、宾瞳眬。

占城国位于越南中部海岸，即占婆岛附近。与琼州相对，一夜昼可达。周越裳地，秦象郡，汉改象林县，唐称占婆，故名王城为占城。至德后（756—758）改名环。《新唐书》称环王国。唐末、宋后称占城。

泥越，《诸蕃志》称"裹越"，宋时已为占城属国，见卷上"占城条"，《元史》同称并已建为"道"。

乌里见《文献通考》卷322，"占城"条，"称乌里州"。在占城北境。（见《宋史·占城传》）

旧州即今茶养地，为顺化湾南港口名。新洲，《诸蕃志·占城》称"国都号新洲"，即占城地，后平定省。今义平省南部。

古望疑为归仁港南 Ko-mung，即《岛夷志略》的"胡麻"，今归仁港南虬蒙。民瞳眬即《岛夷志略》的"民多朗"。《岭外代答》称"其居国有宾瞳眬国、宾陁陵国"（卷三），按宾陁陵国与民多朗近。在占城南，即今平定省南面地方，近湄公河三角洲。

宾瞳眬，与民瞳眬近，在平定省南，位于占城南面，《新唐书》称"奔陀浪"，地当今越南中部南境藩朗，《岭外代答》卷二说即"王舍城"，《皇明象胥录》作"邦都朗"。

（3）真腊国管：真里富、登流眉、蒲甘、茸里、罗斛。

真腊即今柬埔寨。周达观《真腊风土记》用"甘孛智"。《明史》称"柬埔寨"。

真里富，华侨称为"尖竹汶"，《宋史·真腊传》卷489称"其居邑有真里富，在西南隅"，即今暹罗湾东北海岸上，

《云麓漫钞》以为即真腊别名。

登流眉宋时已为真腊属国（见《诸蕃志·真腊条》）。《宋史·真腊传》卷 489 称："西南与登流眉为邻。"又称："丹眉流国，东至占腊 50 程，南至罗越水路十五程。"（登流眉与丹流眉常混用，如《宋会要辑稿》即作丹眉流，197 册）地当在今泰国南部马来半岛上（洛坤省附近）。《桂海虞衡志》作"丁流眉"。

蒲甘在缅甸伊洛瓦底江中游东岸，敏建西南，9 世纪初为缅国都城，宋称蒲甘，信佛，今仍有 5000 多佛塔留存，称"四百万宝塔城"。宋时为真腊属国（见《诸蕃志·真腊条》）。《岭外代答》称："蒲甘国自大理国五日程至其国，自窊里国六十程至之。"宋时国有诸葛武侯庙（见《诸蕃志·蒲甘国》）。《元史·缅传》称："至元廿四年……既而云南王与诸王进征，至蒲甘，丧师七千余，缅始平。"即此。

茸里疑即窊里，宋时已为真腊属国（见《诸蕃志》），离蒲甘远，疑在南面。《岭外代答》"真腊"条称："其旁有窊里国……真腊为之都会。"在缅甸南部泰国附近，横过马来半岛途中要地。

罗斛国即今泰国中部，湄南河下游地方，因《宋史·丹流国》称："东北至罗斛国二十五程。"《明史·暹罗》称："地平衍，种多获，暹仰给焉。"元时始并暹国，称"暹罗斛国"（《明史》）。

（4）暹国管：上水速孤底。

暹国即今泰国宋加洛一带。泰国旧名暹罗，即暹国和罗斛两国合并后名称。14 世纪中叶后两国始合。元时独立为一国，泰族速古台王朝建立，暹见于《宋史·陈宜中传》内，可知当时暹国尚盛，才能保宜中死于暹国。

上水速孤底疑为暹国港口，古暹国都城，今泰国宋加洛古译名，《瀛涯览胜》省作"上水"。

（5）单马令国管（小西洋）：日罗亭、达刺希、崧古罗、凌牙苏家、沙里、佛罗安、吉兰丹、晏头、丁伽芦、迫嘉、朋亨、口兰丹。

单马令国即今马来半岛中部六坤附近，《岛夷志略》称"丹马令"，并称与沙里、佛来安为邻。宋已立国（见《诸蕃志》），有谓即今 Ligor 城处①。

小西洋一名与明后称呼不同，元小西洋指马来半岛一带，即近中国的西洋地方，地域较小，故名。明后小西洋则指印度半岛地区，见《海国闻见录》"小西洋记"及《海录》。此处所记，多属马来半岛及南洋群岛各地，即今马来西亚和印尼地方。

日罗亭在马来半岛南部，宋代已立国（见《诸蕃志》），近单马令国，在半岛东岸 Cherating 处。

达刺希疑即加罗希，宋居三佛齐，《诸蕃志》称"（真腊）其国南接三佛齐属国加罗希"，此国亦在马来半岛北面。古音为"Grahi"。

崧古罗在今马来半岛中。明《武备志·航海图志》称"狼加西"。地在孙古那（Songkla）与吉兰丹（kelantan）间。此处孙古那即元代的"崧古罗"地点。

凌牙苏家即《武备志》的"狼加西"，在吉兰丹邻。《诸蕃志》（宋）译"凌牙斯加"。《隋书·赤土传》译"狼牙须"。《岛夷志略》译"龙牙犀角"。在北大年一带，今居泰国云。

沙里在马来半岛与丹马令国为邻，因《岛夷志略》称："（丹马令）与沙里、佛来安为邻国。"苏继顾说在 Tharna 港，

––––––––––––––––

①　见 Gedes 氏，1925 年 11 月 13 日，致巴黎亚洲协会报告书。

疑误。因此港在岛上。

佛罗安在马来半岛西岸上,《诸蕃志》称:"佛啰安国自凌牙斯加四日可到,亦可遵陆。"《岛夷志略·丹马令》译"佛来安"。即今 Paleon 云。

吉兰丹,《明史》作"急兰丹",《海录》作"咭兰丹",今名吉兰丹为马来西亚国州名之一。《隋书·赤土传》称:"鸡笼"疑即此地。

晏头疑在马来半岛附近岛上。因本处仍为单马令国管地。《诸蕃志》称:"万头……居海岛中。"疑即此。

丁伽芦即今丁家奴。《诸蕃志·三佛齐》译"登牙侬"。

迫嘉即今霹雳,马来西亚国州名之一,在半岛中部偏南西岸。

朋亨即今彭亨,马来西亚国州名之一。在马来半岛东部。《诸蕃志》译作"蓬丰"。

口兰丹疑亦在马来半岛上,因仍居单马令国营地。而所述亦不出马来半岛范围。陈佳荣等(1986 年)以为即彭克州的关丹(Kuantan)。

(6)三佛齐国管(小西洋):龙牙山、龙牙门、便塾、榄邦、棚加、不理东、监篦、哑鲁、亭停、不剌、无思忻、深没陀罗、南无里、不斯麻、细兰、没里琶都、宾撮。

三佛齐亦为小西洋区国家,即今印度尼西亚共和国的巨港,在苏门答腊岛东南岸。宋名三佛齐(见《诸蕃志》、《岭外代答》等书),唐名"室利佛逝"。元名旧港。

龙牙山即今凌牙岛或龙牙岛,在马六甲海峡,古书一般称有山的岛为山,故名。为中西交通咽喉,元时为三佛齐所据。《东西洋考》"针路"称作"龙雅山",今 Lingga 岛。

龙牙门即马六甲海峡口。《诸蕃志》称"凌牙门",即林加岛(Lingga Is.)附近海口。

便塾在苏门答腊东北岸小岛，陆峻岭（1986 年）认为在今 Basso 岛。

榄邦岛国《明史·外国列传》称"览邦，在西南海中"，即此。《郑和海图》称为"榄邦港"，即今印尼南榜省。临巽他海峡，古三佛齐国在此。

棚加即今邦加岛，在苏门答腊岛西面。《岛夷志略》称为"彭家"，《诸蕃志》称"平牙夷"。

不理东即《东西洋考》称"勿里洞山"，今 Billiton 岛。

监篦在苏门答腊东北岸，《武备志》的《航海图》作"甘杯"，今名 Kampar 处，当航道口。

哑鲁在马来半岛南部，《明史》称"阿鲁，一名哑鲁，近满剌加"，即此，今名 Aru 群岛。

亭停在苏门答腊东北岸上，或霹雳河口外 Dindings 群岛，当航道上要港。

不剌即今苏门答腊东北岸上的"Parlak"岛古译名。一说在 Peureulak。

无思忻即苏门答腊岛东北岸上的"Pasei"古译名。此河河口有港口，当航道。

深没陀罗为苏门答腊古国，《宋史》称"苏勿托"，15 世纪为亚齐灭，今岛名即此而来。

南无里在苏门答腊西北。《岭外代答》作"蓝里"，《诸蕃志》作"蓝无里"，《岛夷志略》作"喃哑哩"，《明史》作"南渤利"，当航路，渡印度洋舶此，今 Banda Aceh 港，古国名。

不斯麻曾为苏门答腊王都，《名山藏·王享记》作"巴西"，即今岛东北 Passier 附近。

细兰在海上岛国，疑即西龙宫，《诸蕃志》称："西龙宫……居海岛中，用小船往来。服色饮食与渤泥国同。"一名

"西龙"，即"Ceram"音译，非锡兰岛。有史家以为此细兰即锡兰，并证三佛齐盛时曾占锡兰岛，亦可信。

没里琶都在《元史·亦黑迷失传》称"不鲁不都"，今岛北部 Muaraputus 地方。

宾撮在《诸蕃志》称"宾窣"，《郑和海图》作"班卒"，按该图应在 Aru 群岛之南。一说在苏门答腊西岸 Baros 附近。余从上说。

（7）东洋佛泥国管（小东洋）：麻里芦、麻叶、美昆、蒲端、苏禄、沙胡重、哑陈、麻拿罗奴、文杜陵。

东洋指东方海面各地而言，小东洋即与小西洋相对，一般指菲律宾群岛，婆罗洲（今加里曼丹岛）。

佛泥国即今 Burni 岛，即今加里曼丹岛北部。岛因已入东洋地区，《宋史·外国列传》译"勃泥"，称"勃泥国在西南大海中，去阇婆四十五日程，去三佛齐四十日程"，疑在文莱附近。

麻里芦即今马尼拉，今菲国首都附近，良好港口。《岛夷志略》称"麻里噜"，《海录》作"小吕宋，本名蛮哩喇"。

麻叶（Mait）《东西洋考·针路》作"磨叶"，宋《诸蕃志》作"麻逸"，今民都洛岛旧名。《文献通考》卷332"阇婆条"称"摩逸国太平兴国七年（982）载宝货至广州"，即此。

美昆即今棉兰老岛西北岸 Manukan 古译名，良港。

蒲端在菲律宾国班乃岛西岸，地名 Butuan 处，宋代已立国（见《宋史·真宗本纪》）。一说在棉兰老岛北岸。

苏禄即今苏禄群岛地，菲律宾国一省名。《明史·外国列传》称"苏禄，地近渤泥、阇婆"，即此。

沙胡重早见《诸蕃志》，称"沙糊"，即此。亦一岛国，疑在棉兰老岛西岸 Siocon 处。

哑陈在菲律宾国班乃岛上怡朗港西奥顿（Oton）处（见陆峻岭，1986年）。

麻拿罗奴即今苏禄群岛，在菲律宾国西南部，地方有摩洛人，部族名 Maranaw，即此。《代答》称"麻啰奴"。

文杜陵即今民都洛岛，在菲律宾国中部。岛很大，为菲律宾国第二大岛。今 Mindolo 岛古译名。

（8）单重布罗国管（大东洋）：论杜、三哑思、沙罗沟、塔不辛地、沙棚沟、涂离、遍奴忻、勿里心、王琶华、都芦辛、罗帏、西夷涂、质黎、故梅、讫丁艮、呼芦漫头、琶设、故提、频底贤、孟加锡、乌潭麻、苏华公、文鲁古、盟崖、盘檀。

单重布罗国入大东洋范围，即广大东部海洋地方国家了。爪哇人称为"渤泥岛"，马来人称为"丹戎武罗"（Tanjongpura）。此岛很大。《诸蕃志》称"单重布啰"，今加里曼丹岛大部。

论杜在沙捞越西北港口，今 lundu 港，论杜为它的古译名。

三哑思在《顺风相送》中称"三哒氏州府"，今加里曼丹岛西北部三发（Sambas）。

沙罗沟即今沙捞越，为 Sarawak 的古译名。

塔不辛地即今加里曼丹岛中沙捞越州的特贝杜（Tebedu），[①] 但无实据。

沙棚沟在今沙捞越的 Sipang 角一带，当航道。

涂离疑在沙捞越州附近一处港口，应当航道上。

遍奴忻即今文莱，为 Brunei 的古译名，在加里曼丹西

---

① 见陈佳荣、谢方、陆峻岭：《古代南海地名汇释》，第一部分，中华书局1986年版。

北部。

勿里心在加里曼丹西部海岸上，今 Mini 附近。

王琶华疑在加里曼丹岛西南岸坤甸北的 Mampawah；《海录》作"南吧哇"。

都芦辛在加里曼丹西南海岸上，坤甸附近港口。

罗帏疑在加里曼丹东南部，东岸 laut 岛港口。

西夷涂在加里曼丹西岸，陈佳荣、谢方认为在 Sidas（1986 年），未有确据。

质黎在加里曼丹岛西南部，Djelai 河口地方。

故梅在加里曼丹南部 Kumai 湾北面，为 Kumai 港的古译名。

讫丁艮在加里曼丹南部，Kota-Waringin 的古代简译名。

呼芦漫头在《诸蕃志》作"胡芦蔓头"，即今 Kariatm 群岛。

琶设在加里曼丹岛的东南岸，为该处名 Passir 的古译名，《海岛逸志》称"把实"。

故提在加里曼丹东岸，为 Kutai 河的古译名。河口有港，当航路。

频底贤即坤甸土名的译名，即由 Pontianak 译出，1777 年华侨罗芳伯王此。

孟加锡即今望加锡岛，有人译为乌戎潘当，印尼东部最大港口，在苏拉威西岛西南岸。

乌潭麻疑在今苏拉威西岛西南部，陈佳荣、谢方认为在 Watampone（1986 年），未有确据。

苏华公，《诸蕃志》称"沙华公"。华侨称三宝颜（Zamboangi）。土名（SawaKu），在棉兰老岛西南岸。

文鲁古即今马鲁古群岛。旧名摩鹿加，西人称"香料群岛"，在印尼东北部。《诸蕃志》作"勿奴孤"。

盟崖是今苏拉威西岛东面的 Banggi 岛的古译名。

盘檀即今班达群岛（Banda Is），《海岛逸志》称"万澜"。

（9）阇婆国管（大东洋）：孙绦、陀杂、白花湾、淡墨、熙宁、罗心、重伽芦、不直干、陀达、蒲盘、布提、不者罗干、打工、琶离、故鸾、火山、地漫。

阇婆国管爪哇岛以东各地，故称为大东洋。阇婆早见于《宋书·蛮夷传》，《诸蕃志》称"又名蒲家龙"。《岛夷志略》称"爪哇"。蒲家龙为岛北港口。《法显传》称"耶婆提"。

孙绦即今 sunda 岛的古译名，今译巽他群岛，《诸蕃志》称"新拖"。

陀杂即今爪哇万丹湾（Bantan）外的 Tunda 岛古译名。

白花湾即《诸蕃志》的"百花园"，爪哇岛上 12—15 世纪大国名，在东爪哇，华侨称"若望"，一说在今北加浪海岸（Pekalongan）。

淡墨与白花邻近，说在苏门答腊，今称"塔米昂"（Tamiang），为洋舶取淡水港口。《元史·成宗纪》称"毯阳"，疑误。因此地今仍称"淡目"，在爪哇岛三宝垄东北，华侨集中港口，名 Demak 港。

熙宁，《诸蕃志》称"禧宁"。爪哇 12—15 世纪大国。《岛夷志略》"爪哇"条称"希苓"。今爪哇岛北部 Hering 地方。

罗心在今爪哇岛北部，今名"拉森"，旧称"啰心"，与熙宁、淡墨相近。

重伽芦，《诸蕃志》称"戎牙路"，即打板国，在爪哇西部，泗水附近，12—15 世纪古国。

不直干在《元史·爪哇传》中作"八节涧"，在爪哇东部海岸 Pachekan 村。

陀达在爪哇岛东部，一说为 Todanan 的古译名。

蒲盘在《岛夷志略》称"蒲奔"，南加里曼丹 Pembuang 河口古译名；一说在东爪哇。

布提在爪哇东部南岸 Pugger 地方，一说在北岸 Pati 地方。

不者罗干即爪哇岛北岸的北加浪海岸，今名 Pekalongan，《岭外代答》称"蒲家龙"。

打工在中爪哇三宝垅，古名 Takang，《诸蕃志》作"打纲"，《岛夷志略》作"打网"。

琶离即今巴里岛，《诸蕃志》称"麻离"，并称为"贼国"今译"巴厘"，在爪哇岛东。

故鸾即古里岛，常与地闷一起并称。《岛夷志略》称"一脉至渤泥及古里、地闷"，即此。

火山疑今桑格安岛，因岛上有火山，《东西洋考》称："重迦罗用单卯针，五更取火山。"

地漫即今帝汶岛，爪哇东面，与澳洲相对，《诸蕃志》称"底门"，《岛夷志略》称"地闷"。

（10）南毗马八儿国：细蓝、伽一、勿里法丹，差里野括，拨的侄，古打林。

此处未有某国管之说，即通通为大东洋范围，但此处称国，与阇婆国管似相提并论。国后即不列为国，只列地名。因立为一条。

南毗《诸蕃志》"胡椒"条附注有南毗一名。"南毗国"条更称"在西南之极，自三佛齐便风，月余可到，国都号篾阿抹，唐语曰'礼司'"。故当在印度半岛南岸马拉巴岸（Malabar）。《岭外代答》称"麻离拔国"，是"简称"，此处是"全称"，故用"南毗马八儿国"。

马八儿国近锡兰，《元史·外夷传》称："抵僧伽耶山，舟人郑震等，以阻风乏粮，劝往马八儿国，或可假陆路以达俱蓝国。"即此。当时为大国，"足以纲领诸国"。今马德拉海岸。

细蓝即今锡兰，译名斯里兰卡国。宋为"南毗管下"（见《诸蕃志》）。《岛夷志略》称"僧加剌"。《宋史·注辇传》云"国东南二千五百里有悉兰池国"，即此。

伽一此地在马八儿国。《元史·马八儿传》称"今算弹兄弟五人皆聚加一之地，议与俱蓝交兵"，即此。今名 Pun-neiKayal。

勿里法丹即 Muttra-Fattan 古译名，今译应为马都拉（Ma-dura）国的法丹港，在印度南端。

差里野括为马八儿国的港口，在印度南部海岸。

拨的侄为马八儿国港口，在印度南部沿岸地方。

古打林疑即今印度南部西岸 Cochin 港附近的 Cordamom 地方。

（11）大故蓝国、差里也国、政期离国、胡茶辣国。

此四国俱称为国，以下各处不称国号，故另立一条。因一国可有几个港口与广州通航的。如印度麻啰拔国即有"俱蓝、喀里克脱、黑里三港"。（见拔都他《游记》）且说："中国商船抵印度后，第一停泊之港，即俱蓝也。"

大故蓝国即《元史》云"俱蓝"，《诸蕃志》作"故临"。今仍为印度南端东岸 Quilon 城所在，仍居麻离拔（Malabar）海岸。

差里也国在印度南部，西海岸上的港口之一。疑在大故蓝国北面。

政期离国在《岛夷志略》作"僧加剌"，《元史》中政期离国作"僧急里"，今印度南部西岸 Cochin 港口北面 Cranga-nore 地方。

胡茶辣国在今孟买北部卡提阿瓦半岛一带，地方广大，今仍用 Guzerat 一名。宋时已立国（见《诸蕃志》）。

（12）禧里弗丹、宾陀兰纳、迫加鲁、盟哥鲁、条坧、鞑拿、阔里抹思、加刺都、拔肥离、涂弗、毗沙弗丹、哑鞑、鹏茄罗、记施、麻罗华、弼施罗、麻加里、白达、层拔、赡思、弼琶罗、勿斯离、勿拔、芦眉、瓮蛮、弗蓝、黑加鲁、默茄、茶弼沙、吉慈尼。

这些地方都不称国，而且地区广大，即包括西亚到东非沿岸广大地区。可能当时还未充分认识上述各地的地理情况，只把最远的国家或港口，作一笼统的记录，成为这一条。兹分述如下。

禧里弗丹在《郑和海图》上作"沙里八丹"，今 Solipatam 海岸，在印度南部东海岸。

宾陀兰纳在《郑和海图》作"番答里纳"，印度西南岸上科泽科德北面。

迫加鲁即印度西岸 Mangalare 北面的 Bacanor 海岸，即在马拉巴尔海岸地区之中。

盟哥鲁为印度南毗国属国，《诸蕃志》即有记述。地今仍称 Mangalore，在印度南部。

条坧即依本拔都他称的 Dibet－al－mahal 中的"Dibet"。《瀛涯览胜》称"牒干"，今马尔代夫群岛。

鞑拿在印度孟买北面地方，今仍称为 Thana 城，在海岸上。

阔里抹思在《郑和海图》作"忽鲁谟斯"，今伊朗霍木兹海峡中霍木兹岛的古译名，旧城在岸上。

加刺都在《马可波罗行纪》作"Calatu"，《郑和海图》作"加刺哈"，今阿曼的 Kalhat 港口。

拔肥离疑即蒲花罗，《元史》称"不花刺"，《诸蕃志》称为大食国属国，已在西亚地区了。

涂弗即《星槎胜览》的佐法儿，今译佐法尔，《诸蕃志》

称为"奴发"，为大食属国，即在西亚地区，今阿拉伯半岛东南岸（Zufar）地方。

毗沙弗丹在印度东岸，今称 Visakhapatam。此名为该地古译名。

哑靼在今亚丁附近（属南也门）。古代欧亚交通要道，以宝石、珍珠集散出名。

鹏茄罗早见于《诸蕃志》，称"西天鹏茄罗国，都号茶那吉城"，《岛夷志略》作"朋加刺"，即今 Bengale，在印度及孟加拉二国间恒河下游地。

记施，《诸蕃志》称："记施国在海屿中望见大食，半日可到。"今 Kish 岛，属波斯，一说 Qais 岛。余从前说。

麻罗华，《诸蕃志》称："麻啰华国与胡茶辣接连，其国管六十余州，有陆路。"今名仍用 Malwa 高原，印度古国名。

弼施罗，《诸蕃志》称"听白达节制"，今 Basra 港南面附近 Zubair 村，属伊拉克。

麻加里今名 Malindi，在非洲东岸肯尼亚。《岛夷志略》称为"麻那里"，《郑和海图》称"麻林地"。

白达今名巴格达，伊拉克国都，《唐书》称"缚达"。《诸蕃志》称："白达国系大食诸国之一都会。"

层拔在非洲，一说在索马里南，一说以为 Zanzibar 音译。按《诸蕃志》称"层拔国在胡茶辣国南海岛中"，即今桑给巴尔岛，其处为阿拉伯集中港口。

瞻思疑为东非海岸地，即"僧祇"的异译。Zanzi 可译"瞻思"，阿拉伯人指东非黑人国地。

弼琶罗即今 Berbera 海岸，在东非沿岸索马里亚丁湾南岸处。《诸蕃志》称"弼琶啰国有四州，余皆村落"，《酉阳杂俎》卷四称"拨拨力"。

勿斯离在伊拉克北部，《诸蕃志》称"勿斯离国其地多石山"，今 Mosul 地。一说指埃及。余从后说，因埃及有水路相通，且与弼琶罗、赡思、层拔同在非洲东岸地方，不是内陆山地。

勿拔在波斯湾，今名 Merbat，为一港口，《诸蕃志》称："勿拔国边海，有陆道可到大食。"一说在今 Sohar，即阿曼北部或南部 Mirbat。余从后说，因 Mirbat（米尔巴特属佐法儿）为海陆中心之故，陆道通大食各国，水路为东西交通所经。

芦眉，《诸蕃志》称："芦眉国自麻罗拔西陆行三百余程始到，亦名眉路骨国。"今伊斯坦布尔（东罗马地区），因为希腊、罗马人留居地得名。

瓮蛮即今阿曼，名早见于《诸蕃志》。今仍用 Uman 一名，在阿拉伯半岛东部。

弗蓝即今波斯湾中 Siraf 处。《诸蕃志》称："思莲……皆其（指大食）属国。"

黑加鲁在《诸蕃志》称"默伽猎"，阿拉伯语（Maghreb-el-aksa）西域之意，可译为"摩洛哥"。指今天红海西岸地方大国。

默茄即今麦加，在红海西岸，回教圣地。《诸蕃志》称为"麻嘉国"。今沙特阿拉伯汉志省省会。

茶弼沙在《诸蕃志》卷上称："地方一千余里为西方海上杂国"，"太阳没入之地"。

吉慈尼，《诸蕃志》称："自麻罗拔国约一百二十程可到，地近西北，极寒，冬雪至春不消。"今仍称为 ghazni。在阿富汗，为一省的省会。

第三章　明、清时期广州城历史地理

明代是广州城继宋代以后又一次大发展时期，向北把越秀山围入城区，向南又建新城，致使清代要向城外找地方扩展。兹述如下。

第一节　明代广州城的历史地理

明代为广州城大发展时期，宋代大发展时期兴建的三城到这时已不够使用，规模也被认为狭小，故要来一次扩建。计明代对广州城的改造和扩建进行了三次。

第一次，把宋代三城联合为一。

第二次，把广州城北郊扩展为城内一部分（即今老城北部）。

第三次，在城南因宋南城地建立新城。

一、三城联合为一

明代扩展广州城第一步是把宋时三城联合为一。即在明初洪武三年（1370）把宋时东、西、中城联合为一城。考宋代东城大致在今豪贤路、芳草街、文明路、文德路东范围内；中城大致在今越华路、仓边路、大南路、华宁里范围；西城大致以教育路、东风西路、人民路、大德路包围地段为主。三城之间，各有濠池环绕。中城与西城间为西湖，中城与东城之间为文溪。西城按当时人唐峒记略说："其外周城以为濠道，水俱入于海。"东城据郑鄘记称："为城袤四里，为濠以环其外。"而中城据郭棐《广东通志》卷十五亦说："魏瓘再知广州，环城浚池。"这样，三城交通大受限制，如中城和西城交通，北有春风桥、宝石桥，南有仙童桥（在仙湖街），阻障较大。而东城也靠文溪桥、致喜桥，故通作一城后，这些濠池可以填淤部分，有利沟通。而四周濠池又可连成一起。

旧城低矮是指元时的城。因元时曾下令大毁天下城隍，故广州城亦不幸免，即在至元十五年（1278）广州城垣也曾被拆毁。但是不久即修复，即在至元三十年（1293）即已修复。郭棐《广东通志》卷之十五称："至元十五年正月，诏夷广州城隍。三十年复修之。"故明初连三城为一，当属元代三城。按元代三城仍在，事见《元史·地理志》，志称："广州录事司至元十六年立，州之东城、西城、子城并番禺、南海二县民户隶之。"但城毁后复修当不会很高大，故才有明初修城之议。因为这对巩固明朝政权有很大意义。

明初联三城为一应在洪武三年（1370）前后，一般史书志书多载明"连三城为一"是在洪武十三年（1380）。徐俊鸣早已指出不对，认为应在十三年前后，即十一年为妥。理由是《永乐大典》广州"城池"条说："洪武元年修治一新。洪武十年冬，都指挥使许良奏准三城宜合为一。"《读史方舆纪要》称："洪武三年复因旧垒修葺。十三年永嘉侯朱亮祖等以旧城低隘，乃改筑府城，连三城为一。"徐氏认为洪武元年（1368）修葺即三年的那一次。而十年修葺是奏准未行，故定为十一年连合三城。这是一说。顾祖禹《读史方舆纪要》一书，是转录各种文献而成。如说朱亮祖十三年连城，即有明显错漏。因朱亮祖在洪武十三年，因番禺知县道同疏其不法，被召归，事见《明史·朱亮祖传》，称："明年九月召朱亮祖至。"又按郭棐《广东通志》卷之六称："（洪武元年）乙卯，永忠及元将邵宗愚战于广州，大破，斩之，广州平。命永嘉侯朱亮祖镇广东"；又"洪武八年冬十月有星孛于南下。永嘉侯朱亮祖以罪征还"。注文称："上以亮祖功臣不干吏，但罢职，未几疾卒。"即广州连城于洪武十三年事，不确。而在洪武元年或三年均有可能，估计洪武元年似是动议或动手修建之年，而洪武三年才是大修的。因广州平于洪武元年四月，但仍有战争，六月才命朱亮祖出镇广州，半年之内，难以"修治一新"的。洪武三年因旧垒修治是很合情理。洪武十三年是第二次扩大城池之事。

关于洪武三年联三城的记载也不少。明郭棐《广东通志》卷十五广州府"城池"条："洪武三年永嘉侯朱亮祖上疏，请连三城为一。"乾隆《广州府志·城池》亦称："洪武三年，朱亮祖连三城为一，因旧浚濠，周二千三百五十六丈五尺。"则在洪武三年连城浚濠是有记载的。又康熙《南海县志》"建置"卷亦称："洪武三年，永嘉侯疏请连三城为一，因旧浚濠。"因此，我们认为"三城联合为一"应在洪武三年为宜。洪武十三年的建城，不是连三城为一，而是扩展城池，即把越秀山也扩入城池之内的事情。

二、"三城合一"时的地图

三城合一的记录是有地图为依据的。因现存《永乐大典》卷11905中，即附有地图3幅，一为《广州府境之图》，另一为《广州府南海县之图》，和《广州府番禺县之图》，在三图中即大致反映明代联三城合一的情况。

三城合一的基本情况，在各图中都可反映。即：

（1）三城基本上是呈方形或长方形。

（2）三城有濠池环绕着，和记载相符合。

（3）城门基本上相同，位置也一致。即共有 8 门。

（4）城内主要街道大致相合。如惠爱街、惠福路等。

（5）城内衙门位置也基本一致。如布政使司、广东都司、钟楼、察院、按察司、文庙、提举司、南海县、番禺县等等。

（6）光塔和花塔也有表示。光孝寺、天妃庙也同有表示。

（7）城门外及南门外建设也大致相同，如社稷坛、浮丘、西庙、批验所、税课司、递运所、山川坛等。

（8）北城外也有相似的标志，如九眼井、演武亭等。

但是，三图仍有较大的差别。南海县图有较详细的优点。但广州府图却又有衙门较多的优点。因此，三图必须互为补充。要点如下。

番禺、南海之图有如下优点。即：

（1）西城轮廓显示清楚。东为西湖，仍有水域保存。西湖南北城池较大，表示西城大于中城。

（2）主要街道系统清楚。如金肃门通西湖直街、净慧街通和丰门直街、朝天街等等。东城番禺县南直街等。

（3）西湖等表现清楚。北为惠爱街，南为惠福路，东为流水井街、大小马站街，西为按察司，四至整然。西南城角塘池也有表示。

（4）建筑物形态逼真，如城楼、双门、花塔等。

（5）某些衙门及建筑物也清楚，如玄妙观、惠民药局、断事所等。

（6）某些名称用来作注记，如水馆驿。

广州府境之图有它的特色。计有：

（1）子城衙门记载特别详细，如承宣直街（子城直街）西为宝泉局、五羊驿（即旧五羊驿）、永丰仓，东边为番山、盐仓。还有番禺县学、申明亭、军营、城隍庙、旗纛庙等均为南海之图所缺。

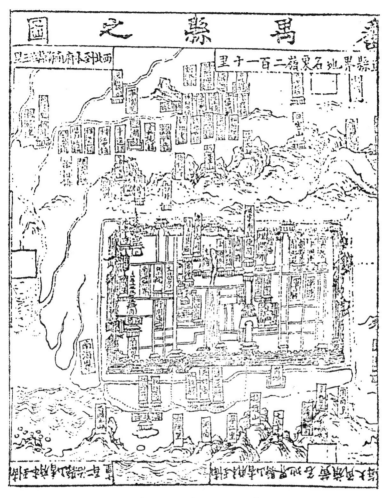

明永乐大典《番禺县之图》

（2）建筑物形态迫真，如双门、钟楼等。

（3）城北地名也详细，无祀鬼（坛）、悟性寺、越王台、景泰易①、白云山、蒲涧寺、滴水岩等。

（4）城南有五羊驿、东庙等。

---

① 曾新按：今写作"埸"，表示疆界之义，下同。

（5）街道系统有些部分也详细，如金肃门内是有两条主街等。

（6）南城外有五羊驿，可证即水馆驿。

由三图考证，得知这三图成于洪武初年或稍后。而北城还未扩展。因九眼井（今科学馆后）、悟性寺、越王台还未在城内。同一图中有五羊驿两个，一在城内，一在城南江边。永丰仓亦有两个，一在子城大街，一在光孝寺侧。这都表明该图绘于洪武年间，规制未定之故。

由图中所示主要衙门及其他建筑物，也多是洪武初年设置机构。据戴志、黄志、郭志主治机关承宣布政司是洪武九年（1376）改这名称的。广州府署是洪武二年知府徐涣开设。城隍庙为洪武三年设。广东都司是洪武元年按元广东道肃政廉访司址设。广州左卫洪武八年（1375）按旧城隍庙址设，右卫洪武八年按旧察院址设，番禺县熙宁二年（1069）经略使王靖创建，岁久倾毁。洪武二年知县吴诚仍旧址修创。察院洪武三年在朝天街建，即国庆寺址。按察司洪武二年改盐仓街旧盐课司址建。南海县洪武二年知县吴允思徙建于达德街崇报寺址，提举司洪武四年建。永丰仓是洪武六年建。宝泉局永乐十二年才改为分巡岭南道。拱北楼洪武七年仍旧址重建。禁钟楼洪武七年（1374）汪广洋建。重新修葺有妙元观（洪武元年）、天妃庙（洪武元年加昭孝纯正灵应孚济圣妃），南海学（元高桂坊崔菊坡祠址）洪武三年诏兴学校乃增饰之。可知在连三城后到十三年扩展北城期间，广州仍有较大修葺。如在归德门出土的归德门石额，即写明是洪武七年，故归德在洪武七年曾经修葺。据《永乐大典》11905 卷引《南海志》称"（至元十二年十二月）初八日若冈与忠勇军陈勇开小市门降"，可知归德门在元代本名小市门，归德即由于廖永忠大军由海道来，由小市入城，改名"归德"。一说元代已改，余从此说。

因此，明初洪武十三年前，是曾把宋、元三城合而为一，并对城相进行局部修建和新建。所谓"修治一新"当包括此时期在内。

三、明老城向北扩至越秀山

洪武初年扩筑北城凡八百余丈，事见郭棐《广东通志》，称"十三年永嘉侯朱亮祖、都指挥使许良、吕源以旧城低隘，上疏请连三城为一，辟东北山麓以广之"，又"拓北城八百余丈，建立五层楼，为会城壮观"。但黄佐《广东通志》称洪武十一年。而《永乐大典》又载于"洪武十年冬"。奏折只记许良。所以，朱亮祖可能三年召还，故十年奏折上没有朱亮祖的。《明史·朱亮祖传》称："十二年，朱亮祖出镇广东。"这是他在洪武三年（1370）召还后第二次来广州了。郭棐《广东通志·廖永忠传》称："洪武三年八月与朱亮祖凯还。"

朱亮祖十二年来广东，许良十年已奏准连三城为一，故志有疏陋。黄佐认为当在十一年，恐即据此。我们认为这是广州第二次扩城。郭志卷六事纪称"（七年）永嘉侯朱亮祖拓广东北城八百余丈"。注称："建立五层楼为会城壮观。"而归德门亦洪武七年建，则七年建筑城池也有纪录。

展筑北城一事以十一年到十三年为宜。因为在郭《通志》"韩祯传"中称："祯，洪武十一年任布政司忝政，时展筑城池，阃帅欲力丞成，工役昼夜不休，军民苦病亡。"可见洪武十一年是在筑城中。黄佐所定有据，而十三年应为展筑城池完工之年。

这座城池全部是新修的。城基用明代常用红色砂岩石材为城基，大部分为长近1米，宽横40—50厘米的红砂岩冬瓜条或花岗岩冬瓜条砌脚。其上才是用砌城砖叠砌。今天在城基未拆去部分仍可清楚见到。目前城基虽经清代多次重修，但不少还是明代石材。正如子城西北角城墙有不少六朝砖瓦发现一样。甚至归德门还出土有隶书"南海郡"砖，表示宋筑西城仍用唐以前砖石为材料。在双门亦有晋砖发现，表示唐代修城也用晋砖（见汪兆镛：《广州城残砖录》，1932年）。铭文为"永嘉世，九州空，余吴土，盛且丰"。而在明老城拆城时，卢振寰也获不少古砖，包括晋砖在内。

明老城是扩建兴筑。东城已有扩建纪录。如番禺学本在城外，后展东城，学遂在城内。郭棐《广东通志》即说："番禺学，洪武三年知县吴中建于郡东城外，十三年展东城，学遂在城内。"这里显然指出洪武三年连三城为一时，学仍在城外，而十三年扩展了东城才围入城内的。但是从《永乐大典》图来看，则明初联三城时，学已在城内。向南已填平了部分濠池，使玉带濠变得狭小只容两船通行了，而在宋代则宽达二十丈（陈岘浚时）。吴兰修《桐华阁词自序》云："洪武十三年，拓城填濠，止容二艇，红楼翠馆，改为珠市矣。"西城濠池似未有改动，因浮丘在城边，《永乐大典》图中已是如此，亦有记录。但是由于金肃、和丰两门闭塞，另开西门，以求直通子城的直街，则为当时所改。因而加筑城池也当进行，规模更大。形制如下。

郭棐《广东通志》卷十四称："城周三千七百九十六丈，计一十五万一百九十二步，高二丈八尺，上广二丈，下广三丈五尺，为门七：曰正北，稍东曰小北，曰正东、曰正西、曰正南，稍东曰定海，西曰归德。城门楼七，敌楼七，警铺九十七，雉堞一万七百。城东西之外，因旧浚池，周二千三百五十六丈五尺。"由此段记载，知西门是此时开的，即"为门七"中之一。西门之外是因旧浚濠，即与宋西城城濠一致。

从东、西、南三面看扩展不很大。主要在北城。

四、洪武十三年（1380）扩展的北城

明初因元城低隘，故辟东北山麓以广之。即由光孝寺东北伸筑到象岗脚，沿越秀山北到桂花岗南，沿山水井坑东南沿越秀路接大东门。南为宋三城北界，即今百灵路、天濠街、越华路、濠贤路一线以北。这片低地东通上、下塘文溪谷地，西通西濠、兰湖洼地。自汉唐以来，已为城池和水网之区。即唐庚记所谓"（越王）台据北山，南临小溪，横浦、祥矿之水辐凑于其下"。这里有小溪，有濠池的低地。东有越秀路低丘为城基依据，西有西山、高岗低丘为依据，与越秀山鼎立，围成洼地。历代均在此凿濠、建池塘蓄水，以供应广州淡水。《番禺杂记》云："晋陆史君以海水味咸，导以给民。"《图书集成·职方典》且说，"汉刺史罗弘浚"，则引水更早了。《岭海名胜志》云："蒲涧水注于越秀山麓，左为菊湖，右为越溪；至北山下为甘泉。"即南汉甘泉苑地。《南海志》记宋末于越秀山左，堰越溪溉田，水深二丈。元废为田。因此，明初才廓入城中。可见洼地宋前常被称为甘泉、菊湖，由来已久。据汪兆镛（1932年）《广州新出土隋碑三种考》称：《隋徐君墓志铭》在宣统三年镇海楼后岗出土，即有"葬于南海甘泉北山"之语，即说明这片低地是有甘泉流入地形。直到清代这里仍是"八大鱼塘"区。老城山水为害也以这一带为甚。开铜关及小北路大渠（民国仍为露天大渠）仍不易畅排，大石、小石街一带白云山洪积水，即受洼地地形的影响。大北、西濠、金字湾、天濠也不易畅排观音山水的。因此，文溪在明代于1467年即要凿新濠引文溪水出东城外入濠。这片有丘陵保卫的平地对扩展城区至为有利，即筑城工程不大，故选为城区。

北部山地无濠要建五层楼于此，称镇海楼。并依地形以越秀山分北门为二，大北门和小北门。凿象岗为大北门；截文溪

为小北门，留水月门使文溪水流贯城中，由大塘、长塘街入濠。后改文溪东南斜出，遂塞水门。城内山水由铜关及水关东西分泻入东、西濠。樊封《南海百咏续编》称："明代合筑三城，文溪尚穿城，南入东濠。今小北门城墙，尚有月洞门旧迹。成化间议凿北濠，太监陈瑄，以白云地脉，关系阃省，不宜锄断，惟凿东濠二百六十五丈，深丈六尺。于是斜引文溪之水，不使贯城，东而迂回直入海矣。"成化间凿渠按郭棐《粤大记》为成化三年，即 1467 年。铜关据《郭志》称："于东门北城下，置小水关，防以石柱，以疏城渠之水。"则建城时已在规划中。

老城修城历史也反映广州城的发展。例如洪熙元年（1425）即"诏天下郡县修理城池。给官钞，不许扰民，其坐视不修，宪臣纠举，于是大修广州城"（见《郭志》）。可见当时国力充足。成化二年又加筑正南、归德二门月城。郭棐《广东通志》卷十五称："成化二年提督都御史韩雍增筑正南、归德二门月城。"并说："月城各延三十八丈，上俱建层楼，下辟三门。"弘治十六年（1503）又修东、西门月城。郭棐《广东通志》卷十五称："三司以东、西月城渐颓，请于巡抚都御史潘蕃，命广州知府袁嫌、指挥韩雄协同修之，至正德初告成。"同时也大修全城，并在濠东西各疏水关一。"嘉靖十三年（1534）增筑定海门月城"（《郭志》），所以，到正德年间，"规制大备"。《正德实录》云："城周围二千七百一十七丈，高三丈五尺，镇海楼一，角楼四、城楼九座。寓铺七十七，雉堞二千二百七十九。为门七。曰正南、曰定海、曰正东、曰大北、曰小北、曰正西、曰归德。门内之左右为兵马司者一十有四。其西北自东皆距濠堑，长二千五百五十六丈。濠之西东，各疏水关一。"可见正德初修城规模很大。如城墙比洪武十三年的城高出达 7 尺之多，修建范围达三分之二以上。

加上 4 个角楼，及东西 2 个水关。阮元《广东通志》说"定海门月城长廿一丈，高二丈四尺"。

明城内的街道大致和今天的相似了。街道多数是狭窄的，如《重修羊城街碑》所说（玉莹，1442 年）。修城最后一次是崇祯十三年（1640）增筑北城。《增筑广州北城记》（黄士俊，1640 年）称："（北城）故跨山为埔，雉卑且薄。"乾隆《南海县志》称："先自城身培七尺，厚其基，内砌女墙，再加堞五尺。更虑墙路登高涉艰，又议每二十丈置一阶级，复增创敌台二台，自镇海楼起，至归德门后所止。城外自西角楼起至天字便门止。躬自督修，寒暑勿辍，俱各完固，事竣题叙。"城门有万历二十七年（1599）开的文明门。郭棐《广东通志》卷十五称："万历二十七年，于正南门迤东开门一，颜曰'文明'。"

明代街道见于史志的不少。如镇远街、大市西街（有高绅建越桥）、南濠街（有高绅建果桥）、武安街（有元春风桥）、高桂坊（有崔菊坡祠）、达德街（有崇报寺）、忠贤街等，其中有不少可能是宋街，即基本上和今天相似，兹不赘述。

城外明街则有撒金巷（有市）、双井街等，不赘。

开辟街道据郝玉麟《广东通志》称："成化三年（1467）复辟前街，直抵南门，凡二百余丈。"即学府前直街，通今文明路。

五、明新城廓宋南城地建成

明新城为明代第三次扩展广州城的建设。因为当时广州城南城外又兴起了一大片繁华商业区。面积虽然不大，但很需要保护。这片城外江边商业区早在宋时期已经兴起，并建有雁翅城和羊马墙保护着。因此，明代联三城之后，就跟着扩展北城。到1563年就又扩建宋南城为新城了。何彦《总督吴公筑省外城序》云："且城以外，民廛稠聚，海舶鳞凑，富商异货，咸萃于斯。"元代以来，都已如此，如明初孙蕡《广州歌》即记濠畔街处繁华情况。当日玉带濠有番舶，有朱楼十里，即为当日市中心之区。明初曾衰落一时，并曾扩筑城池，濠身变狭，新城筑成，番舶不能入。今沿濠二米以下，即有长近一米红砂岩冬瓜条石材可采用，有些是层层叠放，为古码头及砌石为堤的基础。在西角楼附近最为繁华，即正德初（1506）修建四角楼之一。《羊城古钞》卷七称："其地名西角楼，隔岸有百货之肆，五都之市，天下商贾聚焉。屋后多有飞桥，跨水可达，曲中燕客者，皆以此为奢丽地。"并转录《濠畔行》一首称："花舫朝昏争一门，朝争花出暮花入，背城何处不朱楼，渡水几家无画楫。五月水嬉乘早潮，龙舟凤舸飞相及，素香银串手中灯，孔雀金铺头上笠。风吹一任翠裙开，雨至不愁油壁湿。"明代已不如宋、元之盛。但是新城成为商业中心却不成问题。玉带濠由"渡水画楫"变为"飞桥跨水"，正如郭棐《广东通志》所称："按濠原广十丈有奇，今多为濠之民所侵。始为木栏，继甃以石。日积月累，池日以狭。比之初额，不及其半。"可见玉带濠到万历年间，已不足五丈，可用桥渡了。但是如大新街、小市街等也和高第街、濠畔街一样，成为广州商业中心之一，故有建城之议。因明代景泰（1450）以后，黄萧养起义，冲击了明朝统治阶级政权，故有建新城之议。《双槐岁抄》称："于是广州始作罗城，今南面新城是也。"近因则以柘林兵变引起。明末倭寇不断侵扰我国东南沿海各省，如嘉靖三十六年（1557）倭寇在澄海登陆，占黄岗土城，1558年掠揭阳四村及惠来，攻饶平。1559年犯潮阳，1560年犯大埔等等，加上明廷腐败，海兵饷不时给，兵变入广州，据赖振寰《朱子碑楼辑存》称："粤垣新城明嘉靖四十三年建。事因柘林兵缺粮激变，会合海贼，共船三千余艘，于是年三月二十日进省，至州前海，铳声如雷。居民走入城，壅塞小市街，残死无算。廿一日，州前海兵船尽被贼毁。数日后，登岸，掠河南、沙尾角等处。五月，官兵获胜，擒斩及半，余受招抚，因筑新城，以固守御。阖省置排，每米一石派银二钱为建筑费。"

六、新城的规模不大

新城是在 1565 年兴建的，到 1566 年才完工。《广东新筑子城记》称："嘉靖乙丑（1565）二月初吉，越丙寅正日而讫。"立石时为 1566 年，即柘林兵变后开始兴建。郭棐《广东通志》称嘉靖四十二年（1563）建，不确。可能是提出建城之议。因吴桂芳是该年上任的，事见阮元《广东通志》引《明典汇》。

新城兴建的基础为宋雁翅城。故新城即由东雁翅城的角亭（即"番禺都会"亭）经五羊驿到西雁翅城角亭（即"南海胜观"亭）。郭棐《广东通志》卷十五称："四十三年甲子，都御史吴桂芳以柘林兵叛，躁践城外居民，创筑自西南角楼，以及五羊驿，环绕至东南角楼新城，以固防御。"

新城规模按《广东新筑子城记》称："自东徂西，延袤共计一千二百有二丈。署门三，南、东以西各门上，楼橹咸具。又署小门五，署水门二，东西各一。""城成。并雉堞共计二丈有四尺，基广一丈四尺，上杀三之一。"康熙《南海县志》卷二称："为门八，曰永安、曰小南、曰永清、曰五仙、曰靖海、曰油栏、曰竹栏、曰太平，是为新城。"小南门据《羊城古钞》卷一称"便门"。另据阮元《广东通志》则说新城规模为："长一千一百二十四丈，高二丈八尺，周三千七百八十六丈，为门八。"即新城长度略小，余相同。

新城东、西、南门是主门，有二层城楼。东门又俗称为小东门，今仍有永安桥在城外，跨东濠而过。郭《通志》称："在东濠口。"今仍有永安桥在，已改水泥桥，桥面成市了。城外有永安直城及三角市。西门即太平门，门外有太平桥，《郭志》有载。南门为五羊门，即清五仙门。明陈子升《中州草堂遗集》"五羊门诗"云："船维五羊驿，车发五羊门。"在五羊驿街，今驿前街北。诗小注还指出"辛卯改五羊门为五仙门"，即永历五年（顺治八年，1651）改名的。五羊驿即临珠江，明黄萧养曾据为行宫。但正式南门是指永清门，即因有直街通大南门的，为官军入城大路，即今北京南路。明代末名南门，永清是清代改的。靖海门在今靖海路和一德路（因旧有一德社得名）交界处。门外即江边，乾隆《南海县志》称："龙王古庙，在靖海门外河旁，顺治十八年靖南王下水师游击建。"即永历十五年（1661）。油栏、竹栏门是沿河商业区。"栏"即货物集中地点。油栏即卖油中心。按各志的解释，"货物所聚散地曰栏"。即生产者以船运、挑来栏口寄售或现卖，购者来栏口（即物资商店）买物，再贩运于全城。一般栏口多设于沿河交通方便之地。油栏门到清代仍有油栏直街，南北贯穿全城。据黎如玮《半村草堂文钞》"重修油行碑记"称："旧列肆于子城外，曰油栏，子城门缘以是名。又建油行一所，至是重新之。"即到道光年间还是油集散地。竹栏门亦有竹栏直街，南北贯通全城，亦以卖竹为主。两街平行直达河岸，为明代大街。似与西城的善利和阜财两门相连接。栏口商店甚多，全售一种商品，尤以日用品和食品为主（故竹栏、油栏甚盛）。《广东新语》称："（落栏）贩者从栏中买取，乃以鬻诸城内外之称，惟粤西有之。粤东之栏以居物，粤西之栏以居人（即越族干栏，棚居之意）。"清谭莹《乐志堂诗》自注有云："广州凡食物所聚皆曰栏。"果栏在竹栏门外，贩者买自栏中，名曰"落栏"。以栏为门的名称可见商业的兴盛。

阮元《通志》引《广东舆图》称："新城临江无濠。"故明代太平沙淤涨还未明显。直到明末，才因玉带河渐狭，才使太平沙增大，成为市区。并建三桥通过，即永兴门外和永清门外和沙洲桥共三桥，见金光祖《通志》图（1697 年）。沙洲桥据阮元《广东通志》为嘉靖九年（1530）建。而五羊门则在清初已成为花渡头。按明初建天妃庙为远航祭神处。郭《广东通志》卷十六称："在归德门外五羊驿之东。古人帝天而后地，以水为妃。天妃者泛言水神也。"乾隆《番禺县志》称："明洪武元年。廖征南建祠于五羊驿左，几下洋造舶，别一小舶如制，置神前，覆溺倾欹，兆必先见。"即为广州远航码头区所在。如郑舜功远航日本，即由此起。《浮海图经》卷一即记此事。而内河航行则这些门都有码头，如靖海即为沙湾长行渡码头，见道光《南海县志》。五仙门更有"官渡头"之称。可见明代新城外为码头区。

新城初建是沿江建立。故地名上有水母湾、木排头、沙洲巷等，显然是明代当日江边地方。这些街也是明街，如关部前即名沙洲巷，前有明建沙洲桥，即通太平沙的。《白沙集》中《与郑文吉书》称："章之内兄罗经，水母湾人。"《广州城坊志》引《莫氏谱》称："明景泰间，木排头有黄氏与莫氏婚。"《白云粤秀二山合志》称："崇德祠在木排头，为明巡按朱鉴建。"

此外，见于明代或记录为明街的还有：大新街、山茶巷、谢恩里、迎恩里、仁寿里、天马巷（《岭海舆图》）、山川坛街、石基里、聚贤坊、安澜街、晏公庙街，等等，不赘。

新城街型式与内城正方形交截方式不同。这里是以东西向长街为特点，表示商业性"街圩"性质。即沿江岸发展，伸长为主街的现象。在聚落地理学即属于"街村"一类（Strassendorf），如官窑即为一例。内地如沿武江的坪石镇也是如此。广州在唐代的大市街也是沿江街圩性质，宋代濠畔街也是街圩性质。当河岸堆积成滩后，又出现小新街、大新街、卖麻街等东西走向沿江大街。子城外则先形成高第街、仰忠街，次为东横街、西横街、木排头、水母湾等沿江大街。东城南则为丽水坊、清水濠等街。南北向的街道则多为宋三城城门外直通江岸大街。子城直街，在宋改直后，是一条"其直如矢"大街。但出镇南门外，即过濠后不再挺直，而偏向东连官码头。地势也低了，表示新城南北直街为通江边大道。文明门外有青云直街，小南门外有定海直街，归德门外有小市街，素波门外有素波巷等。故西城南面各门也应有直街通江边。油栏街、竹栏街即与此有关。

沿濠池发展的街道，即街村型式，还反映在西濠及西关涌沿岸发展起来的西关十八甫，相传清初二王入城要杀十八铺长路程只是传说而已。事实上，沿濠及河发展的十八甫是沿河街村。因甫外即为农村及寺庙建筑。"甫"为明代商人自卫组织。即一段街道为一铺，建栅闸、更楼守卫，如佛山即有三十六铺之多（见佛山祖庙铜钟铭文）。北门外明街三眼桥、朱紫街、双井街也是街村，其西即古兰湖洼地，城东元运街、前鉴街等亦为沿江边大街，即圩街。

这种东西向主街和南北向密集小街的形式，在清代广州鸡翼城区内更有充分的表现，不赘。

新城公共建筑按郭棐《广东通志》有山川风云雷雨坛（在清水濠街）、大忠祠（山川坛右）等。此外，河南亦已开发成为游览区，沿河已有不少住宅区。如海幢公园即为郭岳龙别业，屋后鹰爪兰树，今天仍存，应妥加保护。海幢寺亦明末建。晓港附近有乾明庵，有苏轼题匾，都说明河南在明代已成游览区。

广州城始建于吴南武城，越公师隅辟为港口，为"越贡奉邑，称雄于交趾"。这是广州城第一次发展。

第二次是秦代利南海犀、象、珠玑，使赵佗筑番禺城，后为南越王的都城。这是广州城第二次发展。

第三次是步骘迁交州，重建番禺城，但规模不及越城，城区小了，但繁荣则过之。这次只能说是广州城复原期，不能算是扩展，但称为发展，还是可以的，因为自此以后，广州不断发展，繁荣起来，因而称为第三次发展期亦是可以的。

第四次是广州大发展时期，即为本章所述的宋代兴建三城，并有南城的发展，城区面积扩大了四五倍。

第五次是明代初期扩展北城，即为今天的老城。比宋三城又扩大的，由东、南、北三面都扩大了。今天广州市仍以明代老城为中心而扩展和发展。

第六次是明代中期的新城兴建。本期实际上是明初扩展城池和发展的继续。

第七次是清代广州城的扩展，主要是西关和南关以及东关的扩展。建城亦有鸡翼城兴建，东城长二十余丈，有正东门，但无楼橹。西城亦长二十余丈，有安澜门，亦无楼橹。建于1648年，厚一丈五尺。亦可称为一发展时期。

大发展则有四次，即公师隅扩筑南武城，赵佗建的越城，宋三城与明代新城和老城四次。

七、明代的广州游览区——"羊城八景"

据乾隆《广州府志》八景分述如后。

宋、元八景大致相似。明代一反前朝，以广州附近为八景选择地点，表示当日广州城本身的扩展和繁荣，不必求于远郊景色，即白云山亦弃而不取，可见为城市建设规模有巨大发展所致。兹分述如下：

1. 粤秀松涛

明代粤秀山是泛指粤秀山各岗峦而言。其时已经种上马尾松林了，故称"松涛"。一如今天新八景中的"白云松涛"。但是由于粤秀山地势低，位于回归线以南，已入热带范围，冬树青绿，霜不杀青，是不利于马尾松生长的。据前中南林学院分析，白云山林木，十五年后，生长即有明显衰退现象，主干砍后，不再萌生，叶黄易落，枝多，早结果等。比粤北相差很远。但是作为风景树，越秀山上松林仍是美景。只不如种热带树种如红棉等之盛。因夏季热而长，不利于马尾松的生长。

2. 穗石洞天

"穗石"是因传说中五仙人骑羊，羊口含谷穗，仙人手持禾穗，飞临楚庭，并化为石的美丽传说而得名。《读史方舆纪要》称："高固为楚威王相时，有五羊衔谷穗于楚庭。"事引《广州记》。宋张励《五仙观记》更说"羊留化为石"。"穗石"所在的五仙观宋时是在今广大路，即宋中城十贤坊，清为藩署西，也就是高固时楚亭所在，也是赵佗的衙门所在（《南越志》），晋为广州州厅地，洪武元年（1368）廖永忠住观中，焚毁，十年（1377）于此建广丰库。五仙观才迁至现址坡山禁钟楼。"穗石洞天"就是指明初坡山的"穗石洞"。清初称："五羊观在城中西南坡山上，有穗石洞、五仙祠。"（《广州游览小志》）《广东新语》称："穗石洞在会城坡山之下。"故穗石洞就是指今天五仙观侧坡山脚下的"仙人脚印"。旧称"仙人胟迹"，亦名"穗石"（乾隆《南海县志》）。石前为三元殿，今改为小学。

坡山是由白垩纪红色砂岩所成。它和番山同为低矮小丘，即20米台地蚀余部分。正在惠福路北侧，甜水巷、米市街间。高五六丈，俯临古代"大市"。因为晋代珠江边正好在此，今天"仙人脚印"，即为洪水期涡流侵蚀出来的"瓯穴"地形，证明珠江边所在。由于在这片红色砂岩露头处，蚀出两个直径近半米，深达 1.5—1.6 米囊状（口小腹大）瓯穴，互相连接，有如人的脚板底，故名。明时已说坡山是晋朝渡口。宋代称惠福路为大市街。它是唐代沿江边商业区，大街直通南汉南城。宋代建西城即保护这个商业中心。西城东连子城，西通西关，有金肃门在街西出城，古代为加强保护商业中心区，沿街建闸，至今仍有"四栅门"地名保留。穗石洞即位于路北。现在仙人脚印保存明代规模，只三元殿改为课室。《广东新语》称："穗石洞有一巨石，广可四五丈，上有胕迹，迹中碧水泓然，虽旱不竭，似有泉眼在其下，亦一异也，城中天然之石惟此，余皆客石。"《广州游览小志》称："殿前有池，片石陂陀，一泓出其中，旁有石刻曰'仙人足迹'（璇按，有错，应为'胕迹'）。"今天仍见，云为湛甘泉书。今天在惠福路清渠，还发现有太湖石和船板，也说明当日是江边地。因石是运入西湖的。

"穗石洞天"一景也正好说明珠江江岸历史地貌的变迁，如按晋代江边在这里计起，广州城有半个是在河中。广州城向南扩展，每年伸入珠江达 0.6 米。

坡山是南汉凿平的，故不甚高。明初扩展广州城时，建钟楼其上，称岭南第一楼，洪武七年（1374）建，报火警用。十年迁五仙观于楼后，现仍存。观门有一双用流纹岩凿刻成的麒麟，是珍贵文物，应保护好。楼为明代建筑，用朱色，石用红色砂岩，都是明代特色。

这座正在闹市的新建的五仙观，又有钟楼、穗石洞胜景，故列为八景之一，是有充分理由的。今天已为民居包围，但是宋代古成之诗"人间自觉无闲地，城里谁知有洞天"，仍可作为今天重开五仙观为游览点的理由。

3. 番山云气

番山即今中山图书馆后"番山亭"小丘，其下为红色砂岩（防空洞内即见）。宋时还是有石存在。《南海百咏》称：
"今在州学之后者，止余一大磐石，有亭榜以番山。"因为南
汉把二山凿平，故遗迹不见。《南海百咏》称："图经则谓番
山在今府学后，禺山在清海军楼雉堞下。"则今北京路青年文
化宫前，为清拱北楼址，即唐清海军楼址，西侧即为禺山，今
其南还有禺山市地名。番山当禺山之东，即今址了。又如
《元和郡县志》亦称："番山在县东南三里，禺山在县西南一
里。"唐代县治在今财政厅，在禺山书院（今文化局）地下5
米发现有越王宫殿遗址（作者由巨型刻花铺地砖及石砌走道，
上有烧过灰烬，万岁瓦当断定）。即后来唐郡治所在。郡治与
县治是相邻的。因《汉书·地理志》说"南海郡县治番禺"。
《水经注》亦说："南海郡昔治在州城中，与番禺县连接。"故
以今禺山书院为县治，则今日番山亭正在县治东南，而拱北楼
正在西南。可见番山当今番山亭地。《舆地纪胜》亦说"清海
楼在子城上，下瞰番禺二山"。番山地势略高，早为建城时依
据。《水经注·浪水》说："今入城东南偏，有水坑陵，城倚
其上，闻此郡人名之为番山，县名番禺，傥谓番山之禺也。"
则番山当日还有水绕着的，即侧绕番山，这水即后来的文溪。
文溪由今小北花园下旧仓巷（古任嚣城，宋为盐仓，故名），
出长塘街，正是绕着番山东侧。禺山即在今北京路西，西湖路
北，中山路南的高地。今流水井到西湖商场处，基建时，有红
岩出露。

　　番山一名起源亦早，据中大周连宽告余，《大清一统志·
广州府·番山条》引《后汉书·地理志》称："番禺县以有番
山禺山得名。"这后汉书有四种，范晔书中无此条，当引自逸
书。则番禺二山来源在汉代了。今十三中内这带最高，四围多
为园林，故明代当日更比今天空旷，林木荫蔽，云霞自生，故
称为"番山云气"，即由林木荫浓，水汽充足，易于成云，冬

日雾浓，亦盛云气，番山隐现，为城中美景。以明代城外即江边，而文溪在明代初年仍经仓边路南下，到长塘街口即有文溪桥（今在中山五路路面下），即清明月桥。当日文溪下游还有大塘、长塘保存，今仍有街名，表示东澳所在。因《图书集成·职方典》中有说："大塘在广州城内，连亘三里，旧为盐课提举司后堂。"盐课提举司即今贤思街，古称盐司街，后堂即今长塘街及大塘街地。文溪可通航运，宋代盐仓即在旧番禺县（任嚣城）处。故番山云气即由于东南两面为水域所致。

4. 药洲春晓

"药洲"是指西湖的药洲，即今南方戏院休息室池塘处。药洲是古西湖中心一洲，西湖残迹即今南方戏院侧池塘。这是广州城内天然池沼的残迹。因为西湖是个天然湖沼，今池底仍有十多个泉眼出水。附近流水井也是以泉水涌出自流而得名。故南汉开凿成湖，称为西湖，湖中建洲，称为药洲。文溪之水一支流入。

药洲之美，不止可观瞰湖水，赏"水中云影带沙流"的名句，此即为宋代诗人所写。而且有九曜坊街名在西湖南边。九曜石为南汉时药洲著名风景石，但宋时称为石洲。如《舆地纪胜》称："景濂堂在石洲湖西。"又云："药洲在西园之石洲。"因列石很多，故名。其中出名者有九块，故称九曜石。今天仍保存不少块，是广州宝贵文物。因石上刻宋、元诗文甚多。高八九尺，或丈余。仙掌石即刻有米元章诗。"花药氤氲海上洲"诗一石也在。运来时没于附近石块还多，如朝观街（即潮水可以灌入之意）、大市街都有太湖石埋没。石有疑来自粤北，但由石质白色，中多裂隙填充红色粘土，孔穴多，和太湖产石一致，而和英德的英石、阳春灰岩呈灰黑色，无红粘土夹入石质之特征不同。且太湖石为黄龙灰岩，粤北粤西少有此层记载。石州在今华宁里处。

西湖范围已知南汉凿湖五百余丈（918—926 年）。北面文溪经华宁里宝石桥流入，即今七块石街。今街中巨石七条仍在街面，平列如砥，石面光洁如玉，共七块。水流下清风桥，今为清六脉渠左一脉所经，南汉名黄鹂港（见李士桢《街史》），因夹岸杨柳，上多黄莺得名，今称华宁里或黄泥巷。当日石面为桥面，河深于现在 5 米。因唐代文化层一般在此深度，故可称"深沟"。桥面是平坦的，因可过车马。今天成为街面比马路低 1 米。可见广州城地基历二千多年来已堆积高了几米（2—5 米）。水流出在仙童桥，亦由较小花岗岩块砌成，这里本为一港湾，西城筑后才成内湖，湖西到朝观街，因《顺德县志》载义隐书院池中出太湖石。北面观莲街，据梁思静意见亦为湖区（见《南海县志》）。东即今池塘地址。故药洲是个很长的洲，南伸到南方戏院九曜石处。宋时西侧淤平连陆。到元代更小，《南海古迹记》说："内城有湖长百余丈，水凝绿，列石嵌奇突兀，类太湖灵璧者九。"故明初风流还在，成为八景之一。因明初文溪仍未改道，一支流入西湖。沿湖亭、楼、馆、榭，风景美丽。

西湖埋没是成化以后，从文溪在今旧北园酒家改流入东濠，湖水断源开始。《丙丁杂记》说仙湖街还未连药洲。但已有人工填湖之事（如 1437 年）。由湖变池，由池变渠，亦在明代。药洲西湖本体潴成九曜池，乾嘉时为环碧园，光绪时称"喻园"，民国称"九曜园"，即今址。朝观街是通五仙观古道，观莲街为白莲池地。今则药洲之迹基本消失，春晓美景也难寻访，只余一片水池罢了。故历史地貌的变迁，西湖亦一良例。

5. 琪林苏井

琪林苏井是对明代的玄妙观而言。因为观前为琪林门，观内有苏井。琪林即玉石之林之意。观门因名琪林门，碑记颇多。如洪迈《天庆观记》、东坡《众妙堂记》（今亡佚）等。"苏井"指苏东坡寓居时所凿之井，明代记为"石龟泉"（《大明一统志》），因凿时得石如龟，故名龟泉。

玄妙观在今中山六路北，海珠北路和光孝路之间，民国至现在为肉菜市场。民初曾为儿童游乐场。清代为元庆观。宋代亦称天庆观（当时庙大门在祝寿巷）。唐为开元寺。寺改观是在1008—1016年间，天庆改为玄妙在1296年。明初重新修建，成为一方名观，选为八景之一。

明代玄妙观古迹甚多，如刘铢及二子铜像一直保存到明代。东坡井也在，清冽出名，仍在西庑，即众妙堂前。由于井水来源是在冲积层中，故比不上山泉之美。明黄谏《水记》不列入十品之内。

元妙观地点正当南濠的上游，地势不高。为右二脉渠所经。古代当为港汊分歧之地，有如今天半塘所见，清人已有论及，如《南海县志》引《恭岩札记》。宋建城时，也以低无泥为虑。则历史地貌变迁，一观此地亦可显示。

6. 珠江晴澜

明代珠江比今天要阔。沙面仍称为"中流沙"，可见沙北珠江很广。按冼基、陈基、蓬莱基为明基围计算，也宽达300多米。按曹基计更达500多米。永乐大典广州图中，海珠石还是近河南方面的，即海珠石北面河道宽也有300多米。海印石（今越秀南和三马路交接处）在明代也在海中，由康熙通志①图中仍可见到。说明明代珠江比今天阔两倍以上。因此，风潮涌浪自大。晴澜即表示当日江阔潮涌成澜的美景。

珠江潮流急湍是有记录的。尤以海珠附近有七星礁石，即七块白垩纪砾岩所成的礁石。明代西濠是由今天西濠口驶入内

---

① 曾新按：即金光祖修《广东通志》。

城的。由于珠江潮流急，故在 1527 年（明），把玉带濠（今濠畔街北大暗渠）引向西关涌。即由太平桥开河入柳波涌。据《梁储记》称："脱遇风涛骤作，则千艘万舫，皆可以衔舻而入避。"可见珠江河面的"晴澜"是相当壮观的。

7. 象山樵歌

象山一说是今称为"象岗"，一说是象岗东侧山岗，位于观音山北面。今东方宾馆东侧象岗是个孤立高耸起的高岗，因形如大象得名。清代岗顶建有炮台，称为拱极台，高 50 米。明代这岗称"席帽山"。《图书集成·职方典》引《广州府志》称："周六里许，平坦可容车马，以形似名。"阮元《广东通志》引黄佐《广东通志》亦称："席帽山在番禺双井街……其下有兰湖。"并说"有南汉郊坛遗址"。这座坛有过争论，郭棐《广东通志》卷十八即说朝台在硬步。但《羊城古钞》引《番禺县志》"在粤秀山西，亦曰朝台，园基千步，直峭百丈，顶上三亩，复道环回，赵佗岁时登台望汉而拜"。又引《广州府志》、《南海县志》："在北门外固岗上，汉赵佗建，与越王台相近。岗形方正竦立，峭土所成，其势孤，旁无堆埠，盖茎台也。"从地貌看，朝台当指象岗而言。因硬步为台地，没有峻峭岗地。唐代建余慕亭其上（李毗建），即为兰湖（唐时避风塘）边上归航标志。也反映今天兰湖里和第一津的地名分布关系。双井街明代永乐年间已有，即兰湖岸淤成。

但是明代象山一说不是指象岗，而是指象岗东面的一片岗。因郭棐《广东通志》卷十四称："城北曰席帽山，东一里曰象山。"即清代象岗不是明代象山。象山是指象岗东一里的岗，即今木壳岗北一带。象山樵歌是指这一带越秀山北连峰松林密茂，为当日砍樵地区。象山临大北门大道，故用它命名为八景之一。实指整片山地而言。

8. 荔湾渔唱

荔湾即今荔枝湾，由唐代至今都以种植荔枝出名。因为相传唐曹松"南海陪郑司空游荔园"诗，即在荔枝湾（阮元父子有考）。宋陶谷的《清异录》中说"刘铱大宝二年，命荔枝熟时设红云宴"，地点也是在荔枝湾（据郭棐《岭海名胜记》）。可见荔枝湾一地是以种荔枝得名的。但是成为八景之一，却要待明代。因湾名也以见于明代为多。按荔湾所在半塘，是宋时开垦的沼泽地。《舆地纪胜》说："刘主花坞乃刘氏华林园，又名西御苑（今仍有西苑地名保留）。在郡治六里，名泮塘，有桃、梅、莲、菱之属。"今仍以塘多为特点。荔枝湾即在洗马涌下游（司马涌）。由荔湾东、西、南约三条古村看，这片洼地是呈海湾状，即一片开朗沼泽地地形，反映宋代以前是片水域。半塘村即在其南。故荔湾和今天的荔枝湾是不同的。今天荔湾是指西关涌下游，半塘以南的地段而言。因明代以后，堤围不断兴建，荔树才大发展，而宋前则以农为主，因宋人著作中少谈。

荔湾渔唱亦反映明代这里为水乡泽国，河涌纵横，半是塘池地方，当然渔业是发达的。如果渔民聚居荔湾，而白天出江捕鱼，则晚上回来内湾停泊，这种水乡风光，是值得称为八景之一。

从历史地貌看来，由江边沼泽区变为内湾，再由内湾成为河涌区，由沼泽变为平原，正好反映今天西关平原地势特低的特点。

八、明代广州城的布局

明代合三城为一，又扩展城北上越秀山，城南至海，东城扩至今大东门，只有西边限于西濠，另发展明代西关十八甫商业区。因此，城内政府各部门的布置，有一较大的变动。兹述如下。

1. 明初广州城的布署

据永乐大典《广州府境之图》中，绘有下列各地名，代表明初时期情况。

广东布政使司、广州府、急递铺、前后（疑卫字）、左卫、广东都司、右卫、旗纛庙、理问所、城隍庙、番禺县、申明亭、县学。

以上在惠爱街北。街南有：断事所（据《南海县之图》补）、按察司、宝泉局、五羊驿、永丰仓、盐仓、番山、三皇庙、文庙、提举司、军营。

西城北门直街东侧有：察院、行用库、县学。

街西有：玄妙观（据《南海县之图》补入）、光孝寺、永丰仓、南海县、军器局、钟楼、惠民药局（据《南海县之图》补入）。

城北诸山地名有：滴水岩、蒲涧寺、白云山、景泰易、悟性寺、九眼井、演武亭、无祀鬼神坛。

城西有：社稷坛、浮丘山、西庙。

城南有：大通寺、批验（驿字改此）所、税课司、五羊驿、天妃庙、递运所、山川坛、水驿馆（据《南海县之图》补入）。

城东有：东庙、相对岗、波罗庙。

兹分述如下：

（1）广东布政使司（南越王宫）：今财厅一带。为唐清军节度使广州大都督府旧址（隋刺史署），南汉为王宫，宋为经略安抚使司，元为广东道宣慰使司都帅府，洪武九年（1376）为承宣布政使司。唐有响军堂，宋为西园，清为布政司署。计由小马站到府学西街，北到司后街（今越华路）。同治五年（1866）后园建法兰西夷馆，次年署东建法领使署，今为儿童公园。

（2）广州府：唐响军堂，宋西园地，元总管府旧址。在壬癸坊、西公廨两街之间。广东都司之西。洪武二年（1369）

知府徐焕开后楼为宋斗南楼。(见《榕堂续录》，蒋越伯撰)

(3) 急递铺：元制。《元经世大典·急递铺总序》称："定制一昼夜走四百里。"明代可能沿此。官衙在广州府西，对正大、小马站，疑同一机构。宋有"急脚递"，亦日行四百里。《宋史·兵志》称"广州城有马军、大小马站"，元或沿宋旧，设铺于此。明代沿元旧，亦设急递铺于此。

(4) 广东都司：明制连郡设卫，大约五千六百人为一卫。洪武八年 (1375) 改在外都卫为都指挥使司凡十三，俱属大都督府。广东都司属前军都督府。广州设前卫、左卫、右卫、后卫、南海、清远卫等。四卫在广州城内，故在广东都指挥使司衙门两侧，设四卫衙门。位置在西城宋安抚厅，元广东肃政廉访使署，清初为平南王府，后改广东巡抚署。民国改为第一公园 (1920 年)，30 年代改中央公园，解放后改为人民公园 (1967)。范围为惠爱街 (今中山五路) 北，东为吉祥路，西为连新路，北为后楼房下街。面积约 85000 多平方米。四卫在珠江三角洲均有屯田。

(5) 左卫在都司右：即旧城隍故址。洪武八年 (1375) 指挥杨璟建。《南海百咏续篇》称："左卫指挥署平蕃取为备调军装公所，原额四千八百二十一名。"

(6) 广州前卫在后卫南：旧千户 (明制千人为千户) 所故址，洪武二十三年 (1390) 指挥同知王衡建。原额 5709 名，在惠爱坊。

(7) 广州右卫在都司右：即旧察院故址，洪武八年 (1375) 指挥金事范仁建 (据《郭志》)。原额 5720 名。

(8) 广州后卫在右卫南：旧果超观故址，洪武二十三年 (1390) 指挥同知樊著建，原额 5165 名 (旗军)。

(9) 旗纛庙：是军中帅旗祭坛，起于唐。《唐书·百官志》称："节度使辞日，赐双旌双节，行则建节，立六纛 (音道，大旗也）。双门底侧即有六纛庙，为清海军节使祭旗处。宋立节堂祭旗。洪武元年（1368）诏天下卫所立旗纛庙，故此庙设于广东都司之西侧司内。宋节堂之制欤？"（见郭棐《广东通志》）

（10）理问所：在布政使司仪门之东，洪武二年（1369）理问崔俨开始设立。市文化局（即禺山书院）地下发掘亦取得理问所遗址实物。

（11）城隍庙：今仍在，大殿已改成工厂，拜亭原样未破坏，亟应修复。按郭棐《广东通志》，原有拜亭左右斋宿所，仪门及仪门西南省牲所，已为民居所替代。洪武初建，因洪武三年曾诏封各地建庙，加封爵，与唐、宋"州西城内百步"的旧庙不同。

（12）番禺县：即今广州图书馆西南处。德政北路南段，今禺东一、二、三路，禺西一、二路即县署范围，东接番禺学宫，即今农民讲习所地。

（13）申明亭：在番禺县大门外。据郭棐《广东通志》称："大门外东为申明亭，西为旌善亭。"按图申明亭东为县学。此为明县衙建筑规制，各县均有。

（14）番禺县学：即今农民讲习所址。洪武十三年（1380）于本址兴建。现址是1838年重修的。《嘉靖重修儒学记》称："西抵县治，南抵街，北抵金家园，今故无恙，惟东偏芳草街为民廛所割。"可见和今天地址一致。

（15）断事所是汇理刑狱衙门，初设在都司街南，与都司隔街相对。

（16）按察司：署址即今臬司前，洪武二年（1369）建。八年（1375）辟门东千秋寺，广之。今拆建为起义路。路西仍留臬司前一小段街道。

（17）宝泉局：在承宣街右（即西侧），黄佐《广东通志》

称："分巡岭南道在郡南承宣街右，洪武八年（1375）因馆驿旧址创建，后因巡抚居之，永乐十二年（1414），金事李约改建于其北旧宝泉局。"即表示 1414 年前有宝泉局存在于馆驿之北。1414 年后改为分巡岭南道。万历八年（1580）并于巡海道。

（18）五羊驿：明初在承宣街右（即西侧），称为驿馆。元时已为高级官员居地，明初沿用。按图不似布政司清军道或旧海北道所在西甕街（即今西湖路）旧五羊驿北。因门口向承宣街，并在双门拱北楼之北。

（19）永丰仓：按图亦在拱北楼附近西侧。附近还有粮驿道署，此署清初才迁建于按察司后街，即今南朝街。清代这段名粮道前。此处是明初永丰仓，与他处永丰仓不同，是承继元代承宣街永丰仓的。

（20）盐仓：在承宣街东，番山之西。郭棐《广东通志》亦称："广东盐课提举司在府城东南府学左"，距盐仓不远。又盐仓对面为盐司街，即清代越秀书院街。原为盐分司旧署，清并为盐课提举司，则盐仓在附近亦利管理。但盐仓地二次为州学侵占。一次在正统三年（1438），第二次在景泰五年（1454），以广学基。

（21）三皇庙：按图在文庙西，疑即清代关帝庙址，今育贤坊、工人文化宫西侧。学源里、市场新街一段。即俗名"小禺山"，今为肉菜市场。

（22）文庙：即今工人文化宫。学源里旧名圣贤里，与学府东街间地，即文庙，今仍存。宋为广州学宫。明代扩展学宫，西侵盐仓地，南建棂星、戟门等。学内建大成殿等，历代重修殿庑亭阁，启圣名宦祠，故明初称为文庙。

（23）提举司：此处应为盐课提举司，因《大明一统志》称："广东盐课提举司，在府学东。"按图在小北门直街之西，亦合。据黄佐《广东通志》为洪武四年（1371）建。疑今贤思街即盐司街，盐司所在街名。

（24）军营：当为明初军队驻扎地方。

（25）察院：即明制御史出差在广州的衙署。在郡西朝天街。洪武三年（1370）建于国庆寺故址，见郭棐《广东通志》，全称为"西察院行台"。按明提督府后即国庆寺，府为唐开元寺北，在旧南海县街左（即东侧），即今福泉街南。寺南即察院所在。六榕路南即明朝天街。

（26）行用库：在县学之东侧，在北门直街之西侧。

（27）县学：指南海学宫，明时在今址。承元之旧。《南海志》卷九称："至元卅年（1293）移于西城高桂坊之菊坡祠故址。"今仍称"学宫街"。东为青云里，南为学宫街，西为米市街，北为蒲宜人巷（今普宁巷）。今青云里已因扩建消失，清代仍为学宫。

（28）玄妙观：唐开元寺，1009年改名天庆观，1039年改名玄妙观。清康熙年间改元妙观。日寇占广州时用为仓库，20世纪40年代改为市场及小学至今。苏井仍存。今为中山六路北侧越秀肉菜市场及小学，旧南海县街之西。

（29）光孝寺：仍宋元之旧，今仍存。为重点保护文物及游览点。

（30）永丰仓：明初永丰仓在六榕寺附近，花塔之西。今仍有仓前街地名保存。洪武六年（1373）划六榕寺一半建永丰仓（见阮元《广东通志》），余花塔及观音殿，八年改门东向，即今无规模。

（31）南海县：明初在今旧南海县街。洪武二年（1369）迁达德街崇报寺址（见魏馆《重修南海县治记》）。黄《志》称为宋广安宅西地，疑即唐广思馆。在元妙观东侧。

（32）军器局：在稻谷仓侧，明时仓为局地，在仓前街北，六榕塔东北。

（33）钟楼：为坡山上的禁钟楼。今仍存，修葺一新，为重点文物保护点，典型明代建筑。山门有粗面岩雕的麒麟，明初古物，珍品也。1374 年建钟楼于殿后（北面），铜钟高 3 米，径 2.1 米，重一万多斤，1378 年铸。楼为钟建，四周通，钟下空，故钟声可传遍三城云。

（34）惠民药局：相当于今公立医院。在钟楼东面，米市街西。米市街宋元为西城主街，所以设立于此，这是承元代制度"惠济军民药局"（见《南海志》）而建立，但地点不同（元在南濠街）。

（35）演武亭：明初在西城北郊，九眼井西侧，即今解放北路一带。此处为校场的历史较古，《图书集成·职方典》称："孙公井，在府西外古教场内，元丰间（1078—1085）孙龙图顾凿。"黄谏《广州水记》谓在城北校场。疑即此处。

（36）无祀鬼神坛：在演武亭西，这种坛多建于校场空地外围。

（37）社稷坛：郭棐《广东通志》说"在城西二里，有垣，分设四门，北门外为神厨、神库牲房，西为宿斋所，南为门"，与图合。

（38）批验所：明初承元制设于南濠口，为船只出入处，南临珠江。后迁沙洲巷太平洲。阮元《广东通志》称"沙洲桥在旧批验所右"，即迁子城南面。按郭《通志》在 1477 年。

（39）税课司：亦承元制设于南濠口，批验所东。南临珠江。

（40）五羊驿：在清靖海街天妃庙西海边，为明代远洋航行起点（赴日本、南洋），位于五仙门外东侧，即今五仙里南谊园地，今一德路面为五仙门。黄萧养曾用为行宫。明为五羊门外驿馆，故称五羊驿。1651 年改五仙。旧有驿前街，日军炸广州时，毁。

（41）天妃庙：据乾隆《南海县志》称："天妃神，为湄州林氏女，明洪武元年（1368）廖征南建祠于五羊驿左。凡下洋造舶，别为一小舶如制，置神前。覆溺倾攲，兆必先见。"在城外海边，与靖海门内天后庙不同。日军侵华时炸广州，毁。

（42）递运所：在天妃庙东海旁，大南门直街之西。

（43）山川坛：即山川风云雷雨坛。据郭棐《广东通志》称："在南城外清水濠街，坛有垣，设四门，东门之外为厨库，为牲房，西门之外为斋宿所，南为门。"此明制也。在今东横街，青云直街西侧，《番禺县志》称庆云庵在新城东横街，即宋山川坛故址，明沿宋旧也。

（44）水驿馆：疑在五羊驿附近。因五羊驿为发舟处。

（45）东庙：按图在相对岗西北面的山岗上，又为东行大道北面。疑在石牌（清仍名庙边村），旧有古庙。附近多明代以前古墓，华南师大即有明代初期尚书墓发现。

（46）波罗庙：即南海庙。因庙前旧有木菠萝树而得名。一说是印度僧人来自波罗国建庙而得名。一说木菠萝树是唐达奚司空出使赤土等36国携回，余从后说。

2. 明中叶以后广州城情况

明扩北城上越秀山后，城内布署又有变动。即由黄佐《广东通志》图可反映。此图与三城合一时图有下列差别：

（1）城北多了预备仓、九眼井、贡院和观音山。

（2）三城区多了提督府、东察院、石龟仓。

（3）城外多了怀远驿河泊所（西城外）、养济院、教场、河泊所（东城外）、市泊提巡司、大忠祠（城南江边）。

兹分述如下：

（1）预备仓：在城北新廓空地，因建仓库要大面积，故建于此，为当时全国兴建防灾年的备用仓。

（2）贡院：因面积要大，故利用观音山脚空地兴建。1432年建于西竺寺，即小石街北地。李义壮《广东试院辟路记》（1564年）称："（试士院）去粤秀山不数武而近，重门静深，外界以石桥（即簧桥）。石桥之南，东西号小石街。"即此。黄芝《粤谐》称："地名十九洞即前明贡院旧址。"

（3）提督府：在今中山六路旧南海县街，郭棐《广东通志》称："提督府行台在城西南海县之左。即旧开元寺故址。"天顺四年（1460）建。

（4）东察院：疑即清军察院行台。如是，郭棐《广东通志》称："在郡东南预备仓右，即布政分司。嘉靖四年（1525）御史杨铨改建，今为分守岭东道。"按仓即石龟仓，地当今北京路东侧。

（5）石龟仓：在学府西侧，疑即盐仓址改，即今禺山市附近。清代外移天马巷。

（6）怀远驿：据《明史·食货志》称："以诸蕃贡使益多，乃置驿于浙江、福建、广东三市舶司以馆之，广东曰'怀远'。"郝《通志》称："（永乐四年，1406年），置怀远驿于广州城蚬子步，建屋一百二十间。"即今西关十八甫路北怀远驿街，当时为步头区，即江边地。故以"步"名。

（7）河泊所：近西门，乾隆《广州府志》称"河泊所在外城西门十一铺"，近此。

（8）养济院：在东门外稍北，城内亦有一所。此乃今天黄华路附近，因1722年创立普济院于铜关外，疑即明养济院地，因性质相同，收养贫老无依者。

（9）校场：即今广东省体育场处，在大东门外南面。林朝钥《开建护国禅寺碑记》称："（万历四十年）羊城东五里，为演武厅。"即此。

（10）河泊所：在城东南岸上，在东濠口处。旧有水师街街名、东关汛街名，稍南又有水汛巷地名。疑即其地。

（11）市泊提巡司：在归德门外西南岸上，与税课司为邻，疑即批验所迁东城后建于其址。

（12）大忠祠：在文明门外，今文德南路东侧文德东路北。《粤台征雅录》称："（元）南园即今大忠祠也。"在山川坛东，嘉靖中（1522—1565）御史吴麟建。清末建广雅书局其侧，今存，为中山图书馆南馆。

明代广州城布局亦以子城北半部为行政中心，中山路以北为各种官衙所在，沿江一带才为商业区。霍与瑕《霍勉斋集》卷十二即说："私人经营海外贸易商人住濠畔街。"并说当时船长28丈，桅高25丈之巨。范表《海寇议后》亦说："巨舰联舫，方一百二十步，客二千人，木为城、为楼橹，四门其上，可驰马往来。"（见《玄览堂丛书》续集，第十五册）可见明代外贸亦盛，故商业亦繁荣。新城兴建，势所难免。

第二节　清代广州城的历史地理

清代广州城，由于北阻于越秀山，南阻于珠江，东西阻于濠水，故城区已无大发展余地。只由于珠江沿岸，沙坦日多，故要建鸡翼城为护而已。

但是，清代也是广州在经济上大发展时期，在地理上即反映为沿珠江两岸商业区的成立，西关平原的开发。直到清末，珠江两岸的平原区几已尽数开辟。故入民国，广州城已无发展地方，形成市区多在广州城外岗地了。如河南岗地和东山岗地等处，前者有基立村、素社新村、娱乐村和凤凰村等，后者有浸信会教区开发，建培正、培道中学，龟岗华侨新村，与河南岗地上岭南大学相对。都是例子。即受清代开发珠江平原影

响，迫上山岗，形成今天广州向东和向南发展的趋势。而用地
也有向山岗上升的特点，即清代开辟以平原为主，常受洪水威
胁，入民国则上岗地（即台地），解放后，则更开辟到丘陵
区。文溪谷地，景泰坑，沙河、园村、石牌、五山已成为广州
市城建用地了。

一、鸡翼城的兴建

清代为广州城发展的一个新阶段，但由于北限于越秀山，
南限于珠江，故城池无大发展。只于珠江沿岸新积滩地，由于
商贾林立，亟需保护，才兴建东西两面的鸡翼城，一如宋南城
方式。由于城墙由明新城东西两侧伸出，直下江边，保障沿江
商户，形如两翼，故称为"鸡翼城"。

据康熙《南海县志》称："国朝顺治四年，部院佟养甲筑
新城东西二翼城，各二十余丈。"即在南明永历元年（1647）
兴建的。计由1564—1647年80多年间，珠江江岸又淤出了二
十多丈滩地，平均每年达0.9米，即几乎每年涨出1米，显然
为不重视护岸，任由沙泥自然堆积之故。因《羊城古钞》卷
一称："直至海旁，为门各一，即今所谓鸡翼城也。"其实当
时筑城，亦为保护清朝政权，因广州明朝势力仍盛，战争经常
发生，使佟养甲有修城之举。果然，明年李成栋反清投明，佟
养甲死。

鸡翼城，据阮元《广东通志》称："高二丈，厚一丈五
尺，各为门一，其东南曰正东，其西南曰安澜。即今外城东西
临海二城也。"正东门又称便门，通湛塘街及万福里。西翼由
晏公街伸下，安澜街即安澜门内街也。李成栋且建炮台于东西
两城处。可见建城是有为战争服务的目的。

鸡翼城今天已消失，即随拆城作为马路路基时拆去。但地
点今仍可见，如东翼城即今万福路转南沿越秀南路北段。这段

马路是向东南延伸的。便门即在湛塘街东端附近。本段城墙到清末仍保存，长 60 多米，与始建时相若。城末端建有炮台，为一座方形炮台，在当时江边，位于沙尾直街东侧，今越秀南马路路面。

西翼城较短，不足原数，可能是后来拆去部分所致。地在今一德路转下人民南路路面处。城墙作南北走向，在《光绪地图》上只有 20 米长，且安澜门已近南端，估计南端拆去。安澜门外即今普济桥，通灯笼街，内为安澜街，现都拆平，成为和平东路和一德路。

从鸡翼城可知清初江边，西边在十三行街以北，回栏大街以北，东边在糙米栏南，海旁街以南（今改称海月东、西街）。但到清末却已向南堆积出一大片坦地，平均宽度达 200—300 米之广。因为这里正好在东、西濠出口处，故沙积特多。在中部地区，如海珠石处，则珠江阔度仍大，可达 350—400 米。西濠口处不足 150 米，玉带河口也只有 250 米，即海珠石处江面呈花瓶状，二头小，肚瓜大，表示沙坦形成于东西两侧，中部不严重。

因此，清初在明新城外，形成了东西向的商业繁荣大街，而大街口南，则为南北小巷，密密并排，伸向江边。反映清初江边和清中叶以后的新淤地的不同，和不同地形年龄，对街道结构形态的影响。反过来，利用东西横向街道和南北向密而小并行小巷区，可以划出清初江岸位置。即中部清初岸线约在靖海街、会仙街、古仓前街、增沙、太平沙、珠光街一线以南，即今珠光路、太平沙、增沙街、盐亭街、仁济西路、十三行路一线以南，即为清中叶以后新涨地。在新城之南，同样可以用太平沙大街为准，以南的南北向小巷区，即为清初以来新淤之地。珠光街呈东西向，当为清初大街。以南的南北向小巷区，即为清末涨沙之地了。

在西边十三行、一德路为东西向大街，而以南即为南北向的小巷区，也可说明清初岸线是在街南，而以南即为后来新淤涨沙滩之地，此种情况，直可连向西关杉木栏、西炮台大街，此街以南即为清初以后的新涨陆地。

二、西关平原的开发

宋西城以西，为西关平原。由西濠到小北江间，大部为低洼地，如半塘即因一半为池塘得名。平原东部略高，西部略低，北部略高，南部略低。因此，整个平原地形可分为二大区：

（1）上西关：指东北部较高地点而言。

（2）下西关：指西南部、南部低地而言。

因此，西关平原排水的河道都有由东向西流特性，如洗马涌、上西关涌、下西关涌都是如此，西关平原的开发也以上西关为先。早在明代，西关已发展有十八甫的"街圩"商业区，沿西濠及下西关涌（又名大观河）两岸发展，成为城西宋绣衣坊基础上发展起来的繁盛商业区。兹先论之。

1. 十八"甫"的变迁

西关平原最早的商业聚落为十八甫商业区，即沿西濠和大观河兴起的明代商业街圩。计由西濠金字湾西侧第一津开始，到老城为第八甫，折西至下西关涌为十一甫，再南折而西为十三甫、十四甫，至西濠，再南转而西为十八甫。兹列表明之。

编号	名称	起讫地点（地理位置）
1	第一津	西濠转入金字湾处起，到万善里、百市坊
2	第二甫	百市坊到桃源坊
3	第三甫	桃源坊到石岗街（今中山七路）
4	第四甫	石岗街到麻纱巷

（续表）

编号	名称	起讫地点（地理位置）
5	第五甫	麻纱巷到青紫坊（今龙津路）
6	第六甫	青紫坊到福安里（今福隆里）
7	第七甫	福安里至荣业里
8	第八甫	荣业里至安良里（以上各甫南北走向）
9	第九甫	由濠向西至文昌巷口（今文昌路口）
10	第十甫	文昌巷至十六甫新街（今名十六甫大街）
11	十一甫	十六甫新街至涌边。以上各甫东西走向
12	十二甫	由涌边南折再东转至联桂坊
13	十三甫	由联桂坊北折东转再北折至德兴桥
14	十四甫	德兴桥（今十八甫北路口）至濠边（东西走向）
15	十五甫	濠边至装帽街（南北走向）
16	十六甫	装帽街至鬼驿市（杨巷路口）
17	十七甫	鬼驿市至富善东街
18	十八甫	富善东街至大观河边

上述十八甫地理位置尚有两点补充：

（1）上述第九甫以德星里分出上九甫和下九甫。

（2）在上九甫南面又有十九甫短街。

这十八个甫的排列是有次序依河流发展，西止于下西关涌。可见明代西关发展不大。因为十八个甫，即十八条街之外，即为农村地方，或小村、小市所在，其间分布庙堂、佛寺，是供人游览的地点。

今天看来，十八甫的变迁最大的是十四、十五、十六甫的消失，和十五甫正街、十六甫新街的出现。即清末和明末清初相比，十八甫地点略有变动的情况，兹试论之。

（1）十四甫的消失。沿大观河南岸的十四甫，明末开河后是繁荣地区，为明末广州出柳波涌主航道，货船衔尾进出。十四甫码头是当时一繁华地方，有青云桥沟通第八甫。其后（万历中）塞河，仍留十四甫码头，作为货船航运终点。在西濠十四甫水脚地名至今仍存。而名渐没。但按阮元《广东通志》称："太平桥旧在城西南，明嘉靖五年，御史涂相，改建于城西厢十四甫。"又曾燠《疏清西关濠水记》称："嘉靖初，开新河由十四甫达柳波涌。"《南海县志》称十四甫码头在华光庙前，即今瑞兴里口的天后庙（里今称万钟西）。作者考察该庙为一版筑厚泥墙批灰矮小庙宇，两进正堂屋，今为民居。因附近多空地，旧有大榕树，故火烧不及，居民视为灵祐之故。

（2）十五、十六甫的搬迁。据家父曾广衡告知，传当日大火烧平，两甫商民集资在当时郊区上西关涌再建，并把十六甫改名为十六甫新街、十五甫正街以示分别于当日甫址。

当日十五甫、十六甫是在十四甫濠边向南转街道上，因据同治《南海县志》附图上，即由濠边十四甫转南为十五、十六甫，连十七甫的。今十五甫故址为装帽街北地，折曲不似"街圩"。而该图则作直街状。

火烧十五、十六甫是有记载的。《粤小记》称："道光壬午九月十八日，会城西关火，三昼夜始息，毁民舍万七千六百余间，西至西宁堡（今杉木栏西），南至佛山渡口鬼驿尾（即怀远驿南河边），东至回澜桥，北至第八甫，男女民夷，焚死百余。"汪鼎《雨韭庵笔记》称："烧粤省十三行七昼夜，洋银溶入水沟，长至一二里。火息结成条，牢不可破。"故此后，断壁残垣，不利于商业进行，才有建新甫之意。

十六甫并非全烧，因转横入桨栏街，仍属十六甫。《广州城坊志》引《南海城西堡张氏族谱》称："迁居穗城之西十六甫，即今桨栏街。"

按甫即铺，为明末商人自卫组织。其时黄萧养起义，西关街圩即自行组织，以防盗贼，在街头尾立栅，建门楼防守，各甫自建码头，称为"水脚"。友人张寿祺认为，"甫"，古越语，即"村"之意。如是，则明代以前，这里有村了。《舆地纪胜》称，"星泉在广州城西六里绣衣坊"，即为一例。十九甫为横街性质，疑为后来命名，不是明代十八甫之数。按地势而言，第七甫以上可入上西关区了。

第一津因通向水道或兰湖故称"通津"，不称甫。有称"第一桥"，第二甫称"第二桥"，则又因有桥得名。

2. 西关平原的农村——西乐围及永安围

清代西关仍有农村。在上西关区，在第一津到第八甫之西，甫后即为农地，其上即为农村所在，面积比各甫大得多。

上西关平原开发以筑堤防洪为主，其次才是设桓排水（即沟口和排水沟）。由于平原西低东高，故堤围（群众称为"基"）呈南北走向，而桓涌（即排水沟）即多东西走向，向西面排出。已知南北基有四条。

已知"高基"有两条都是南北走向，店铺沿基建立，即基上开街。第一条是今驿巷、高基大街、高基南，在第六甫西。现仍有高基古道街名保存，可见成围很早。向南旧仍称大基横街，即今长寿路北安畴里。即长寿路、龙津东和光复中包括的南北长方形围田。由于围外多有明代名，应为明代围田区。

第二条在更西的西乐围基，即由芦排巷北上到西禅寺龟峰山（红层低丘）。具体地点为珠玑岗到猪婆岗到高基头，即沿迎龙大街、康王直街、龙田直街到西禅寺，即今龙津东路西端北沿连珠大街、康王直街到中山七路，再北上龙田大街，到第

永安围及西乐围内各村图

四中学内龟峰（现仍有大石龟、石香炉，石柱墩 27 个，故又称灵峰寺）。这条基高出围外一米多，基上开街 150 年。前即农田。《南海县志》称："西乐围在城西二里许，基长一百五十余丈，起自芦排里后珠玑岗北，至西禅寺兴和西约。"今康王直街口仍名高基头。围内有农村 26 处。清初筑（1764 年前）。

第三条南北基是永安围基堤。由龟峰山西延北转，向北直上纸莹岗止。岗在万善里大道旁。《南海县志》称"长一百四十丈，脚阔一丈，基面五尺五寸，自万善汛，官塘大路旁纸萤岗至龟岗止。道光九年（1829）六月新筑"。围内农村十二处。现仍高于田面0.8米—1.0米，街面宽1.2米。

第四条是带河基，在高基西，即今带河路址。北连西乐围，地势不似西乐围北高基头处高（该处高出田面1.5米），但仍高于两侧，为清代西关平原马路，是可走马的南北交通要道。围内即为农村，如晚景园，并非园林，而是村名（见谭莹《乐志堂诗》自注：晚景园……村名）。基南接华林寺。

清代堤围亦是以高地为依据。龟峰即为一高地。出露红层为红色页岩、薄层砂岩。小丘如台，旧有铁钟盖石龟，用石英砂岩雕成。龟头于1967年已为"红卫兵"（四中学生）打断。

珠玙岗及猪婆岗是一堤围高点，并非天然岩石所成。因附近为猪仔圩而得名。纸萤岗亦为人工堆高的基围部分。一说崩围积沙后，挑沙堆高所成。

南北向基堤把桱涌切断，民国后，各涌断流（约在1928年）。当日围内均有桱涌通入，贮水成塘的。永安围有桱涌两条，水排入司马涌；西乐围亦有两条，排入上西关涌。1862年仍有大塘存在，并有金沙滩等河床地形名称，位于今大塘大街附近。带河基内，1852年长寿寺内仍有池塘入潮。顺母桥即为桱涌之一，另一在北，称大濠（今大濠新街附近）。明代旧围高基以东，河涌已湮，只余农村地名，如可嘉园、寿福园等。

兹将两围农村地名列下：

（1）永安围内十二村：

居仁（今居心）　　　　安荣

蟠龙（今蟠虬）　　　　安宁（今名安隆）

见龙（今见麟）　　　　居宁

龙田　　　　　　　　　永宁

迎龙　　　　　　　　福宁

穗丰　　　　　　　　中正（今和平东约）

（2）西乐围内二十六村：

迎阳　区园（今欧家园）　飞云洞（爱莲里）　和安

锦华　新会　陈家园　植福

北巷　福源　德源　宝园

芦排　兴和　上更楼　敬梓

青紫（今紫来）王家园　聚龙（今中山七路）高第

蕉园　长庚　周园　隆庆

柴家（中山七路）　子癸（今中山七路）

在带河基内，农村地名已减少，城市地名增加，如驿巷等。明已有矩洲书院（黄衷建），围外即为洼地。基堤要不时修补，如西乐围成于清初，在乾隆廿九年（1764）五月和四十四年（1779）五月、嘉庆十八年（1813）五月、道光九年（1829）五月均加修筑高，以御洪水。

3. 西关机房区的兴起

清代广州织造业发达，"广花"是全国知名优质商品，可见清初棉花仍为广州特产之一，以轻暖出名。蚕丝业亦兴起。故纺织工业在西关大建厂房，昔日大片农地，开辟为街道，设立厂房，成为广州纺织业基地。据尚钺《中国历史纲要》称，广州附近纺织工场在明末清初已有 2500 多家。每家手工业工人有 20 人。而这些织造业多集中在西关。《广东新语》称："（纱缎）广之线纱与牛郎绸、五丝、八丝、云缎、光缎，皆为岭外京华、东、西二洋所贵。予广州竹枝词云：'洋船争出是官商，十字门开向二洋。五丝、八丝广缎好，银钱堆满十三行。'"棉布由于质量胜于英国布，又便宜，故出口也多。如嘉庆三年（1798），出口 2125000 匹之巨。棉花要由印度输入，嘉庆十九至二十年广州进口棉花 1051708 两，占进口货总值

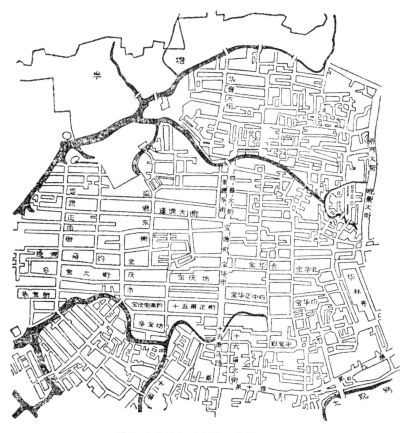

清末西关住宅区方格状街道系统图

32%。乾隆五十二年（1787）也已进口棉花18700担以上，这种来料加工工业迅速兴起，即把西关广大农村农地改成机房区。大街小巷纷纷建立，连名字也以织造为名，如锦华大街、经纶大街、麻纱巷等。

利用西关农地建机房开街，主要地区为第六甫、第七甫、第八甫，转西上九甫、长寿里，茶仔园、小圃园，北连洞坤坊、青紫坊、芦排巷包括的地区，称为"机房区"。而以南则有专卖布的杨巷，还有故衣街、装帽街等；资金流转的银铺则在十八甫的商业区范围。即基本上把道光以前的西乐围地大部分变为市区了。1860 年—1870 年，机房区大致如上。

纺织业兴盛又带动了印染、晒、碾、浆缎、机具、制衣、制帽、鞋业、袜、绒线等行业兴盛，使西关日趋繁荣，人口日增。故市区已不能以十八个甫为满足，西关平原农田，又在机房区之西，大片被开发，但不是成为工业区，而是成为住宅区。而纺织选择西乐围地则因接近十八甫商业区，有利于机房生产，而交通运输条件亦较方便。因大观河及各甫水脚均可使用，且当地农村人口众多，劳动力足，近十八甫商业区，对产品的销售也易脱手。今天西关仍为工厂厂房和商业紧密相依的地区。

4. 宝华街住宅区的开辟

清代西关商业的发展，使人口急增，纺织工人挤在西关区估计有 5 万人以上，富户产生不少。这些新兴资本家即在附近筹建住宅。加上洋行买办阶级的兴起，他们多在珠江江边活动，亦在西关建房定居。于是在下西关涌郊区择地兴建，是为"宝华区"住宅区。计在同治、光绪年间，宝华区已发展成一高级住宅区，有街有市。主街由南而北，计有下列几条：

宝华市	现开成宝华路（20 世纪 30 年代开）
宝华直街	今改为宝华大街，南连旧宝华
宝华正街南段	现已开成文昌南路北段（1931 年开）
旧宝华	今改称宝华南
多宝坊	今改宝华正中横
逢源坊、宝庆市	今改逢源市、宝庆市

住宅街道则以东西向为主。平行并列，由北而南有下列各街：

宝源大街、晒布地	今宝源路、存善东街
宝贤坊东段	今仍为宝贤坊东段

耀华坊西约、宝华卡　　　今耀华坊西约、耀华南、宝华卡

宝庆坊、兴贤坊　　　　　今同左

宝华中约　　　　　　　　今同

宝庆新街　　　　　　　　今多宝路（20世纪30年代开）

单边街　　　　　　　　　今同

宝庆新街中约、宝华正中约　今宝华正中约

宝庆新南约、十五甫正街　　同今天的地名

十五甫横、十六甫北街

这样，这个同治、光绪时期新辟住宅区街道就基本上是由十字交叉街道系统组成，整齐有序，大街阔4米—5米，小（巷）街4米以下，如3.1米的旧宝华街。宝华大街为6.2米，街中间为排水渠，渠面横铺2米长花岗岩块。解放后改暗渠，路面岩块改为竖排龟背形路面，但只少数，大部仍是用石板砌渠面的平坦街面。

宝华区以旧宝华最老，在西关涌南，本区即取名于此。按潘福燊《河南龙溪潘氏族谱》称：“三子正柔，同时入粤，居太平门宝华坊。”潘氏入粤早于康熙、雍正年间，因该《族谱》称：“潘启，号文岩，生康熙五十三年，由闽同安县徙粤。”因受雇于陈氏洋商之故。可见宝华坊清初已立。今以宝华为名的街道仍达12条之多。范围就初步调查包括宝华区外，即以西关涌北为主。东到宝华大街东文昌南路，到长寿路西转入宝华路，北伸到上西关涌；西边由逢源路西侧逢源市、宝庆市北上到宝源路东接宝华路的范围。即紧贴商业区建成，促使西关繁华，成“八桥之盛”的胜景①，留下诗篇也至多。

5. 晚清（1890—1910）西关住宅区的开发

随着广州商业的发展，宝华区又显不足，于是把上下西关

---

① 八桥：汇源（第一桥）、蓬莱、三圣（庙前）、志喜、永宁（三板）、牛乳（义兴）、大观（元代木桥改）、德兴等桥。

涌间平原开发为住宅区。因为这里有两条河涌可利用，又不近机房区，与商业区（十八甫区）又近。与宝华住宅区相连，故富户选择此区开发。北为耀华、宝源，西为逢源、多宝，直连及半塘了。

发展模式仍用宝华区方式。即：

（1）道路采用正南北和东西交叉系统；

（2）街面渠面铺排横向长花岗岩条；

（3）房屋为青砖石脚、拉拢铁闸的一、二层正堂屋；

（4）有小花园及高大围墙。

最典型的超宝华区是逢源区。本区以 3 条南北主街（逢源东、西街，逢源正西街等）把东西住宅街道贯穿起来组成。南连多宝区，东通宝华区。街道呈正交方式。由北而南有 12 条街：

逢源一巷	西到下西关涌，今名逢源西三巷
逢源二巷	同上，今名逢源西二巷
逢源三巷	今名逢源西一巷
逢源北街	直通宝源中约，西通涌边
逢源大街	直通宝源大街，今开为宝源路（1932 年）①
三连新街	今称三连直街
逢源正街	东通宝贤坊
逢源中约	今同名
逢源南约	东通宝贤南约，今名逢源南
多宝大街	东通宝庆新街，今称多宝路（20 世纪 30 年代开）
多宝街	东通宝庆新中约，今仍称此名
多宝南横街	今同名

---

① 编辑按：指宝源大街今开为宝源路。

逢源区已近郊外禾田菜地，故住宅内园地颇多。如呈游船状的"小画舫斋"即建于逢源大街（今逢源路三连直街），占地 1525 平方米。园内建祖先厅、船厅、书厅、画厅、水池假山等，建筑呈山字形，今为广东木偶剧团租用。逢源区东界为东街及正横街；东侧北为宝源、中为宝贤、南侧为宝庆。三"宝"区东为宝华区。目前宝源区有街 24 条，可见发展较大。

宝源东街南北向，亦有东西向北街、正街、中约、大街 4 条，大街在 1932 年拆为宝源路。路南为宝贤区，只有一南北向宝贤东及东西宝贤坊十字式主街区。南即为宝庆区了。宝庆南北主街为多宝坊及西侧宝庆市。东西住宅街有宝庆坊、新街、正街、中约、南约。它们和逢源、宝华组成方格状新住宅区特色。

上西关涌与半塘间亦为清末新开辟住宅区，南北主街为华贵大街，1931 年拆建马路。主要东西走向住宅街道有几条：华贵横、五福巷、厚福里等，亦呈方格状街道系统，能与荷溪区、耀华共同组成方格道路网。如荷溪三约直的十字式街道，耀华西街与耀华北约的十字形街道都和宝华区一致，成为西关西部晚清住宅区特色。建筑物以"西关大屋"出名①。

清代以后，西关平原上、下西关涌地区，已基本上成为广州城市的部分。半塘村已成为市镇一部分。著名的三轴三进，九厅六院结构的陈家祠（1894 年建成），占地 8000 多平方米，标志着清末西关西面界线。

6. 十三行的开辟

明代的外贸，在市舶司下，官设牙行。《续文献通考》卷

————————

① 西关大屋一般约 400m² 面积，用水磨青砖，花岗岩石脚建成，内部装饰以满洲花窗为特色，大门有趟栊、脚门。瓦面叠 2—3 层，单层金字屋顶，密排梁等结构的庭园式住宅，目前有百多间，应择优保存，为旅游资源也。

卅一称："（外国）其来也，许带方物，官设牙行，与民贸易。"《殊域周咨录》卷九称："夷货之至，各有接引之家，先将重价者私相交易，或去一半或去六七，而后牙人，以货报官。"从上述可见作为中间人的"牙人"是起着重大作用，作牙人要有保才成的。这样，市舶司就坐收大量税银，不用操劳了。但是牙人开设的牙行却又可以从中大量贪占，使市舶司大量税银，落入牙行手中。而且朝廷要市舶司完成税收任务，即"包税"，故只能向牙行入手。到了清代就出现了"十三行"的行业。因为明末王朝需要大量收入支付各项开支，市舶司显然不起作用，而牙行则有经营商业性质，又有官府支持，获利至巨，因为这种牙行有垄断外贸的特权，万历周玄暐《泾林续记》称："广属香山为海舶出入噤喉，每一舶至，常持万

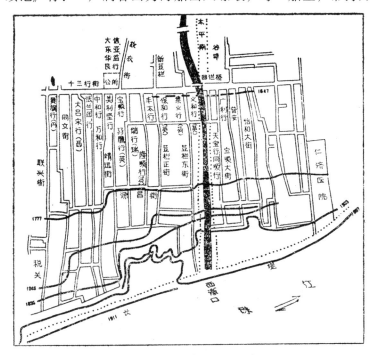

清代十三行位置及西濠口附近河岸变迁图

金，并海外珍异诸物，多有至数万者，先报本县，申达藩司，令舶提举同县官盘验，各有长例。而额外隐漏，所得不资，其报官纳税者，不过十之二三而已。继而三十六行领银，提举悉十而取一。盖安坐而得，无薄书刑杖之劳。"可见明末广东已有卅六行承包外贸。入清以后，牙行只余 13 家，故《粤海关志》称："沿明之习，命曰'十三行'。"明代称洋商牙行为十三行亦见于《广东新语》诗："洋船争出是官商，十字门开向二洋。五丝八丝广缎好，银钱堆满十三行。"即清初已把十三行名接过来，成为官办洋商了。1680 年税额 60 万两。乾隆间（1736 年后），改保税保征（据闽人潘启意见）可加 40 多万（见《夷难始末》），遂立总商六家，付商七家，在河边立夷馆，名为"十三行"。表示外贸权落入十三行手中。十三行在清初也不只 13 家，如雍正五年（1727）广东布政使官达报告即称："查广东旧有洋行，名曰十三行。实有四五十家。"可见十三行不过是洋行的代名词。1685 年成立粤海关起，即管理十三行，由于税收不保征，才有乾隆改革保税保征。初十三个洋行，到后来有增有减，乾隆十三个洋行只是官府指定的洋商，并非全部。据该志称乾隆初年仍有二十家之多。保商和公行（1760 年成立）使十三行成为清王朝主要收入来源之一。此后八九十年间，十三行商不少成大富翁。十三行有地点可考者如下。

（1）怡和大街（今怡和街）在西濠二马路北，长 198 米，宽 4 米，即怡和行故址。全盛在道光年间，行主伍浩官（原名伍绍荣）在 1834 年财产为 2600 万银元（见亨德《广东番禺录》[①]），在武夷山有茶山。初名元顺行。

[①] 英文原名为 William C. Hunter："*The Fan Kwae at Canton*"，and "*Bits of old China*"，1855。

（2）同文街（今同文路）即同文行址。潘福燊《河南龙溪潘氏族谱》称："（潘启）请旨开张同文洋行，同者取本县同安之义；文者取本山文圃之意。"道光年间潘正炜同孚行亦有财产二千万银元。

（3）源昌街在今文化公园中部，日寇侵华被炸平，据谭镳《新会乡土志》称："道光初年，洋行十三家，而卢广利居其一"，今源昌街即其遗址。广利行到道光十七年（1837）行主为卢继光，官名"茂官"。行址迁今宝顺大街东侧，长242米，宽3米。

（4）宝顺大街西侧有天宝行，行主梁承禧，官名"经官"。同顺行，行主吴天垣，官名"爽官"。宝顺大街北通仁济西路，南通西濠二马路。

（5）普安街在宝顺大街、怡和街之间。北为普安行。长133米，宽3米。为广利行故址。

（6）荳栏中（即旧荳栏正街）西为丰太行，北临十三行街。五座。

（7）同兴街（今同兴路）东为宝顺行六座，北临十三行街。

（8）靖远街（今靖远北路）西侧为中和行，行主潘文涛，官名"明官"（1837年时）。北临十三行街，南为万和行。街北即为十三行会馆。

（9）十三行街是洋行兴起后开辟的新街。街开于1777年。《乾隆四十二年（1777）行商上广东巡抚禀帖》称："查夷商到粤广，现在俱已送照定例，在商等行馆歇居住，并于行馆适中之处，开辟新街一条，以作范围。街内两旁盖筑小铺，列肆其间，凡夷人等、水梢等所需零星什物，以便就近买用，免其外出滋事。其新街及总要路口俱派拨行丁数十名，常川把守，一切夷人行走，概不许越出范围之外。其闲杂人等，亦不许混行入内。"十三行街业务繁兴，到同治年间已有新街伸出（今十三行横），街南即为洋行所在，两头有栅栏到河边，夷馆设于各街街尾近海地，并设有码头。由馆至河边长为十一丈（33 米）左右。《华事夷言》称："十三间夷馆近在河边，计有七百忽地，内住英吉利、弥利坚、佛兰西、领脉、绥林、荷兰、巴西、欧色特厘阿、俄罗斯、普鲁社、大吕宋、布路牙等之人。按此即所谓十三行也。"（《海国图志》引用）《粤海关志》称："夷楼前面临河处有公司码头，向系停泊公司三板船及夷人货物上落之处，因与新荳兰马头毗连，旧筑围墙一道，以防民夷混杂。"又称："道光十一年（1831）四月，洋商伍受昌等禀称本月初一日，抚宪会同关宪亲临嗼咭唎夷馆，谕令将馆前西边道光七年（1827）所筑墙一度，计长一十一丈六尺，东边木板一度，计长一十一丈六尺，南便海边马头木栅栏一度，计阔一十一丈。又馆前淤积余地一段，悉照丈尺掘毁。"

这些夷馆位置可考者如下。

（1）联兴街东侧（今文化公园西侧，日军侵华时被炸平）为黄旗行，即丹麦夷馆，当德兴街西侧。

（2）同文街东为大吕宋行，即西班牙夷馆。建楼四座。

（3）荣阳大街（日军侵华时炸平大部，今文化公园西侧）与同文街间为法兰西西行（八座），今街仍留有北段。

（4）靖远街东为美利坚行（广元行）。广顺行建八座。

（5）晋源街西为孖鹰行六座（双鹰为商标），英国夷馆；东为瑞行，瑞典夷馆，四座。

（6）仁安街西为隆顺行，老英国夷馆。六座。

（7）荳栏中东侧保和行，英国夷馆。六座。

（8）荳栏东西侧集义行六座，荷兰夷馆，东侧义和行，英国夷馆。六座。

这些夷馆由于道光二年（1822）大火，大部被烧毁。钱咏《履园丛话》称："道光二年九月十八日，广东省太平门火灾，焚烧一万五千余户；洋行十一家，以及各洋夷馆，与夷人货物，约计值银四千余万两。"倒闭不少。如《粤海关志》称："道光二年，西关失火洋商十一行延烧者六家，余五家。四年以后，丽泉、西成、同泰、福隆等行，节次倒闭。至九年，止存怡和等七行。"当然，倒闭原因很多，火灾亦有影响，怡和行保存，故与资金雄厚有关，但怡和行在东头，烧它不到，故能保存实力。

7. 十三行发展与西濠口的填地

十三行江南地段，为乾隆时期建街后填成的陆地。今天珠江亦以这一段最狭，宽只有 180 米左右。这与洋商建馆、建码头、大力填河岸成陆有关。各洋商在夷馆前填地、占地兴建码头，竞争遽烈，以英国为严重。《壬申南海续志》称："案档册，十三行河旁地，各国商人建码头，泊火轮船，许岁输傤值五百两。"按《粤海关志》称："夷人因河身淤浅，改挪向前改筑。"又称："道光十年（1830）二月，忽有黄埔嘆咭唎公司夷船水手上省，该夷商督令将公司馆前铺地木板拆去，搬靖远街口海旁余泥，连夜搬运，填平所拆木板低洼之处。"可见道光年间，十三行夷馆后已填出 33 米，源昌东、中、西街（今文化公园内，被日军炸平）即为江边码头区所在。即乾隆以后，十三行街，仁济西江南大片陆地，都是填平珠江北岸而成的陆地，为洋商活动地区。建码头、花园、运动场等，使珠江河面变狭。

8. 潘、卢、伍、叶为首的洋商产业

潘氏是建议设总商的发起人。樊封《夷难始末》称"乾隆间，有闽人潘启者，熟于洋商贸易事，条陈商办官办得失。总督李侍尧请于朝，置户部总商，每岁保税保征，除旧额外，正款可加四十余万，平羡银余，可收百万。奏入许之"。潘

启，据《河南龙溪潘氏族谱》称："生于康熙五十二年（1713），由闽到粤，往吕宋贸易，往返三次，夷语深通，遂寄居广东省。"1776 年在河南乌龙岗西买地开村建宅，称"龙溪乡"，因他由泉州同安县龙溪乡迁来，故名。二子潘有为在花地栅头建六松园，今芳村区醉观公园石桥即由园迁此。四子潘有度时益富，据说有度传子潘正炜时家财达二千多万银元，法国人估计为一亿法郎以上（1860 年法国杂志刊载"广东通讯"称）。潘绍光在石围塘也有田地，值银二万两之巨。

卢氏出身贫寒，据谭镳《新会乡土志》称："卢观恒，字熙茂，新会石头人，少时甚寒微，年四十余，以举充洋行头办致富。"嘉庆间（1820 年前）最盛，仅次于潘家。

伍氏入粤较早，据《岭南伍氏宗谱》称是明崇祯初年入粤，原籍泉州府晋江县安海乡。入粤始祖伍灿廷，初设元顺行，后改怡和。初居西关，1803 年在河南海幢寺侧购地二千余井，筑舍名"安海乡"。1835 年建宗祠，与潘家隔河相对。伍家在 1810 年时，已排名在潘有度、卢观恒之上。1834 年伍浩官财产达 2600 万银元，世界富豪之一。①

叶家家居西关，亦以园林见胜。叶兆蓂有小田园，与海山仙馆（潘仕成建）齐名，又为毗邻（在今逢庆大街一带），小田园以楼胜，有风满、醉月、水明、伫月、借绿诸楼，梅花书屋、心迹双清轩、耕霞溪馆等，与以"海上神山、仙人旧馆"为名的海山仙馆以山胜不同，但馆中仍在雪阁很高的。文人辈出，名园亦多，有《叶氏四世诗钞》行世。叶克家"鹿门精舍"、叶兆蓂"小田园"均为当时名园。朱庸斋告知，民初在金龙酒家门口（即谟觞酒家），晚上仍可见叶家大门的灯笼

---

① 此事在 H. B. Morse, *The Chronicles of the East India Company Trading to China*，5vols，卷 3，35 页亦有载。

云云。

　　这四家洋商也是清王朝各种收益来源中的主要一项，嘉庆年间达百万两以上，甚至超过广东省地丁银125万两。占全国关税四分之一，每年还要贡乾隆皇帝55000两，到嘉庆年间高达15万两。礼品如钟表等10万—20万两，如嘉庆皇帝六十寿辰，广东行商贡30万两。还有救灾、军饷的贡献，如1825年对行商摊征军费60万两。较小的如1787年镇压林爽文捐30万两，1792年征廓尔喀捐30万两，1799年镇压湘黔苗民捐12万两，1800年镇压川陕教民又捐50万两，河工亦征洋商，1801年永定河工捐25万两，1804年黄河工捐20万两，1811年河南河工捐60万两，1820年再捐60万两。故行商入道光以后，多向倒闭一途。《粤海关志》称："（道光）十余年来，止有闭歇之行，并无一行添设。"据黄菁生研究，1779年行商欠外债为4296650银元。兴泰一行积欠2738618元而倒闭。1810年已有福隆行邓兆祥亏饷潜逃一案。1813年十家商行中七家欠债。可见嘉庆以后，即有败象。

　　兹列出其主要行商情况如下：

　　（1）乾隆十三行行名：

　　丰进行：见李调元《越东笔记》。

　　泰和行：见《粤海关志》、《越东笔记》。

　　同文行：见《越东笔记》、《夷难始末》。

　　而益行：见《越东笔记》。

　　逢源行：见《越东笔记》。

　　源泉行：见《越东笔记》。

　　广顺行：见《越东笔记》。

　　裕源行：见《粤海关志》、《越东笔记》。

　　瑞丰行：见《粤海关志》。

　　义丰行：见阮元《广东通志》。

元顺行：怡和行前身，伍灿廷创（《岭南伍氏宗谱》）。

（2）嘉庆十三行行名：

同文行：创自乾隆年间潘启（见《夷难始末》）。

广利行：卢广利创（见《新会乡土志》）。

怡和行：见《岭南伍氏宗谱》、《粤海关志》。

义成行：见《粤海关志》。

东生行：见《粤海关志》。

达成行：见《粤海关志》。

会隆行：见《粤海关志》。

丽泉行：见《粤海关志》。

福隆行：见《粤海关志》，1810年行主邓兆祥亏饷潜逃。

（3）道光十三行行名：

丽泉行：道光六年（1826）后倒闭。

西成行：道光六年后倒闭，见《粤海关志》。

同泰行：道光六年后倒闭，见《粤海关志》。

福隆行：道光六年后倒闭，见《粤海关志》。

怡和行：道光二年大火未烧，见《粤海关志》。十七年行主伍绍荣，官名"浩官"。1843年英国租用。

仁和行：道光十七年新充（见《粤海关志》）。行主潘文海，官名"海官"。

孚泰行：道光十七年（1837）新充（见《粤海关志》）。行主易元昌，官名"昆官"。

东昌行：道光十七年新充，见《粤海关志》。行主罗福泰。

安昌行：道光十七年新充，见《粤海关志》。行主容有光。

东裕行：见夏燮《中西纪事》，王之春《国朝柔远记》。

义和行：见林文忠《政书乙集》。

广利行：行主卢继光，官名"茂官"（道光十七年），1843 年英国租用。

同孚行（1837）：行主潘绍光，官名"正官"，在 1843 年为英租用。

同兴行（1837）：行主谢有仁，官名"鳌官"。

天宝行（1837）：行主梁承禧，官名"经官"。1843 年英租用。

兴泰行（1837）：行主严启祥。

中和行（1837）：行主潘文涛，官名"明官"。

顺泰行（1837）：行主马佐良，官名"秀官"。1843 年英国租用。

同顺行（1837）：行主吴天垣，官名"爽官"。

宝顺行：（1832—1842）。

丰泰行（1832—1842）：即 Chow—Chow Hong。

义堂行：1843 年英国租用。行主姓潘。

东兴行：1843 年英国租用①。

洋行结构按宓亨利《远东国际关系史》描述，说多属三层楼房，产业是属行商的，即由行主兴建，租给外国商人，有十三个，不是十三行之意。九个用外国之名，但以后却无关系，夷馆一般并排几间（璇注：约 4 间—8 间），底层有过通道，作库房或为华人雇员、厨役人员用，二层为账房、客厅、餐厅，三层卧室。馆南为花园或运动场，长 1100 英尺，宽 700 英尺。夷馆长达 400 多英尺。馆面宽 85 英尺。公共运动场以六家夷馆南面场地为大，宽 500 英尺，长 300 英尺。夷馆

---

① 鸦片战争后扩大夷馆，1843 年 9 月 30 日与各行签租约 25 年，每年租金 6000 元洋银。由英驻广州第一任领事李春订立（George Trades-cant Lag）。引自王尔敏：《广州对外通商港埠地区之演变》1987 年，《广州史志》第 2 期。

宽广，如英商馆餐厅可坐百人，库房存款每达百万以上银元。

这个十三行路南，东西有墙和华区分隔的洋行区，还不够用，如花园在运动场东，即不大。故要改租沙面。

珠江以这一段最狭，即反映帝国主义者侵略我国的证据，洋商不管我国环境污染和保护，填塞河道，增加洪水危患，不利航行，造成今天珠江水道这段大为狭促。这是人们鲜知之事，特记于此。

9. 沙面的开辟

沙面是西关南面珠江江岸的河滩地。清中叶后，成为广州最繁华地区之一，沿岸水浅成为妓馆区。因沙面本为一沙洲，称"中流沙"，北岸和东岸已和大陆沙基相连，但沙面与岸间水浅，成为水上居民（疍民）区，渐发展成妓女区。道光廿六年（1846）时情况是："妓馆与阛阓栉比，在陆者曰花林，在水者曰花船，以木架屋居之曰寮，……沙面其最胜者，置船作行厨，小者名紫洞艇，大者名横楼船，极华缛，地衣俱镂金采，他称是珍错毕备，一宴百金，笙歌彻夜。"（见周寿昌《思益堂日记》）《粤屑》亦记："沙面妓船鳞集以千数，有第一行第二行第三行之目。其船用板排钉，连环成路如平地，对面排列，中成小港，层折穿通，其第一行珠娘之上品者居之。桥而梯上之，有寮焉，名寮尾，尤品者居之。架木成版屋，为廊为房，为厅为堂，高阁台榭毕具，又若亭若馆若苑不一名。金碧迷离，皆用洋锦毡毹铺垫，不知其在水涘也。孔翠篷窗，玻璃椓牖，各逞淫侈，无雷同者。又有花船横楼，摆列成行，灯彩辉煌，照耀波间。"袁树《红豆村人诗稿》称："（沙面）周回十余里，为花船聚集之所，兰桡桂棹罗列成行，中别街衢，居然成市，因亦名沙市。游人驾小舟，婉转于花船丛杂中，谓之打水围。"《浮生六记》称："（沙面）妓船名花艇，皆对头分排，中留水巷，以通小艇往来，每帮约一、二十号，横木绑定，以防海风。两船之间，钉以木桩，套以藤圈，以便随潮涨落。"

这是沙面未租借前的景观，即中流沙已和大陆相连，浅水区开辟成为娱乐区情景。咸丰九年（1859）允租中流沙面近海一面称"沙面"处供英、法建立租界。1861 年 9 月 3 日签《沙面租界协定》，由新任总督劳崇光、英领事洛巴特逊签署，秘密换文。法租界在东，占地 53 亩，英租界在西，占地 211 亩。东西长 2850 英尺，宽 950 英尺。北面东面开涌隔离大陆，一桥相通。据《壬申南海县续志》称："沿岸各炮台余址礨石尚多，尽徙而投之江，无过问者。复量沙畲土以实之，珠湄歌舫，迁泊谷埠，谓将恢宏图而复理故业也。费至二十余万，均由都门犒赏拨扣。又自北岸开涌，起煤炭厂，迄油步头，各修石礎，上筑直路，至联兴街，接连填平，俗称'鬼基'。涌宽 90 英尺，一半属沙面，不准泊船。基用花岗岩条石砌筑。"这座人工岛面积约 0.3 平方公里。东西街三条为主（大街、北街、南街），南北小街 5 条，由东而西分五街，大街宽 30 米，小街宽 15 米。英法租界分界在第一街。沙面由是成为侵略中国据点之一，有英、法等军舰泊此。后又建一桥，但设步级，不能行车，以隔绝华人。岛南为花园马路，内建筑全为英法屋式，高三四层砖石结构者不少。今天仍大部分保留，并建白天鹅宾馆等，为广州旅游区之一。

沙面在同治《南海县续志》（1872）及《广州城坊志》中均称为即"拾翠洲"，近人史彦改正在彩虹桥处①。

---

① 戴璟《广东通志》称："拾翠洲在府城西南三十里，古有津亭。"显非沙面之地。应在戢船澳，因《大清一统志》载澳上有"西候津亭"。

三、清代的旅游点——"八景"的变迁

清代羊城八景,范围又比明代大为扩展。述如下:

1. 粤秀连峰

粤秀连峰指粤秀山区一群峰峦而言。粤秀山自元代起即已开发。元只有"粤台秋色"一景。而到明代则有两景,即粤秀松涛和象山樵歌,由点到面了。清代更成片开发,称为粤秀连峰。东西三里多。其中峰峦起伏,今天有名字的即有西竺(43米)、翻龙(84米)、鲤鱼(55米)、三眼灶(52米)、桂花(60米)、木壳(56米)、越秀山等。此外,还有四方炮台等高点。这些丘陵、岗地因由岩性坚硬的石英砂岩所成,所以能突起于平原上,成为峻峭山坡,有成山之势,故称为越秀山区。今南面辟为越秀公园。它的北面有一条通谷和白云山区分开,也是今天环市大道通过的谷地。清代这片丘陵是林木密茂、景色宜人的风景区。

这片岗地两侧有断层,故它和平原界线呈直线分开。我们在翻龙岗西脚测得岩层走向为向西南倾角25°,在鲤鱼岗北坡变为向西倾角40°,可见流花溪是沿断层线发育形成的。三元里温泉就是沿这断裂涌上的。东侧西竺山下上、下塘谷地下有石灰岩层,可见谷地也是断裂所成,文溪即沿断裂带石灰岩地层发育。因为石灰岩有溶于水的特点。故越秀山也可称为一个小型地垒山。

今天越秀山上的四方炮台,亟应开发为一旅游点。这是三元里抗英,十多万人围攻英军的地点,值得开发纪念。

2. 琶洲砥柱

琶洲是指广州东南20公里珠江中的一个江心洲而言。今天琶洲已与南岸相连,即边滩并岸。但在清代以前却是一个海上沙,其洲上有些低丘,是台地的残留所成。四周为珠江环

绕，故为自南海归航广州的目标。到琵洲即入广州了。山高
20 米—40 米。山势顶部山形似琵琶，故称为琵琶洲。早在宋
代，番舶即用此洲为导航，因自远处即可见到。《宋史》卷
480《注辇传》称："贡使行至三佛齐国，又行十八昼夜，度
峦口水口，历天竺山，至宾头狼山，望东西王母冢，距舟所将
百里，又行二十昼夜，度羊山，九星山，至广州之琵琶山。"
宋以后，山岗四周积沙，琵琶洲扩大。明万历二十六年
（1598）建琵洲塔在岗上。郭棐《广东通志》卷十四称："（广
州东南）四十里江中曰琵琶洲。"又称："万历戊戌于洲上建
九级浮屠，屹峙海中，壮广形胜，名曰海鳌。"可见在明代已
成为广州郊区胜景之一。故入清即成为八景之一。即利用这座
岗顶平缓的红层丘陵兴建高塔，成为珠江的中流砥柱。

　　海鳌塔比赤岗塔（1619 年）兴建早，屹立烟波之上，为
海船入省三关之首，即海鳌、海印、海珠。三关在清代均多改
成炮台，可见是海防要冲，而当时还屹立江上，还未并岸。此
对历史地貌研究也是良例。塔因海面有"金鳌浮出，光如白
日"（《羊城古钞》卷七）而得名。塔八面砖砌，八角悬钟，
耸立海中，为中流砥柱。

　　3. 五仙霞洞

　　五仙霞洞指五仙观而言，自明至清不衰。观面积不大，通
明阁、三元殿、禁钟楼各有胜处。而仙人胟迹、石麒麟，大禁
钟（1377 年铸）、仙人泥塑都很吸引游人，加以地处大市之
中，正如宋古城之诗："人间自觉无闲地，城里谁知有洞天。"
（《大明一统志》）今除仙人泥塑外，各物仍存，如大钟、庙
门麒麟、仙人胟迹、岭南第一楼等，并已修缮开放。

　　4. 孤兀禺山

　　禺山指今中山四路禺山书院（现文化局）一带而言。因
此处为城内最高地点。清代在此有禺山书院建立，又是城内中

心地点，西侧为藩府所在。按阮元《广东通志》，这里还是关帝庙所在，故为游人集中地点。加上这里林木还多，明代已是"其上多松柏"（黄佐《广东通志》）。清代称为高坡，城隍庙亦建于此。向称"禹山"。但自 1978 年在禹山书院内掘防空壕发现 5 米以下仍为秦汉时代木建筑结构，则禹山实不存在。应指番山，即"番山云气"一景。

5. 镇海层楼

镇海楼建于观音山上桂花岗南高点上，为明广州城最高点。登楼一览，珠江如带，全城在望。楼高五层，俗称五层楼。今辟为广州市博物馆。此楼在明不入八景。因郭棐《广东通志》记楼高八丈多（洪武七年建成，与扩北城一起建成）。到清初用"计费巨万，壮丽坚致"（见《粤东诗海》），"高十余丈"（《驻粤八旗志》），故镇海楼成为岭南第一楼选入八景。而在明代屡经毁败，附近又有观音庙诸胜，故不成独立胜景。入清以后，名楼冠全城，名人雅集，遂成一景。

6. 浮丘丹井

浮丘是指今天西门口外的石岗街上石岗。这片石岗今天已成为中山七路马路面。即在中山七路路面下，这片石岗并不高，只有几尺，是 20 米台地残余。据家父曾广衡《广州杂抄》称，石岗出露面积如篮球场大小，其上有几尺高砾岩层突起。浮丘寺寺门在光复路（第五甫）入。建马路时曾凿低石岗一部分。今天马路在石岗西下西关平原还呈一长大的斜坡地形。在积金巷（即相传浮丘公在此撒豆成金的撒金巷）还可见到红色砂岩露头。所谓石岗即为白垩纪红色砂岩露头所成。其前另一隆起小丘，即为龟峰山（今第四中学内），清代为西禅寺地。此二者为西关天然石出露地点。

浮丘因丘如浮于水中得名。《南海百咏》称："按罗山记浮丘，丘即罗山，朱明之门户，先在水中，若丘陵之浮，今山之四面，篙痕宛然。有陈崇义者，年百十二岁，说为儿时犹见山根幢船数千，今山去海边三、四里，尽为人烟井肆之地。"可见宋代情况已和今天相似。而宋以前一百多年，则仍在水中。按群众所言及古书所记"篙痕"，往往即为河边流水漩涡侵蚀成的瓯穴。今天在河南赤岗塔脚的红岩面上也有，在龙山锦屏山南坡也有，亦即"仙人姆迹"一类地形，只是成群分布，穴小如杯如碗如盆而已。但古代浮丘四周是水却没有疑问的。因宋西城地势本低，今西濠也以阔、深见称。故唐代以前为河边地是没有问题的。

宋时，丘下有珊瑚井（见《舆地纪胜》），因传说晋葛洪饮此井水，有海神献珊瑚得名。明代开辟为游览区，清初仍盛。篙痕道光间凿去。但八景仍在，即紫烟楼、晚沐堂、珊瑚井、大雅堂、留舄亭、朱明馆、挹袖轩、听笙亭（见《白云粤秀二山合志》）。当时珊瑚井旁有野生蓁葐草，三月上巳，游人采集，视如灵芝仙草。故八景选入。

7. 西樵云瀑

西樵指南海西樵山，距广州 68 公里，因山上多树可樵得名樵山。东樵为罗浮，西樵即此山。"南粤名山数二樵"，故清代选为八景之一。景色以"云瀑"著名，即指"白云飞瀑"一景。本来西樵山即以瀑布、泉水出名，有瀑布 28 处。因为山体为坚硬粗面岩所成，又多裂隙，故易成为流泉飞瀑。其中白云洞中的飞流千尺，更是出名，简称它为"云瀑"。云瀑特点是由于天湖贮积山上溪水，到山边陡崖急坡区时，分成多级瀑布下流，其最大最高一级即为"云瀑"，而瀑布冲下，侵蚀成为深潭，即"白云洞"，因水汽飞溅，常成云雾，飘出洞外而得名。一说是因白云先生于此读书得名，这个壶形的瀑布穴，有如石室，故以洞名。瀑布高 40 米。上面还有二级，即云外瀑，落差 20 多米，龙涎瀑，落差一二十米。云瀑水流下为一、二、三洞天和应潮湖、鉴湖、白云湖诸景。

"西樵云瀑"被列为羊城八景之一，也说明当日广州的范围已扩大了许多。而白云洞及云瀑上下的风景点，在清代已很成熟。今天白云仙馆即为清代开辟，为广州道教活动中心之一，游人鼎盛。

8. 东海鱼珠

东海是指珠江东面广宽的河段而言。珠江在大沙头以东，河道扩宽特大，渐呈漏斗湾形态，即喇叭口状，故到黄埔港附近，在清代已称为"东海"了。鱼珠是指江中突起的礁石而言。这是一片由白垩纪红色砂岩、砾岩所成的礁石，浮沉波际，俗名鱼珠石，它和海印、海珠石同一性质，即在珠江冲蚀红色砂岩层后，残留的江心石块。对面为相对岗。当时鱼珠石是四面被水围绕，由于石块被波涛冲刷，圆净如珠。故名鱼珠石。因北面一山像鱼张口向珠，故称鱼珠。由于当中流，故建炮台其中。今则已和北岸联合，成为黄埔港陆地，石亦埋于地中，鱼珠石已成陈迹。

羊城八景是根据乾隆《广州府志》所载来论述的。

羊城八景历代不同，反映广州城市发展的侧面。宋、元大部分相同，这是由于元代历史不长，故多数承继宋代的八景，只有白云山、越秀山区开发得更好。

明代八景几乎限于在广州城区。西关平原的开发似乎已更进一步。清代却又向东西郊区发展，东海鱼珠和西樵云瀑两景，即远离广州城。清代另有八景是指，扶胥浴日，蒲涧帘泉，白云晚望，景泰僧归，镇海层楼，花田月夜，珠海晴澜，大通烟雨。这八景只有花田月夜是新增的，其他都是前代已谈及。花田是清代花田，不是南汉时花田。南汉花田在西关，据《南海百咏》说在城西十里三角市。但到清代花田已移至河南庄头村，西关"花田旧址无花种"了（见《梅花书屋近体诗》）。而《广东新语》已说庄头村"悉种素馨"，"周里许"，"多至二百亩"，有"一生衣食素馨花"之语。广州七个城门都有花市。故被选为八景之一。

解放后，《羊城晚报》选过新八景。这新八景是：红陵旭日，珠海丹心，越秀远眺，双桥烟雨，东湖春晓，鹅潭夜月，白云松涛，罗江香雪。红陵旭日是指红花岗上建立的烈士陵园公园而言。这一带丘陵是红色岩系丘陵所成。前临东较场，即为宋前珠江边。今卫生院已有古码头桩木掘出。校场南已是水乡泽国。前鉴街已是明街。珠海丹心指海珠广场，这里是太平沙清以后的新淤沙，地名为增沙、新沙。明新城的玉带河，两岸为繁荣商业区，它和濠畔街北的玉濠河只有一字之差。即在明代这里还是河中。越秀远眺即沿元、明、清三代之胜而成为一景。双桥烟雨指横过牛牯沙（今称大坦沙）两侧珠江的大桥而言，为广州游览区，泳场集中在这里，可惜附近污染严重，应加改善。东湖春晓本来是大沙头和筑横沙间河道。由于淤积日深，大沙头西端已和筑横沙相连，解放后即把淤断的西端河道，开辟成人工湖公园。鹅潭夜月是指白鹅潭宽广海面而言。因为由宋代珠江秋色到明代珠江晴澜都以广宽见称，现代珠江河道缩小一半以上，只余白鹅潭一段为宽广，成广州内港，故称一景。白云松涛指昔日光秃秃的山头现在造马尾松林后，恢复到元、明时代之秀，故亦称一景。罗江香雪是解放后建设新农村中，罗岗洞果树区迅速发展而得称。这里山顶榄树，山坡荔枝，山下玫瑰、荔枝、龙眼、波罗、青梅、甜橙、木瓜应有尽有，尤以青梅开花时，数里梅香，花白如雪，故称"香雪"。这种青梅与红梅不同，是青白色，和杏花相似，果子可制话梅，远销海内外，是农民主要收入之一。附近黄埔也有"十里梅香"胜景，都是由青梅纯林所成的美景，只罗岗更美一些，有山泉、奇石，又可登高望远，胜黄埔一筹。

时移世易，八景翻新是不足为奇的。现在兴国时期，愿八景又改添新色，反映广州日趋美丽，建设日趋繁荣。1986年3月又评出了新八景，即：越秀层楼、云山锦秀、珠水晴波、红陵旭日、黄花浩气、流花玉宇、黄埔云樯、龙洞琪琳。反映广州新的发展形势。

四、河南的开辟

河南是指广州城珠江南岸沿江一带市区而言。但古代则泛指河南岛，《南海百咏》称："按《南越志》，河南之洲，状如方壶，乃卢循旧居。又《番禺杂志》云：卢循城在郡之南十里，与广隔江相对，俗呼'河南'，又作'水南'；刘氏旧为仓廪。"这里"河南之洲"可能是《元和郡县志》中称"长安三年，于江南洲上，别置番禺县"的江南洲，即今由珠江前、后航道包围的岛屿。珠江自白鹅潭分成二支，一支东出经二沙头、琶洲到新洲为前航道，一支南下经南石头、洛溪大桥到官洲，在新洲合前航道。岛中有丘陵台地成岭，东起于官洲南、北亭，为南汉陵区。曾广衡《广州杂抄》称为龙头所在，吸东方精气而兴，丘陵至石榴岗"古海遗迹"处七星岗，出现龙身鳞斑片片之形，即所谓"鳞石"，实乃红色厚层砂岩中的片状剥落地形。此乃热带岩石地形现象，亟应保留，开辟为海珠科学公园也。丘陵过中山大学到小港刘王廪、万松山，止于乌龙岗南，南汉建龙尾道于此祭天。即是说河南实一小龙之象。沿此丘陵台地南北才为珠江前后航道两岸冲积平原。此河南岛面积达90.4平方公里。而清代开发只在省河南岸一处，西起白鹅潭，东止于"河南尾"处，即今草芳围路。东西长约2.4公里的河岸"街村"（Strasendorf），南北宽限于台地迫近江岸，只有800—1000米，即占河南岛的西北端一小部分地方而已。

河南一名起于东汉杨孚故居，其地在中山大学东北下渡村。乾隆《广州府志》引《旧志》称，"（杨孚）字孝元，尝树河南五鬣松于广州城南岸"，故名。这片地因正当广州南岸，故开发较早。但多为寺庙祠坛、别墅之区，发展成为市廛则在清代。陈徽言《南越游记》称："广州城南隔河有地名河南，富者多居之。人烟稠密，栉比相错。道光戊申春（1848），嘆夷欲勒租其地，并建洋楼，居人不与。"可见清代开发河南情况一斑。当时洋务巨贾如潘正炜、伍崇曜等亦是河南人，有园林、田产于此。

1. 明、清时代河南的农村景色

河南在清代仍为番禺茭塘属乡。余家祖辈由南海迁居河南乌龙岗，即入籍番禺。据毛鸿宾《广东图说》载，当时河南堡有小村七十三（指小港至凤安桥的鸭墩河以北小区而言）。清代发展为市区的只有龙潭、联珠百眼、福龙、龙田、龙导尾①、白鹤洲、溪峡、南岸、永兴、聚龙、龙溪、鳌洲、漱珠市、紫来街、福麟街、福场园、福场大街、冼涌、保安社、宝岗、官渡头、福仁里、南村、小港、蒙圣里、早科、草芳、厂前街、太平坊、福地里等四十小村②，而称得上"商贾云集，近为外国市埠"的村更是少数，只鳌洲岛上小村（如鳌洲外街、中约、东约、西约等处）南岸大街等而已。这些小村多已成为清代街名，相连成市了。

但是，在这沿江小区以外，广大丘陵台地区，农业兴盛，

---

① 曾新按：龙导尾即龙尾导，龙尾道。

② 其余小村为：瑶头、隔山、石头、博基；白水塘、沙园、南边、庄头、大园、南石头、五村、沙溪、泰宁、水口堡、新凤凰、旧凤凰、大塘、鹭江、康乐、西村、新村、桂田、客村、下渡、江贝、苔涌、江头、新市、旧市头、赤岗圩、上涌、白蚬壳。

且为郊区农业性质，即以经济作物为主。例如《越东笔记》即说"珠江之南有茶者三十三村"，并称"河南茶"是出名的产品，主产双洲书院西"茶田"，丛小根深，在清远、新会茶之上。《觚剩》引岑霍山诗云："珠江南岸晚云晴，处处桑麻间素馨。"可见当日河南有桑、麻和种花业的兴起。

明代素馨花已盛种，黎美周《素馨赋》称："向午如粟，薄暮放芷，望通衢之凝雪，列七门而成市，得人气而转馥。"河南庄头即有"花田"之称（在今十号公共汽车总站侧）。钮玉樵《觚剩》称："珠江南岸行六、七里为庄头村，家以艺素馨为业，多至一、二百亩。"《广东新语》亦说："有村曰庄头，周里许，悉种素馨，亦曰花田。又云花客涉江买以归，列于九门，一时穿灯者、作串与璎珞者数百人，城内外买者万家。"东莞称素馨为"河南花"。"广州有花渡头，在五羊门南岸。广州花贩，每日分载素馨至城，从此上舟"，即花洲古渡街，今改水果西街。使河南不只有"南州"之称（今有南州直街地名，即南洲前），还有"花洲"之称。今且扩种白兰花及其他出口花卉。清代羊城八景中，"花田月夜"亦称其一。

2. 村落发展为市廛情况

河南开发是随着珠江平原的淤积形成，引来移民建村，逐步发展起来的。《南海百咏》称："卢循河南故城，在郡之南岸，古胜寺之西，俱云刘氏故垒，土人亦自呼为刘王麐，今则居民实焉。"即宋代已成聚落。有记载宋代成村的有草芳，《仁化县志·人物传》称："蒙氏先为江西云都人，宋神宗元丰间（1078—1085）念四与弟念五、念六贾于韶，……念五入广，卜居番禺河南大草芳。"瑶头蒙氏，据罗国雄资料乃宋嘉定间入粤，明初迁河南瑶头，成巨族。入清更多，如龙溪乡（即今龙溪首约、栖栅街一带）为洋商潘振承于1776年开村建宅；其东安海溪峡是洋商伍秉镛1803年所购地兴建。

　　龙溪乡是一沙洲，四周水绕，北面隔河与鳌洲岛相望，西接白鹅潭，东面和南面为运粮河。《河南龙溪潘氏族谱》云："乾隆四十一年丙申（1776），在广州府城南对海，地名乌龙岗下运粮河之西，置余地一方，四围界至海边，背山面水建祠开基，出匾额曰'能敬堂'。建漱珠桥、环珠桥、跃龙桥。定名龙溪乡。"运粮河即漱珠涌，为龙溪乡与鳌洲间水道，今填平为南华西路。"能敬堂"祖屋仍存，为石脚黄泥砖墙批灰建筑。三座石桥因涌改暗渠后仍留原整旱桥，应作清初文物保护。漱珠桥为二水相汇合处，有市，为繁华市廛之地。按《白云粤秀二山合志》称"酒楼临江，红窗四照，花船近泊，珍错杂陈"，认为"秦淮水榭，未为专美"。栖栅街为石脚青砖大屋，今仍存潘家祠道。作者曾访其后人居祖屋之老年妇女，记如上。

　　伍氏建溪峡街与龙溪首约隔溪相望，亦保存有伍家祠道。道南至庄巷即为伍家花园中大池塘，同福中路切塘为二而过。池东为万松园，据传池可扒龙舟入去。万松园东即为海幅寺及海幢寺。运粮河南通白鹤洲、龙尾道，清初有邓氏迁入，开祥发源茶庄。《番禺河南小志》作者黄秩南1860年后曾设肆漱珠桥、环珠桥、洗涌、龙尾导等地。余祖父自光绪由南海迁乌龙岗东。都说明由农村向城市的转变过程。

　　清末新住宅区的兴建是随着珠江平原涨沙不断形成，商业不断发展，因而商民建新住宅又成为必要之举，故白鹅潭东侧沙地，成为广州商民住宅开发地点。即在潘氏龙溪乡之西的沿海滩地兴建出商品房区。

　　南岸大街（大基头）商品房区是和西关住宅区同一模式的，即以南北向大街，和东西向住宅街道构成一片十字形街道系统。同治、光绪年间，由白鹅潭东岸洲头咀到龙溪乡间，有南北主街四条，每条带东西支街若干，形成几个住宅片。兹表

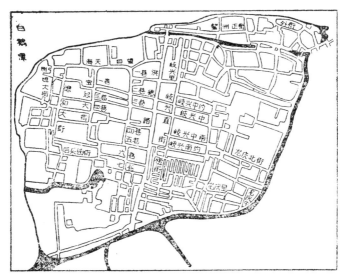

河南清末住宅区方格状街道系统图

列如下：

（1）洲头咀大街（南北向）：新街、横街、横巷（东西向）。

（2）宝恕大街（南北向）：一巷、二巷、三巷、四巷（东西向）。

（3）洪德大街（南北向）：一、二、三、四巷，余庆、长庆里（东西向）。

（4）岐兴街①（南北向）：连照坊、北街，北、中、中北、中南、南约。

这样，清末在运粮河包绕一片，已开发完毕。向南为白鹤洲，亦为一四周环水沙洲，又开成鹤鸣区。据《河南小志》有鹤洲直街及一至四巷。有鹤洲草堂，先父曾广衡曾与何翀（即何丹山）等觞咏其中，从习画时也。1874 年建街，今长

---

① 岐兴因清中叶由黄姓举人开辟而来得名。

156 米，宽 3 米。

北面鳌洲，本名游鱼洲，鳌洲是因岛上有石鳌村得名。是洲地位重要，正当白鹅潭入省河之口，明代已为走私地点。霍与瑕《霍勉斋集》称："番船一到，则通同濠畔街外省富商搬磁器、丝棉、私钱、火药违禁等物，满载而去，满载而还，追星趁月，习以为常，官兵无敢谁何。"《殊域周咨录》亦说"游鱼洲快艇多掠小口往卖之，所在恶少与市，为侩驵者日繁有徒，甚至官军贾客亦与交通"。

这洲因当白鹅潭水分流之处，为水文低压区，即水流较慢，便于沙泥沉积，故日渐增大，入清后即成市廛，并向南并岸，渐成水上交通中心，有去香山澳门渡、三水西南渡、香山白石渡、高要禄步渡等 4 条长河渡航线。过河北（河南人称广州城为河北）靖海门渡也设于此。《河南小志》称："其南立永清炮台（后称红炮台），光绪中（1875—1908）毁为民居。"即在洲西有永清炮台（把总一，兵四十守之）。解放后，把涌铺盖为暗渠，二度跨漱珠涌石桥仍存，但已成为旱桥了。洲上仍保留有鳌洲正街（明街）、内街（南面）、外街（北面）、新街。洲长 500 米，宽处约 80 米。洲西炮台通南岸大街处大基头有登鳌里，为上鳌洲的登鳌桥南街道。按 1856 年火烧十三行后，洋行即移建鳌洲上，可见洲的地理位置重要。金家盐仓三层共九间亦建洲上（见《两广盐法志》）。

鳌洲海边金花庙亦于明代迁自仙湖街，《粤小记》称："粤人奉神像于南岸石鳌村。"清初建石磡码头，码头广场（长五丈，横三丈五尺，2—3 米长麻石条砌）。偃波亭，解放初仍存。今鳌洲外街西口，为当日渡江主要码头。鳌洲东端止于海幢寺台地节点。因海幢寺以东，台地直迫江岸，平原狭小，故市廛呈街村状，沿江分布成带，为福场大街，为洗涌，今南华中路（1926 年拆街扩建）即沿岸拆建。

海幢寺占地甚广，西侧由珠海波光街起，东到紫来街，为清初四大丛林之一。寺后岗地直连宝岗、龙尾道等。前建河阳别墅及大观戏院，前即潘声飞"养志园"，今为海珠区机关幼儿院，后者即河南戏院。

沿江大街是串连各小村建成，寺前、紫来、福麟、福场、冼涌、珠联百眭二村，官渡头，福仁里等，向北淤积地称"水巷"和"通津"，向南为同治、光绪以后新开住宅区。由于地形近岗地，不入平原，故街道已不能作正交系统，和西关及南岸大街住宅区模式不同。但仍大致可看出作方格状系统。北岸清代有福场通津、珠联百眭通津、冼涌通津、冼涌水巷、福仁水巷等。南向为各村出海通途，如宝岗、保安社、蒙圣里等村。整齐街道和不整齐街道即反映山丘影响，故古代江岸即可利用这种不同街道型交界处定出。

清末发展住宅区在同福区已伸上台地区，以同福大街中约为南北轴向，东西有同福里，黄角巷，双井街，同福一、二、三巷，百桂坊，到同福大街东约为止。余家即在同福西后街，正当郊缘岗上，南风甚盛，无暑热之夏也。街名今多保存，只大街拆建为福场路。

同福东路南即为保安社村。三姓祠后街即为郊区界，区巷、保安南、保安东南即村社所在。东北即蒙圣里。村中新胜里，即为方姓所居。梓和里徐姓所居。蒙圣里本名霞村，明初立村由蒙安创立。按《蒙圣里观音庙碑》称："我乡自前明初年，南涧蒙先生安始创以来，爱花洲之胜景，环竹园为游观，名之曰'蒙子园'。"又据里人区鉴清撰碑称："我乡原名'蒙子园'，又曰'霞村'。兹云蒙圣者，缘取《大易》'蒙以养正圣功也'之义。故额其乡曰'蒙圣'。当时萃处未繁，人仅百户。"可见入清才并入市区。

这些由农村并入市廛的老区，街道多无统一系统。今天马

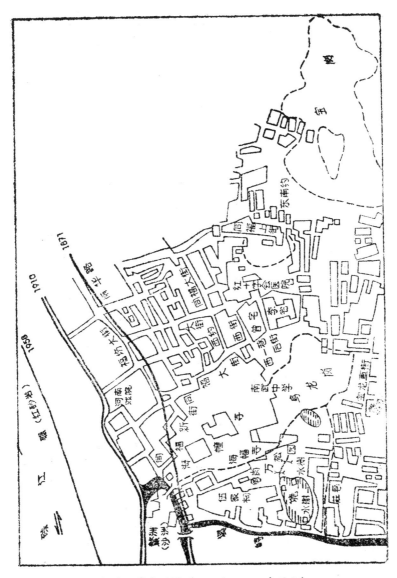

河南江岸变迁图（一八七——一九五八）

路建设亦受影响，如江南大道、同福东路与小港路开辟，即集中草芳村西，不利车行。

蒙圣里北为福仁里，临海，有官渡头村，有过省渡口。官渡头即跃龙里，在福仁里西侧，亦即花渡头址。因南通河南盐仓，故亦为重要码头区。村旧有居民八姓。盐仓在今同庆路东侧。按《两广盐法志》称："河南盐仓在省城南门外对河官渡头，共二百二十九间，内旧仓八十五间，顺治十八年（1661）新仓一百四十四间，雍正十二年建（1734）。"即两处均建有盐仓。

河南尾即太平坊，亦为沿江一街村。今南华东路南北地方。北为水巷，南为民居。其处水塘、菜地与民居杂处了。清末不少工厂即在此兴建，如机器厂等。

河南由村成市区亦可由光绪六年（1880）《番禺册金录》上看出，据黄佛颐《广州城坊志》录如下：

洗涌：梁、孙、李（三姓）；官渡头：宋、陈、杨、高、蒋、季、何、霍（八姓）；蒙圣里：郑、孙、潘、黄、陈、卢、李、孔、郭（九姓）；溪峡：吴、卢、陈、周、黎、邓（六姓）；鳌洲：宋、潘、梁（三姓）；联珠里：崔、曾、刘（三姓）；百眦坊：冯、陈（二姓）；福场里：叶、潘、郭、黄、王（五姓）；保安社：黄、邓（二姓）；新胜里：方姓；萃和里：徐姓。

清末科举未废，故恐人冒籍考试，故由地方造册，报其氏籍，并据以收科试费用，名"册金录"。从录中可知各村多为杂姓混居。

3. 清代河南游览区及学校

清代河南游览区开发不少，其中最著名是海幢寺①、伍家花园等；学校则有南武学校及岭南学堂。此外，在地名中也可反映河南的景色，如海幢寺侧"珠海波光"街，洲头咀的"海天四望"街，洗涌的"珠联百眦"街，官渡头附近的"珠

---

① 海幢为清初四大丛林之一，盛时有丛现堂（1878年改还近堂）、西禅、镜空、松雪、悟闲、画禅等堂；地藏、诸天、闻清钟等阁；惜阴、就树等轩；幢隐庐、空缘禅堂等建筑物。寺后有松园、宁福庄、瘞鹿亭等。

明水秀"街等，都是诗意强烈的地名，为广州城所未见。

（1）海幢寺明末已有，阮元《广东通志》称："僧光牟募于郭龙岳，稍加葺治，颜曰'海幢'。僧池月、今无次第建佛殿经阁方丈。"事据康熙王令《鼎建碑》（1679 年）。《浮生六记》称，"海幢寺规模极大，山门内植榕树，大可十余抱"，今仍存。寺因入清后平藩供佛始大。山门刘巡抚建，天王殿平藩建，大殿后塔殿有七星岩白石四方精雕舍利塔。据《康熙鼎建碑》称："丙午之夏（1726 年）首建大殿，广七楹，高三寻有咫……逾年丁未，就大殿前二百余武，建四大天王殿。左右肃立为韦驮、伽蓝两殿……就后方余地，甃以石台，上建藏经阁，广九楹，其高逾于大殿者三之一。碧瓦朱甍，侵霄烁汉。"因为这些瓦是王照贝勒式制的，用琉璃砖瓦，以及台门鹿顶，后因王为汉人不准用，才施诸佛寺的。今只余大殿、塔殿，余皆拆毁。星岩石塔拆置大菩提树下，惜哉！今辟为海幢公园。在大殿后有一株菩提树，十多抱，树龄 400 年以上；塔殿东鹰爪兰，明郭氏花园旧物，亦达 400 岁，主干已腐，仍存；细叶榕在南武中学足球场西侧，亦十多抱。树龄在 400 年上下。

寺后为松山，东有普同塔（僧人坟场），再东有"瘗鹿塚"，今红十字会医院地。寺顺坡由海旁寺门渡口，级级上升，景物壮丽，有"海幢八景"之称①，1806 年后，划为夷人游览区，事见《粤海关志》。

（2）伍家花园，今堙，只园中旧物"猛虎回头石"移置海幢公园内。麦汉兴《河南名园记》载民国初年还存在。作者儿时只见家祠、生祠、大塘及塘边二水榭。石桥长条方石已

---

① 王令：花田春晓、古寺参云、珠江破月、飞泉卓锡、海日吹霞、江城夜雨、石磴丛兰、竹韵幽钟。

崩落，可作滑梯游戏，万松园已成榕树园，树下及空地为老人下棋、卖武江湖客之地。据《秘图山馆诗钞》（伍观镛）称："安海在溪峡侧，伍氏所居，其中有社岗、荷塘、三桥、土地祠、修篁坞、走马路、曲径通幽处各景。"园成于伍秉镛及伍紫垣之手。因 1803 年时只买下 3000 井地，未能成园。

（3）南墅在漱珠桥，潘有为园地。有波塘数顷和南雪巢斋、万松山房、海天闲话阁，水上有风月琴尊舫。（见《番禺县续志稿》）园内有孑生"义松"（水松）。

（4）陈氏花园在溪峡，1816 年指定作英商游览用花园。但很快易主，道光时已不存在。园内有亭台、假山、峭壁等景。

（5）小港在鸭墩水口，有明嘉靖建石桥。即今晓港公园，海珠涌口段。羊城八景中曾有"小港花桥"一景，即此。石桥今天存在。清代桥前后石板横切道路，高出平田 1 米多，夹道水松成荫，地多种梅花、桃花（见张德瀛《耕烟词》，岑澄《惢簝山人集》）。

较小园林多与名宅一起，如海幅寺山门大叶榕和寺前石地堂老龙眼树，寺内花园深静。张维屏诗《过海幅寺》云："恬禽无竞音，孤花有凄态"。寺解放初仍存。栖栅有潘季彤的秋江池馆，有藕塘月树，风廊曲折，听帆楼上可观鹅潭帆影；潘正衡黎斋，其地花竹秀野；潘恕双桐圃，即潘恕别墅，老梧桐两株，浓荫满庭；龙溪菜根园有松堤水树，即潘园；还有潘有度的南墅，有为六松园（即南雪巢），光瀛的梧桐庭院（宋双砚堂），定桂的三大村草堂；梅苍枝花园，有青育堂、林、石、台、涧之胜；敬居草堂，曾仲平建，有大小花园、书厅、新厅、藏书楼、库楼等，在同福西后街；鹤洲草堂，杨永衍建，在白鹤洲，还有张东山鹤洲别墅（即司马园）、高永显东园等。龙尾道还有冯兆年翠琅馆，石溪有高子建梅花书屋，海幢寺侧黎氏璞园，寺后有颜熏藤花别墅，至如居廉十香园，只数椽居室，园庭不广了。

学校在清末开设。

南武学校创于 1901 年，为广州新学最早团体，由谢英伯、黄节、潘达微等组成南武公学会所办，由海幢寺借地办学，取南武城为校名。三月三歌会为校庆，提倡体育，培养反清思想。

洁芳女校借潘家祠办学，亦为革命党人秘密机关，南武公学会所办。

岭南学堂（今中山大学址）是美国"西差会"办的教会学校，初名格致书院，创办于 1884 年。1900 年迁来河南康乐村，购地 20 多亩，建木屋作课室，改为岭南学堂。英文名称为"广东基督教学院"（Canton Christian College）。聘用中国人任教师及职工。收回自办是民国之事了。校外即见漱珠岗，道人李青来建纯阳观、朝斗台（观天象用），侧有林孝子花园。

五、东关的开辟

1. 东关市廛

东关开辟，在清代主要指大东门到小东门一段，南至大沙头。广州有"东村西富"说法，即言东关发展较差。这一方面因东郊多为丘陵台地，水土不肥，农业不发达，村落不多。但与地理偏东，东江来物资不多也有关系。

早在明代西关发展十八甫之时，东关也同样发展一条沿江东向伸展街村，即今天东华路以南的沿江一带。即大东门外连及小东门为明城扩展地区，面积不大。大东门区发展较早，小东门发展较迟。但较快，呈街村状。

知东门外明街有下列各条：

（1）正东门大街，今中山路西段，20年代拆建。

（2）线香街，有明熊文灿建斗姥宫，今荣华北。

（3）前鉴街，明成化永寿寺在此，今东华东路（1929年拆建）。

（4）元运里，有陈子壮"洛墅"，今街宽2.8米，长282米。

（5）东皋约。有明陈子履"东皋别业"，今街宽5米，长240米。明为村，入清分三村。此约为明代村路。

从上可见明代东关街道不多，多为农村间交通道路。故入清后即以这些为基础，加以发展。清代东关发展是商业区沿东濠发展和沿珠江北岸发展，而台地区则多为新建单位。

沿东濠东侧有北横街、线香街、荣华坊、永胜街、三角市、糙米栏和永安横街的商业区，这里有历明、清二朝的永安桥区老铺永利酒店，有栏有市，这和东濠沿岸运输方便有关，因船艇可到铜关水塘转头。猪栏亦在海旁街处。

沿江街村即有二条东西主街。北面一条由永胜里、文明里、安怀里、世仁居、泰来里、前鉴街组成的明代江边大街，今拆建东华西路、东华东路西段。南面一条即为清代开发的江边大街，由海旁街（今改名海月街，免与他处的街同名）、元运里、罗基、牛乳基组成，以河边基围地发展成街。沿基开街一如西关。但止于铁路西侧（即今铁路拆建的东华北路）。

东西走向，明、清两代江岸大道间，只有安怀社、堑边街、元运新街、三拱直巷（三巩门通津）、牛乳基五条南北向街沟通。住宅东西街有东里、启正坊、永安东街、五福里、百岁坊（今百朋坊）、仁秀里、兴仁里、四圣街、德珠里、疍家里（今邓家里）、相公里（今相得里）、见龙里、元龙里、南围一巷、南围二巷、启明坊（今启沃坊）等。街名不多，因其间仍有菜田、水塘，不尽为民居也。如罗基、牛乳基内，半为池塘，仁秀里与海旁街间也是如此。

晚清东濠口淤积严重，加上筑东鬼基，筑横沙开街，波罗水道因而淤狭。海旁街南又新增滩地及棚户（疍棚）沙。开街如下。

海旁街南三条：永安西、永安直、宝源街（今废为民居）。因在滩地成街故街道型式没有规律地兴建。

筑横沙四条：筑横沙大街、永安坊、筑横沙南约、横街等，今多改建，街狭、弯、短亦无规律，难行之地。

东鬼基一条：东市大街（今东市南北街）共长200米，宽3米—5米。

在光绪末年填东濠外滩，在东鬼基南及海印石（东炮台）填海成陆，由八旗会馆（今德政南路）到大沙头间，顿成陆地。建东园、广舞台等新市区。而前鉴街向东又伸向东山，发展成街村，即今东华东路东段。

百子东、西约已和前鉴街相连，而百子桥往东已通到紫来街，止于龟岗脚的东山大街，平原到此收束，故街村至此也停止，南临珠江和新河浦，北枕岗地。其北即为明代东山寺及东山庙所在，已属东山范围。今寺贝底、寺贝通津、庙前街即其遗址建街者也。同治《番禺县志》邹伯奇及其学生所测的地图，即可见此。

按百子桥本名百花桥、状元桥，因育婴堂自西关第十甫钟宅旧址（1697年）迁建于紫来街北，改百子桥为子来街。堂1742年建，1746年成。邓廷桢《两广盐法志》称："计地二十余亩，坐东南向，起建大门三间，二门三间，中厅三间，神堂三间，前后两旁，各建廊庑共十八间。堂之前后左右，其设乳房二百三十间。"地本平王马圈，由盐商购入捐建。

东山大街即今东华东，其处龟岗已临近波罗水道（今新河浦），街村止于此。有山路上东山永泰村、永泰寺及东山庙亦同在。因庙即寺前殿截开改建。今辟成东山公园，东山寺为明成化间韦眷太监建的守墓寺，墓于 1964 年掘出，墓顶石券达 4—5 层。清末东山为两广浸信会建神道学校，即今培正道附近（今第七中学），1908 年四邑华侨及基督教人士沈锡鹏等建赖神浸信会，兴办培正学校，辛亥革命后改为培正（男）、培道（女）中学，并教堂及华侨新村。培正学校前身是培正书院，取"至善至正"之意，1889 年 11 月 28 日由廖德山、冯景谦创办于德政街。龟岗于 1916 年亦发现一堂三房南越国王冢，出土大批铜器、玉器，其西洗马岗（驷马岗）为清初平王马圈，即表示东山区已入广州郊区范围。

2. 东关园林

东关由于农地较多，沿江平原亦有利于园林建设，如明末、清初，已有陈子壮兄弟兴建名园。园林是利用平原和池塘众多地形加以设计的。如明末四大名园之一"东皋别业"即以池亭楼阁，山林陇亩悉具为特色，兹述如下：

（1）东皋别业为陈子履建，以花为饰，建筑及器物亦以花形相配。通池为溪，直至岗地。康熙初，王之蛟辟"东皋诗社"于此。（见《番禺县续志稿》）《粤屑》亦称诗社到嘉庆戊午（1798）仍用此地结社。

（2）洛墅为陈子壮建。有池十余亩，榜园"虫二"，即"风月无边"之意。康熙王之蛟修，《南海百咏续编》称"九曲池、玉带桥尚依然无恙"云。在元运里。

（3）感旧园在线香街，《番禺县续志稿》称："园内池台花竹，雅邃幽妍。"光绪廿年建（1894）。

（4）翰海故宅亦有园林之胜，李欣荣《才心草堂诗钞》有句称："香径怕埋春草绿，野塘新筑夕阳红。"雍正间建。

（5）邓园见张维屏《松心集》有约同黄乐之、潘仕成、伍紫垣、金菁茅、卢福普同游邓园诗，有"种得丛兰三百本"

句，知园不小。同游者亦拥有名园，有兴来游，也足见邓园确有特色。

郊区园林有东校场东北的永胜寺，明建，平王重修，亦有园林之胜。《南越笔记》称："水木桥梁，颇擅幽胜。"岑澄《永胜寺木棉诗序》称："有永胜寺，亦曰三松，境颇幽邃，门外木棉数株，高入云汉，伟丽亦越台之比。"皇华寺（女济养院）按《南海百咏续编》亦称："红棉绕门，景最清幽。"

此外，东贤里有龚氏园，亦有林木池亭之胜。

3. 东校场区的建设

东关区建设，有清一代以东校场为重点。至今仍为广东主要体育场地。东校场在今中山三路南，校场东、西路之间，南北长 400 米，东西广 350 米，地形为一向南倾斜坡地，是由岗地上升和珠江下拗形成的地形。四角有营房，北面中央为演武厅，二层，前竖旗杆，正南有大门临小涌。过桥南下为元运北，周四百零九丈（按《驻粤八旗志》为 403.9 丈）。厅房共千余间。南面还有"演水享"三个字，明代万历四十八年（1620）改建寿国寺为之。今为民居。校场为军旅演习地点，年年举行。

环绕校场，为建立各种寺、庙、坛、台的良好地点。内城地狭，不少公共建筑也迁建校场四周空地，如明代山川坛，即由城南迁此。兹分述之。

（1）云雨风雷山川城隍坛，本在南城大忠祠西，《乾隆南海县志》称："雍正八年（1730）改建东门外校场。"

（2）东林寺，按《羊城古钞》称："在东门外教场，原观音堂，顺治十五年（1658）建。"

（3）天后宫，按《白云粤秀二山合志》称："在教场旁，明税监李凤建。"

（4）护国寺按郝《通志》称："在东门校场左，明万历四十八年（1620）巡抚孟宗文建。"

（5）寿国寺，按《羊城古钞》称："在教场前，明万历四十八年（1620）昙林建。"

（6）东林寺，按《羊城古钞》称："在东门外教场。"

（7）火神庙，按阮元《广东通志》，"在东外较场后，乾隆二十二年（1757）敕建"。

（8）先农坛，据乾隆《南海县志》称："在东门外教场普济院后，雍正五年建筑（1727），坛后为堂凡二层，坛畔藉田四亩九分。"

（9）普济堂，按阮元《广东通志》称："在大东门外教场东，雍正六年（建）。"（1728）

（10）地藏庵，按阮元《广东通志》，与普济院同时创建于康熙六十一年（1722），庵为浙江人寄枢用。在校场东螺岗。

按东校场明代已为演武厅，阮元《广东通志》称："演武厅在东校场，明景泰五年（1454），总督马昂建。"1454年到今天已近540年了。至清代定为旗兵合操之地，才大加修葺。

4. 东濠北段的建设

东濠北段在清代亦有不少建设，北横街以北有报国寺、瞽目院、普济院、钱局，等等。

（1）报国寺在北横街北口，同治间称"报国祠"（见阮元《广东通志》）。

（2）瞽目院在东濠到聚龙里间，报国寺北。门开于斜路头街（今钱路头直街）。据阮元《广东通志》称："在东门外，乾隆十二年（1747），题准部复动项建造。"

（3）普济院，在黄华寺故址建（1644年函可买李家行祠建）。《南海百咏续编》称："皇华寺在小北外皇华塘，明末诗僧函可禅室也。"又云："乾隆十九年（1754），粮驿道龙廷栋请于两院，取为女养济院，拨水利羡余，以赡贫孀之无告者。"光绪末，加建两广测绘学堂及陆军速成学堂于旁地。

（4）钱局是我国最早机制铜板、银元工厂，为张之洞新政之一。光绪十五年（1889）四月廿六日开炉制光绪通宝铜钱（一钱重），十六年四月初二，铸银元，称光绪元宝，龙纹（重七钱二）。后分五种（最小三分六）。六月铸铜板（广人曰铜仙，即 cent 之译音）。厂地在黄花塘村东南。四周开涌运输，《广东钱局图说》称："局前新开河一道，接通东濠，以达河口，而资转运。长二拾丈，宽自五丈至拾二丈不等，深八尺。"又称："（东濠）自同治年间开浚后，渐形淤垫，光绪十三年八月间，经本局加深四尺三四寸，改宽自二丈二尺至四丈三尺不等。"可见为清末广州重大工厂之一。今省党校校址。

（5）北校场在黄华塘北，今北较场路黄华路交界处，有演武厅在校场南（见阮元《广东通志》）。①

---

① 曾新按：北校场，古地名，今称北较场。

结语——三千年不淤的广州城发展的看法

一、广州是我国古代唯一的热带都会

广州是个热带城市的理由可从下面各个自然条件去证实。

从气候上和天文位置上，广州正好在回归线以南，即气候五带中的热带地方。年中太阳在夏至前后是正照的。这和亚热带太阳是斜照状况不同。一年中日照时间较长，冬夏相差不大，热量丰富。夏季对流雨特多，全年高温，即使冬季有北来寒流，但三五天即过去。冬无霜，有也日出即消，形成"冬无飞雪，霜不杀青"的夏热冬温气候，为我国避寒胜地之一。夏不酷暑，与亚热带地区受高压影响成酷热区（南京、武汉、重庆等）不同。

从植被及农作物看，广州热带城市特点表现为四季常青，冬不落叶的林相，即称为"热带季风雨林"。这和亚热带四季分明林相不同。广州地区没有秋冬树叶尽落的景色，更没有积雪的玉叶琼枝雪景。热带其他地方常见的老茎生花生态，板根、须根、银钳叶、滴点叶、衰颓叶和四季开花结果等特性都能在广州地区看到。例如花地杨桃即是由老茎生花的果树，木棉、人面子的板根，榕树的须根成干现象都很突出。英爪兰、芒果也是衰颓叶生态，红色的、淡绿色的嫩叶，垂直如枯败状态以避灼热的太阳，长大后才展舒承露。它们叶尖特尖，以利滴水。如荔枝等也是如此。热带著名水果如木波萝、波萝、木瓜、芒果、香蕉、杨桃、林檎等在广州也是繁生的。夏茅香芒、花地杨桃、岭南木瓜都是大宗名果。至如香蕉品种繁多（过山香、粉蕉、大蕉、香蕉等），还有多种波萝等等，无一不说明广州是个热带地区。

当然，我们不能把广州说成赤道地区，因为那里的琉连、树胶、可可、椰子等在广州是不能生长的。那里是天天炎热，天天有雷雨，不分冬夏的地方。那里叫"赤道带"，已不属于"热带"了。

从动物上看，也充分说明广州是个热带城市，因为古代在广州四周生长着热带典型动物，如象、鳄鱼、孔雀等。大象在广州附近，古代是有不少的。黄文宽告知今广州宾馆附近地下即掘出过象骨。佛山也有出土，东莞镇象塔即记录南汉时象群危害农田，遭捕杀灭绝的过程。鳄鱼见《水经注》"浪水"条中。步骘在越王山看下来时，说到"鼋鼍鲜鳄、珍怪异物，千种万类，不可胜纪"，可见广州在三国时是有鳄鱼生长。近年鳄鱼遗存出土也不少，如 1973 年 3 月在平洲红卫农场，捕鱼时捞出一小鳄鱼头骨，佛山河宕 1977 年冬也在贝丘中掘出鳄鱼上吻、前上腭骨及完整鼻孔，还有鳞片，C_{14} 测定为距今 4900—5000 年。远一点的有 1963 年 9 月桂洲出土鳄鱼头骨。1973 年冬勒流五七农场水沟（0.5 米深处）出土鳄鱼遗骸，年代为距今 2540±120 年。1973 年冬新会大林鳄鱼遗骸为距今 3020±80 年。1980 年 2 月初新会棠下石头北（2500 米）在挖塘时，在深 2 米黑砂粘土层出土成年鳄鱼头骨，其中一些具有细长吻部，与湾鳄不同，是马来鳄，即淡水生物。孔雀也记录于新会、增城的县志中。《尔雅翼》也说："孔雀生南海。"这就说明广州自古以来一直是个热带城市。

二、三江总汇位置的历史地理学解释

广州三江总汇的地理位置，是由东、西、北三江汇合于此而来。但是如果从水文上来看，广州并非三江总汇。西江由马口峡直出磨刀门，北江由西南直出洪奇沥。东江由新塘直入狮子洋后，顺潮流入广州是很方便的。古代由于物资大量运入广州，在鹿步司开运河，避开狮子洋风浪，也是顺流来广州的，所以理解较易。北江入广州从目前水道是难以理解，但从古代水道即易于理解。因为古代北江有不少支流是流入广州，而这些支流有些在水流上、水量上，都是以广州溺谷湾为最后归宿的。今天在地图上，仍然可以看到北江不少支流，如芦苞水、西南涌、佛山涌、平州水道等都是以广州溺谷湾为中心的。

北江第一条流向广州的支汊是白泥河，由白泥河到石门只有50公里。由芦苞至石门在70公里以上，由河口西南涌入石门为100公里，由河口、佛山入广州也有110公里。即白泥河是北江入广州最近的水道。明代建清平围时，才在上、下陵洲处淤断成落排河。在古代，白泥河这条水道却是一条强大支流。因为它流入低下的广州溺谷湾，比北江正干流比降要大，水流急，所以如果《太平寰宇记》引东汉谭子和修《海峤志》说"二月、五月、八月有海潮上二禺峡，逐浪返五羊，一宿而至"之语可靠，则当时北江河深纳潮易。按徐俊鸣教授意见，一宿能至，当走白泥河，因其水路不能一宿到广州。低潮时，由清远顺流而下经白泥河是可到广州的。这条水道的存在，我们还可以从马王堆出土的西汉古地图中看到，它和正干绘法一样粗大，说明这河江面也很宽阔的。白泥河的淤塞是由于人工建堤的结果，但是亦有自然因素存在。即在河口处有沙洲形成，即上陵洲和下陵洲。

第二条入广州水道是芦苞水。这条水道比白泥河曲折，水道长近半倍。这条支汊在明代以前是条"强支"，有夺干之势。从第四纪地质来说，北江正干为两个沉积旋回所成。即基底为更新世砾砂层，往上为沙泥层。然后，又一次粗砂层，再一次砂泥层。表示全新世沉积，为期为 6000 年以内。芦苞涌即在此期中形成。但沉积物厚，河宽也达 500 多米。表示流量相当大。这是因西江在古代有一支汊道由广利到绥江大沙，在大沙横贯绥江三角洲，直过大旺草塘入芦苞涌。解放前，此古河道所成小涌仍可行舟。反映古代（宋前）西江洪水期可冲入芦苞水道，故明末以前，芦苞涌水量充足，向为南北交通重要水道。

第三支入广州汊道是西南涌，在明代这是一条大河，西南处且有"西南潭"之称，说明河道深。它在芦苞水道淤后，即代兴为主要航道。因西水能大量过涌。即古书所称"牂牁江"。康熙《三水县志》称："而芦苞冬涸，客艘直出西南。"这条涌的盛况可见于 1562 年《三水县志》序称："东距清海，溯石门转折而西而南，会于邑，是为三水。两藩、镇巡、监司、命使暨诸郡县百官，岛夷贡献，皆取道于此，舟车无昼夜。"

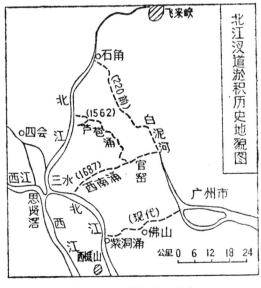

广州为西、北江汇入地点

第四支入广州汊道为佛山涌。明清以来，石角、芦苞、西南三涌淤浅，石门也浅。故 1853 年《南海县志》说："石门由汉及明为战守之地，今已阻浅。"于是北江支汊又以佛山涌为强支，也有夺干之势。为流入广州溺谷湾流程短，比降大之故。1691 年《南海县志》称："后西南潭口再淤，今由小塘、繁洞入王借岗、沙口，趋佛山、神安，南往三山入海。"即佛山涌自明代起，已为西、北江入广州主要水道。解放前，佛山涌塞，水由平洲水道入广州溺谷湾，故今天平洲水道成为强支，有夺干之趋势，使潭洲水道日渐淤浅。

总之，由上述北江支汊的由强而弱，由北而南的淤浅，无一不说明广州是北江主要水道汇流中心地区，不只因广州是经济、政治中心的原因，地理因素亦大有影响。

西江流向广州，早在秦、汉之世已是如此。由马王堆出土的汉初地形图已显出北江为西江的一大支流，即思贤滘当时尚未形成。西江称为牂牁江，北江不过一支流。故《水经注》称："溱水又南注于郁。"即到北魏时，北江（即溱水）是注西江（即郁江）的。西汉时的牂牁江是直指广州。《史记·南越尉佗列传》称："发夜郎兵，下牂牁江，咸会番禺。"

这样，可见由历史地理研究即可指出，古代广州是三江总汇，不是没有理由的。即指广州在各个历史时代中，从水道①系统地形看来，都是集中到广州。这个地形特点不只在广州形成一个河网中心，建立起一个早期的"都会"，而且对这个都市的繁荣起了保证的作用。例如汉灭南越，把番禺南迁五十里。但是到了东汉末，即因"西临牂牁，沮如难居"而迁回广州。

---

① 曾新按：指珠江水道。

三、古代广州是海岸河口城市

海岸城市是指广州当日是个海港。即古代珠江是条潮汐汊道。从潮汐情况看，西江可上溯到肇庆平原，北江可上溯到芦苞下一点黄塘，东江可到园洲。流溪河可到江村。古代更加深入。一般来说，涨潮流速可达 0.7 米/秒，落潮流速可达 0.9 米/秒。黄埔港潮差最大达 3.38 米。进潮量一太阳日可达 2.41 亿立方米，径流量和进潮量相比几乎相等（0.06）。枯水季咸水直到江村附近老鸦岗，饮用不宜。这种情况，在古代水清河深情况下，更有利于咸水舌的入侵。

广州咸水侵入，即使广州地区蚝壳发现也有多处，如省政府、科学馆、石溪、芳村、瑶头、总工会西、文化公园、天成路、大德路、宝源路、南方大厦、跃进路、光塔路、杨巷钻孔中都有。泥蚶在中山五路秦汉遗址下，大南路、大德路也有。上下九、芳草街下有蚝壳，都表示河口性质，即属咸水生长贝类。黄埔、车陂有红树林中的老鼠勒。其中珠江大桥南岸距今6510±170 年泥中含咸炎水硅藻，宝源路海贝年代为距今 2120±90 年，即汉代还是海域。海成矿物亦见于广州地区，如海绿石即分布在广州市南半部地层中，白鹅潭亦有。但西不到大沥，北不过江村。和海绿石分布相近似的咸水（矿化度达1000 毫克/升）也保存在沉积物中。可知广州城区在古代实属广州溺谷湾的湾头河口区。今天在珠江河底取采，亦多为细砂沉积，表示由潮流冲刷下来的海相沉积物，它和河相以粉砂、泥粒等悬浮物为主的沉积不同。反映潮汐水道是不利于河水带来幼细物质的沉积，尤以河道深槽中更为显著。

广州古代称为海港在海岸地貌利用上是说得过去的。因为海船是直接驶入广州的。由狮子洋顺潮驶入，并可用风帆。不似河道用人力牵、摇、撑、划等动力。船形也不相同。唐、宋诗文中即有大量海舶记述。

海港何时转为河港，我们认为元代以后，即开始渐渐转为河港，到清代珠江改称为"省河"，就基本上和今天一致了。

宋代珠江宽达 1.5 公里，由坡山晋朝古渡头计起，南到河南乌龙岗脚。由于海阔潮强，台风激浪，还有开辟内港的必要，即还有海洋性质。南宋以后，城南已淤出大片滩地。为明代新城所据，即入于河港时期。当时河岸是以一德路、万福路为界的。

广州城由古代的海港转化为河港也和地貌历史上变迁有关。广州溺谷湾是个漏斗湾，口阔肚窄，黄埔外为大海，到海珠桥处成小海。狮子洋"溟渺无际"。这个漏斗湾即以广州为顶点了。因为广州以西，即为西、北江及其支流入广州河口地区。正是由于西、北江及其汊流不断流入，大量沙泥淤积在珠江中，心滩、边滩不断产生，把漏斗湾顶填狭，成为河道，把河口外移到黄埔以东，于是广州就产生了"外港"问题。即到唐代以后，即有外港的兴起了。城内今天由大南路分界，北段为南汉前广州，以南为明代城新城。地势明显分为高低两段。其中北段又可分出二小段，以西湖路为界，北段为东汉番禺城。以番山为高点，西湖路以南地势略低，即南汉的"新南城"商业区，包括唐代大市街（商业中心）在内。宋子城南界即今大南路、文明路。宋南城即明新城，今一德路北一段，地势又略低于宋子城。今南关戏院、太平沙即为当日海中沙洲，地势又比明新城略低。

计由财厅前到天字码头，四级地形面分别可代表四次扩展的广州城区。也就算是由海港性质渐变为河港的性质的历史地貌上证据。

西关平原和宋西城地形也差一级，西关特低，在南汉时还是半池塘沼泽，半水半陆地方。今西关不少街道仍在高潮位下，龙舟水每可淹入内街，表示平原是边滩不断向海发展的趋势。江中明代有黄沙、中流沙（即今沙面岛）等，入清也不断并岸。黄沙今天已连陆。沙面却由人工开涌，才能保持岛屿地形，直到今天。

四、广州古代港口建设的地貌条件

广州城是以对外贸易为特色的城市，因此，不少建设是适应港口的设施。由于广州位于热带季风气候区，因此，气候受热带气旋影响也至为特出。台风、暴雨、暴潮、洪水四大害是广州地区年中主要灾害根源。对于对外贸易影响也很大。因此，广州城自唐代以来，即有港口的特殊建设。现在所知，即有兰湖、东澳、西澳、玉带濠等港湾、内港建设，保障货物集散和船舶安全。

用地的扩大表现在山地削平、河道的迁移和淤塞、湖沼的填平、江岸的填筑、堤围的建立等等。

城市用地要平坦，因此，扩大城区每把高地凿平，这在南汉表现最为清楚。由于南城太狭，把禺山凿平已见于记录。

江岸淤积更为严重，使今天江面呈哑铃形。城东大沙、二沙头处，江阔急展。城西白鹅潭江面也突宽。冼基、黎基、蓬莱基等多为明、清基堤，使沙面不断移近北岸。到西濠口最狭。这是由于西濠口清代被人工淤填所致。

由于帝国主义者侵略，沿河要地，不理清政府干涉，强行填地建商馆、码头、花园、运动场，把省河这段，填狭了一半，成为帝国主义者破坏祖国美丽珠江的自然环境的证据。

五、从历史地理看广州江岸的保护

从上面对广州发展的历史地貌分析，得知广州城市发展的趋势是向江、河、湖、丘要地。目前河、湖多已占尽，只余丘陵和江岸地方。丘陵地多，主要应加规划以适应广州市整体规划。尤其要补回古代埋没的河、湖，必要利用丘陵间谷地多建湖、河，如麓湖及各水库等。沿岸填地则要大加注意。解放前以鳌洲到西濠口为准，把长堤与海珠岛连接填出新堤兴建爱群大厦、省总工会大楼（即海珠岛址），在白鹅潭填海天四望，填成新港。使省河大为缩狭。

解放后，又在河南填鳌洲到海珠桥，白鹅潭沙面沿岸，东濠口到大沙头及大涌口沿岸。珠江再度狭束。近又自天字码头填到大沙头，加上珠江大桥、人民桥、海珠桥和海印桥的耸立中流，势必淤积加甚，或洪水位加高。如由今天黄埔和水表厂水位记录，即有日高趋势。该厂自 1964 年以来，年年超过 2米（1915 年才超过 2 米，这次乙卯年大水达 3.48 米，是 200年一遇的少见洪水）。如不注意，会要在长堤筑挡水墙，大煞风景了。生产上带来害处更不用说。如低于 2 米的仓库即有35 个，街道 402 条（1986 年计）。因为目前海珠桥河宽 170米，扣除桥墩后为 160 多米，成卡口段，即每成壅水区。故今海珠广场年年淹马路，即是不好的兆头，说明如不加注意，会向坏方向发展。所以，我们希望广州市政府应有立法，保证珠江河岸岸线的稳定，进行科学的整治。我们意见如下。

（1）尽量维持目前宽度，即河道不能向 170 米宽度看齐。因为目前船只长度已近 120 米，海轮一般宽达 25 米，故扣除码头，使用水面已不多了。收束河道势必限制大船驶入，严重影响航运。

（2）填海不能用清挖补偿。由于城市用地价值大，不少单位愿意在别处挖深清淤，补回回填面积，认为这样可抵销水位提高。这是不可靠的，只从当年情况来计是对的。但从动力地貌看即不对了。例如在沿江二路东濠涌口填地，在石涌口以东清挖补偿，这将是占用单位得益大的。理由是清挖处是个淤积区，清挖不到几年又淤满。结果还是珠江日狭。而填地亦不好用，如珠江帆影区即出现流沙层塌泻。

（3）缩狭河道影响潮汐深入，一些河段淤积加剧，故不宜增建码头、工厂，以求保护河水不受污染和淤积。

（4）如要利用江岸填地必要经过有关部门进行科学测定和批准。因此，保证珠江江岸立法应进行科学研究，划定治导线、淤积区、清挖区等等。

（5）建立挖泥船队维持水深。现每年要维护挖去土方约70万方，才能满足维护更深水道要求。故要加强清挖工程，才能发展广州港港口，进出船只。如要驶入 5000 吨船只，水深要加深 1 米，每年维护挖土量即达 170 万方。

（6）扩大河、湖面积，复原古代地貌上的特征，对人民生活有好处，如东湖、流花湖、荔湾湖即把珠江汊道、西关沼泽、兰湖故址复原。今后，西湖和菊湖等也可恢复，使广州绿化更好，空气更佳。

六、今后广州市发展的看法

从历史地理研究指出广州三千年不衰的原因是有道理的，即广州作为对外贸易港口三千年来不淤积的原故。广州由海港变为河港经历着稳定的渐变速度，这就是使得内河和海外交通长期不致中断的原因。

我国不少历史名城位置是屡次变迁的，古都西安，今天位置已不是汉代时的位置。今天北京也不是元代的北京位置，独广州却 2800 多年不改。

广州溺谷湾的存在为广州城长期发展提供了一个稳固的场地。即由于它正好处于西、北江和东江之间，流入沙泥大量由正干输出，支汊流入量不大，流溪河沙泥量也不多，使漏斗湾形态不致改变太快。加上喇叭状漏斗湾有利于潮汐的冲刷，古代西江、北江、东江上游水清沙少。现在珠江含沙量仍为万分之三，比长江、黄河少得多。故河床淤高，不致太快，影响纳潮量和排洪，河道不致易于改道。汉道易于保留，并且成为良好水道。热带季风气候条件给予珠江多水少沙的多汉道特性。这也使广州在这近二千年的人类活动当中，仍不失为一个良好的城市发展地点。

广州城能历近三千年而不衰，在于它正好位于三江总汇的地理位置，又是古代航海港口，远通南洋诸国，而且又正当珠江三角洲腹地之内，有广大肥沃大平原丰富物质支持。南方杭州、泉州等虽然曾超出广州，但毕竟逐渐衰落下去。广州能保持不衰，即因政治地理上、经济地理上有上述三大优点，故我国沿海除香港外，无能及广州的。使广州成为我国古代海上丝绸之路的发源地。

从本书分析，广州发展的情况可总结出一些规律，即：

（1）今后广州仍然应该作为政治、经济、文化中心，即广州作为南方中心城市是胜任的，故不要迁来迁去，安心把广州建成南方重镇。

（2）广州是河港兼海港职能都具备。今后广州仍应作为河港和海港，大力发展对外贸易，而对内地、腹地交通，也不可忽略河道利用。

（3）广州唐、宋卫星城市发展有而不显，不少卫星城镇，今天已不存在。即说明卫星城市不宜兴建。因此，对城市今后规划不宜过分强调卫星城市的作用。

（4）广州发展方式应以广州为中心，向四郊发展新区，宋代三城、明老城与新城都是例子。即今后应在郊区兴建新城区，尤以向东、向西、向南为宜。

（5）广州新城区应沿河道、大道发展。从唐、宋、明代主要商业中心都是沿岸发展，或沿大路发展，故今后新城区也当如此，如沿珠江江岸伸延，或沿主要铁路、公路伸延为宜，即呈"街圩"形式为好，这样能收事半而功倍之效。

历史地理学的研究对今后"四化"是能起一定的作用的，亦是本书试写的本意。

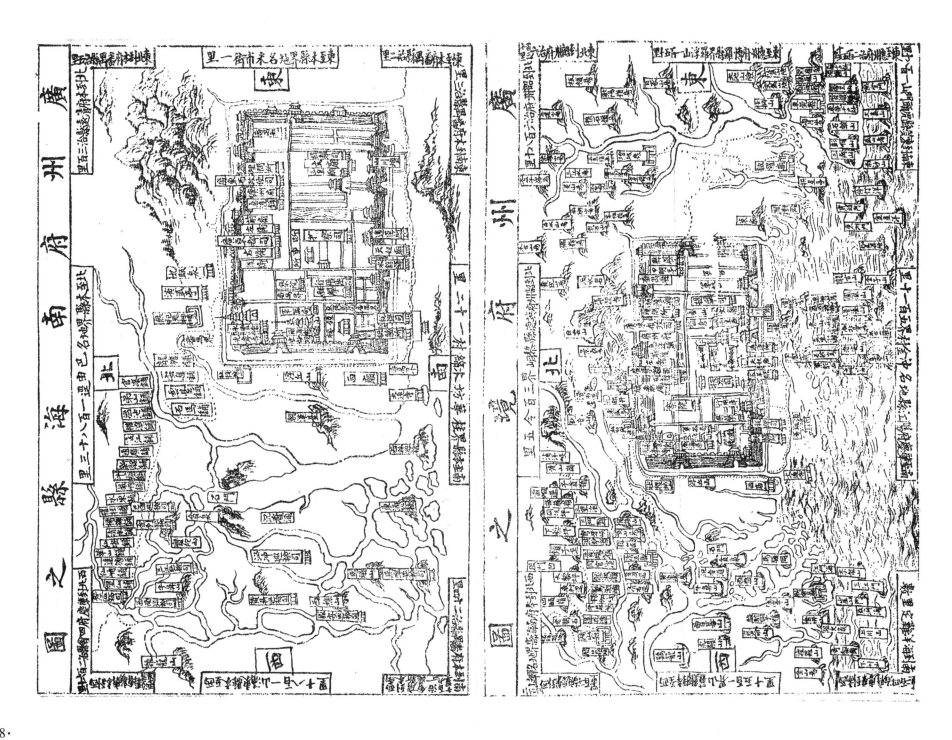

德杜

龙庆街

五仙直街

龙珠水埗

靖海路

清初河岸线

1911

海珠

1931河岸界

珠

江

南

堤

古仓前新

龙王庙前

菜庭

南

新沙下街

迥龙街

增沙街

沙通津

太平

海南

太平

珠街永沙

汉

仓前街

光石新街

仓前

珠

旁街

海

康

路

万

福

路

后街

石

基

里

街老龙街

东石龙街

老龙外街

八旗会馆

东园

东堤